中外青少年人文交流

成果

案例汇编

编｜中外青少年人文交流研究智库

指导｜教育部中外人文交流中心

图书在版编目（CIP）数据

中外青少年人文交流成果案例汇编 / 中外青少年人
文交流研究智库编 . — 成都：四川大学出版社，2023.6
ISBN 978-7-5690-6169-7

Ⅰ. ①中… Ⅱ. ①中… Ⅲ. ①青少年－中外关系－文
化交流－案例－汇编 Ⅳ. ① G125

中国国家版本馆 CIP 数据核字（2023）第 106672 号

书　　名：中外青少年人文交流成果案例汇编
　　　　　Zhongwai Qingshaonian Renwen Jiaoliu Chengguo Anli Huibian
编　　者：中外青少年人文交流研究智库

出 版 人：侯宏虹
总 策 划：张宏辉
选题策划：吴　霜　孙滨蓉　唐　飞
责任编辑：唐　飞
责任校对：孙滨蓉
特约编辑：吴　霜　史智彦　夏川山
　　　　　李雨涵　程安琪　邓世碧
装帧设计：一堂优
责任印制：王　炜

出　　版：四川大学出版社有限责任公司
　　　　　地址：成都市一环路南一段 24 号（610065）
　　　　　电话：（028）85408311（发行部）、85400276（总编室）
　　　　　电子邮箱：scupress@vip.163.com
　　　　　网址：https://press.scu.edu.cn
发　　行：四川大学出版社　重庆课堂内外融媒体有限责任公司
　　　　　淘宝网址：https://scdxcbs.tmall.com
　　　　　　　　　　http://ktnwts.tmall.com
印前制作：重庆一堂优教育科技有限公司
印刷装订：重庆立合印务有限公司

成品尺寸：210 mm×285 mm
印　　张：18.25
字　　数：612 千字

版　　次：2023 年 7 月 第 1 版
印　　次：2023 年 7 月 第 1 次印刷
印　　数：1—2030 册
定　　价：98.00 元

扫码获取数字资源

四川大学出版社
微信公众号

本社图书如有印装质量问题，请联系发行部调换

前言

亲爱的读者朋友们：

你们好！

《中外青少年人文交流成果案例汇编》由来自全国各地中小学的智慧凝结而成。很高兴，历时一年的精心打磨，它终于来到了我们面前。

中外人文交流是我国对外工作的重要组成部分，是促进民心相通和文明互鉴的重要途径，是"一带一路"建设的重要内容，是人类命运共同体构建的支柱和基础。2017年中办国办印发《关于加强和改进中外人文交流工作的若干意见》，对人文交流工作进行专门部署。教育是中外人文交流的基础性重要领域，我们要通过人文交流服务立德树人根本任务，贯彻落实好《教育部等八部门关于加快和扩大新时代教育对外开放的意见》对人才培养的要求，助力培养具有国际视野、全球胜任力和人文素养、中外人文交流能力的高素质人才。

青少年学生的茁壮成长，离不开学校的悉心培养。来自学校的实践成果与典型经验，将为各方发挥人文交流育人作用进一步提供动力和借鉴。为此，2022年，教育部中外人文交流中心和重庆课堂内外融媒体有限责任公司联合主办、中外青少年人文交流研究智库承办了"2022中外青少年人文交流成果案例征集暨《中外青少年人文交流成果案例汇编》汇编活动"。在三个月的时间里，很多学校的优秀案例从全国各地纷至沓来。案例中那些具有创新性和实干性的做法，令我们为之振奋！

他们有的将人文交流理念有机融入学校办学，使人文交流理念遍及校园的每一个角落；有的以中华优秀传统文化为载体，培养青少年讲好中国故事的能力；有的结合特色课程、文艺体育、绿色教育、多语种学习、PBL项目制等形式，创新性地开展丰富多样的中外人文交流活动；有的充分利用中外人文交流课题研究和项目，加强师资建设，助力人才培养。

我们优中选优，围绕科研、教学、活动等方面梳理为十种主要类型，在书中呈现了200余个案例，集中展现了青少年人文交流的经验成果。

各案例学校毫无保留地分享了自己的具体做法和心得经验，为读者提供了优质的借鉴范本。对此，我们向各案例学校致以诚挚的感谢与敬意！与此同时，碍于篇幅限制，仍有许多案例未能尽数展示。往后，我们期待与各学校开展更多实地互访活动，通过更为生动、立体、直观的方式进行经验交流，碰撞出更多新的火花。

习近平总书记在党的二十大报告中指出，"我们所处的是一个充满挑战的时代，也是一个充满希望的时代。中国人民愿同世界人民携手开创人类更加美好的未来！"愿本书为大家开展中外青少年人文交流工作，培育更多中外人文交流使者提供精神动力和智力支持。祝愿广大青少年在中外人文交流中积极作为，努力绽放青春之光，传播中国之声，构筑和平之桥！

《中外青少年人文交流成果案例汇编》编委会

目录

特色办学的实践与探索

第一章

Chapter 1

活动成果： 以"中国心、世界眼"创建教育国际化窗口
案例学校： 广州市花都区黄广牛剑小学

广州市花都区黄广牛剑小学秉持"中国心、世界眼"的办学理念，开展中外青少年人文交流活动，致力于培养既有中华传统文化底蕴又有国际化视野的新时代人才。

一、基本做法

黄广牛剑小学将"中国心、世界眼"的办学理念，融入学校治理与教育教学全过程，主要体现在以下七个方面：

一是与德育工作相融合。学校树牢全员、全程、全方位的育人理念，实施"德育为先，全面发展"的人才培养策略，广泛开展弘扬中华民族传统美德的关爱活动，开展培养国际情怀与恪守网络伦理教育活动，开展生态环保教育与绿色学校建设教育活动，开展传承家庭美德与建设和谐社区教育活动等。

二是与课堂教学相融合。在数学、英语、科学学科开展"双语双师教学"，引进国外先进的教学模式和学习素材，培养学生的听说读写综合能力，强化学生的语言、思维能力，培养学生的中华文化意识，让学生在理解与认同本土文化的基础上形成全球意识、国际视野。

三是与第二课堂相融合。学校已研发近40门兴趣课，包括四大类：传统文化类课程，培养中国心、民族情；西方文化类课程，拓宽国际视野；主题活动类课程，提升综合素质；特长类发展课程，彰显个性。

四是与校本特色课程相融合。学校通过"人文素养提升""新闻10+10"等项目，引导学生关注时事，培养独立思考能力。

五是与校园活动相融合。在每年一度的艺术节、英语节、体育节、科技节等大型活动中，融合世界各国多元文化，培养学生的社会责任感、国际视野；在英语拼写大赛、英语角等班级活动中，为学生提供广阔的外语交流平台和生动有趣的学习机会；利用每天大课间等课余时间，为学生们创造锻炼英

— 英语戏剧表演（左图）

— 英语歌曲合唱比赛（右图）

语口语的机会。

六是与校园环境相融合。学校精心营造开放、多元、有特色的校园环境，欧式风格校舍融合中西文化元素，高标准无边界森林活动区、创客室、书法室、音乐室、舞蹈室、科学室、美术室、计算机室等基础设施，为深入实践办学理念奠定了重要的物质基础。

七是与师资建设相融合。聘请专职外籍教师到校任教，让本校教师有机会比较、借鉴国外的教育理念和方法。所聘请的外籍教师均配备中方助教，中方助教与外籍教师一起备课、教研及进行教学质量评估与分析。

二、主要亮点

（一）建立校园学生双语广播站

自 2022 年 9 月起，学校开设中英文双语学生广播站——牛剑之声广播站（Voice of Oxbridge），每周双语播报稿件由学生编写并报播，专业教师对稿件内容进行审核。这一举措在充分营造双语校园氛围的同时，还能培养学生说英语、用英语的能力。

（二）每年举办特色英语节

自建校以来，学校坚持每年举办特色英语节，开展英语戏剧展演、书写比赛、思维导图创作比赛、英语角活动、单词拼写大赛等丰富多彩的校园文化活动，在丰富学生校园生活的同时，让学生进一步感受世界文化之美。

（三）引进全球视野课程

学校引进全球视野课程，培养学生的国际视野，增进国际理解力，为他们将来成为多元化复合型人才打下基础。目前，学校已积累了完备的教学资源、教学经验，取得了优秀的教学成果。

（四）积极开展丰富多彩的英语类素质拓展活动

除常规课程外，学校每学年开展两次英语类素质拓展活动周，集合优秀外籍教师和各校区金牌教师资源，将文化教育与综合性艺体教育相结合，让孩子在体验创客、学习击剑、参加篝火晚会、举办 K 歌之王和电影之夜等丰富活动中提升语言和思维能力。

（五）开展专业化教师培训

学校积极开展校本培训、远程培训等教师专业发展培训，并与英国桑德兰大学（University of Sunderland）合作，提供教师专业研究生教育证书（PGCE）课程，开展在职教师培训，同时与剑桥国际教育合作，开展剑桥国际教师专业发展认证课程。

三、工作成效

黄广牛剑小学自 2020 年 9 月开办至今，超过 300 人次师生获得国际、国内赛事奖项。其中，学生团体赛最高获得全国二等奖，教

— 剑桥双语课堂中外教师合作授课（上图）

— 学校开展国际视野课程（下图）

师最高获得亚洲区域优胜奖。在广东省组织的 2021 年中俄儿童创意节活动中，学校的 4 名同学获得一等奖及三等奖的好成绩。学生合唱团在 2022 年北京冬奥会和冬残奥会"共迎未来"中外青少年人文交流活动暨第二届"中外人文交流小使者"全国展示活动中，获得二等奖和最佳歌曲改编奖。学校学生合唱团、舞蹈队双双晋级第三届"中外人文交流小使者"全国总决赛。2022 年，黄广牛剑小学以领先的办学体系和优异的办学实践成果，成为广州市花都区唯一获批的广州市教育国际化窗口学校。

— "牛剑之声"合唱团参加第五届
"我是广州对外交流小使者"活动

活动成果：养中国心，育世界人
案例学校：四川大学附属实验小学清水河分校

2020 年，四川大学附属实验小学清水河分校申报成为中外人文交流特色学校建设计划项目学校。学校以培养具有"健康的身，温暖的心，聪明的脑，自由的群"的现代公民为目标，努力探索国际理解教育在学校教育教学活动中的实施途径与方法。本文以"养中国心，育世界人"为主题，展示清水河分校在人文交流领域的实践成果。

全员培训，厘清相关理论。在全员育人、全程育人的理念下，学校摒除了以往"将英语教育等同于国际理解教育，将传统文化教育等同于国际理解教育，将学习国外文化等同于国际理解教育，以'中华文化'评价'国外文化'的教育作为国际理解教育"等错误认识，厘清了国际理解教育概念，组织教师以专家讲座、自主学习、组内探讨等形式加强理论学习，提升教师对"国际理解教育"的认识，推动基于尊重文化差异的理解教育发展，培养具有国际理解能力的人。

顶层设计，确定系列活动主题。学校利用国旗下主题教育活动，开辟国际理解教育主题活动板块，结合重要时间节点、国际形势与政策、学生全球胜任力培养等，开展了"多元文化 世界家园""世界大同 美美与共""万物并育而不相害 绿色发展而不相悖"等主题活动，让学生从多元文化的视角体验多样的世界文化，在对比中发现并理解不同民族、国家的文化差异，树立中华文化自信，理解尊重他国文化。

层层推进，达成教育目标。学校探索制定了"一商二写三审四改五备六练七展八录九省十推"的活动推进模式，确保主题活动聚焦国际理解教育，保证活动的品质与成效。"一商"即班级根据主题初步建构活动，并与课题组探讨确定活动构思，围绕中国与其他国家开展文化对比研究，有效避免偏题、内容陈旧、形式化等问题，避免走弯路、虚耗时。"二写"即班级按照方案模板撰写主题活动方案，提交课题组审核。"三审"即课题组审核活动方案，及时发现、反馈并改进问题。"四改"即班级调整活动方案，再提交课题组复核。"五备"即方案通过后，班级进行前置学习和实践性准备。准备课中，教师指导学生学习相关国家的知识等，建立基础认知。活动课上，学生通过角色扮演、参观实操等方式进行跨文化体验。"六练"即体验后，根据学生意愿及特长进行角色分工、道具准备、场地布置、展示排练等，培养学生的综合素养。"七展"即向全校师生展示班级国际理解教育成果，介绍世界各国文化知识、习俗等。"八录"即录制展示活动视频并进行后期剪辑制作，形成国际理解教育活动视频资源。"九省"即结合活动过程和录像，进行反思。"十推"即活动结束后，学校通过"两微一端"推送活动报道，展现学生的风采，分享活动精彩，给予参演班级鼓励和肯定，同时传递学校的国际教育理念，扩大学校办学影响，促进社会对学校的认识和了解。

学校通过国际理解系列主题教育活动，拓宽了学生的视野，使他们了解了世界多元的文化，培养了自信、合作的精神。依托国际理解主题教育活动，教师主动学习，积极思考，团队协作，不断丰富国际理解教育的相关知识，促进专业素养的提升。在探索与实践中，学校不断积累国际理解教育活动设计与实施的经验，形成一批优秀活动案例和视频资源。未来，学校将不断创新活动形式和内容，丰富本地区探索国际理解教育的经验。

活动成果： 共融共生，探索国际化办学特色发展之路
案例学校： 深圳市南山区珠光小学

深圳市南山区珠光小学始办于 1936 年，是南山区历史文化底蕴最为深厚的学校之一。经过近 80 年的文化沉淀，珠光小学已经发展成为深圳市首批智慧校园、广东省书香校园、广东省教育国际化实验学校、国内首获教育管理体系国际认证学校、国际生态学校。"一带一路"倡议给学校教育国际化提出了新的要求，学校抓住南山区"双区"建设和打造世界一流教育的历史契机，全面推进学生、教师、学校、社区的协调发展。

配置国际化师资，开展国际理解教育课程。学校高度重视中外人文交流和国际合作，编制学校"十四五"发展规划，全力提升珠光学子的中华情怀和国际视野。学校领导班子曾分赴加拿大、美国、韩国等国参加海外培训，进行教育国际化和多元合作办学实践，具有丰富的人文交流和国际合作经验。得益于南山区教育局的政策和资源支持，学校自 2015 年开始，坚持聘用来自俄罗斯、英国、加拿大等国的外籍教师，开设国际理解教育课程。英语学科组教师与外教组成教研共同体，探讨教育教学，开展英语节活动、阅读比赛，开设模拟联合国社团，俄语、法语等小语种社团，以此提升学生跨文化沟通能力。

利用粤港教育特色，开展结对交流活动。2015 年，珠光小学与香港大角咀海帆道小学结成姊妹学校，连续四年开展交流活动。双方老师共同教研，探讨 IPAD 教学的方式；深港学生同上一节课，感受两地课堂的差异；开展以球会友、品鉴美食等活动，两校师生建立了深厚的友谊。学校还与大角咀天主教小学、元朗天主教小学等其他香港学校建立了友好合作关系。学校积极拓展国际交流范围，与澳大利亚希尔斯国际学校结为友好学校，与印度尼西亚东爪哇省教育局开展国际交流。此外，学校利用区域国际化资源积极开展"留学生进校园"等主题活动，邀请俄罗斯、韩国等国的留学生来校举办多元文化交流讲座，拓宽师生的国际视野，提升师生的国际理解素养。

开展课题研究，探索可持续发展。学校积极开展国际理解教育相关的课题研究，开展"大湾区背景下的小学国际理解教育活动课程实施策略研究""身边的对联文化""联游天下""论模拟联合国活动与学生素养提升的关系""外教对学生的影响的调查研究"等课题研究，并获得相关资助。这些研究成果将极大地推进学校国际理解教育和人文交流的可持续发展。

挖掘传统文化项目，讲好中国故事。珠光小学是中国楹联培养基地、广东省楹联教育基地和深圳市诗词联特色学校，校本课程"楹联课程"曾被评为深圳市精品课程，学校楹联教师、中国汉字文化教育联盟工作室主持人、中国楹联学会对联文化院研究员刘红艳的楹联作品曾在《人民日报》等刊物上发表，学生的楹联作品也频频获得各种奖项。此外，作为南山区戏曲、戏剧特色学校，学生的戏曲表演作品曾荣获深圳市一等奖……

珠光小学将继续秉持开放包容的办学理念，坚持厚重历史与崭新未来共融，中华情怀与国际视野共建，继续讲好南山故事，传播深圳声音，宣传中华文化。

活动成果：弘扬传统文化，讲好中国故事
案例学校：常州市第一中学

国立音乐学院幼年班是我国音乐教育中不可或缺的一段历史。常州市第一中学曾是国立音乐学院幼年班的驻地，具有深厚的文化底蕴。学校立足国立音乐学院幼年班的基因，以对外交流为契机，通过民乐团、书法、教育戏剧等载体，传播中华优秀传统文化和常州特色文化，让中国文化走向世界。同时广泛吸收外来文化精髓，增强文化自信自强，为祖国培养兼具国际视野和文化初心的"大成青年"。

近年来，学校先后与英国、韩国、新西兰、荷兰、美国、俄罗斯、奥地利、以色列、德国等国的高中建立了姊妹学校关系，深入开展各项友好交流活动，保持常态线上线下交流。

2014年，俄罗斯斯塔夫罗波尔市与常州市缔结为国际友好城市。2017年8月，学校与斯塔夫罗波尔市第十四中学缔结为友好学校，并积极开展交流合作。

2017年4月，学校与以色列约克尼穆高中缔结为友好学校。截至2022年，以方百余名师生3次到校访学交流，参观了学校的机器人基地、常州运河五号，体验了中国传统水彩与书法文化、中国篆刻与活字印刷技术、机器人投球实验以及教育戏剧课程，欣赏了学校民乐团的精彩演出，与学校国际班师生开展辞旧迎新联欢活动，促进了双方的沟通和理解，共绘美好愿景。他们还前往中以创新园，感受中国与以色列的美好友谊。

2018年3月，学校与加拿大多伦多大学士嘉堡校区成功签署绿色通道项目。该项目是士嘉堡校区和中国三十余所顶尖高中的合作项目，旨在为优秀的中国高中毕业生提供直接申请就读多伦多大学的便捷通道。2018年至2022年，学校共有10人通过绿色通道项目被多伦多大学录取。

2019年3月，学校与德国埃森市玛利亚中学缔结为友好学校。同年6月，玛利亚中学24名师生到学校开展为期一周的交流访问。来访期间，德方师生通过信息技术、书法、体育、手工编织、戏剧体验、民乐等课堂，体验中国传统文化的博大精深和科技艺术的发展。他们还在青果巷、淹城春秋乐园等地感受了常州的旅游文化。此外，来访的德国学生住在中国学生的家中，零距离体验中国家庭文化。

2021年底，经江苏省侨办、常州市侨办和市教育局国际处牵线搭桥，学校与美国亚利桑那州汉密尔顿高中围绕中美饮食文化、潮流明星等青少年感兴趣的话题展开线上交流讨论。在口语表达、个人表现方面，中方学生展现出了"大成青年"的风采。2022年5月，在"2022年青少年绿色创新活动"中，中美学生以常州宋剑湖湿地公园与美国绿洲湖公园为选材，合作完成"给地球一点绿"创意画报，

传递保护地球的美好理念。随后，双方又以中国传统文化和传统节日为切口，持续开展线上交流，将中国传统文化传播到了大洋彼岸。

2003年10月，学校组建了民乐团，多次参加国内外赛事和展演，并受邀在维也纳金色大厅演出，与当地顶尖国际学校缔结为友好姊妹学校。目前，民乐团已经成为学校的艺术品牌，在国内外享有较高声誉。2022年9月，学校被中国教育国际交流协会秘书处确定为第七批中美"千校携手"项目学校，这既是对学校对外交流活动的肯定，也是对中美青年友好交流的积极鼓励。此外，学校依托模拟联合国项目，聚焦人类共同面临的"碳达峰""碳中和"等话题，开展主题沙龙，探讨人类命运共同体下的解决方案，引导学生将所学知识运用到实践中，激发学生的使命感和责任心。

学校依托创办江苏省高品质示范高中的契机，以文化为载体，开展以学生为主体的系列国际交流活动，鼓励学生做活动的主人、做中国文化的传播者、做外国文化的欣赏者。通过文化的交流与思想的碰撞，帮助学生丰富国际理解知识，助力学生对多元文化的理解与判断，养成开放、平等、尊重、宽容的国际理解态度，成长为具有国际视野的"大成青年"。

— 2020年6月，德国埃森市玛利亚中学到常州市第一中学开展访学活动

活动成果： 以中医药文化助力学校人文交流工作上新台阶
案例学校： 成都市泡桐树小学

2019 年 10 月，《中共中央 国务院关于促进中医药传承创新发展的意见》发布，提出"实施中医药文化传播行动，把中医药文化贯穿国民教育始终，中小学进一步丰富中医药文化教育，使中医药成为群众促进健康的文化自觉"。成都市青羊区把建设"中医药文化特色校园"纳入了中医药文化进校园的长远规划。成都市泡桐树小学从 2018 年开始实施的"中医药文化进校园"项目更加受到重视，致力于让学生学有所获，为学校增光添彩。

一、课程先导、活动协同，打造中医药文化特色校园

从中医体验馆到中药百草园，从中草药辨识到学习八段锦等传统中医保健项目，泡桐树小学持续开设中医药特色课程，开展校园文化活动，成立中医药兴趣社团，并不断深化，将中医药知识通俗化、生动化、形象化，将中医药知识运用到学习、生活中，营造信中医、爱中医、用中医、兴中医的良好氛围，培养学生对中医药文化的兴趣，引导学生传承和弘扬中医药传统文化。2020 年至 2021 年，学校先后被推选为"四川省中医药文化宣传教育基地""四川省中医药文化传承基地"。

二、找准方向、厘清思路，建立传统项目创新发展的新认识

中外人文交流不仅是向世界传递中华优秀传统文化，更重要的是培养学生对中华民族精神品格的认同。2020 年 5 月，学校成功申报中外人文交流特色学校建设计划项目学校。学校组织文件研读，聚焦项目内涵，找准特色办学方向，厘清项目思路。基于此，学校重新定位"中医药文化进校园"项目，从传承国医精髓过渡到弘扬民族精神，从校内传承和推广拓展到国际交流与合作，从传承精华到守正创新，走出一条讲好中国故事的文化自信自强之路。

三、文明互鉴、守正创新，培育学校项目建设的新成果

泡桐树小学地处成都市中心城区，承宽窄巷子之朴，汲成都画院之美，承载着厚重的历史与文化。为保持学校在成都市乃至四川省小学教育中的引领作用，泡桐树小学坚

— 成都市泡桐树小学的
中医文化馆

— 同学们在课堂上认识中药材
（左图）

— 同学们制作的中药材香囊
（右图）

持"以我为主"的对外交流思路，围绕中医药文化开展"人文素养提升项目"，将项目融合科学与文化、思想与生命养成等学科课程，引导学生汲取中华优秀传统文化精华，认识、学习中华传统文化，传承和弘扬中华优秀传统文化，建立文化自觉和文化自信，为课程注入新的发展活力和动力，让中华文化大放异彩。

四、同心同向、多方联动，厚植人文交流特色的基础

学校以中医药文化为切口，夯实中外人文交流的基本功，助力中外人文交流教育跨上新台阶。一是行政推动、专家牵动。学校在成都市教育对外交流中心、青羊区教育局和专家的指导下，将对外交流工作列入年度工作计划，保障专用经费。二是任务驱动、学生活动。推进"一馆一园一廊"（校园中医文化馆、中药百草园、"杏林"文化廊）建设，为师生营造良好的中医文化环境。同时构建中医药文化的"三个三"活动模式（即"三互动"：体验互动、家校互动、中外互动；"三结合"：与传统文化结合、与校园文化结合、与实践体验结合；"三着眼"：着眼药食同源、着眼三因制宜、着眼四大基石），开展中医药文化融创活动。三是资源撬动、横向联动。积极整合家校社和中医医疗资源的力量，形成合力，并针对如何进行对外交流的课题形成了中医药文化涉外小知识与微课堂。

五、内容优化、精神内化，共享优秀传统文化的教育资源

作为成都市青羊区首批教育国际化窗口学校，多年来，学校与来自法国、加拿大、泰国等国家的10多所学校缔结为友好学校，开展交流学习。例如成立外国语学苑，增加多门小语种选修课程；参编《青羊区国际理解教育系列学本——熊猫课程》，向友好学

校传播天府文化；与香港友好学校录制了认识一种药材、了解一处穴位、学会一个养生保健操动作等中医药文化微课；与海外师生识药材、种药材，炮制中药茶饮、做香囊；为法国圣保罗学校师生寄去中药材贴画，讲授薰衣草抗菌消炎的药用知识；通过网上视频课堂，与国外师生进行人文交流等。截至目前，学校已连续6学期开展"拾趣本草园"选修课，开课60余次，普及人数达3000人，初步形成了"小郎中 微课堂"海外友好学校线上教学资源包，让博大精深的中华传统文化深深地植根于海外小朋友的心中。此外，学校还举办了"传承国医精髓 做健康泡泡娃——泡桐树小学校园中医文化馆揭牌仪式""全国中医药文化进校园工作座谈会暨'中医药文化进校园'成都站活动"等大型中医药文化进校园展示活动，多次接待中外嘉宾到校交流参观。

真正的教育应该超越民族的狭隘，让人类最文明、最富人性关怀的生活价值装点世界历史画卷。泡桐树小学以人文交流理念教育助力落实立德树人根本目标，以中医药文化为重要抓手，使对外交流项目开了新局。独行快、众行远！泡桐树小学将继续携手友好学校传播中医精髓，促进民心相通，共创共同发展的广阔空间。

教学成果：加强中外人文交流，打造学校特色品牌
案例学校：青岛西海岸新区嘉陵江路小学

青岛西海岸新区嘉陵江路小学以"培养有民族情怀和国际视野的中国人"为目标，以中外人文交流特色学校建设计划项目为抓手，不断打造办学特色。

一、打造开放包容的校园文化生态圈

校园文化是学校持续发展的内驱力。学校加强文化建设，在校报《绽放》上设置了"中外人文交流你我他"专栏，及时分享学校中外人文交流动态，展示课程建设、教师培训等工作情况，让全体师生及时了解学校人文交流的工作进展，以此打造开放包容的校园文化生态圈。

二、构建"七彩课程体系"

学校聚焦国际理解教育，整合课程与教材中的国际理解教育目标和内容，结合学科特性，探索运用多种方式，进行跨学科渗透，让课堂成为国际理解教育的主阵地。一方面，结合学生年龄和认知特点，合理设定各年级国际理解教育课程目标，开发校本教材。另一方面，基于人文、科学、身心、艺术、实践五大素养，构建了"七彩"课程体系，满足学生全面发展的需求。同时，依托"七彩"选修课程，通过"1+1"整合，建设各类社团，在校园中形成了"人人参与，生生出彩"的局面，擦亮学生艺体教育的底色，为学生的终身发展奠定了坚实的基础。

三、搭建教师发展的能量场

采用"走出去、请进来"的办法，一是鼓励教师创设个人微博，展示中外人文交流的教学课例、教学资源等，助力教师通过线上及时交流研训。二是定期组织教师参与教学示范、专业发展论坛、经典教学课例分析等活动，助力教师在交流中成长，共促专业发展。

学校积极与各级科研院所联系，创新性地设立"课题超市"项目，为教师创造高水平的课题研究机会。"课题超市"项目由校级重点项目"中外人文交流开展策略的研究"和个人规划项目组成，教师在参加中外人文交流项目中主动提出研究方向，经过专家论证后形成课题，再展开研究。"课题超市"以中外人文交流项目为抓手，为教师搭建了一个主动成长的平台，助推教师走上专业成长的"快车道"。

学校通过"青蓝工程""名师工程"等，开展校本培训、联合教研、跟岗锻炼，夯实推门课、研究课、汇报课、展示课，培养新教师、青年教师、骨干教师，打造一支强有力的教师队伍。

四、构建活动输出的展示场

学校举办了"小小地球村""我是小小外交官""英语模仿秀""英语趣配音"等系列活动，让学生自主探究世界各国的风土人情，展示自己了解到的世界知识，提升英语素养。同时邀请来自世界各地的外籍教师走进校园，让同学们感受不一样的课堂；与高校联谊，开展"大手拉小手"活动，让学生与高校英语、俄语专业学生或者留学生结对，帮助学生了解各国文化知识，开阔视野，促进学生对国际理解教育的理解。

嘉陵江路小学坚持"多元办学"理念，积极贯彻教育对外开放政策，主动创新作为，打造校园文化生态圈、构建"七彩"课程体系、搭建教师专业发展的能量场和特色交流活动的展示场，为学校师生搭建了一个开放的、成长的中外人文交流平台，助力全校师生拓展国际视野。

— 青岛西海岸新区嘉陵江路小学的师生们展示民乐课程

活动成果： 课程因共鉴而丰富，校园因交融而精彩
案例学校： 盐城市第一小学

盐城市第一小学以"中国特色，携手世界"为出发点，以"信息化、现代化、国际化"整体发展战略为指导，积极探寻国际合作交流新路径，致力于培养"有文化自信和国际视野"的新时代好少年。

一、拓展办学路径，探索合作育人模式

盐城市第一小学与澳大利亚西尔佛顿小学（Silverton Primary School）建立友好学校关系，开展交流互访活动。

打造交融共生的协同课堂。研学期间，双方以中英课堂为载体，确立以"民族文化"为合作研讨课题，通过多样化的教学研讨活动，不断优化课堂教学，携手打造交融共生的协同课堂。交流期间，双方教师深入课堂了解对方学校的课堂教学模式、课程设置，研讨制定涵盖两国历史、地理、习俗等内容的特色鲜明的国际合作教学课程。

建构快乐共享的实践课程。2019 年 9 月，澳大利亚西尔佛顿小学的教师来我校交流。在丁莹老师的英语课堂上，感受活跃高效的氛围；在尹格利老师的课堂上，感受中国传统文化的博大精深；在吴军老师的特色课程中，感受中国版画的魅力……友好学校互助发展，建构快乐共享的实践课程。

创新前瞻性的"互联网 +"联动课程。双方依托信息化平台开展线上交流，实现国际化办学资源的共享。两所学校每周组织师生进行线上互动，我方优秀师生代表通过线上渠道为对方学生教授中国传统文化课程。

拓展国际交流，提升师资素养。学校通过"请进来、走出去"的方式，巩固与友好学校的合作关系，提升学校教学科研的国际化水平。学校先后派出近 20 名教师赴英国、美国、澳大利亚、加拿大等国学习交流。例如，戚兰兰老师赴美国孔子学院进行对外汉语交流；陈蕾、曹淑忠老师赴美国学校教授扎染和空竹技艺，在国外传播中国传统文化。

二、共建课程课堂，向着未来生长

每学期，学校组织学生观看英文电影。开学之初，学校组织各年级学生学唱英文版歌曲，选拔"班级、年级好声音"，通过全校比赛决出"校园好声音"。每年 12 月，学校举行为期一周的外语节，组织学生演唱外语歌曲、表演外语戏剧等。学校积极组织学生参加读写大赛、"希望之星"英语风采展示、英语微视频大赛等有影响力的比赛，展示风采。定期与友好学校分享红色故事宣讲、礼仪小科普等视频资料，弘扬中华优秀传统文化。

经过十多年的实践探索，学校形成了以"民族情怀、国际视野"为价值追求的特色课程群，通过系列对外交流实践活动，培养学生外语能力与国际交往综合素养，为将来参与国际竞争与合作打下坚实的基础。

科研成果： 建设中国经典字画赏析馆的探索与思考
案例学校： 成都市新华路小学

国际理解教育的核心目标是"学会共存"。艺术作品是绝佳的国际理解教育载体，能帮助学生更好地增进对世界文化的理解与包容。成都市新华路小学依托自身特色，积极构建美育实践课程，让学生在经典字画的滋养下，感受传统文化的魅力、建构起对中华优秀传统文化的认知，激发学生对中华优秀传统文化的兴趣，增强

文化自信自强，学会以开放的眼光看待世界。

一、经典字画进学校

学校引进美育项目，建立了中国经典字画赏析馆，馆内陈列了全国各大博物馆（院）的多幅代表性书画藏品的高仿真复制品。基于此，学校创设了美育行动计划，在每周一到周五下午的课后延时服务阶段，开设中国经典字画赏析课，各班轮流走进中国经典字画赏析馆，在古代书画大家的作品中浸润滋养心灵。

学校鼓励教师开展校本课程研究和特色课程建设。美术老师拓展教学内容，开设中国画体验课、书法体验课教学；语文老师带领学生赏析、诵读、临摹和再创作古诗文；音乐老师将经典字画中隐藏的故事创编成歌谣、舞蹈等。

学校举办书画临摹比赛、"小小讲解员选拔赛"等活动，引导同学们体悟《黄甲图》《墨虾》《双骏图》等字画的魅力，同学们通过查阅经典，了解中华文化的精妙，感悟经典字画背后的中华精神血脉。期末，学校通过经典字画问卷检测和"小小讲解员"考评，将经典字画赏析贯穿活动、全程，让经典字画"活"在师生的眼中、心中，帮助学生成长为中华经典的传播者。

二、经典字画进家庭

家庭教育是社会教育和学校教育的基础。学校主动将"中国经典字画赏析"融入家庭教育中，依托校园微信公众号，开辟"美育浸润——经典字画赏析"亲子课程专栏，每周末定时推送经典字画作品，家长和孩子通过共同阅读、观看视频、聆听音频讲解等，一起学习中华优秀传统文化。学校每学期举办开放周活动，邀请

家长走进赏析馆，聆听"小小讲解员"的讲解，真切地欣赏画作的气韵生动和书法作品的神采意韵，感受书画家的思想感情和审美理想，提升自己的文化素养，助力传统文化的传承与良好家风的建立。此外，学校邀请家长中的书画爱好者，开展临摹、古诗配画等创作活动，家校联动，共建书画特色校园文化，让家庭、学校中充满书香之气、和谐之美。

三、经典字画进社会

新华路小学积极探索开放中国经典字画赏析馆，使赏析馆成为友邻学校师生游学的好去处。此外，学校还将中国经典字画赏析馆"送"出去，成为社区的德教育基地，辐射社区、服务社会。在节假日，赏析馆向社区开放，社区的居民、书画爱好者在其中欣赏中华文化的经典之作，感悟中华艺术之美。

通过"引进来"和"送出去"，新华路小学在师生、家长、市民与经典字画间搭建了一座桥梁，让经典字画走进大家的生活，促进学校、家庭、社会形成教育合力与和谐发展。

活动成果：以"互联网＋我们的节日"为主题，开展常态化人文交流
案例学校：青岛滨海学校

青岛滨海学校秉持"以人为本、开放平等、尊重包容、理解欣赏、交流互鉴、合作共赢，秉持正确义利观，实现可持续发展"的人文交流理念，坚持开展国际、校际交流工作，以"互联网＋我们的节日"为主题，开展常态化人文交流。

一、庆"六一"国际文化嘉年华活动

2021年6月1日，学校举行了"中国心 世界人 红领巾游遍地球村"庆"六一"国际文化嘉年华活动，引导师生增进对世界不同文化的理解，开阔师生的视野和胸怀，为学生们将来服务人类命运

共同体的建设奠定坚实的基础。

在学校操场上，同学们身着各国的服饰，以班级为单位组成了23个方阵，通过精彩纷呈的歌舞诠释英国、美国、希腊、法国、日本、俄罗斯等国的文化特色，反映出"地球村"文化交融的盛况，向大家呈现一个文化灿烂、开放包容、和平进步的世界。

世界文化交流大集环节在体育馆举行，各班学生扮演不同国家的公民，通过歌舞表

演、工艺品展示、展板宣传等方式，展示不同国家的风土人情和文化习俗。

二、线上交流、线下互赠礼物

学校长期与韩国仁川艮才里小学合作开展游学体验、特色课程交流等活动，已建立深厚的友谊。2022年"六一"国际儿童节恰逢我国的端午节，学生们亲手制作龙舟模型、油纸伞等民俗作品。在制作民俗作品的过程中，学生们提高了合作能力、动手能力，亲身感受了中华民族传统工艺的精妙与古代劳动人民的智慧，体验了中华传统文化和习俗的独特魅力，激发了传承非物质文化遗产的担当意识。学生们用镜头把制作礼物的全过程记录下来，通过互联网发送给韩国艮才里小学的小伙伴，并将礼物邮寄给他们，表达了对他们的思念与祝福之情。

三、工作亮点

（一）走出去、请进来，增强国际理解意识

学校多次邀请有丰富国外办学经验的教育专家走进校园，与师生和家长面对面交流。例如，学校曾邀请美国加利福尼亚州康考迪亚大学尔湾分校商学院院长为全体教师和部分家长做题为"未来教育的变革与发展"的讲座；邀请英国剑桥领导力学院院长为全体教师和部分家长、学生做一场关于英国学校和家庭教育的讲座。

学校与韩国仁川艮才里小学签订协议，计划经常性地举办校际交流互访活动。之后，学校的40名学生赴韩国游学并走进韩国仁川艮才里小学，体验韩国的课堂和学校生活，走进韩国家庭，深入体验韩国学生的家庭生活；韩国艮才里小学两批共44名小学生走进美丽的滨海校园，与学校学生同唱一首歌、共上一节课，走进结对的中方家庭，深入体验滨海学校学生的生活。

（二）多元化交流研讨活动，提高国际交流实效性

学校积极将国际理解教育融入学校教育教学和人才培养全过程，组织线上线下多元化的交流研讨活动。2022年，学校领导和相关干部多次开展线上线下交流研讨和培训，初步形成国际理解教育校本培训的课程体系。

（三）"姊妹校"文体互动，拓宽国际交流渠道

学校充分利用与"姊妹校"的交流机会，寻找更加贴合学校实际的国家和学校，广泛开展中外人文交流活动。以2022年北京冬奥会为交流主题，学校曾邀请西班牙足球教练到校指导学校足球社团活动，邀请印度尼西亚羽毛球国家锦标赛冠军到校指导学校羽毛球社团活动，邀请韩国棒球教练到校指导学校棒球社团活动等。

教学成果： 看过世界，更爱中国
案例学校： 四川外国语大学附属小学校

四川外国语大学附属小学校地处秀丽的重庆歌乐山脚下，紧邻红岩魂广场，是全国四百所红军小学之一"中国工农红军重庆红岩红军小学"。学校秉承"以丰富的课程教育人，以精彩的活动启迪人，以创新的思维鼓舞人"的国际理解教育理念，通过师生互换、合作研究、资源共享等方式开展中外人文交流实践。

一、基本做法

（一）环境打造，营造文化氛围

学校内张贴有中文、英文、法文、日文、韩文、俄文、阿拉伯文等七种不同语言的标语，各班级也精心打造"一带一路"班级文化墙，开阔了学生的国际视野，提升了他们的多元文化理解能力。

（二）理论学习，加强队伍建设

校长和教师都积极参加线上线下理论学习和培训。通过培训，他们明白了通过组织学生了解世界各国的不同历史、民族、人文和社会发展的概况，参与对世界多元文化和全球问题的认知体验和分析研究，能培养学生的全球意识和开放的心态，尊重世界文化的差异性，理解人类命运共同体的内涵与价值。

（三）观摩学习，提升学生素养

学校积极组织学生参加中外人文交流线

上学习。2021 年 12 月 3 日下午，学校部分师生参加了四川外国语大学举办的 2021 年国际文化节。学生们通过参观 31 个国家的文化展区，学会包容和尊重世界文化的多元性。

（四）课程引领，凸显育人功能

学校在开足国家课程、地方课程外，突出了学校的外语特色。学校一二年级每周开设两节英语课；三至六年级每周增设一节国际理解教育课，招聘专业教师授课，并与主题活动、综合实践活动课程有机结合，引导学生在活动中进一步理解和践行"尊重、包容、和平、公正、合作"等国际理解教育核心价值理念。此外，学校还组织了双语戏剧社团活动，开设了法语、日语两门小语种教学班，不断拓宽学生的国际视野。学校每天中午组织学生学习 10 分钟英语，每周一中午安排一位同学用英语讲中国故事，每个月的国旗下展示安排一个班级表演英语剧并介绍"一带一路"相关国家和地区，每学期开展一次校级英语活动。

二、主要成效

学校完成了中外人文交流相关的校园文化建设工作，组建师资队伍，在三至六年级开设国际理解教育课程，以及法语、日语两门小语种课程。经过一年的国际理解教育授课，学校形成了相关的课程资源包和"一带一路"沿线国家和地区介绍的文字和视频资源包。2022 年 6 月，学校的 5 位教师在区级国际理解教育教案设计比赛活动中获得了优异成绩。

教学成果： 国际友好学校合作背景下的青少年人文交流活动的探索

案例学校： 成都蒙彼利埃小学

成都蒙彼利埃小学自建校起就紧紧围绕"培养具有中国情怀·世界眼光的新时代小学生"的育人目标，依托课程引领、活动推动，致力于中外人文交流教育，将学生培养成为具有全球胜任力的未来世界公民。2014 年 10 月，成都蒙彼利埃小学（以下简称"蒙小"）与蒙彼利埃市成都小学签订友好合作协议，约定双方互派教师和学生定期开展人文交流。

一、中法互动，助力法语课程建设

蒙小每周开设了两节法语必修课，利用社团活动时间开设法语兴趣班，成立了法语合唱团、法语特长队等，为渴望在法语方面有更大发展的学生提供了机会。学校还参加了成都市"拉伯雷课堂"项目，同时招聘了一批高素质的留学生和法语专业的优秀大学毕业生。学校法语教师团队立足校本教研，结合法语课堂实际情况，编写了《法语课程手册》，并录制示范音视频。

二、开展丰富的法国文化体验活动

蒙小定期开展法国文化主题活动，如外语才艺秀、"邂逅莫里哀之语"法语活动日、"汉服与巴洛克之美"项目式体验活动等。活动以任务型活动为突破口，引导学生围绕问题去学习、去探索、去展示、去总结，激发学生自主探究法国文化，学习更多关于法国的知识的兴趣和动力，了解法国的语言文化、餐饮文化、服饰文化等。法籍教师组织学生玩法国国旗趣味拼图等具有法国元素的游戏，让学生在情境中使用法语，感受法国文化。

— 成都蒙彼利埃小学生动有趣的法语课堂

— 成都蒙彼利埃小学与蒙彼利埃成都小学的师生代表参加课程共建研讨会

中法节日文化体验。每逢中国重要传统节日，学校便组织学生及家长邀请外籍教师到班级或学生家里做客；在法国的盛大节日期间，外籍教师便会组织节日主题教学活动，带领蒙小学生了解法国节日的文化、习俗以及庆祝方式，学唱法语歌曲，玩法国传统游戏等，双方学生在学习过程中体验着不同的文化。

三、友城友校互动，共促人文交流

（一）参加友城互动，促进中法人文交流

在四川省外事办、成都市外事办的大力支持下，蒙小多次参加国内外交流互访活动。2016 年 5 月，蒙小舞蹈队师生赴蒙彼利埃市参加成蒙两市建立友好城市 35 周年庆祝活动。2017 年 11 月，蒙小法语特长队受邀参加中法高级别人文交流机制第四次会议，并演唱法语歌曲。2019 年 4 月，蒙小学生足球队赴蒙彼利埃市参加国际青少年足球交流活动。在这样的多元平台下，蒙小学生自信、大方展示才艺，感受法国蒙彼利埃市的人文气息和生活，留下友好的交流印记。

（二）开展友校互动，促进中法人文交流

自 2014 年 10 月起，每年秋季，蒙小师生赴蒙彼利埃市成都小学交流访问，蒙小师生为蒙比埃利市成都小学师生带去艺术、体育和数学的体验课程，学生入住友好学校接待家庭，融入当地课堂，零距离感受法国生活与文化。每年春季，蒙彼利埃市成都小学师生到蒙小访问交流。蒙小为外籍师生开设了清音、川剧等课程，让外籍师生深入了解中国传统文化。此外，双方定期开展视频连线，通过邮件交流，传递问候。2015 年至 2018 年，学校共组织了 4 次访问蒙彼利埃市成都小学的交流活动，70 余名学生和 10 余名教师参与活动。

四、开展外事接待，促进民意相通

自建校以来，蒙小秉持开放、分享、包容的态度，认真接待各级外事部门安排的来访团队，累计接待 100 余人次。学校邀请来宾进入学生的法语课堂、音乐课堂，近距离了解学生的法语学习情况，亲身体验中华传统文化课堂的魅力。

五、开辟线上交流渠道，保障互通互联

双方师生定期开展课堂连线活动，在节假日，双方师生还会互发祝福视频。2022 年 9 月，蒙小学生积极参与"友城之约 美美与共——成都与蒙彼利埃缔结友好城市 40 周年图片展"活动，30 余幅蒙小学生的绘画作品在中国—欧洲中心展出。

六、线上共建课程

依托成都市人文交流子课题"互联网 + 下的中外友校共建课程的实践研究"，蒙小与友好学校积极开展线上课程共建，通过直播、录播、短视频、微课分享等开展课程设计，实施课程教学活动。蒙彼利埃市成都小学师生还为蒙小法语课堂录制法语教学视频以及课文音频，丰富课程教学资源；蒙彼利埃市成都小学的学生也可以通过蒙小的录音学习中文。

近年来，蒙小始终坚持学生为本的发展理念，从学生综合素养发展和养成出发，为培养具有中国情怀、世界眼光的公民砥砺前行。

活动成果：中外学子在线互动，国际交流长情无阻
案例学校：成都市郫都区第四中学

2020 年，成都市郫都区第四中学与美国西雅图预科中学、得克萨斯州国际领袖学校缔结为友好学校，开展了一系列国际交流活动。

一、互联网为"舟"，扬起中外人文交流之帆

从 2020 年 4 月起，学校通过互联网探索友好学校线上交流新模式，推动中外人文交流工作的常态化。依托 Zoom、WeChat、QQ、Skype 等平台，组织了一系列中外人文主题交流活动。

2020 年 4 月至 5 月，学校与美国得克萨斯州国际领袖学校师生每周开展"疫情无国界、守望相助"线上交流活动，达成"全球战'疫'、守望相助"的共识。

2020 年 11 月至 12 月，学校与美国西雅图预科中学师生开展"中美节日比较""我和我的学校"线上交流活动。双方学生拓宽了国际视野，在潜移默化中增进了国际理解。

2021 年 1 月、9 月，学校分别与美国西雅图预科中学和得克萨斯州国际领袖学校的师生开展"庆祝中国新年""庆祝中国教师节""庆祝中国中秋节"等线上交流活动，让中国的传统节日在海外掀起"中国热"。

2021 年 10 月，学校和美国友好学校开展英文拼读大赛和中文拼读大赛活动。两校学生通过 PPT、视频制作、线上解说、展示等方式进行主题交流，协力完成相关的学术任务报告。

2022 年，学校依托成都大学的对外语言合作项目，遴选 60 余名在校学生，与美国学生进行了为期六周的中文线上"语伴"活动。

活动以"中美都市生活差异"为主题，中美学子在分享中碰撞出文化火花，在交流中学会尊重与包容，提升文化素养。"语伴"活动被教育部中外人文交流中心官网和中央广播电视总台国际在线报道，现已成为学校和成都大学每年都会开展的一项重要中外人文交流活动。

二、辛勤耕耘，中外人文交流硕果累累

学校围绕人文交流，在与友好学校互学、互建的过程中，共同探索中学国际化发展的新模式和新路径。

学校通过创建中外人文交流特色学校建设计划项目学校，提升了学校的办学水平，激发了学校的办学活力，进一步贯彻了"五育并举"、立德树人的教育方针，为国家培养社会主义建设者和接班人。学生通过互联网与其他国家的学生交流，提高了口语交际能力，培养了全球意识和开放的心态，更提高了文化自信，自觉做"讲好中国故事"的传播者。中外人文交流实践也为教师的发展提供了国际平台，开阔了教师的国际化视野，提高了教师的国际化素养和跨文化交流能力。

活动成果：立足育英，走向世界
案例学校：青岛西海岸新区育英小学

2020 年 8 月，青岛西海岸新区育英小学成功申请为中外人文交流特色学校建设计划项目学校。学校立足"和雅育英·连接未来"的办学理念，用心做好每一件有利于学生成长、有利于学校发展的小事，建设"像树一样成长"的校园文化，培养具有家国情怀和国际视野的未来英才。

一、做好顶层设计，打造中外人文交流特色学校

学校坚持在育英特色课程中融入中外人文交流内容，将人文交流工作校本化、长期化、常态化，助推学校高位发展。同时，打造一支高素质的教师队伍，定期组织人文交流课程研讨，帮助教师理解人文交流的内涵，探讨中外人文交流特色学校建设路径。2022 年 7 月，学校与俄罗斯拉耶夫斯基儿童艺术学校成为友好交流学校。

二、着力课程研发，提升人文交流内涵

依托地域文化特色，学校开发了"和雅育英"课程体系，开设管乐、二胡、古筝、合唱、戏曲、舞蹈、国画、书法、剪纸、拓印、啦啦操、武术、机器人等 60 余门特色课程，架起了一座优质的人文交流"立交桥"。学校依托有三百多年历史的黄岛剪纸，开发的剪纸课程被评为"青岛市优秀校本课程"，学生的剪纸作品《金陵十二钗》《国色天香》被送到美国、新加坡、英国等开展国际交流。2021 年，学校新设拓印工坊，创新了瓦当拓印、树叶拓印，自制翻模拓印等新的拓印形式，并将其与书法、印章、木工雕版印刷等结合，创设"雅印"。此外，学校还以"我们的节日"为主题，开展系列传统文化活动。例如开发了"诗意桂花"课程，组织桂花节综合实践活动；通过春节的"晒出你家的年味"，中秋节的制作月饼，端午节的画端午、唱端午、包粽子、品粽子等民俗文化活动，帮助学生厚植民族文化基因，更加自信地面向世界。

三、线上线下结合，收获人文交流硕果

学校依托育英十景之一的"博士金柳"资源，邀请李居亮博士开展线上故事分享、经验交流，激发学生学习报国的热情。学校邀请世界著名柯达伊教学法专家阿帕德·托特博士指导"育英童声合唱团"，其指导的合唱作品《希望之光》在世界和平合唱节上展播。学校组织学生参与由教育部中外人文交流中心和国家航天局探月与航天工程中心等单位联合举办的"点亮梦想——去太空开画展"公益活动，75 幅学生作品入选并搭载嫦娥五号探测器飞向月球，参加太空画展。此外，同学们积极参与传统文化与国际多元文化交流互鉴原创绘本征集活动、"迎冬奥倒计时 100 天"活动、第二届"中外人文交流小使者"展示等系列活动，其中《雪中健儿》《红色画语》《Something Just Like This》《小星星》《歌唱祖国》《八名成员》等文艺作品获得一致好评。

未来，学校将以更开放的姿态、更坚定的决心、更扎实的举措，创造性地开展人文交流工作，帮助孩子们从育英走向世界。

活动成果： 赋能航空特色教育，开展中外人文交流
案例学校： 胶州市第四中学

2013 年，胶州市第四中学（以下简称"胶州四中"）凭借过硬的硬件设施、深厚的校园文化积淀和敢为人先的创新精神，组建了当时青岛市唯一一个航空班，并作为中国青少年航空教育的代表学校，率先拉开了中外青少年航空交流的序幕。

一、基本做法

每年春天，香港航空青年团与胶州四中师生开展互访交流；每年暑假，胶州四中师生与来自国际航空学员交流协会（IACEA）成员国的青少年航空学员开展夏季航空训练交流活动。

创设活动平台，打造航空课堂。每当国际航空学员交流协会的学员来访时，中外学员共同进行军训、军体拳及列队表演，切

磋技术，共同提高。交流期间，学校依托承办胶州市航空科技模型制作与飞行专场培训的机会，创设航空活动平台，组织中外学员共同参与室内培训、室外航模表演及航模飞行竞赛等活动，让双方学员体会航空科技的魅力，激发对航空科技的学习热情。

立足民族特色，促进文化融合。学校邀请胶州民间剪纸艺术传承人教授学员剪纸技艺，组织学员走进"孔子六艺文化园"，学习中国传统礼仪，让中外学员感受中国非物质文化遗产和传统文化的无穷魅力。胶州四

中师生还指导外国学员学习中国书法、包饺子，栽下航空教育交流纪念树，让友谊生根发芽。

强化共同体意识，中外学员心手相连。在国外访问期间，胶州四中学子参观航空基地，开展丰富多彩的水上训练、野外宿营、学习滑翔伞运动等素质拓展活动，既开阔了文化视野，又锻炼了体魄，提升了综合能力。中外学员结对，通过体育健身挑战、互赠纪念品、网上沟通等方式，分享学习和生活，增进彼此的了解。学校还开展社会主义核心价值观解读活动，让各地学员感受人类文明相通的价值观追求，增加了文化认同感，增进了世界一家心手相连的情感。

二、活动成效

一是发挥引领示范作用。学校开展航空教育特色管理，为航空班配置特色制服、班徽、班旗，开设丰富的航空课程和国际交流活动，通过半军事化管理，有效提升了学生的整体素养。如今，航空班已经成为胶州四中靓丽的风景，"逐梦蓝天、航空报国"成为学生们的目标与追求。学校依托青少年航空教育办学特色，德育与教学工作取得了很大的进步，受到了社会的赞誉，各地的

学校代表纷纷到胶州四中参观学习。在胶州四中的示范引领作用下，当地又涌现出 6 所航空教育特色学校，胶州也多次成功承办国家级航空航天模型锦标赛、航空模型模拟飞行培训等活动。

二是树立对外交流品牌。近十年来，胶州四中以青少年航空教育为抓手，积极开展中外青少年航空教育交流活动，取得了良好的交流效果，让人文交流工作有基础、有载体、有品牌，在对外交流模式及成效上走在了全国的前列，为山东青少年航空教育的深入开展积累了宝贵的经验。胶州四中也成为山东青少年航空教育对外交流的窗口和旗帜，谱写了青少年航空教育交流活动的美丽篇章。

活动成果：结对国际友好学校，助力学校高质量发展
案例学校：石家庄外国语学校

石家庄外国语学校扎根中国大地办教育，以"国际友好学校结对子"项目为抓手，开展丰富多彩的中外人文交流活动。目前，学校已与全球 22 个国家的 203 所中小学建立了国际友好学校关系，通过不断完善"国际友好学校结对子"工作长效机制，推动学校的课程建设、教育教学水平，促进学校高质量发展。

一、立足学校实际，做国际友好学校顶层设计

一是确定"国际友好学校结对子"的目标。在开放办学的基础上，吸收和借鉴世界其他国家先进的教育理念、课程设置、教学方式，结合我国教育实际、学校文化特色和人才培养目标，创建具有本土特色的教学体系。二是学校主动链接教育部中外人文交流中心平台、当地外事部门、教育部门、外国专家等，挖掘国外学校资源。通过参加外事会议、国际会议等开展结对子推介工作。三是从合作意愿、长期性、发展理念及学校特色等方面明确了"结对子"的要素。四是签署合作协议。五是开展"国际友好学校结对子"校际交流活动，发挥优质学校带动薄弱学校和农村学校开展国际交流与合

作的作用，助推乡村学校提升教育教学质量，让乡村学校学生"不出校门，放眼世界"。六是组建学校外事团队，对合作进行阶段性总结、交流和宣传，建设常态化的人文交流品牌项目，打造品牌活动。

二、立足国际视野，以主题活动推进国际友好学校高质量发展

引入国际教育理念，推动学校教育创新。学校立足国际视野，寻找传统教学方式和学生成长的着力点，提出了自主学习、自主发展、自主教育、自主管理的"四自主·四环节"培养模式，构建了"五育并举"的校本课程。学校经过二十多年探索，走出了一条促进学生全面发展的特色之路，成为一所真正让社会满意、家长放心、学生喜爱的优质学校。

开展国际理解教育主题研修，拓宽师生视野。"共同的话题"是友好学校"结对子"可持续发展的关键。学校与美国艾奥瓦州奥斯卡卢萨学区、威斯康星州迪弗莱斯特学区合作，以"垃圾分类"为切入点，调查中美家庭和公共场所垃圾分类现状，开展垃圾分类常识宣传，引导学生关注人类面临的全球性挑战问题，引导学生树立人类命运共同体的意识。学校与美国艾奥瓦州西得梅因学区山谷高中多次开展交响乐团和民乐团互访交流和同台演出活动，用音乐架起中美学生的友谊之桥。此外，学校与来自加拿大的教师团队开展了15场线上同步教研活动，与哥斯达黎加、日本、美国、意大利、西班牙等国的学生举办视频交流会，拓宽了学生的国际视野，提升了学生对多元文化的理解力。

当好中外人文交流使者，讲好中国故事。2012年，学校70名高中学生参加了世界粮食奖青年论坛，作为全球唯一一支母语为非英语的学生代表队，学生们在世界舞台上用英语分享了中国青年对农业的见解，发出中国青年的声音。作为"中美千校携手项目示范校"，学校与美国友好学校通过网络平台交流，分享双方在绿色校园、环境保护等领域的课程与项目。

三、典型经验

一是加强党的领导，把方向、管大局、做规划、保落实。二是组建学校国际交流外事团队，完善学校国际交流工作机制，定期组织培训和学习，提高外事人员跨文化交际能力，不断提高团队综合能力。三是丰富学校国际交流宣传资料。站在国际文化理解的角度，结合学校、区域特色和中国传统文化，设计制作学校的外文简介、宣传页、画册、形象宣传片等，用外国人看得明白、听得懂的方式开展工作。四是建设学校外文网站、微信公众号、外事公共邮箱等，完善交流渠道。

活动成果： 循校史探究之路，育国际理解之花
案例学校： 四川省新津中学

《中庸》中说："万物并育而不相害，道并行而不相悖。"秉持这样的理念，四川省新津中学依托学校丰富的校史资源，开发国际理解活动课程，让学生在学习理解类、应用实践类、迁移创新类的国际理解教育活动中融合各学科知识，进行有意义的项目式探究，提高学生的学科核心素养和跨文化意识，增强学生的国际理解力。

一、课程设计依据

国际理解教育立足高远，视野广阔，而学生日常学习的主要场所就是学校。因此，学校以校史为切入点，循校史探究之路，结合中国精神的时代内涵，通过活动引导学生主动探究、深入体会国际理解教育在身边渗透的点点滴滴，助力国际理解教育的推行。

二、课程总体设计

（一）指导思想

结合国际理解教育的内涵，整合国际理解教育目标中"共同的家园与追求"的内容，整合学校相关资源，突出学生的主体地位，增加学生的自主探究体验，从活动中引导学生发现问题、分析问题和解决问题，培养学生的高阶思维能力、家国情怀、国际视野和对"人类命运共同体"的追求。

（二）活动主题

课题组成员讨论确定了"以校史探究为载体的学生活动"的主题，一致认为学校国际理解教育活动课程以"校史文化"为抓手，开展系列实践体验、探究、比赛和表演等活动，既切合学校目前开展的学生活动和高中生认知水平、心理特点的实际情况，又在现有的主题教育活动基础上深挖细掘，从学习理解类、应用实践类、迁移创新类的活动设计入手，层层深入，形成具有思辨特征的活动设计方案，丰富学校国际理解活动课程内容。

（三）课程目标

通过实地勘察和信息检索，了解本校及国外学校校史，体会学校发展的历史变迁和

— 四川省新津中学开展模拟
联合国社团活动

文化的多样性，尊重历史，放眼未来，拓展国际视野，编撰校史
文化文本材料，设计本校校史文化校本课程，形成校史文化的研
究模型，供其他学校梳理校史时参考。

（四）活动单元

在整个课程设计中，校史初探、校史竞讲、校史对照和校史
创演四个活动单元呈逻辑递进关系，每个单元均要求教师设计以
下环节：主题设问、体验与探究、认知与延展、思辨与反思，并
针对各个活动单元设置配套的具体活动，如在校史初探活动单元
进行实地考察、信息检索，在校史竞讲活动单元进行海报设计、
演讲比赛，在校史对照活动单元进行调查报告撰写、主题辩论，
在校史创演活动单元进行剧本创作、舞台演出等。

（五）课程评价

按照学校以"校史探究"为载体的国际理解教育活动课程方
案安排以及不同阶段的活动单元设置，设计以档案评价为主的多
种评价方式。

三、课程实践成效与影响

在课程实施的过程中，四川省新津中学组织师生扎实有序地
开展各项课程活动，成效显著，影响深远。

**（一）学生层面：强化思维，提升素养，培养家国情怀与世
界眼光**

学生在融合学科进行国际理解教育相关的活动中不仅收获了
代表他们综合素养提升的各级各类奖项，更进一步加深了对学校、
对中华民族、对世界求同存异发展理念的认同。

**（二）教师层面：转化意识，完善路线，融合校史研学与中
国精神**

学校老师对国际理解教育活动课程的熟悉度和认同度逐渐提

升，老师们的课程开发意识和能力也有了很
大的发展，对校史和党史的认识也越发深刻，
老师们的积极探索取得了诸多成果。

**（三）学校层面：深化实践，丰富课程，
增强体系关联与辐射引领**

课题组的老师结合研学旅行课程，深化
了以校史探究为载体的普通高中国际理解教
育活动课程实践研究，丰富了学校的特色课
程体系，强化了学校特色课程之间的关联性。
此外，课题组老师还通过成都市中小学教师
继续教育精品课程的申报与实施工作，优化
了校本课程，继续扩大国际理解教育校本课
程的影响力。

**（四）社会层面：关注报道，推广成果，
提升课程的社会影响力**

学校的校史探究相关活动不断被中央
广播电视总台、新津教育等各级媒体关注
和报道，在各类平台亮相、推广，学校开
设的国际理教育活动课程的社会影响力逐
渐增强。

教学成果： 创新国际学生培养模式，服务国际产能合作
案例学校： 重庆公共运输职业学院

重庆公共运输职业学院与国外院校签订中外课程学分互认协议，开展"中文 + 专业技术技能"项目教学，培养符合国外教学标准和交通企业需求的技术技能人才。学校结合缅甸、泰国当地交通行业企业发展实际，按需定制课程和人才培养方案，构建项目制国际订单人才培养模式，通过"案例教学""校内外实训基地实地实践教学"等形式，学生从实践中充分理解专业术语、掌握专业基本知识、认识相关设施设备，促进了汉语教学与专业技术技能教学融合。

一、工作流程牵引，课程岗位契合

学校联合大型国企，以项目制形式设置国际人才培养项目，按工作流程和任务推进模块化、项目化教学，课程内容契合岗位标准。学校安排国际学生到重庆公交集团、重庆轨道集团、国铁成都局集团重庆机务段等企业进行现场实训实习。学校课程内容契合企业岗位标准，按企业生产流程和任务设计教学任务，推进模块化、项目化教学，加深了国际学生对现场专业知识和技术技能的理解与运用。

二、校企双元评价，线上线下结合

学校与重庆公交集团、泰国曼谷铁路公司等企业联合开展国际学生培养与评价，学校负责中文教学、专业教学、校内实训教学与评价，企业负责现场实训环节的培养与评价工作，学校组织国际学生到国内外实训室或生产现场开展专业学习与岗位实践。特别是新型冠状病毒疫情发生后，学校针对国际学生无法到中国学习的情况，创新推行基于课岗融合、工作流程和工作任务的线上直播教学。

三、成果成效

一是通过实施"缅甸仰光省公共交通高级管理研修班"项目，助推中国智能公共交通技术标准、装备和导航系统进入缅甸，实现营收 5000 万元人民币以上。缅甸仰光省交通厅向重庆市教委、重庆交通开投集团和学校致函感谢，缅甸《金凤凰报》评价该项目"开启了仰光公交信息化建设之先河"，该项目被作为特色项目收录至《中国高等职业教育年度质量报告（2018）》。

二是通过连续 4 年实施"泰国高铁技术培训班"项目，实现中泰专业课程标准融通互认，为泰国培养师资队伍和技术技能人才 600 余人，项目留学生荣获"中国—东盟教育交流周首届学生技能大赛"一等奖、"2019 年全国城市轨道交通运营管理综合应用行业赛（高职组）总决赛"优胜奖，学校被泰国教育部职业教育委员会确定为"泰国铁道交通专业留学生培养基地"，该项目被中国教育国际交流协会评为"中国—东盟双百职校强强合作旗舰计划"特色合作项目。

三是学校在开展国际人才培养的过程中，坚持专业知识学习与文化交流相结合，向国外学员分享重庆的历史文化和城市建设发展成果，并通过举办联谊会、体育活动、中国传统文化交流等活动，让学员们深刻感受重庆人的真诚友善、热情好客与中国文化的博大精深，增进了国外学员知华、友华、爱华的情感，促进了民心相通。

四、经验总结

学校作为服务交通运输产业链的高职院校，根据中外交通行业企业发展需求，以国际人才培养项目为基础进行创新研究，形成了"工作流程牵引、课程岗位契合、中外课程互认、语言专业融合、校企双元评价、线上线下结合"的项目制国际订单人才培养模式，为"一带一路"沿线国家和地区培养交通人才。下一步，学校将围绕城轨交通、铁道交通、智能公共交通等交通行业优质产能及标准，迈开"走出去"的步伐，开发线上教学平台和教学资源，进一步拓展与"一带一路"沿线国家和地区的国际人才培养合作等项目。

一

活动成果： 国际交流强文化自信，友校合作促文明互鉴
案例学校： 成都市树德协进中学

作为中外人文交流特色学校建设计划项目学校，成都市树德协进中学聚焦师生国际化素养提升，积极探索办学的国际化路径。在意大利教育部国际教育司的支持下，意大利双子高中、利沃诺马斯卡尼音乐学院、库内奥美术学院等与学校签订了友好办学交流协议，在课程共建、友好互访、参与国际会议等方面密切协作。

一、坚持"中国意韵，世界情怀"

确立具有"协进"特质的教育国际化理念。在"滋德弘道，以文化人"办学理念的指引下，树德协进中学以"中国意韵，世界情怀"为导向，建立了涵盖五大洲名优高校和著名高中的互动办学网络，架设起优质的国际化教育资源"立交桥"。

制定机制，保障国际化工作有效开展。学校在办学章程、发展规划等重大制度建设中，明确提出了教育国际化的方向、思路，形成了较为完善的工作机制，系统推进国际化工作开展。学校专门成立教育国际化工作领导小组，各处室密切配合、全面参与，推进中外人文交流及友好学校建设工作。

二、加强师资队伍建设

学校成立教师发展研究室，通过搭建外出讲学、访问等交流平台，促进教师专业化发展。近年来，学校组织全校教师开展教师国际化专题培训，共培训教师500人次，先后派出20人次前往意大利等国讲学、访学，参加培训及国际会议。

三、科学设计并丰富课程资源

重构具有"协进"特质的国际课程。在"协进"文化的指引下，学校建构起以"'五育'协同，全面培养"为追求的"三维"课程体系，重点研发"立足中华，走向世界"的国际课程。学校先后与意大利的双子高中、利沃诺马斯卡尼音乐学院、库内奥美术学院结为友好学校，通过交流互鉴、共建共享，建构了中国传统文化、意大利美术等国际课程。2021年，学校的4名学生进入意大利优质高校继续深造。

有效推进国际教育项目的实施落地。学校承办了"为未来·筑课程——国际化视野下，发展学生核心素养的学校课程建设"研讨会、"Learing by doing"国际理解教育研讨会、"一带一路"中意产业与创新教育研讨峰会等国际交流活动。2020年起，学校与双子高中通过线上交流和书信的方式互致问候，携手同行，共克时艰。在2021年2月举办的"中外人文交流小使者"展示活动、英语辩论赛等国际竞赛中，学校学生取得了优异成绩。

— 俄罗斯"海洋"全俄儿童中心交流团来成都市树德协进中学交流（左图）

— 成都市树德协进中学参加"中意教育联盟"成立仪式（右图）

活动成果： 化工有"礼"，同心筑"路"
案例学校： 重庆化工职业学院

为积极响应"一带一路"倡议，重庆化工职业学院推动开展了一系列对外交流工作。2019 年，来自泰国东方学院（Eastern Technological College）等多所院校的 54 名学生到重庆化工职业学院开展为期两周的学习交流活动。学院以儒家、道家思想为主轴，围绕汉语、国学课程等，开展了一系列学习中华优秀传统文化的活动，增强了来华学生对中国文化的理解。课堂上，中泰师生一起说汉语，写汉字，习书法，着华服，行礼仪。从生动有趣的中国古代故事中，泰国师生还了解了"礼""仁""义""孝"等理念。在专业技能实训课上，泰国师生体验了 3D 打印技术、手工皂制作、化学实验等。交流期间，泰国师生还参加了舞蹈、舞剑等课外活动，体验了中国的校园文化及生活。通过这些访学活动，来华的泰国留学生与中国学生结下了深厚的情谊，他们决心承担起两国文化友谊的传承使命，回到泰国后继续传播中华优秀传统文化，让更多人了解中国。

2019 年，学院选拔了 11 名制药工程学院学生赴马来西亚思特雅大学开展为期一周的游学活动。思特雅大学为此设计了丰富的课程。在语言课程中，学院学生们了解了马来西亚民族的历史和文化；在化学工程专业课上，学院学生们在马来西亚的教学方式下学习可再生能源和纳米技术的相关知识；在实验课上，学院学生们通过头脑风暴想象生物循环利用过程，完成再生能源电能和再生油实验。模仿工厂条件建设的实验室、实验过程中的环境保护和废水废料处理方案的设计实施等都体现出马来西亚教育的特点，即在注重操作与实践的同时也让学生更加理性地利用资源，在教学中培养学生的行为习惯。此外，学院学生们还体验了马来西亚传统手工制作和宗教文化与风俗。游学活动不仅开阔了学生的视野，拓宽了他们的国际化思维，还助力中方师生跨文化交际能力的提升。

交流互访活动是中外职业院校开展国际合作交流的良好开端，重庆化工职业学院将继续讲好中国故事，积极参与教育对外开放，为推进国家"一带一路"教育发展贡献自己的力量。

活动成果： 深化国际人文交流，彰显职业教育品质
案例学校： 成都市青苏职业中专学校

成都市青苏职业中专学校积极扩大教育开放，落实中外人文交流特色学校建设计划，引进和利用国外优质教育资源，推进教育国际合作交流，发挥教育国际化在促进学校教育改革与发展中的作用。

一、具体做法

（一）国际视野，深度合作，形成国际合作交流的样态

在建设成都市国际特色职业院校的过程中，学校确立了塑造以"国际视野、人文情怀"为基本文化内核的新时代技能人才标准，促进学生专业技能的国际化发展。2009 年 9 月，学校率先成立了"国际部"。2016 年 9 月，学校组建了青羊区职业教育国际交流中心。近年来，学校与国外的知名学院进行深入合作。

1. 树立人类命运共同体理念，开阔职教

人的国际视野

针对不同学段学生、家长的不同需求，学校通过入学英语测试，在学前教育、汽修、数字媒体技术应用专业设置国际班，引入英语衔接课程、日语课程，聘请外籍教师教学。学校积极选拔骨干教师参加国际教育理念、教学方法专题培训，组织学生到国外合作大学学习先进技术。

2.树立师生人文共生理念，构建国际学习交流生态圈

学校创新外籍教师聘用管理模式，与大原日语培训学校合作，安排外籍教师在汽修、动漫国际班进行教学工作。学校规定英语教师必须进修第二外语，鼓励其他语种的教师进行第二外语的学习，鼓励教师参加国际项目培训，考取国际资格证书。此外，学校加强与日本合作大学的专业教学衔接，通过中日会馆的协调，接纳外籍学生到校访问交流，同时鼓励学生到海外大学游学、留学。目前，学校对外留学项目达 15 项，有近 50 名学生留学海外。

学校强调中外文化的融合贯通，开发了清音、陶瓷、竹编、扎染等非遗特色课程，在学前教育专业开发幼儿教师英语校本课程，在动漫专业开发动漫绘画日语课程，在酒店专业开发咖啡课程，创编校园英语 300 句等。此外，学校还针对学生心理健康教育开发了心智成长特色课程。

（二）专注发展，彰显魅力，突显国际人文教育的实效

学校组建了涵盖众多非遗项目的社团，学校联合企业、高等院校合作共建非遗劳动教育体验基地，举办中外文化交流展示活动，组织师生参加各级各类竞赛，开展国际趣味体育节、"校园奥斯卡"外语节等活动。

二、工作的成效

学校自 2009 年开展中外人文交流以来，被成都市教育局评定为第三批"成都市国际理解教育课程研究实验学校"，成功申报为中外人文交流特色学校建设计划项目学校、"中意图兰朵"项目学校，并先后荣获"成都市向国外正规高等院校输送高中毕业生工作优秀单位""成都市国际化特色职业院校""青羊区教育国际化工作优秀单位"等称号。此外，学校申报的区级课题"基于国际化背景下的校本特色课程研究"也已顺利结题。

活动成果： 打造国际理解教育的生动样本

案例学校： 青岛外事服务职业学校

作为青岛市礼宾志愿服务基地，青岛外事服务职业学校曾为中日韩旅游部长会议、奥帆赛、全运会等重大活动提供礼宾服务，还与韩国、日本、泰国、新西兰、德国、美国等国家的院校进行合作交流，每年组织学生到国外的友好学校研学。青岛外事服务职业学校通过课堂教学、沟通交流、研学互访、社会实践、主题活动等多种方式开展中外人文交流活动，在学生的心中播下人文交流理念的种子，培育具有"世界情·中国魂"的新时代青少年，形成可复制、可推广的中外人文交流经验与模式。

一、创建中外人文交流智库，专家把脉明方向

2021 年，为深入落实中外人文交流特色学校建设计划项目，推进学校中外人文交流工作的特色发展，充分发挥专家前瞻性发展思路的引导，提高科学决策水平，经校长办公会研究，学校成立青岛外事服务职业学校中外人文交流智库，邀请中外人文交流青岛教育实验区专家、高校教师、日本育英馆教育集团

— 青岛外事服务职业学校茶艺社的学生展示茶艺

负责人、国外高校校长等加入智库，指导学校的中外人文交流实践，助力学校打造中外人文交流特色品牌。

— 青岛外事服务职业学校师生与德国韦斯特堡职业学校学生进行线上交流（左图）

— 青岛外事服务职业学校师生与韩国大邱第一女子商业高中学生进行线上交流（右图）

二、以中外人文特色学校建设计划项目为引领，稳步推进各项工作

2020 年，学校入选中外人文交流特色学校建设计划项目学校，学校的国际理解教育、国际友好学校结对子、中外课程共建共享 3 个中外人文交流特色项目稳步推进，有效提升了学校的国际化水平。截至目前，学校在国际交流方面已立项课题 3 项，包括山东省教育科学规划"十二五"课题 1 项、山东省教育教学研究课题 1 项、青岛市"十三五"规划重大招标课题 1 项。

三、不断加强国际交流，有效提升国际交流水平

2021 年 12 月，韩国大邱第一女子商业高中的 110 名学生给学校韩语专业学生寄来热情洋溢的信件，学校同学为韩国朋友们录制了视频，通过歌舞、演讲、小话剧的形式，介绍了青岛代表景点和中国学生的校园生活。通过回信活动，增强了中韩学生之间的交流。2022 年 6 月，学校与韩国大邱第一女子商业高中举行"同情相成，日亲日近"——中韩学子线上交流活动，双方学生通过图文结合的形式分别介绍了各自学校的情况，展示图书馆、教室、食堂、操场、会议室的图片，大家对各自的学校有了更直观的了解。

四、成立了国际文化体验中心，让学生体验外国文化

依托学校实训中心，学校成立了包括商旅文化体验室、中国文化体验室、日本文化体验室、韩国文化体验室等实训教室的国际文化体验中心，学生可在此学习书法、茶道等多种课程。

五、建立了传统文化课程教研团队，开发校本课程

校本课程内容涵盖美术、音乐、文化、礼仪等各方面，主要有书法、茶艺、插花、传统文化、国学、传统礼仪、国画、剪纸、陶笛、京剧等课程。教师以英语、日语、韩语、德语及泰语等多国语言授课，向国外学生宣扬中华传统文化之美。截至目前，已完成《青岛手绘地图》《我们的论语》两本读本的英语、日语、韩语和泰语的翻译工作。此外，学校还进行了课程的录制，完成青岛栈桥、天后宫的 AI 课程录制，并配有中英文讲解，让外国学生可以更好地了解中国传统文化，实现校本课程国际化。

六、突出社团，营造中外人文交流的校园氛围

学校有模联社、茶艺社、古筝社、国学社、健美操社、街舞社、拉丁社、民族舞社、礼仪社、电商社等 30 个学生社团，在课余时间定期开展形式多样的活动，帮助学生培育包容接纳多元文化、积极参与国际交流的态度，掌握国际交往需要的基本知识和方法，乐于合作，学会共存。

科研成果：架设人文交流之桥，谱和合共生华章
案例学校：华中师范大学

印度尼西亚（以下简称"印尼"）是首个同中国开启高级别对话合作机制的发展中国家、东盟国家和海上丝绸之路沿线国家。2016年，华中师范大学中印尼人文交流研究中心（以下简称"中心"）成立，中心深入贯彻人类命运共同体理念，促进民心相通，构筑新时代中国和印尼人文交流之"桥"。

一、科研产出"联智桥"

中心自成立以来，牢记使命，不忘促进中国和印尼人文交流和民心相通之责任，不断巩固科研产出。一是潜心学术著作出版。目前，中心已公开发表与印尼相关的学术论文近100篇，出版了《"21世纪海上丝绸之路"与中国—印尼战略合作研究》《中印尼人文交流发展报告（2019年）》等相关著作10余部。同时提供咨询报告20余篇，系统总结了人文交流各领域合作成果及存在的问题，并提出切实可行的相关建议，为人文交流实践提供决策参考，为中国和印尼全面战略伙伴关系奠定更加坚实的社会民意基础。二是申报并获得多项国家社科、教育部人文社科和其他各级科研项目资助，如"人类命运共同体视角下全球突发公共卫生事件国际合作模式研究""印度尼西亚海洋战略发展：历史与现实""'一带一路'背景下中国——印尼战略伙伴"等项目。三是与时俱进，创新促进"互联网＋人文交流"的发展，进一步加强数字化转型，创建印尼研究与交流的互联网平台暨国内首个"印度尼西亚研究"网站，搭建了"印度尼西亚研究"数据库，推出了"华中师范大学印尼研究中心"微信公众号，打破了中外人文交流的资源约束和时空限制，网站点击量突破千万。

二、教学相长"联动桥"

近年来，中心积极推进两国高校交流，在人才培养、学生交流上取得显著成果，并同印尼各高校携手共进。一是开展课程教学、夏令营、"汉语桥"等活动，提升留学生的汉语水平和对中国文化的认知，为两国的文化交流搭建平台。二是加强国别与区域研究，中心先后与印尼雅加达国立大学、泗水国立大学达成合作协议，培养和储备了一批具有国际视野、通晓国际规则、能够参与国际事务和竞争的研究人才。三是中心与印尼泗水国立大学合作共建孔子学院，开设汉语课程，定期举办"泗水中国文化日"活动，如剪纸、插花、茶艺、古典乐器演奏等讲座及体验活动，促进语言文化的传播。

三、多彩活动"联通桥"

中心承办了多个中印尼人文交流相关活动，为中印尼民心相通提供平台。2018年以来，中心与教育部中外人文交流中心连续联合举办"中印尼人文交流发展论坛"，围绕全球海洋战略、可持续发展、人力资源开发、减贫、基层治理、疫情防控等领域开展深层次对话。

— 华中师范大学中印尼人文交流研究中心出席印尼泗水国立大学孔子学院成立10周年庆典

— 2020 年 1 月，印尼泗水国立大学孔子学院师生举办 2020 年除夕夜庆祝活动

态月报》，指导中国和印尼的人文交流实践发展，为未来指明方向。建立常态化合作机制，积极"走出去"，与印尼的高校建立广泛合作关系，包括接收印尼留学生、人才联合培养、在印尼当地设立孔子学院三种形式，促进双方师生人文交流往来常态化。开展丰富多彩的交流活动，为学者、企业家、师生等各界人士提供广泛的交流机会，构建沟通对话的平台，促进国际中文教育的发展。

二是产生显著的人文交流成效。中心积极发挥智库作用，为相关政府部门和企业提供"印尼国内安全形势及投资风险"咨询服务，为决策部门提供中国和印尼的战略关系发展前瞻性报告，为外交部等部门提供推动中国和印尼关系发展的具体政策建议等，为两国领导人会晤准备重要资料，为地方经济、社会和文化发展贡献智慧，为共建"一带一路"和 RCEP（《区域全面经济伙伴关系协定》）提供参考建议等。

论坛得到人民网、光明网、中新网、澎湃新闻网、印华日报等多家中外知名媒体报道。2018 年，中心承办由教育部国际合作和交流司指导的"东盟国家大学生领袖感知中国夏令营"，来自东盟国家的 38 名青年大学生通过各类学术活动和实地走访，了解了中国改革开放 40 年来的经济和高等教育发展成就，推动了中国与东盟国家青年人文交流，活动后还编辑出版了《中国故事——东盟国家大学生们的中国印象》一书。同时，中心组织并参与了 21 场围绕东南亚、东亚区域及亚太、印太跨区域的研究讲座、沙龙、学术研讨会等，辐射 4200 余人。

三是发挥高校联结作用，广泛发动教师、研究员、学生等各方力量加入促进中国和印尼的人文交流。尤其是推进两国青年互访、参与学术讲座、撰写学术论文等，同时增加中国学生对印尼的了解，激发他们对印尼的研究兴趣，为中国和印尼的交流培养新一代使者。

未来，中心将聚焦"区域综合经济走廊""两国双园"等合作，夯实中国和印尼的人文交流桥，推动中国和印尼民心相通。

四、人文交流"联心桥"

一是形成了鲜明的人文交流特色。中心注重科研成果的产出，定期回顾和总结中国和印尼的人文交流情况，编著《印度尼西亚动

活动成果：服务区域经济发展，构建国际交流新平台
案例学校：重庆工业职业技术学院

职业教育国际化不仅需要引入优质的海外资源，还要走出国门，发出中国职教的声音。重庆工业职业技术学院统筹政府、行业、企业、学校资源，以成渝两地为核心支点，以陆海新通道沿线国家为重要节点，构建内外联动、优势互补、产教协同、服务社会的陆海新通道职业教育国际合作联盟（以下简称"联盟"），

提升职业教育国际化质量。

一、基本做法

（一）规范体制机制，提升联盟工作效能

联盟确立了由重庆工业职业技术学院和

成都职业技术学院为理事长单位的联盟框架，双方共同起草联盟章程，确认联盟性质，规范联盟活动。同时，联盟设立秘书处和专家委员会，下设师资、课程、涉外办学、产教融合、政策研究、创新创业教育六大工作专委会。秘书处处理联盟日常事务，专家委员会为联盟建设提供指导意见，六个工作专委会负责联盟的具体工作任务。权责清晰的制度建设，使联盟建设很快步入正轨。

（二）资源协调共享，推动联盟凝心聚力

联盟以"合作交流、资源共享"为宗旨，外引内联、凝聚合力，打造职业教育国际合作品牌。

一是对接企业需求，整合行业资源。联盟对接重庆市物流口岸服务协会、陆海新通道国际运营有限公司等优质资源，以西部陆海新通道为切入点，切实了解企业国际化需求，加强产教融合，利用联盟搭建校企国际合作桥梁，就海外供应链人才培训与企业达成合作意向。

二是统筹职业院校需求，整合国内外资源。联盟组织调研，明确职业院校在国际合作中的痛点、难点和优势，牵头对接菲律宾、老挝、巴基斯坦等国的职业院校，打造境外合作办学平台，为联盟院校单位提供优质海外合作资源，解决国内职业院校国际合作依赖中介和资源匮乏的问题。同时依托协会和优质企业，链接东盟十国更多优质院校加入联盟，搭建境内外院校交流平台，推动院校境外办学、师资培训、鲁班工坊的实质性建设。

三是争取政府支持，整合政府资源。重庆市教育委员会将联盟建设立项为国际化特色项目，并提供300万元专项建设经费，保障项目的正常运营。项目还被纳入重庆市职业教育发展"十四五"规划重点建设项目和重庆市外事办年度工作重点任务。联盟积极促进重庆工业职业技术学院与老挝老德职业技术学院的框架合作，协调亚洲基金、澜湄合作专项基金项目申报等工作。

（三）拓宽合作渠道，扩大联盟的国际影响

联盟积极拓宽合作模式，不断丰富职业教育国际合作内容。一是联盟不断开拓新的合作领域，联合巴基斯坦NED工程技术大学、老挝老德职业技术学院，分设陆海新通道职业教育研究院，通过搭建国际科研合作平台，推进职业教育教学与研究、科技创新与技术开发、科研成果转化等多层次的合作。探索与"走出去"企业、陆海新通道沿线学校和国际组织在教学科研、国际专利申请、学术成果发表等方面的共建共享机制，促进其研究成果为政府决策、院校项目开展、企业业务拓展等提供智力支持，从而全面促进陆海新通道沿线省市与亚洲、大洋洲相关国家和地区间的人文交流及科技合作。二是有效利用企业资源，打造海外鲁班工坊。联盟与长安汽车达成在巴基斯坦建立鲁班工坊的协议，以长安汽车海外合资工厂为鲁班工坊建设地，结合巴基斯坦NED工程技术大学专业发展需要，将工坊打造成企业技术人员培训中心和海外学生生产实训中心，探索国内职业院校提供师资课程等轻资产、企业或外方院校提供实训场地及设备等低成本的可持续的鲁班工坊建设模式。

二、主要成效

联盟建设初具规模，国际影响力逐渐显现。目前，联盟汇聚了国内陆海新通道省市的122家会员单位，涵盖了我国13个省的优质职业教育资源，和32家海外会员单位。老挝、菲律宾等国家的优质职业教育资源已加入联盟，联盟在东盟国家的影响力开始显现。此外，联盟还将吸引优质海外资源，协调各方资源，凝聚多方力量，成为具有一定规模、产生一定影响的高职教育国际合作交流平台。

打造合作平台，形成特色项目品牌。联盟以优质外向型企业和职业院校发展需求为基础，在平台搭建、标准研发、质量保障、能力提升和人文交流等方面进行顶层设计。2021年，联盟举办了陆海新通道职业教育论坛，吸引了200多家单位参加，已初具品牌效应。陆海新通道职业教育研究院受到了巴基斯坦和老挝的职业院校的青睐，首批30个职业教育课题正在陆续发布中。目前，与老挝共建的熊猫工坊项目，已完成了2期40人的在线培训，相关课程标准也通过熊猫工坊走出国门。

服务国际产能合作，增值赋能成果显著。联盟成立以来，累计完成教师培训200多人次，投入培训经费40余万元，培养了一批具有国际视野、通晓国际规则的国际化师资队伍。同时，围绕国家重大战略和区域支柱产业，面向泰国、老挝、巴基斯坦等国培训海外员工850人次，助力中国企业在海外的发展。

区域性的职业教育合作联盟能有效整合资源，提升海外竞争力。联盟的建设思路和方法，增强了中国职业教育的国际影响力，开创了我国职业教育对外开放的新局面，为引领带动区域教育国际化的共同发展提供了新思路。

教学成果：搭建线上国际交流合作新阵地
案例学校：宁夏职业技术学院

宁夏职业技术学院积极对标国家"双高校"建设任务要求，服务国家"一带一路"建设，推进教育对外开放，创新国际化合作模式，拓宽学校国际交流合作的渠道，引进境外优质的教育资源和先进的教育理念，通过师资培训、文化交流等形式，开阔师生的国际视野，提升学校在海外的知名度和美誉度。

一、主要做法

学院充分发挥"互联网＋教育"的优势，积极创新与境外院校的深度合作，不断拓宽师生的国际化视野，扩大学校的国际影响力。学校与美国加州州立理工大学（波莫讷）开展"大学生创新创业领导力在线培训项目"，与新加坡 PSB 学院开展"计算机新兴技术在线培训项目"，与日本大阪健康福祉短期大学开展"日本康养人才在线培训项目"等，累计培训师生 330 名。

二、典型经验

一是精心筹划，做好准备工作。根据各专业需求，学校与境外高校联系制订线上培训实施方案。为确保培训效果，学院通过考试选拔英语基础较好、学习能力较强的学生参加培训；提前召开动员会和培训会，对参训师生进行语言能力、对外交流技巧的短期集训；在培训时，将学生分成若干小组，为小组配备课程辅导教师，确保培训达到预期效果。

二是创新模式，激发学习动力。采取全程直播的形式，通过 Zoom、Teams 等视频会议平台，学校师生与境外高校教师、行业专家相聚云端，感受境外院校的教学方式、教学内容和学术特色，接轨国际前沿研究。通过直播讲授、在线答疑、在线测试、线上演讲、作品展示、线上点评等多种形式的交流，不断提升学校师生的跨文化沟通能力，强化专业课学习，拓宽了师生的视野。

三是小组教学，加强专业辅导。学校选派专业能力较强的优秀教师同步开展线上学习、线下辅导。针对不同的交流合作项目，采取不同的辅导方案。按学生比例配备专业教师，组建学习小组，根据学习进度，有针对性地开展辅导，及时答疑解惑。同时，积极反馈教学中存在的问题，以便外方导师及时调整培训方案。外方也选派志愿者参与课堂学习，协助主讲教授完成教学任务，活跃教学氛围。双方及时开展阶段性总结，组织小组讨论、中期交流会、结业分享会等，教学效果良好，受到中外师生的广泛好评。

活动成果：秉持"技术创新＋人文交流"理念，打造留学生教育基地
案例学校：天津渤海职业技术学院

天津渤海职业技术学院于 2015 年首次招收外国留学生，在此基础上不断创新国际合作交流思路，拓宽对外交往的领域，于 2016 年首创职业教育国际合作新模式——鲁班工坊，开设的全部国际专业均通过泰国职业教育委员会认证。随后，学院开发了国际专业课程标准，并建成了外国师生培养培训基地。

一、主要做法

学院建成了集外国留学师生实习实践基地、外国留学生文化体验基地、中外学生劳动教育基地于一体的外国留学师生培养培训基地。

（一）立足服务，创新引领，建设外国留学师生实习实践基地

1. 全方位加强实践基地建设

学院建设了涵盖装备制造、电子信息、财经商贸等专业大类的 24 个校级外国留学生实习实训基地项目，建设了外国教师培训培养基地，重点打造了机电一体化技术、新能源汽车技术、机械制造与自动化技术、物联网技术 4 个专业的外国教师培养基地。

2. 全过程深化人才培养模式创新

学院根据留学生实习实践的不同需求，分别制订了短期参观、短期体验、短期培训、中长期培训 4 种培训方案，编写了国际化培训教材 8 本，制作了课件 60 个和动画 60 个，视频时长达 300 分钟。

（二）学思践悟，品味文化，设立外国留学生文化体验基地

1. 在目标与功能上，构建符合留学生特点的文化体验教学基地

以"创新文化体验实践教学模式"为重点，以"留学生认知和理解中国文化"为主线，以"提高留学生跨文化语言交际能力"为目标，让留学生在真实的社会文化中进行体验活动，提高跨文化语言交际的能力。

2. 在建设模式上，以校内建设为主，校外建设为辅

学院在校内重点建设班墨文化与工匠精神、七二九互动区、中国书画展示体验区、中国民俗文化展示区、中国传统曲艺文化展示区、红三角文化展示区等 6 个外国留学生文化实习实践基地。

学院与山东省滕州市鲁班纪念馆、长芦汉沽盐业展览馆共建校外留学生文化体验基地 2 个。

（三）崇尚劳动，尊重劳动，打造中外学生劳动教育基地

多年来，学院注重对中国学生和外国留学生的劳动教育，建设了面积达 500 平方米，包含植物种植体验中心、智能制造中心、粮食食品认知体验中心、建筑工程模型制作中心等，并配有专业辅导、讲解人员等的综合性劳动教育实践基地，以满足学生对于农业劳作、加工制造、服务体验、创新实验的系统化劳动实践需求。

二、主要成效

近年来，学院先后接收 4 批共 150 余名泰国短期培训师生进行为期 3 个月的培训，先后接待了泰国、印度尼西亚、马来西亚、印度等 30 个国家的 700 余名留学生和 100 余名教师进行参观体验和实习实践活动。2020 年，学校入选 2020 年教育部中外人文交流中心智能制造领域中外人文交流人才培养基地筹建合作院校。

活动成果： 开展德国"双元制"本土化实践
案例学校： 泸州职业技术学院

2015 年起，泸州职业技术学院在应届新生中选拔组建机电一体化技术（HWK 机电一体化师）、机械制造与自动化（HWK 精密机械加工师）两个专业中德班，积极探索德国"双元制"职教模式的本土化。

一、"双元制"职教模式本土化实践的做法

（一）"双元制"本土化改造初步完成，教学体系基本形成

学院引进德国"双元制"职业标准和教学计划，制订具有学

院特色的人才培养方案；根据岗位和职业能力要求组织教学，强调学生实践能力培养；教学方式由传统学科知识讲授转为以行动导向的教学互动为主；借鉴德国 HWK 考评体系，重构综合成绩评价体系。

（二）教师综合能力显著提升，教学科研能力明显增强

2015 年至 2017 年，学院每年选派 25

— 泸州职业技术学院与德国
德累斯顿工业大学签约仪式
（左图）

— 德国劳工局代表来泸州职
业技术学院选聘中德班优秀
学生（右图）

名骨干教师赴德学习。截至目前，学院共有 24 名教师取得了 HWK 培训师和 HWK 考官资格证书。近 3 年，学院教师团队完成市级以上课题 25 项，其中教育部人文社科课题 1 项、省级课题 11 项；发表核心期刊论文 18 篇；获得专利授权 27 项，其中发明专利 3 项；参与企业技术革新和新技术研发项目 30 余项。

（三）成立跨企业培训中心，完成理实一体化教室建设

学院参照德国学校的标准，改造理实一体化教室。按照培训规则和 IIWK 培训、考试标准以及企业标准建设"跨企业培训中心"，把以学校为主导的实习实训转换到以企业为主导的职业培训。

（四）人才培养质量稳步提升，学生赴德国就业

学院共有 142 名学生通过考试并取得 HWK 职业资格证书，学生获国家和省级技能大赛奖项 50 余项，完成创新创业项目 10 项。2020 年，学院荣获第六届中国国际"互联网+"大学生创新创业大赛的省级比赛金奖、全国比赛铜奖各一项。2018 年以来，学校共有 10 余名学生赴德国就业。

二、实施成效及项目经验

（一）健全组织管理体系，建立职教运行平台

学院牵头组建"四川中德培训学院"，成立"德国 HWK 四川考试中心""泸州中德职业教育联盟"及教学委员会和考试委员会，按照德国标准进行教学和开展质量评价。

（二）举办中德职业教育合作论坛，搭建职教交流平台

学院分别于 2016 年 10 月和 2018 年 6 月成功举办"中德职业教育合作论坛"。教育部、四川省教育厅、四川省人社厅、四川省外专局、德国驻成都总领事馆、德国联邦劳工局、德累斯顿工业大学等代表出席会议，30 余所省内外院校以及 20 余家中外企业代表参加会议。

（三）借鉴德国"双元制"培养体系，提升国际交流合作水平

学院引进了德国"双元制"职业标准和教学计划，借鉴德国 HWK 考评体系重构综合成绩评价体系，形成了 OBE 成果导向的专业及课程建设机制，与英国、新加坡、日本、马来西亚等国的院校开展合作办学、专业建设合作、师资交流与培训等多种形式的合作。

（四）推进德国"双元制"本土化改造，实现海外留学生培养"零的突破"

中德职教合作项目的开展，提升了学院职业教育对外交流合作水平，机电一体化专业的 23 名南非留学生已完成学业。目前，泰国、马来西亚等国与学院达成初步招收留学生的意向，德国将同学院一起在东南亚招收中德合作专业方向的留学生。

活动成果：中非携手"腾"出泸职风采
案例学校：泸州职业技术学院

为积极响应"一带一路"倡议，泸州职业技术学院从 2019 年 9 月起与南非中国文化和国际教育交流中心合作，实施招收南非留学生项目。

一、典型做法

泸州职业技术学院与泸州市驰腾科技有限公司签订留学生实习协议，安排 23 名机电一体化技术专业的南非留学生在学习完 8 个月的理论课后，在泸州市驰腾科技有限公司开展为期 10 个月的专业实习。

学院根据企业的实际情况，结合留学生的专业和工作岗位能力，为留学生制订了课程体系和课程标准，设置了基础理论课、实践课和跨文化交流课程。从专业技能和企业管理两方面指导学生实习，包括企业文化、企业制度、技术标准、技术要求等内容。学院对留学生现状进行科学评估后，制订了由浅入深、由简入繁的实习规划。先安排留学生在简单、不需要高协同的工作岗位工作，通过一段时间的训练后，再转入专业的实习岗位。同时，配备了实习指导教师、生产管理人员、技术指导人员、日常生活辅助人员以及志愿者，对留学生的实习和生活进行辅导和管理。

二、经验总结

（一）深化协同育人，提升"双主体"人才培养水平

学院积极推进校企协同育人，在南非留学生项目上与泸州市驰腾科技有限公司实行双主体模式办学，推行"现代学徒制"。校企共同制订人才培养方案、共同开发课程与教材等教学资源、共同实施教学、共同组织考核考评，促进专业与职位、课程与岗位、教学过程与生产过程的有效衔接。

（二）增强校企双向互补，强化"产教融合"成效

学院推进"师生校企双融合"计划，着力抓好三方面的工作：一是要求留学生进企业实习，掌握岗位技能；二是规定给留学生上课的专任教师必须进企业，承接横向课题等；三是邀请企业高管、高级工程师等进课堂。

（三）拓展优质校外实习基地，提高实习基地质量

学院积极拓展校外留学生实习基地，与泸州豪能传动技术有限公司、四川邦应重机有限责任公司等企业合作，培养南非留学生。

（四）联合"双师"育英才

学院聘用企业高级技术与管理人才担任兼职教师，打造专兼职结合的双师型教师队伍。目前，学院 50% 以上的专任教师具有副高以上的高级职称，超过 90% 的教师有企业背景或行业背景。

三、项目意义

学院主动"走出去"，服务地方企业，积极探索基于"校企合作，产教融合"的留学生培养模式。一是积极联络驻华使馆、对外交流协会、国外合作院校等，联合地方企

— 泸州职业技术学院南非留学生开学典礼

业出海招收目标国家的留学生，为企业出海赋能并培养人才。二是以产教融合为中心，结合企业和留学生的需要合理设置专业，引导留学生根据当地企业的需求选择专业。三是积极联系"走出去"企业的国际员工，以兼职教师、企业导师等形式，将其引入留学生的培养，弥补学院师资的不足，服务企业国际化发展，为留学生提供经验借鉴。四是通过产教融合、校企合作，帮助留学生到海外中资企业就业，培养了一批适合企业需求的、综合素质高的技能型人才。

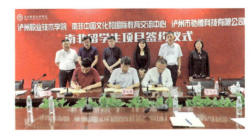

— 泸州职业技术学院南非留学生项目签约仪式

活动成果： 构建国际化合作平台体系，推动青年交流内涵式发展
案例学校： 青岛农业大学

近年来，青岛农业大学致力于创新国际交流合作模式，与国外友好院校深度合作，搭建科研平台，推动青年交流内涵式发展。

一、深度合作，与国际高水平大学共建优质国际科研平台

学校立足高水平特色学科发展，瞄准国际科技前沿与国家重大需求，围绕学校农业与环境领域优势学科建设，通过前沿领域的交流合作，引导传统学科转型升级，开阔学生视野，创新国际型研究人才培养的新模式与新机制。

2018 年，青岛农业大学—不列颠哥伦比亚大学城市林业研究院成立，双方开展城市林业教学科研，将专业人才培养、科研水平和学科建设提升到国际领先水平。2019 年，学校与澳大利亚莫道克大学共建了中澳农业与环境健康联合研究院，聚焦农业与环境健康研究，培养国家农业与环境领域所需的创新型、复合型人才。2020 年，学校与韩国首尔大学合作共建中韩农业生物环境研究院，在农业生物环境领域开展科研合作，打造跨国界的农业环境研究平台，不断提高在农业环境保护领域的国际共识。2021 年，学校与中国农业机械化科学研究院、俄罗斯农业工程中心共同签署《中国—俄罗斯农业装备科技创新与产业发展合作协议》，共建中俄智能农业装备创新中心，通过在先进智能农业装备关键技术领域的联合攻关、知识共享、优势互补，推动现代农业机械化装备技术发展，合作培养创新型国际人才。

二、立足平台，构建立体化学生交流模式

在共建平台的基础上，不断丰富学生交流模式，构建"语言交流—课程交流—学术交流"的立体化学生交流模式。

2019 年 7 月至 10 月，青岛农业大学派遣 32 名研究生远赴澳大利亚莫道克大学研学。莫道克大学采用立体化学生交流模式，为学生量身打造了为期 3 个月的研学计划，即开始阶段强化语言，由英语教师讲授听说读写课程；同时开设专业课程讲座，教授英语学术论文写作，提高他们的国际科研竞争力；在此基础上，再安排学生进入实验室实习，体验国际化科研合作环境，开展深度学术交流。青岛农业大学—不列颠哥伦比亚大学城市林业研究院也采用上述模式运行。学校派遣十余名园林学院学生赴不列颠哥伦比亚大学进行为期 4 周的访学活动，通过语言提升、专业学习以及实验室参观等，提升学生的国际化发展能力。

三、立足高层次师生交流，服务学科发展

在中韩农业生物环境研究院的基础上，2021 年 10 月，青岛农业大学成功申报"山东省乡村振兴齐鲁样板应用型国际化农业人才培养项目"。项目聚焦可持续农业与食品安全，涉及农产品生产加工及销售全产业链，涵盖作物学、植物保护、农业资源利用、食品科学与工程及农林经济管理 5 个学科领域。通过这个项目，2022 年至 2024 年，国家留学基金委资助学校每年选派 2 名访问学者、5 名硕士研究生赴韩国首尔大学等高水平学校留学。该项目的成功获批，有利于构建乡村振兴国际化人才培养的青岛农业大学模式，为打造山东省乡村振兴齐鲁样板提供急需的应用型国际化农业人才，为山东省"三农"发展做出新的贡献。

人文素养提升的实践与探索

第二章

Chapter 2

一

教学成果："盐韵川剧"课程——地方特色文化促进小学中外人文交流实践
案例学校： 成都市盐道街小学

川剧是中国传统戏曲剧种之一。成都市盐道街小学（以下简称"盐小"）立足川剧这一特色文化，结合学校实情、学生学情，开发设计了川剧特色课程。该课程开展多年来，深受在校师生喜爱。为达到"促进中华优秀传统文化与国际多元文化互通互融、共进共荣"的目标，盐小不断改进川剧特色课程。

一、课程开发：建构"盐韵川剧"中外人文交流课程体系

"盐韵川剧"内容包括脸谱、行当和身法。在教学中，根据中外学生的认知规律和特点，按赏、品、学三步循序渐进地教学（见表1）。教师事先准备好素材、画面、文字及相关的教学设备等，使中外学生通过前期的感悟，产生学习和参与的渴望，全身心地投入学习中，并积极运用所学知识，在亲身参与中掌握知识，循序渐进地了解川剧内容，感受川剧的魅力。

表1 "盐韵川剧"中外人文交流课程

阶段	教学内容	学生活动	课时
感悟体验——赏	介绍川剧的背景和起源，观看川剧经典剧目《变脸吐火》《滚灯》《顶灯》等，参观学校的川剧博物馆，走进川剧院等，通过观看实物、影像资料等，了解川剧发展历史，整体感知川剧内容，感悟川剧文化	学生观看川剧发展历史视频；走进川剧院，观看实物、影像资料	2个课时
活动体验——品	组织外国学生近距离观摩教师和中国学生现场表演川剧经典剧目《变脸吐火》《滚灯》《顶灯》，外国学生上台试穿川剧服饰、现场模拟川剧中的身法艺术等（摄影、摄像以备留念）	学生主导的活动体验	1个课时
深度参与——学	在教师的带领下，中国学生现场指导外国学生深度参与有关川剧的文化体验活动，如绘画川剧人物、制作川剧脸谱、吟唱川剧曲目、演绎川剧身法、表演川剧剧目等，理解川剧的文化内涵（摄影、摄像以备留念）。对外国学生的体验情况及时进行鼓励评价，激发他们的学习兴趣	学生主导的参与式教学	2个课时

二、项目驱动：探索"盐韵川剧"中外人文交流课程实施路径

（一）实施策略

1.实施现象教学

现象教学是指教师根据教学目标、学生兴趣，选择学习主题或项

— 成都市盐道街小学"盐韵川剧"《快乐熊猫》
舞蹈团队参加第十三届孔子学院大会

目，创建能达成教学目标的教学情境。2019年，在行当教学中，外国学生在线下学习鉴赏川剧。外国学生穿好川剧服饰，按照行当进行分组，由学生组成的"小教师"团队进行一对一唱腔教学，外国学生合演录制视频。由"小教师"用英语向外国来宾和学生讲解川剧，宣传川剧的精髓，实现中华优秀传统文化与国际多元文化互通互融。

2.创建线上融合教学空间

教师通过信息化媒介，融合学生学习的物理空间和虚拟空间，促进以学生为中心的项目式学习、现象学习、慕课、翻转课堂等。2020年，外国学生通过网络了解川剧行当的分类和川剧服饰的配对，盐小学生再在线下与外国学生进行交流，讲川剧故事，加深外国学生对川剧行当角色、服饰特点的印象，同时增强盐小学生对中华优秀传统文化的认同与自信。

（二）评价方式

1.参与性评价

外国学生参与盐小的"熊猫走世界"精品课程，教师根据其参与情况，奖励"川剧折扇""变脸人偶"或独具盐小文化特色的"盐小徽章"等小奖品，记录外国学生的课堂参与度、课程参与度、四川文化进入度以及中华文化体味度。

2.展示性评价

学生根据课程要求制作川剧相关的作品，如制作面具，或穿上川剧服装模仿川剧中的角色的姿态、身法等，并在课堂上与同学分享。同时将具有文化独创性、代表性的实物制作成照片、视频等予以收藏。学校为参与课程的学生派发"盐小之印"，强化展示性评价的文化引导力。

3.综合性评价

教师对作品的创新力、审美力、文化力、劳动力等艺术价值、审美价值、人文价值等进行综合评判，给出相应的等级评价，再综合各项评估，为学生后续深度学习提供强大的内驱力。

三、成效与经验

（一）主要成效

学校积极探索通过倾听和分享文化故事的方式，培养学生讲好中国故事的能力，实现中华优秀传统文化与国际多元文化互通互融。

如外国学生学习川剧特色舞蹈《幺闺儿戏扇》，中外学生合唱《满城烟花》等。学校对人文交流课程进行了全方位的梳理和研讨，面向外国学生编写形成了"盐韵川剧"校本教材，经过多次同业交流实践，最终形成范例并被锦江区教育科学研究院收录进《讲中国故事 听锦江声音——天府文化安逸行》一书中进行出版推广，通过人文交流实践推动课程在区域范围内落地实施，以点带面推动区域文化交流。在教学创新方面，学校教师积极引导学生参与制作数字动画"盼达赏川剧"，让文化交流更加生动丰满，从而向外国师生象化地介绍中华传统文化。学校充分发挥"成都市教育国际化窗口学校"的引领作用，积极承办各级国际化工作会议10次，参与相关国际论坛15次。

（二）典型经验

1.以地方特色文化促进中外人文交流的课程建设方法

一是梳理地方特色，确定主题。结合地域特色文化，收集相关特色资料，设立不同的课程类型。二是专家引领，教师教研。在确定地方特色文化，设立课程后，需要通过专家研讨、教师培训、课题研究等形式，对课程进行完善，吸引外国学生了解中华传统文化。

2.以地方特色文化促进中外人文交流的

— 成都市盐道街小学学生与芬兰的学生制作川剧脸谱（上图）

— 成都市盐道街小学学生与悉尼的学生开展交流活动（下图）

实施路径

一是开展跨学科融合渗透教学活动。学校可以深入挖掘语、数、科等各学科的国际理解教育素养内涵，将特色文化渗透到各学科中。盐小结合巴蜀传统文化，以英语为语言载体，结合美术、音乐、信息技术等学科，融合戏曲知识，开发戏曲身法操。通过戏曲悠扬的旋律以及川剧身法的经典动作，形象地传递川剧艺术的魅力，帮助外国学生感悟中国文化之美，树立文化自信。

二是开展项目式主题实践活动。例如，"盐韵川剧"项目学习活动中，通过"你想设计哪种川剧戏服""你对川剧的戏剧服饰有何感受"等一系列问题，引导外国学生大胆说出自己对川剧艺术的感受和理解，让学生进一步加深对川剧艺术的感知，体会川剧艺术的感染力。

三是开展丰富多彩的中外人文交流活动。近年来，盐小师生出访美国、英国、日本、澳大利亚、芬兰等国家进行研修学习、开展文化交流，提升了盐小学生跨文化交际的意识和能力。同时，盐小艺术团的师生们赴日本、澳大利亚等国访学演出，在庆祝香港回归祖国20周年、庆祝中澳建交40周年、东亚儿童艺术节等国际舞台上彰显"盐韵川剧"的魅力。

活动成果： 古韵新声，文化立人
案例学校： 成都市海滨小学

文化是民族的血脉，滋养着国家的繁荣富强；艺术则是美育的核心，承载着传承文化的重任。成都市海滨小学自2014年开始，对中华传统文化中的诗词歌赋、历史典故、童歌童谣等精粹进行改编创作，以内容丰富多样、旋律优美动听的艺术表现形式进行表演和呈现，帮助学生增强文化自信。

一、研发特色课程

学校自行设计并不断完善"古韵新声"校本课程，积极开展"以诗呈意、以乐传情、以舞为画"的实践探索，借鉴四川地方音乐课程资源，精挑细选表演内容，将合唱、舞蹈、美术、诵读有机地结合在一起，形成独具特色的情景表演艺术形式。

在校本课程的基础上，学校创新性地将经典诗词、戏剧、音乐、舞蹈等艺术融为一体，创作了一系列构思巧妙的"古韵新声"节目。例如以中华经典为主题，创编了《千字文》《木兰辞》《出塞》《长歌行》；以历史典故为主题，创编了《六尺巷》《传古韵话千年》；以传统文化为主题，创编了《万里书卷经典行》；以地方文化为主题，创编了《蜀风童韵》《蓉城印象》；以红色经典为主题，创编了《忆长征书荣光》等。

二、项目实施效果

从2014年至今，"古韵新声"特色节目先后获得成都市文轩教育杯经典电视展演大赛市区级特等奖，成华区艺术节合唱、舞蹈、美术作品比赛一等奖，近年来参演学生在各级艺术类比赛中屡次获奖，学生的文化素养、艺术修养提升明显。

2018年4月，应新加坡克勤小学邀请，海滨小学的6名教师带领30名学生赴新加坡开展了为期6天的教育交流访问活动。海滨小学代表团教师为克勤小学的学生带来别开生面的音乐课《茉莉花》。课堂上，教师发给学生每人一份茉莉花茶，引导学生闻花香、练呼吸，进而学习旋律。师生们还为克勤小学带去了具有中国传统特色的礼物：折扇、书法作品、国画等，样样凸显中国文化之美；旗袍、花茶，处处彰显独具魅力的成都地域特色文化；蜀绣、三星堆文创产品，向世界传递成都的魅力。

三、项目启示

在开发校本课程的过程中，我们意识到：人才培养目标、教育内容、教育手段和方法等不仅要满足本土的要求，也要适应国际经济文化交流与合作的新形势。开展中外人文交流实践为海滨小学提供了学习和借鉴的机会，学校将继续牢固树立"教科书不是学生的世界，世界才是学生的教科书"的教育理念，通过学习与借鉴、继承与创新、对话与融合，用经典奏响中外人文交流的最美音符。

教学成果：以非遗羌绣拓国际视野
案例学校：四川天府新区麓湖小学

四川天府新区麓湖小学通过建设羌绣工作坊，在浸润学生的同时，也激发了家长对中国传统文化的兴趣，提升了区域内人民群众的审美能力与实践能力，以美育心、以美育人，为构建和谐社会贡献一分力量。

一、基本做法

（一）创建工作坊，聘请名师指导

学校邀请国家级羌绣传承人杨华珍老师、四川省级羌绣传承人李兴绣老师，通过线上线下结合的方式，引导教师深入了解、学习羌绣传统文化，在工具、材料、制作工艺等方面展开实践操作培训。成立麓湖小学羌绣工作坊，将传统羌绣技艺转化为学校美术特色课程，通过开办学生羌绣展览、开辟羌绣专区，成立羌绣微型美术馆，形成集展、教、藏于一体的创新教学模式。

非遗羌绣传承老师每周一定期开展教育研讨活动，探究羌绣文化，完善课程内容，开展课题研修。每学期定期开展美术学科活动月、"非遗文化进校园"活动、羌绣课程体验日活动、羌绣校园文化作品展、羌绣工作坊的小讲堂等活动，让学生感受优秀传统文化，让传统文化扎根，树匠人精神，润时代少年。

（二）构建羌绣国际理解课程体系

羌绣国际理解课程坚持"以我为主"的自我价值认同理念，强调在相互尊重的基础上，相互包容、相互促进。在实践层面和素养层面，提升学生的核心素养。

目前，已经形成了包含普修课程、兴趣课程和羌绣工作坊为一体的课程内容。普修课程即羌绣通识性知识，作为国家课程的补充及对地方性课程的完善，占2至4个美术基础课时。通过普修课程，学生可以了解羌绣的基本知识与文化内涵，运用简单纹样剪、贴、画的形式进行羌绣纹样美、色彩美、形式美、工艺美的体验创作。兴趣课程遵循从点到面、从易到难的原则，通过系统化学习，使学生全面了解羌绣文化，欣赏不同时期、不同地域、不同题材的羌绣精品，学习多种羌绣工艺，连续性、系列性制作羌绣作品，能够使用多种羌绣工艺、新材料进行创作，体会中华优秀传统文化的博大精深，感受特色课程不一样的魅力，提高综合文化素养。同时成立由专业羌绣师傅、学校羌绣教师和学生组成的羌绣工作坊，开展相关活动。

此外，课程还建立了学生成长档案袋，对学生的学习方法、学习态度和思维方式进行综合评价。

（三）汇编羌绣特色课程资料

麓湖小学依托羌绣工作坊，建构羌绣课程，传播羌绣文化。学校结合办学资源，挖掘羌绣特色，自主研发学习资料到逐步完善形成羌绣校本资料，满足学生个性特长的培养需求。

一是传承和发展结合。依据羌绣自身特点，学校将传承与发展相结合。首先，传统羌绣针法繁复，对于普及性羌绣特色课程是不适合的；其次，传统羌绣以实用、艺术为创作目标，那些需要经年累月练习的细致烦琐的工艺不适合作为工作坊特色课程内容；再次，传统羌绣口口相传的师徒教学模式不适合学校大班额教学模式；最后，传统艺术逐渐走向没落。基于此，学校将羌绣和学校教育、现代生产技术相结合，教授有时代气息的羌绣课程，创作有时代特点的羌绣作品。

二是欣赏和实操结合。当代美术教育已经由美术技艺向美术文化转型，由美术技法向审美素养转型，由"会画"向"会看"转型。因此，羌绣特色课程中加大了欣赏课程的比例。学生通过欣赏羌绣，了解古今多种风格的羌绣作品，开阔艺术视野，丰富美术知识，更重要的是培养理解和创造美的能力，提高学生的艺术素养。学生在观察、欣赏、思考并理解中国传统文化艺术的独特形式及博大精深的历史内涵的同时，还需锻炼操作能力，达成"知行合一"的教学目标，提升综合素养。

三是传承和传播相结合。由于历史的原因，近一百多年来，中华优秀传统文化没有得到应有的尊重、学习、传承和传播，其价值没有得到体现。因此，传统文化的传播和学习非常重要，羌绣工作坊不但要做好羌绣文化、羌绣技艺的教学，还要做好对外交流和传播羌绣的工作，如举办羌绣展览、建设羌绣文化展馆、加强校园文化中羌绣元素的

比重等，多角度、多方面、多方式传播羌绣文化，向世界展示中华文化的博大精深，同时为中华文化价值的充分彰显做出应有的贡献。

（四）及时反思及梳理，形成教学成果

通过建设羌绣工作坊，引领了美术公开课、示范课弘扬传统文化的趋势，带动了学校对本土传统文化的发掘，促进了天府新区美育特色课程建构。通过艺术工作坊交流，羌绣工作坊率先尝试与天府新区其他艺术工作坊进行学科融合，运用剪纸、版画、泥塑等技法，结合新材料、尝试新技能、独创新形式、呈现新作品，让羌绣流芳，花开满天府。针对羌绣各方面的特征与工艺，形成羌绣校本课程，并在实践中不断完善。收集学生作品，形成羌绣作品集或举办羌绣展，增强学生的文化自信。

二、成效与经验

自羌绣工作坊成立以来，教师们经过不断地尝试与实践、总结与交流、再总结与再实践，不断地进行内容题材创新、技法创新、

工具材料创新，每人打磨出了至少一节优质羌绣美术课。同时，将热缩片、食物DIY、纸艺、水彩等元素与羌绣结合，不断开发新的、便捷的、可操作的、易学的、易操作的特色课程。在实践中收集案例，进一步深入研究，逐渐将课例打磨成型、成熟，最终汇集成羌绣课程体系。

学校通过羌绣工作坊，提升了学生文化自信和艺术实践创新能力，增进了美术老师研究校本特色课程的深度，同时培养了一批骨干教师。此外，学校打破了传统美育的固化模式，丰富校本课程体系，为学校美育、德育注入了新动力，开辟了一条新的实施途径。

活动成果： 异曲"同"工，美美与共
案例学校： 成都市双流区棠湖小学

成都市双流区棠湖小学顺应时代发展，提出"海棠香远，美美与共"的中外人文交流工作理念，开展了丰富多彩的中外人文交流特色活动，拓展师生的国际视野，发挥人文交流的育人功能，提升学生的人文素养、人文交流意识和能力，形成包含英国鲱鱼镇小学、诺金汉姆小学，泰国曼谷吞武里易三仓学校，奥地利维也纳巴赫音乐学校，澳大利亚圣约瑟夫小学、圣阿洛依修斯学院，韩国金泉富谷小学，美国基督剑桥学校等国际友好学校的交流平台，为学校开展中外人文交流特色活动创造了条件。

一、同行一个世界

学校开展"同行一个世界"特色活动，组织师生实施整合育人项目式研学旅行课程。学校师生多次出国访问和接待国际友好学校来访，包括韩国金泉富谷小学、泰国曼谷吞武里易三仓学校、英国鲱鱼镇小学等。通过行前培训、行中体验，完成项目式小课题。学生们亲身体验异国文化，和国际小伙伴一起学习共享课程，开阔了国际视野，提升了国际素养。学校根据"访"课程的行程规划和综合实践研究，开发出《棠娃走进泰国》《棠娃走进英国》"访"课程研学旅行手册，指导学生访学研学，在实践中研究，

在研究中成长。同时成功申报市级课题"整合育人的小学项目式研学旅行实践研究"，并获市级一等奖。

二、同叙校园生活

2020年起，棠湖小学积极与友好学校启动"同叙校园生活"在线交流项目。通过线下主题学习，线上视频交流，学校先后与澳大利亚圣约瑟夫小学等学校开展在线交流特色活动。

三、同讲一个故事

棠湖小学与英国诺金汉姆小学于2015年结为友好学校，双方商定在二年级学生中开展"同讲一个故事"特色活动。双方轮流推荐一个中西方著名儿童故事，通过课程资源的共建共享和线下的学习，探索独具魅力的异域文化，形成视频成果，在双方校园媒

— "中奥同唱一首歌"线上
交流活动（左图）

— 棠湖小学与圣约瑟夫小学
国画课程视频交流会（右图）

体进行展示。两校还借机开展语言教学，为每一个故事配备对应的中文、英文。棠湖小学的学生们用英文讲述故事，诺金汉姆小学的学生们也尝试用中文讲述故事。

四、同唱一首歌

2021年9月，棠湖小学与奥地利维也纳巴赫音乐学校结为友好学校，两校均以童声合唱闻名，商定开展"同唱一首歌"特色活动。棠湖小学合唱团为巴赫音乐学校推荐同唱《歌声与微笑》，并为他们准备好曲谱、教学PPT、演唱视频等课程资源。经过几个月的学习后，两校合唱团的师生约定在线交流，同唱《歌声与微笑》。正式连线前，在奥中友好协会的协助下，巴赫音乐学校童声合唱团的学生们看中国结、玩川剧脸谱，体验剪纸与蜀锦，走近中国文化。活动中，两校合唱团先分别演唱再合唱，充分展现中国歌曲的魅力。表演之后，巴赫音乐学校童声合唱团的学生们与大家分享了参与"同唱一首歌"活动的感受。棠湖小学用音乐架起欧亚沟通的桥梁，促进了两校相互了解，推动了两国的人文交流。

五、同画一幅画

棠湖小学和友好学校师生分享双语教材、双语教学视频、双语绘本，分三个阶段开展教学。第一个阶段：艺术感悟阶段——欣赏儿童国画，了解国画的背景和起源，欣赏大师作品和师生作品。通过观看视频了解成都的历史、民俗、美食、自然景观等，了解国画背后的天府人文故事。第二个阶段：活动参与阶段——体验感知，组织学生亲身体验天府民俗、美食和自然景观。第三个阶段：深度参与阶段——临摹创作，师生根据欣赏和体验的内容，临摹作画。棠湖小学与友好学校先后完成《熊猫"棠棠"游黄龙溪古镇》《熊猫"棠棠"游空港花田》作品的创作。

六、同上一节课

为了推进教学研究的国际交流，棠湖小学与友好学校英国鲱鱼镇小学平等协商，选定授课主题与授课教师，在商定的时间完成教学任务。两校商定就《小红帽》和《水果》进行同课异构与教学展示。棠湖小学英语教师采用任务教学法和情境教学法开展教学，成功完成教学任务。英国鲱鱼镇小学的Louise老师和Amanda老师以英国的故事教学法为棠湖小学的老师们提供了一个全新的视角。课后，英语组全体参与议课，老师们相互交流自己学到的有效的教学方法，同时提出各自在教学中遇到的问题。同样的教学内容，因为观念、着力点、文化、教学方式的不同，呈现出不同的课堂教学效果，引发了老师们更为深刻的反思。

在中外人文交流实践中，棠湖小学有意识地将中华传统文化中的精华部分，如国画、哲学思想、民俗民风等，通过丰富多彩的形式呈献给国际小伙伴。"棠小娃"在与国际小伙伴的学习和交流中形成了文化共识，在活动中让中文的魅力得到展现，提高了中文的国际影响力，开阔了学生的国际视野，提升了学生的国际素养，培养了学生的跨文化交际能力，展示了课程共建共享的成果，促进了中外课程共建共享深度合作，提升了教师的国际素养和教育教学理论水平。

教学成果: 童心与世界的多彩连接
案例学校: 重庆市沙坪坝区育英小学校

重庆市沙坪坝区育英小学校围绕中外人文交流主题"讲好中国故事",通过国家课程渗透、校本课程开发、主题活动开展、文化创建等多种方式渗透中华优秀传统文化教育,逐步将学校的国际理解教育做到常态化、精品化、主题化、特色化、国际化,培养"德才兼备、身心健康、学以致用、创造创新"的世界小公民。

一、环境中熏陶,渗透国际理解教育

学校结合相关节日举办以国际文化节为主的节日庆祝活动,例如举办"英语文化节"活动,充分利用长廊、教学楼、宣传栏、楼道等,通过文字、图片营造国际理解教育氛围,潜移默化地影响学生,发挥学校隐性课程的教育作用。

二、加强课程建设,构建融合课程

学校立足国际理解教育进行积极有效的实践探索,围绕国家标准课程、学校特色校本课程、未来发展课堂三个方面,构建了"健康体魄""民族情结""国际视野""发展潜质"等课程体系,在体育、语文、英语、音乐等国家标准课程中,进行国际理解教育主题和知识链接。

(一)健康体魄

学校以锻炼学生健康体魄为目的,针对五六年级学生开发了一套极具中国特色的诗词操,以及以传统武术为基础的棍操,让学生在锻炼身体的同时受到中华传统文化的熏陶,受到好评。针对一、二年级学生开发了传统体育游戏课程,在每周四下午的"2+2"文体活动时间,开展跆拳道、拉丁舞、街舞等特色课程。

(二)民族情结

学校将国际理解教育融入各学科的教学中。语文学科:学校以"1+N"精品课程为依托,开发了校本读本,带领学生感受不同文化背景下文学作品的魅力,体会不同文化下的情感表达方式,在对比阅读中培养学生接纳包容、求同存异的美好品质。音乐学科:学校开设古筝、竖笛、口风琴、葫芦丝等乐器课程,还以创新基地为基础,利用每周五下午的15分钟时间开设"中外名曲欣赏"栏目,让全校师生欣赏不同国家的音乐。美术学科:学校以"小小艺术家"为主题,在周一和周三下午的课后延时课开展衍纸艺术活动课。

(三)国际视野

各学科根据自身特色,开展中外人文交流专题学习。学校每周举办两次年级延时综合课,每个年级设有英语演讲、英语戏剧等课程。学校学生编排的英语剧《十二生肖的故事》在重庆市第二届中外人文交流小使者活动中深受好评。学校童心管乐团参加第三届中外人文交流小使者活动器乐类展示活动,展示学校管乐团的艺术风采。学校连续举办两届"讲好中国故事,传播中国文化"活动

— 重庆市沙坪坝区育英小学校举办"书香润童年,阅读伴成长——世界读书日"活动(左图)

— 重庆市沙坪坝区育英小学校举办第二届"未来杯"外语故事大赛(右图)

英语专场比赛。

（四）发展潜质

以学校社团为载体，开设针对 AI 人工智能、智慧农场、深空研究等课程，通过机器人制作、编程、工程规划、智慧劳动、软件技能等进行科学板块细分考察、体验、互动、学习。学校的"重庆民俗吊脚楼"小课题研究获得全球未来问题解决大赛金奖，向外国友人展示了中国的民风民俗。

— 重庆市沙坪坝区育英小学校举办"传统节日小剧场"展示活动

活动成果：扎实开展国际理解教育，助推中外人文学校建设
案例学校：青岛西海岸新区育才小学

青岛西海岸新区育才小学践行"创新、互动、发展"的中外人文交流工作理念，依托智慧教育，积极发挥地区教育资源优势，强化专家的引领作用，开展好系列主题活动，努力深化中外人文交流合作，全力打造中外人文交流特色学校品牌特色。

一、追求卓越，积极参与国际交流活动

学校以活动为载体，拓展中外人文交流渠道，帮助师生开阔国际视野，提高人文素养。学校六年级学生丁文萱参加第二十四届世界脑力锦标赛世界总决赛，以 1 小时记忆 1180 个数字的成绩打破儿童组世界纪录，展现了育才小学"雅慧"少年的卓越风采。学校多名学生积极参加了 2021 年中俄儿童创意节活动，鲁函瑜同学的作品《中俄百年友好 共筑辉煌伟业》获得银奖。

二、积极推进申报项目和课题研究

学校申报的课题是"小学国际理解教育校本课程开发研究"。学校积极推进国际理解教育项目及课题研究内涵式发展，发挥校本资源优势，开发了助力推进国际理解教育的校本课程——"指尖灵动"。课程以"知行合一，反思升华"为理念，将手工制作、科技创作与劳动教育有机融合，帮助学生树立正确的劳动观念，磨炼劳动意志。

学校结合教育发展和课题研究的需要，对"指尖灵动"课程进行了统一、精练和整合，去除了简单的拼插、上色类的手工课程，加入沙画、贝壳画、叶雕、科学实验、科技制作等实践活动课程。目前，学校已累计开设"指尖灵动"课程 70 余门。实践证明，特色课程的开设为学生提供了更多的选择，有助于学生培养良好的兴趣爱好，形成健全的人格，树立积极向上的价值观。

三、与指导专家深度互动，推动中外人文交流

学校聘请当代著名诗人王宜振和山东教育报刊社总编辑、编审陶继新为中外人文交流指导专家，与学校教师开展对外人文教育交流。大家围绕创新中华优秀传统文化，推进立德树人，提升教师专业素养，获得职业幸福感等方面的主题进行深度交流。

四、社团活动丰富多彩，加强对国际理解教育项目的推进

学校以"崇贤尚雅，涵养诗性"为目标导向，实施幸福教育课程体系，开发了诗歌创作课、文学社、合唱、航模船模训练等多类课程。学校借助育才幸福大讲堂活动，邀请来自不同行业、不同领域的家长走进校园，用他们的专业特长为学生们传授社会百科知识。

五、借助家长大讲堂，开展国际理解教育校内活动

学校借助育才幸福大讲堂平台，邀请具有国外工作、生活经历的学生家长来校授课，向师生介绍世界各国、各民族的风土人情，开展国际理解教育活动。

教学成果：中国文化在交融的学习共同体中生根发芽
案例学校：北京耀中国际学校小学部

北京耀中国际学校小学部拥有来自全球三十余个国家的学生，在这样一个"小小联合国"中，学校从两个方面入手凸显中国文化的重要性。一是重视汉语教学，为学生及家长树立学好中英双语的意识，促使家长重视孩子的汉语能力。二是弘扬中国文化，让中国文化表演走进课堂，成为孩子学习与生活的重要组成部分。为此，学校让传统节日文化在校园内外的空间尺度上、伴随学生成长的时间尺度上流动，在交融的学习共同体中生根发芽，让学生零距离、沉浸式感知中国传统节日文化，领略中华文明的多姿多彩。

一、基本做法

学校开设了中国研习课，引导国际学生了解与中国有关的事物，研究博大精深的中国文化。

（一）中秋：情系玉轮，意牵中华

中秋节是中国重要的传统节日。这一天，学校各年级的中国研习课上到处都是"月"的倩影。各学习社区开展各种与中秋有关的活动，二年级的学生们在师傅们的带领下和面、擀皮、制馅儿、包馅儿、定型，忙得不亦乐乎。能将亲手制作的月饼带回家，在团聚的时刻与家人分享，一定很幸福。三年级的学生们邀请了兔儿爷非物质文化遗产传承人，现场讲解兔儿爷的来历及描画方法。学生们拿起画笔将兔儿爷装扮成金盔金甲的模样，正是故事中替人们祛除病害的英雄。此外，国际学生们也发挥了自己的想象力，为兔儿爷描绘了创意战袍，英武的兔儿爷成为学校里最潮流的"单品"。五年级的学生们在赏月后开启了新创意，跟随月亮的变化，用拓印的方式制作了月相图，蛾眉月、上弦月、渐盈凸月、满月、渐亏凸月、下弦月、亏眉，月亮的各种姿态带来多样的审美感受。六年级的学生们在非遗"小灯张"继承人的指导下，做出一盏盏造型各异的灯笼，交相辉映。在目不暇接的活动中，学生们仿佛与月亮进行了时空对话，感受中国古人对月的喜爱。

（二）春节：创设全景感官体验，展现综合文化素养

1. 学以致"演"，文化盛宴

在中国研习课上，学生深入学习中国的山川地理、人文历史等内容。既能检测学生的学习成果，又能提升学生的学习兴趣，还能向家长介绍中国文化。学校有一个传统——在春节前举办一场"美丽中国"学习成果会演，邀请家长参加。每年的这时候，舞台上的学生演员们备受瞩目。首先，主持人由小学部国际学生担任，用流利的中英双语介绍节目。接着，各班级使出浑身解数"说学逗唱"，展示中国文化的深刻内涵。五年级的国际学生们领略丝绸之路的魅力，认识到"丝绸之路"作为东西方经济文化交流桥梁的意义。在演出现场，表演《大美新疆》节目的学生们细数新疆美食，跳起新疆舞；《梦回敦煌》节目则展现了敦煌壁画之美，学生们穿上多彩迷人的敦煌服饰，模仿壁画中精美的飞天形象，惟妙惟肖；《长安印象》节目中，国际学生们吟诵着古往今来描写长安的诗句，悦耳动听。此外，有的班级聚焦富有中国特色的可爱动物，学生们把十二生肖演绎得活灵活现，腾飞的中国龙震撼全场；有的班级聚焦中国人日常生活的小物件，学生们用走秀的方式展示自己制作的青花瓷、油纸伞，用舞蹈的方式传递中国扇的古典之美，用歌谣的方式唱出筷子是中国饮食文化和标志性符号；还有的班级聚焦中国的民俗文化，讲述与中国古代农耕文明息息相关的二十四节气的由来和历史悠久的百家姓。

在这样一场文化盛宴上，国际学生们用地道的中文或讲或演，或唱或跳，演绎了蕴含着悠久文化内涵和历史积淀的各个中国元素，增加了学生们对中国文化的认同，也为家长们了解中国打开了一扇交流之窗。

2. 沉浸式文化庙会

说到春节，人们会想起百货云集、人声鼎沸的庙会。为了创造一个让国际家庭与中国文化面对面的机会，学校将庙会搬进了校园。中国有句俗语——"民以食为天"。中国美食种类繁多、数不胜数，庙会上自然少不了美食，糖画、糖葫芦、驴打滚，这些散发着香味的小吃的生意十分火爆，被大家围

得水泄不通。吃饱喝足后，套圈的摊位也是大家娱乐的好地方，参与者摩拳擦掌，旁观者大声喝彩。不论结果如何，大家的脸上笑意盈盈。运动过后，需要慢下来舒缓身体，那么一些手工艺体验摊位就是最佳的选择了，剪纸、画灯笼、面人，片刻后，栩栩如生的手工艺品就展现在眼前了。每到结束时，大家总能够满载而归，左手拿着一个巧夺天工的面人，右手抓着一串红枣馅的糖葫芦，胳膊还夹着一副新出炉的龙凤字。这一场浓缩的中国民俗文化展，将成为他们很长一段时间内的家庭谈资。

（三）端午：赛陆地龙舟，展时空对话

龙及龙舟文化始终贯穿在端午节的传承历史中。在民间，龙舟文化演变出多种竞渡形式。在端午这一天，国际学生们不仅能了解龙舟的历史渊源，更能亲身体验龙舟的趣味性及赛龙舟过程中体现的集体主义精神。受场地限制，老师们集思广益，想出了更适应学校的表现形式，水上龙舟变成了陆地龙舟。比赛共分为三个过程：首先是入龙，全部参赛队伍到达比赛起点，"坐"在龙舟上。然后是竞赛，吉时一到，一声令下，各队选手拼力向前奔去。在这一过程中，考验的是各队伍的默契程度和协同能力，如没有很好的策略使龙舟如臂使指，就容易停滞不前，甚至人仰"舟"翻。最后则进入紧张激烈的夺标环节，鼓手的鼓棒上下飞腾，激励选手奋勇向前，夺标成功的队伍会获得大家的喝彩和掌声。在这一场激烈吸睛的陆地龙舟比赛中，学生们挥洒汗水，与宁死不屈的屈原进行时空对话，感佩他爱国爱民、追求真理的精神。

（四）课本里的传统文化：体悟升华的学习之旅

传统节日妙趣横生、眼花缭乱的活动让国际学生们大呼过瘾，那么传统节日背后承载的中华文明精神内核要如何传递呢？学校选择在中文教材中加入相关课文，通过有深度的文字及对文字的反复品读、咀嚼，深化学生们对中国文化的理解与思考。如二年级的学生们通过现代诗歌《中秋节》，感受中国人与月亮、与自然和美的关系；三年级的学生们通过《啊，汤圆》一文，感受大年里与家人阖家欢聚做汤圆、品汤圆的温馨甜蜜；四年级的学生们学习了《春联》，放学后和家长一起外出寻找春联，一起尝试创作春联，领略中文的奥妙；五年级老舍的散文《老北京的春节》反映出北京人热爱生活、追求美好生活的心愿；六年级季羡林的散文《月是故乡明》让学生们感受中国人看见月亮便思团圆、思亲人的特殊情感，对故土难舍难分的浓浓乡土情。学完这些课文，学生们的眼里不再只有热闹的场面，而是从这些欢庆中，看到中华民族对自然的认识、尊重和独特审美，看到节日习俗中蕴含着厚重的历史与人文情怀，凝聚着千百年来人们对幸福生活的积极向往和执着追求。

二、主要成效

（一）深度学习：中国文化的浸润与认同

为弘扬中国文化，学校以传统节日为抓手，突破文化壁垒，

为国际学生们营造了沉浸式、有深度的学习环境，在日常浸润中，增强了他们对中国文化的理解与认同。对华裔学生来说，悠久又潮流的中国文化能唤醒他们的文化归属感，增强文化自信。对中国传统节日，国际学生们知其然，也知其所以然，真正将节日承载的意义学得通透、明白。触类旁通，中国传统节日的学习帮助他们更加了解从古至今中国人的价值与思想、道德与伦理、行为与规范、审美与情趣，从而帮助他们更好地理解现代中国社会的价值观，在认同的基础上顺利融入当地生活，成为小小"中国通"。

（二）以点带面：中国文化辐射国际家庭

在为国际学生们营造中国文化学习环境的同时，学校也致力于将中国文化的影响力辐射至国际家庭。在家长们陪同学生学习中国传统节日习俗、观看学生学习成果会演时，一扇交流的窗口已然打通。例如，家长会特意穿着旗袍、中山装观看"美丽中国"的演出，与学生的中国服饰保持一致性。家长和学生共同体验传统节日的乐趣，醉心中国文化，并用自己的经验与学生交流文化背后承载的意义，了解中国人的处事方法、人生哲学。这样，在家庭内部形成良好的探讨氛围，同时向外部社区不断输出，带动不同群体的更多人一起感受、探索、理解、研究中国文化。

（三）着眼未来：跨文化交际人才培养

学校致力于打造"双语、双文化"的学习共同体。在学校里，我们提倡各文化之间平等的沟通与交流。学生们通过对其他文化的深入学习，有能力站在自己文化的立场上观察其他文化，又有能力以其他文化的视角来反观本土文化，在这种观察与反观中达成对不同文化的深层次理解。在这样的跨文化培养中，将中国文化这本"书"越读越厚、越读越精、越读越新，让学生们拥有开放包容的品质，开阔的视野，接受不同事物、观点的弹性和能力，最终能服务于世界，为构建人类命运共同体提供自己的力量。

活动成果：游端午灯会，促人文交流
案例学校：成都市泡桐树小学西区分校

灯会是我国古老的民俗文化，灯彩是扎根民间的动手实操类国家级非物质文化遗产。成都市泡桐树小学西区分校在2020年8月成立中华灯彩微型博物馆，利用校微型博物馆创设灯彩工作坊，引导师生学习灯彩文化。从2021年开始，学校以灯彩为媒介，在每年端午节开展大型端午游灯会实践活动，弘扬中华优秀传统文化。

一、具体做法

开展跨学科整合。端午游灯会由全校师生共同准备，围绕灯彩、美育、体育、手工制作、科技、创新、文学等多个维度设计灯会活动项目。例如美术教师带领学生制作灯彩，统筹灯会彩灯布置，科学教师为学生讲解灯彩的简易电路，信息技术教师则开展电脑上设计彩灯的教学等。

家校社协同开展。学校、家庭、社会三方联合举办和推广端午游灯会，如邀请专家指导灯会灯彩的设计与场景布置，组织班级举办灯会义卖集市，发动社区提供灯会美食……

拓展"互联网+"模式。一是搭建直播云平台互动通道，实时直播分享灯会照片、短视频，学生、家长、社会群体通过线上游览，感受中华优秀传统文化的魅力。二是以端午游灯会活动为主题，英语教师组织学生录制灯彩相关微课，发送给友好学校。三是在灯彩博物馆开辟线上展览区，向友好学校展示灯会的优秀作品。

二、典型经验

端午游灯会是"讲好中国故事，传播中国文化"落到实处的重要尝试，是学校提升学生跨文化交流素养的重要手段。在灯会的筹备过程中，学生们全程参与灯彩的设计制作，通过查资料、设计图稿、制作灯彩等，体验中华优秀传统文化的精妙。学生们身着传统服饰赏花灯、逛集市、猜灯谜、欣赏传统表演等，激发文化自豪感，树立文化自信。

端午游灯会通过"互联网+"，在云端构建了一个与友好学校之间的线上交流平台，以形式多样的灯会直播、线上展览馆等方式，进一步促进中外学生的跨文化交流，推动学生对外交流沟通能力的持续发展。

端午游灯会是学校跨学科整合的主动尝试，学校以对外交流为契机，通过主题课程的方式，建立起学科之间的知识勾连，通过设计和制作灯彩，培养学生团结协作、创新思维、协商共进的综合素养。例如，在端午游灯会的准备过程中，教师引导学生结合舞剧《只此青绿》创设青绿灯彩，学生独立运用废弃鞋盒绘制和创作自己的立体鞋盒青绿灯彩。

— 成都市泡桐树小学西区分校的学生们展示制作的灯彩作品

活动成果： 巧心学中医，巧玩乐生活
案例学校： 成都市锦里小学

目前，成都市锦里小学已连续开展了30届传统综合实践活动"巧手节"，旨在培养学生良好的动手能力及优秀的学习能力。"巧手节"聚焦"巧心学中医，巧玩乐生活"，面向全体学生，着力推动学校"新三国"传统文化教育之"国医"教育，把中医药文化的传承、创新和发展与现代教育深度融合，加深学生对中医药文化的认识，培养其"热爱生活、珍爱生命"的健康生活方式，提升学生的传统文化素养，树立文化自信自强，让学生在活动中充分体验学习、创造、动手、动脑的乐趣。

一、顶层设计、全员参与，共生共享中医美

学校聚焦中医药文化，深入挖掘中医药文化育人资源，开展中医药特色课程建设实践。各学科组开展关于中医药文化与学科课程融合的研究，经过学期实践，在期末进行校本教研的成果展示——中医药文化与学科课程融合论坛活动。语文组带来"中医思维视域下的群文阅读教学实践体验"；数学组将数学课与中医药文化进行结合，借鉴中医药中"望闻问切"的基本诊疗方式设计数学课；英语组以"认识中草药""讲名医故事""二十四节气"等双语特色活动为载体，引导学生进行语言学习；体育组开发了"五禽戏""六字诀""五音疗法"等体育课程内容。

德育处为各年级量身定制了主题式学习方案：一年级——认识中医药材；二年级——认识历代名医；三年级——二十四节气与中医养生；四年级——制作中药香囊；五年级——认识、找到耳朵穴位；六年级——制作中医药材。师生围绕主题开展了学习、研讨、实践、反思等一系列综合实践活动，如手工作品制作、主题宣传海报设计、班级布置、走廊布置、操场展示栏布置、主题海报设计微信投票评比、学生志愿者解说培训等，全校师生在浓厚的文化氛围中学习中医药文化。

作为学校发展的坚实力量，家长积极参与到课程建设的每一次讨论、每一变化中，成为中医药文化的"粉丝"大军，他们和师生一起学习中医药知识、一起弘扬中医药文化、一起传承中医药思维。可以说，家长志愿者是活动不可或缺的部分。

二、活动炫彩、阳光自信，共鸣共具中医魂

2020年11月6日，由四川省中医药管理局和武侯区教育局主办，四川省中西医结合医院和学校共同承办的中医药文化进校园、巧玩儿博物馆开馆暨成都市锦里小学第31届红领巾巧手节"巧心学中医，巧玩乐生活"主题活动正式开启。

活动在学生的精彩的课本剧表演中拉开序幕，四川省中西医结合医院的医生们为同学们带来了一场精彩的太极拳表演，让大家领略了中华武术的精气神。四川省中西医结合医院在学校博物馆里设置了"中医工作坊"并授牌，赠送了中医药书籍，还定期为师生和家长们讲授中医药知识。随后的现场活动，更是将主题活动推向了高潮。同学们沉浸在参观博物馆、参加主题游戏体验项目中，不亦乐乎。高年级学生志愿者经过不断的培训，已经成为巧玩儿博物馆和中医药博物馆的解说员，他们用中文及简短的英文为来宾介绍、普及中医药文化。在主题游戏体验区，同学们以年级和班级为单位，参与体验活动，一年级认识中医药材——眼疾手快，拼图识药；二年级认识历代名医——国医圣手，代代相承；三年级二十四节气与中医养生——气节养生，寻找美味；四年级制作中药香囊——神奇药方，巧做香囊；五年级认识、找到耳朵穴位——小小耳朵，助我健康；六年级制作中医药材——药香满溢，趣绘书签……这是一次探寻中国古代文明的历史之旅，这是一场感受中医生命之美的发展之行，这是一回宣扬中国特色名片的创新之举。通过活动，既有效地提升了学校师生的人文素养，让学生深入了解中华传统文化，增强文化自信和文化自豪感，还培养了学生对中国文化的传播能力，有助于他们更好地弘扬中国文化。

三、获得成效

本次主题活动得到了领导、嘉宾、师生的一致肯定和高度赞扬。多家媒体对活动进行了报道，反响热烈。

为实现中医药文化知识传播的常态化，提高师生的中医药知识和健康意识，学校在国家基础课程中找到与中医药文化知识的契

合点，开展学科渗透教学实践活动，将中医药知识与现有课程内容有机结合，构建了一批与中医药文化推广相关的儿童活动课程。此外，学校在巧玩儿博物馆中设立了中医药文化展览馆，面向社会开放，宣传中医药文化，形成传统中医药文化传播的"锦里小学模式"。

学校聚焦中医药文化，通过中医药文化的教学实践，培养了学生的学习兴趣，扩大了学生的知识面，提升了学生的身体素质，

助力学生良好习惯的养成。同时，通过中医药文化教研活动，不断提高教师的课程建构能力，助力教师专业素养的提升。此外，学校通过聚焦中医药文化，为学生创设了良好的中医药文化校园环境，促进了学校的特色发展。

活动成果： 互鉴蓉港地域文化，共植两地家国情怀
案例学校： 成都市实验小学西区分校

中华优秀传统文化是中华民族的文化根脉。弘扬中华优秀文化，有利于增强蓉港两地师生的民族认同感，树立文化自信。2018 年，成都市实验小学西区分校与香港大埔崇德黄建常纪念学校缔结为姊妹学校。近年来，两校已经共同开展"互鉴蓉港地域文化，共植两地家国情怀"系列交流活动，为两地青少年传承中华传统文化搭建了直观多元的学习平台，增进了两地青少年的友谊，推动了两校在教育领域的深度合作。

— 在"蓉港小'食'光"主题活动中，学生们创作的系列美术作品

一、调查研究，聚焦文化专题

为切实推进两地人文交流活动，学校就蓉港两校师生交流意愿、交流内容及交流方式等展开问卷调研，发现香港学生倾向于了解传统饮食文化、民间传统手艺、地域历史人物等，希望通过实地参观、互赠文创产品、视频微课等途径开展交流，他们对熊猫玩偶、手作工艺、笔记本等文创尤其感兴趣。基于此，双方围绕两地的传统美食、民间手艺以及文化名人展开专题交流，开设了"蓉港小'食'光""'指尖'话蓉港""蓉港名人'谣'"三大主题活动。

二、精雕细琢，设定交流类型

围绕"蓉港地域文化"交流主题，双方采用"微"（制作微视频）、"创"（创作专题作品）、"学"（研究地域文化）三种途径开展人文交流。

（一）魅力文化，"微"中有大

在"蓉港小'食'光"主题活动中，学校鼓励学生制作微视频，争当文化交流"小使者"。学生通过微视频介绍家乡的特色美食，讲述它的由来、味道、特点。如香港大埔崇德黄建常纪念学校的学生们制作了煎酿三宝、奶茶、蛋挞、钵仔糕等系列微视频，学生们在"探店""美食制作"中了解传统

— 在"蓉港小'食'光"主题活动中，学生们创作的美术作品（左图）

— 成都市实验小学西区分校学生制作的陶艺作品（右图）

美食故事。

两校联合开展传统手工艺微课视频征集大赛，选拔蓉港微课制作大使者。两地教师对手工艺的文化背景、制作流程和相关影响展开深入教研，实地探访相关的博物馆与艺术展，录制"地域文化微课"，用微课记录传统手工艺的文化之美。

（二）中国精神，"创"中有文

基于每期的地域文化交流专题，两所学校充分利用"地域文化微课"，组织师生将自己对对方文化的观感以文字、绘画、手工等方式记录下来，生成书法、文章、美术等作品。此外，教师再将美术作品创作成笔记本、雨伞、马克杯等文创产品，并馈赠给对方，大家心中自然生发对中华民族同气连枝的浓烈情感，以润物细无声的方式弘扬中华传统文化。

（三）思辨思变，"学"中有术

两校师生就蓉港两地文化主题开展学术交流。学生通过网络查阅、搜集蓉港传统美食的历史故事、文化名人的典型事迹以及民间手艺并展开交流。教师则通过传统文化教育教学案例、论文、讲座以及文化教学微视频等开展学术教研活动。

在中外人文交流实践中，学校坚持统一领导原则，贯彻国家制定的统一的对外政策，围绕四川省、成都市相关工作的总体部署，在授权范围内开展交流活动。同时，两校成立交流组织领导委员会，负责规划、组织、管理、协调、评估、监督等工作。此外，双方加强项目督导，建立健全蓉港友好学校交流工作激励、评估及经费制度，科学评价两校文化交流过程和效果。

蓉港两校还充分发挥中国传统节日以及重要的纪念日的文化教育功能。在元旦节与春节，两校互相发送教师与学生精心录制的问候视频，在六一儿童节、端午节，两校互寄明信片与粽子，在香港回归祖国25周年纪念日，两校同升国旗……在传统节日中的祝福与问候，让蓉港两校的友谊更加深厚，让两地师生心系家乡，胸怀祖国。

三、云端共享，搭建网络平台

两校构建了基于微信生态圈与小程序的蓉港文化网络互动平台，创建了专门的云盘及邮件账号，方便活动资料的储存与信息交流；通过微信公众号，链接校外网络媒体，形成报道矩阵，以多元模式保障交流工作正常开展。两校通过云端共享，打开了学生的眼界，夯实了学生对地域文化认同，促进了学生人文素养的提升，弘扬了中华优秀传统文化。

近年来，学校先后开展了"蓉港一家，共同战'疫'——实小西区＆黄建常纪念学校战'疫'纪念画册作品征集活动"，以"感恩珍惜·积极乐观"为主题的传统美德文化四格漫画创作比赛等活动，不仅让学生们收获了乐趣，还激发了他们心中对祖国母亲的热爱。

两校学生以喜闻乐见的方式、真实生动的内容，通过系列主题活动进行深入的人文交流，在互鉴地域文化中认同中华优秀传统文化，共植两校师生美好的家国情怀。两地教师在教育教学中主动渗透中华优秀传统文化，开展主题教研和学术研讨，提升了两地教师的文化自觉。通过系列活动，加深了两校友谊，打造了学校对外交流品牌。

活动成果： 川剧润童心，熊猫走世界
案例学校： 彭州市天府路小学

为切实加强国际理解教育，不断增进中外文化交流，深化学生对外国文化的认知与理解，实现学生"国际眼光"的特色教育效果，彭州市天府路小学通过一系列举措推进国际理解教育。一是先后与国外多所学校签订友好学校协议，开展国际理解教育，组织了一系列以国际理解教育为主题的中外课程共享共建（双师课程、中外人文交流课程）、中外合作课程研讨会议等。二是基于学校国际理解教育课程，开展了"彭州市天府路小学共建课程教学研讨会""彭州市 2021 年中外课程教学培训会"活动，以"展望国际、放眼未来"的国际理解教育为主题，深度探索中外课程的互补性，进一步助推学生成长。三是以川剧为桥梁，组织开展了"熊猫走世界"共建交流课程、彭州·国际友城青少年书画"云端"交流展、2021 成都国际友城青年音乐周彭州分会场演出等系列活动，推进中外人文交流，传播中华优秀传统文化，实现人文交流互鉴。

一、川剧润童心，熊猫走世界

学校以川剧为桥梁，与新西兰科汉姆学校共上一堂别开生面的"熊猫走世界"课。

课堂在双方师生热情的招呼中开始。两位穿着川剧服饰的小演员引起了外国学生的好奇。通过在线课堂，中方教师引入动画，为外国师生们简单介绍了川剧，并播放了川剧折子戏《拷红》的片段，外国师生们被神奇的川剧深深地震撼到。川剧小演员也现场向同学们展示了一段川剧的经典动作，令外国的同学们跃跃欲试。在中方教师的带领下，同学们共同学习了"快台步""慢台步"、甩水袖等川剧的基本动作。外国同学们学得有模有样，动作表情十分到位。接着，科汉姆学校的同学们也为大家带来了一段新西兰传统毛利歌舞表演。双方师生还就气温等问题展开了热烈的交流与讨论，并用特别的方式合影留念。尽管远隔重洋，师生们的欢声笑语在共建课堂上此起彼伏。

二、秉承全球视野，展现川剧魅力

成都国际友城青年音乐周秉承全球视野、品牌引领、文化惠民的发展理念，是成都市建设世界文创名城和国际音乐之都的有效载体。2021 年 10 月 23 日，"2021成都国际友城青年音乐周"彭州分会场在彭州白鹿钻石音乐厅正式开启。学校川剧社团的学生们带着川剧折子戏《拷红》参加了此次活动。表演现场，小演员们唱腔优美、眼神灵活，充分展现出小红娘的俏皮。学生们酣畅淋漓的表演赢得了在场观众的一致好评。活动中，学生们不仅感受到了他国文化的魅力，还通过表演，将四川经典的川剧文

— 彭州市天府路小学参加 2021 成都国际友城青年音乐周活动（左图）

— 彭州市天府路小学开展"熊猫走世界"课程教学（右图）

化传递给了国际友人。

学校根植于本土川剧特色文化，以"共建课程"为导向，通过共享课堂、国际展演等活动，引领学生发现、体验与感悟世界文化的内涵，促进学生从多元角度了解国际文化，在学习和融合中不断拓展全球视野国际交往，提高学生的综合能力。相关活动极大地培养了学生的文化自信，全面拓展了其国际化视野。在此基础上，学校将国际理解教育与传承创新优秀传统文化有机融合，让国外小学生通过"互联网＋"的方式体验中华优秀传统文化，实现人文交流互鉴，这对于推进中外人文交流、传播中华优秀传统文化、培养学生人文素养具有很大的价值。

活动成果： 天涯共此时——新时代跨境课堂的文化实践
案例学校： 南京市后标营小学

南京市后标营小学（以下简称"后小"）与时代同频共振，积极开展国际理解教育与国际交流活动，与芬兰、英国、意大利等国家和地区的 10 余所学校结成友好学校，充分挖掘国际友好学校教育资源，努力探索适合学校的国际教育交流途径，站在"构建人类命运共同体"的高度，传播"微笑"，共享"文化"。

后小以春节、端午、中秋等中国传统节日和世界地球日等国际重要节日为契机，以"天涯共此时——新时代跨境课堂的文化实践"为主题开展国际理解教育，形成常态化的人文交流机制，向友好学校的师生们讲述中国故事，弘扬中华优秀传统文化，拓宽了师生的国际视野，提升了学校的办学品质。

2021 年世界地球日，后小发起线上学生论坛"Protect the earth, our common homeland（保护地球，我们共同的家园）"，呼吁各国师生增强环保意识，保护我们共同生活的地球。来自文莱、菲律宾、印度尼西亚、伊拉克、芬兰、爱尔兰、加拿大、英国等国的百余名友好学校师生参与了该论坛。

2022 年春节期间，恰逢北京冬奥会举办，后小师生与芬兰、澳大利亚、文莱友好学校的师生们齐聚"跨境课堂"，共话"2022北京冬奥"，观看北京冬奥会的精彩瞬间，绘制"祝福北京冬奥"的绘画作品，开展"2022 北京冬奥"线上学生画展等国际教育交流活动。随后，后小与南京郑和外国语学校、澳大利亚克利夫兰德公立中学开展了"跨境通话"，师生们就中国春节的传统习俗、北京冬奥会的场馆及比赛情况等进行了热烈交流。同学们在感受创新驱动发展的同时，增强了文化自信。

月色皎洁秋意浓，丹桂飘香风入梦。2022 年中秋节，后小与南京师范大学海外孔子课堂——德国汉华中文学校的师生们在线上举办"云牵手 贺中秋"的活动。活动从"月"字的演变开始，大家共同书写篆书、隶书的"月"字，互讲与月亮相关的传统故事，德国的学生用中文介绍中秋节的来历，双方进行成语接龙游戏、做

— 2021 年 10 月，南京市后标营小学与伊拉克的友好学校开展"跨境课堂"

月饼、吃月饼……课堂氛围十分热烈。舞蹈、古筝演奏、朗诵……同学们表演才艺，庆祝赞颂中秋。在中德师生《水调歌头·明月几时有》的响亮吟诵声中，大家度过了一次难忘的中秋节。

通过人文交流实践活动，后小与众多国际友好学校携手，扩大国际友好学校"朋友圈"，构建了国际化的中小学教育"共同体"，为师生打造了新的对外交流平台。学校不断丰富语言课程建设，与国际友好学校教师合作共建语言文化课程，建成相关语言交流资源库，形成良性互动。同时，不断加强国际友好学校间的教学交流，举办教师沙龙，分享教育特色，交流课改内容及教学案例，共同探讨教师培训、课程研发项目及教学改革举措，为本校教师打开全球教育的视野，进一步提高学校教育的品质。

活动成果： 英语配音活动塑文化自觉，促国际理解
案例学校： 重庆市沙坪坝小学

重庆市沙坪坝小学坚持"奠定学力、奠基人生"的办学理念，以创建中外人文交流特色学校建设计划项目学校为契机，将"以人为本、开放平等、尊重包容、交流互鉴、合作共赢、秉持正确义利观、实现可持续发展"的人文交流理念融入教育教学与交流合作的各个环节，通过小使者展示活动、"冰雪冬奥 光耀未来"主题活动、二十四节气活动、国际理解教育课程建设等丰富的扎实的教育教学活动，培养既具备深厚人文素养、宽广国际视野、良好人文交流意识和能力，又有报国志、有学习力、有创造力的中华美少年。

学校积极组织学生参加第二届中外人文交流小使者中外经典诵读展示活动，沙坪坝小学学生们为大家展示了电影《花木兰》的英文配音片段和《谁是最可爱的人》的中文诵读作品。

"唧唧复唧唧，木兰当户织……"一首《木兰辞》，让"木兰替父从军"的故事妇孺皆知。沙坪坝小学学生用流利的英语讲述了《花木兰》这个古老的中国故事。配音选取了电影《花木兰》的三个片段，讲述了花木兰从军前的生活，体现了她的心灵手巧、善良可爱。在和木须龙的对话中，花木兰对扮男装有些紧张，想到自己远离家乡，听不到爹娘的呼唤，心里有些伤悲，但是能为国效力，又让她变得英勇无比。在学生们饱含深情又勇敢坚毅的声音中，花木兰的勇敢、英雄主义、家国情怀一一呈现在听众的面前。如今，花木兰故事已走出国门，花木兰也受到世界的关注和喜爱。

英语配音活动为沙坪坝小学的学生们搭建了一个学习英语、展示英语口语能力的舞台。学生们带来的《花木兰》英文配音作品和《谁是最可爱的人》中文诵读作品分别获得第二届中外人文交流小使者中外经典诵读展示活动的一等奖、三等奖，其中《谁是最可爱的人》在重庆市第七届中华经典诵读大赛荣获一等奖。英语配音活动大大地提升了学生们的口语水平和演讲能力，同时培养了他们的文化自觉，为中华优秀传统文化走向世界发挥着重要作用。活动不断促进学生们对中西文化的理解和价值观的碰撞与融合，同时又为外界打开了一扇探索中华优秀传统文化的窗口。

活动成果： 隔山隔水不隔爱，中华文化永流传
案例学校： 南京市中山小学

2021年至2022年，南京市中山小学共同承办"亲情中华"网上春（夏）令营活动，为华裔青少年学习中文、了解中华文化搭起了"彩虹桥"。

2021年4月，"亲情中华·为你讲故事"春令营开营，120多名华裔青少年学员参加。在为期15天的故事打卡计划中，学员和他们的父母或兄弟姐妹使用中文交流，通过同伴互读课文、亲子共读故事等形式感受汉语的节奏、韵律。中山小学的教师们精心准备了"汉字的故事""青花盘"等在线微课，带领学员们了解汉字的悠久历史、寓意深远的汉字结构，感受汉字书写的美感，指导学员们独立设计青花盘图案，分享各自的创作成果。来自南京市中山小学和南京博物院的小"导游"带领学员们在云端畅游了钟山风景区和南京博物院。听完小"导游"的精彩介绍后，学员们纷纷表示："很想去南京博物院亲眼看一看那些文物！"

一系列的在线互动活动将春令营活动推向新高潮。在读书节上，南京市中山小学"汉字文化节"形象代言人带领学员们走进学校的精品课堂，体会中山人"方方正正写汉字，端端正正学做人"的精气神。五一国际劳动节期间，南京市中山小学的同学们向春令营学员们介绍了学校的劳动活动安排和自己的假期活动，分享了劳动收获，拉近了彼此的

距离。此外，南京市中山小学的学生们创作的歌曲《童年四季》，引得春令营学员们争相传唱。26位语文教师共同创作的诗歌《等你回来》，也成为学员们学习的素材。

2022年6月，以"莲"文化为主题的"亲情中华·闻中山莲香"南京特色营开营，号召海内外学子学习中华历史文化。"清风莲香伴我来"书法直播课上，南京市中山小学的教师们化身"导游"，将南京文脉、红楼之梦、桃叶渡口和学校"串"成游览路线，带领学员们观古都风貌、品人文底蕴。同时，教师们还通过书写示范、在线指导，引导学员们进行书法创作，在墨香与莲香中感受书法之美。南京市中山小学以本校校花孙文莲为主题创作了歌曲《孙文莲》，开设了"莲韵·花香"课程。在优美的旋律中，学员们在演唱中，感受莲花高洁而优雅的品质。课后，来自不同国家的学员们纷纷用自己的方式演绎《孙文莲》，有钢琴弹奏，有小提琴演奏，有朗诵……一曲《孙文莲》成为人文交流的纽带，将中国特色的莲文化传播向世界！在"非遗鱼灯"直播课中，教师们为大家介绍了"莲"与"鱼"在中华传统文化中的吉祥寓意，展示了传承600余年的古老民俗表演艺术汪满田鱼灯，介绍了鱼灯的制作方法，并指导学生们现场制作鱼灯。通过欣赏鱼灯、制作鱼灯，学员们体味了中国美学和文化。

活动成果： 诵读经典，筑梦未来
案例学校： 重庆市沙坪坝区融汇沙坪坝小学

"读史使人明智，读诗使人灵秀。"诵读经典，品悟中华文化，传承民族精神，造就具有中华气韵和民族气质的现代中国人。小学生正处于启智增慧的关键时期，重庆市沙坪坝区融汇沙坪坝小学充分利用这一阶段开展经典诵读活动。学生通过经典诵读，拓展了阅读范围，增加了阅读量，在诵读中养护心灵、增进德行、开发心智，加深了对传统文化的理解，夯实了文化功底，传承民族精神，树立民族自豪感和文化认同感，坚定文化自信自强。

一、全校推进，营造氛围

2022年4月，学校开展经典诵读活动，各班以中华经典文化为主题，选定诵读篇目，如《声律启蒙》《诗韵四季》《念奴娇·赤壁怀古》《君子之道》《望庐山瀑布》《将进酒》等。篇目拟定后，各班将诵读渗透到学校的各项活动中，如早读时诵读经典诗文，课前三分钟吟诵经典诗文，在大融合课程中开展经典诵读社团活动，在书法课书写经典诗文，在班级黑板报中设置经典诵读专栏等。同时，教师进行普通话发音指导、诵读技巧指导，指导学生用标准的普通话朗诵优美的中华经典诗词歌赋，向世界传播中国声音，助力文化融通。通过系列活动的训练，同学们诵读经典的情感越来越充沛，技巧越来越熟练。

在为期一周的"融易阅读，童声童韵"经典诵读展演活动中，全校师生浸润在经典诗词歌赋的魅力之中，徜徉在中华经典的海洋中。每天下午2点至4点，全校师生以年级为单位展示经典诵读成果。在经典诵读中，同学们弘扬经典，传唱经典，歌颂经典，展示当代小学生的精神风貌和对传统文化的热爱。

二、优中选优，精益求精

在活动中，四年级一班的《壮志少年行》脱颖而出，被报送参加区级中外人文交流诵读比赛。随后，团队成员们对文本中的立志、勤学、改过、责善等主题组织深度研讨，联系生活，结合自己的读书经历来理解、再感悟。他们利用课余时间排演，与音乐组老师通力合作，精心设计动作、表情、语音、语调等和舞台展示效果。"志不立，天下无可成之事……"铿锵有力的字句，展现出当代青少年立志奋发的精神风貌。

在学校师生的共同努力下，《壮志少年行》获得了区级经典诵读一等奖，并进入市级经典诵读展示环节，同时还在中央广播电视总台进行了展播，获得了一致好评。比赛结束后，团队成员及时整理资料，梳理经验，物化成果，为以后的中外人文交流活动的深入开展奠定了基础，积累了经验。

诵读活动是学校"融熠课程"中拓展性课程的有机组成部分。通过诵读活动，全校师生亲近经典、感悟经典，在中华优秀传统文化与世界优秀文化的交流与碰撞中寻找共鸣，从而实现培育具有世界眼光和中国情怀的新时代好少年的育人目标。同时，经典诵读活动为学校建设书香校园奠定了深厚的文化基础，营造出浓烈的校园文化氛围，持续为中外人文交流特色学校建设输出宝贵的经验。

活动成果： 纸艺华章，知行创享
案例学校： 成都市胜西小学文兴分校

非物质文化遗产是我国悠久的历史和灿烂的文化的体现，是国家文明的重要载体。2006 年 5 月 20 日，剪纸被列入第一批国家级非物质文化遗产名录。在中国，剪纸具有广泛的群众基础，其传承的视觉形象和造型，蕴含了丰富的文化信息，如历史、审美、民俗、节气、伦理等，是具有民族性的文化品类，更是人伦道德与传统信仰的缩影，其独特的艺术形式在文化的对外传播中别具魅力。

成都市胜西小学文兴分校以剪纸为特色，构建了由常规课程、社团课程、国际理解课程（活动课程）、隐性课程和综合课程组成的，多维立体的"剪纸艺术"特色校本课程体系。依据剪纸艺术教育特色，学校重建了剪纸博物馆，展出国内外剪纸文化资料、名家作品、学校剪纸教育发展的资料、历届毕业生赠予学校的剪纸纪念作品、师生原创的优秀剪纸作品等。学校通过集体参观和自由参观的方式，引导学生从剪纸博物馆中汲取知识，深入地了解剪纸艺术。

依托学生创作的剪纸作品，学校制作了书签、明信片、马克杯等特色文化纪念品，并作为礼物馈赠给来校参观的来宾，从而形成良性的文化互动。同时，师生创作的剪纸作品还在成都市博物馆、天府美术馆、国际非遗博览园等各类场馆展出。2016 年，师生创作的中国传统文化剪纸"二十四节气"系列作品远赴重洋，在加拿大里贾纳大学、里贾纳市立图书馆展出，成为传播中华优秀传统文化的代表。

此外，学校整合多方资源，大力开展中外师生线上剪纸课，积极开展中外人文交流课题研究，建立灵活多样的研讨制度，

— 成都市胜西小学兴文分校
的万春剪纸博物馆

不断提升课题组成员的研究能力。在各类人文交流活动中，学校的剪纸特色课程和学生的剪纸作品获得了一致好评。

随着剪纸博物馆、三味书屋、百草园、德馨园、勉学园等场馆的建成，学校将继续秉持"生活即学习、健康即快乐"的教育理念，为构建教育生态贡献力量。

— 成都市胜西小学文兴分校参加 2021 年
中外国际理解教育研讨会（左图）

— 成都市胜西小学文兴分校开展博物馆
课程（右图）

科研成果："五育并举"视角下的小学国际理解教育课程体系建构
案例学校：成都市盐道街小学卓锦分校

成都市盐道街小学卓锦分校基于"五育并举"视角，纵深推进国际理解教育的本土化实践，始终围绕"为谁培养人、培养什么人、怎样培养人"开展研究，构建起了小学国际理解教育课程的实践体系。

一、精选课程内容：实现传统文化教育与国际理解教育的衔接

国际理解教育不是单向的学习国外或强调本土的教育，是发生在学习者对国际与本土的"认识—实践"互动过程中的，是在国家认同感和民族自豪感的前提下对其他国家文化的尊重、包容与理解。"五育并举"视角下，学校建立起一个民族性与全球性相统一的课程内容结构框架。学校聚焦文化自信，根据"概念 + 主题"的方式选取国际理解教育具体学习内容，以核心概念为轴心设计主题与内容（见表1），帮助学生在理解其他国家文化的同时，也更好地理解本土文化，增强对本土文化的认同、包容他其国家文化，实现青少年传统文化教育与国际理解教育的衔接与整合，实现学科价值与育人价值的融合。

表 1 国际理解教育内容主题及内容序列

课程模块	内容主题	年级	学习内容
中华文化	中华文化与世界文明	一至六年级	走近名家
乡土文化	非物质文化遗产	一至六年级	四川清音、四川金钱板、四川竹琴
世界民族文化	不同国家的文化	一年级	从节日看世界
		二年级	从美食看世界
		三年级	从服饰看世界
		四年级	从绘画看世界
		五年级	从戏剧看世界
		六年级	从建筑看世界
地域文化	"一带一路"	一至六年级	丝绸之路贸易文化、"一带一路"国际协作发展
人类生存	人类共同面临的全球问题	一至六年级	环境、人口、能源、粮食、健康5个主题的全球性问题
人类发展	国际组织与科技创新	一至六年级	国际组织的建立与作用、先进科学技术

二、畅通课程实施：立足国家课程，深化个性学习

如何让丰富的课程内容更好地落地呢？学校逐步提炼出"体验—理解"的教育模式，即以问题为核心，学生通过"体验—发现—

深究—整合—生成"5 个核心环节来理解不同文化，逐步建立平等共生观。教学中，以国家课程为蓝本，形成了学科领域的"渗透式学习""延展式学习"和跨学科领域的"创生式学习"3 种操作模式。

（一）渗透式学习

渗透式学习主要根据学科教学目标、内容和性质，融入国际理解教育的相关内容，以文本或活动的方式对学生进行潜移默化的教育。各教学目标以学科为主，渗透国际理解教育为辅，二者相辅相成。根据学科渗透的特点，探索出了横向拓展、往上提升和往下加深三大具体渗透策略。具体案例如下。

案例：英语课 "Uncle Booky's story time"

课程选择北师大教材三年级下册内容，讲述了妈妈和孩子到超市买食物，准备给爸爸庆祝生日的故事。根据国际理解教育渗透式学习模式，设计了 3 个渗透点：

采用"横向拓展"策略，表明不同国家有不同的饮食习惯，培养学生以"多元文化"视野来看待问题，理解与尊重其他国家的饮食习惯。

采用"往下加深"策略，借助孩子们热衷于快餐食品的现象展开关于饮食健康的讨论，包括快餐食品的特点、快餐食品对健康的危害等，帮助学生意识到健康饮食习惯的重要性。

采用"往上提升"策略，对比中西方文化的差异，引导学生体会父母准备三餐的辛苦，对自己的父母表达感谢和爱，从而上升到价值层面。

（二）延展式学习

延展式学习主要是指对学习内容从宽度、深度上向外延伸、拓展，在"面"和"量"上都有所增加，不断丰富学习的内容。以"延展"的程度为标准，我们探索出附加、顺应、递进 3 种具体的操作方法。具体案例如下。

案例："神秘的面具"美术课

课程内容为美术三年级上册内容，结合"从服饰看世界"国际理解教育学习内容，

对教学内容进行 3 个方面的延展。

延展一：四川本土的金沙面具、三星堆面具，了解面具产生的背景，认识面具的产生与历史需求和科学发展息息相关。

延展二：国内各个民族的面具文化，如傩戏、藏戏文化，对比不同民族面具文化的共性与个性。

延展三：五大洲的面具文化，从文化、历史、地域、传统等角度，了解面具文化不仅包含色彩、线条、造型和设计，而且与一个国家、地域的风俗人情、人文地理密不可分。

（三）创生式学习

创生式学习是以学生为主体，教师为主导，在教师、学生、环境等多种因素相互作用中实施的动态生长学习，是极具创造性的一种操作模式。以"创生"的方式为标准，教师探索出了引入适应、借鉴重构、自主设计 3 种具体的操作方法。具体案例如下。

案例："童眼看世界"主题学习

通过借鉴重构，设计了"童眼看世界"主题学习序列。借鉴日本国际理解教育编制模式"范畴—序列法"，教师以"本土—中国—世界"为线索，整合学科资源，设计了覆盖一到六年级的"节日""美食""服饰""绘画""戏剧""建筑"六大学习主题，每个主题包含 16 个学习内容，分上下两册实施，具体内容按周设置，明确到每一节课的上课内容，使主题学习落实到细节。教师围绕主题目标，带领学生由近及远地认识和理解世界多元文化。

国际理解教育蕴含了无限创造的空间，给学校、教师、学生提供成长发展的大舞台。学校将继续在"五育并举"视角下，发挥国际理教育解课程融合"五育"的功能，推进国际理解教育课程的可持续发展，通过迁移促进国家课程的发展，以此从根本上促使学生全面而又个性的发展，培养德智体美劳全面发展且具有国际视野的新时代青少年。

活动成果： 人文交流展视野，快乐阅读伴成长
案例学校： 重庆市沙坪坝区南开小学校

最是书香能致远，读书之乐乐无穷。在第 27 个"世界读书日"到来之际，重庆市沙坪坝区南开小学校四年级组开展了"阅动我心，快乐成长——书中人物 cosplay"活动。学生们纷纷化身书中经典人物，上演了一场中西结合跨越古今的阅读"狂欢"。本次活动不仅是学校绘本阅读指导精品课程的四年级特色活动，也是学校中外人文交流主题系列活动之一。

一、从"读书人"变"书中人"

"读过的书，看过的景，就是你的格局。""你若读书，风雅自来！"重庆市沙坪坝区南开小学副校长谢瑞英为活动致开幕词，她表示，书籍是人类宝贵的精神财富，阅读是人生极大的赏心乐事。"希望同学们都爱上阅读，感受阅读的乐趣。"

活动现场热闹非凡，同学们都沉浸在欢乐的氛围中，齐天大圣、嫦娥、诸葛亮、赵子龙、武松、花木兰、小王子、哈利·波特……文学名著中的经典角色，都在南开学子的精彩演绎下鲜活起来。

二、世界听我说，听我说世界

"我扮演的是常胜将军赵子龙！他骁勇善战，有勇有谋，《三国演义》里我最喜欢的人物就是他。""花木兰是巾帼英雄，是我

的榜样。""哈利·波特自信勇敢，观察力强，从他身上我学到了很多。"……当被问及为什么扮演这一角色时，学生们迫不及待地分享他们的想法。在阅读中，他们认识了不同的经典人物，了解了中外不同的文化。在接下来的"我说你听·集名帖"环节中，学生想要获得更多"姓名帖"，就需要向别人介绍自己扮演的角色人物。这一环节，学生自信表达，在锻炼了表达能力的同时，也进一步加深了对角色人物的理解。

三、值此读书日，邀做"悦"读人

"阅动我心，快乐成长"活动让学生走进书中的世界，"沉浸式"地体验阅读带来的乐趣。南开小学将继续开展绘本阅读指导精品课程的各项活动，搭建平台，促进学生对中外文化的学习、传承和交流，构建继承沙磁文脉、呼应时代生活、具备国际视野的新生态。

活动成果：中国文化周活动让文化之花绽放
案例学校：山东省青岛第一国际学校

"中国日"活动相当于山东省青岛第一国际学校的"春晚"，在活动当天会呈现多姿多彩的中国特色活动，全方位展现中国气象万千的现代大国风采及优秀的传统文化。这一天，中方教学部的教师们会带领学生们精心表演以中国音乐、中国技艺、中国舞蹈为内容的文艺节目，最大限度地展现中国风貌。依照传统，中方教师会带领外籍教师一起为大家呈现中国歌舞。此外，中方教学部的教师们还会邀请民间艺人在中国日当天来校举办庙会，猜灯谜、写对联、画糖画……全校师生和家长欢聚一堂。

多年来，"中国日"活动已经发展成学校最令人期待的年度盛会。每年此时，京剧、皮影戏、武术、杂技、书法……都会成为学校师生"朋友圈"的绝对主角，"中国日"的节目视频在各社交平台同步更新，让中华传统文化传播开来。如今"中国日"活动扩展为"中国周"活动，活动内容更加丰富，活动组织形式升级为以学生全面计划为主导、教师提供支持的方式，同时还增加了更多的支线活动，如"民族风格服饰大赛"、舞台节目与文化类游戏结合等。

本文以学校初中部、高中部正在筹划的"2023中国周"为例，具体内容如下。

1. 文化体验工作坊（见表1）

中文课的学生负责介绍活动中相关领域的中国文化，参与活动的互动设计，为活动体验者提供别具一格的中国文化体验。

表1 文化体验工作坊活动列表

活动名称	摊主的展示课题	备注
中国手工作坊	Introduction of Chinese handicraft & paper cutting/braiding skills	折纸、剪纸、中国绳结编手链体验
中华乐器体验	中国音乐、中国五声音阶、中国乐器（古筝、鼓）	了解中国鼓、古筝，上手体验中国鼓演奏《权御天下》，体验演奏古筝曲《沧海一声笑》
中国棋牌游戏	围棋、象棋、麻将 Lucy Steven、"中文棋盘游戏设计"	斗地主、麻将、象棋、围棋、飞行棋
中国古代妆容和京剧脸谱	中国古代妆容、京剧脸谱	
中国诗文和节庆书画	声调平仄、对偶规则、门神传说	对对子、诗文排序、书写福字、对联、画门神

2. 文化类游戏竞赛（见表2）

表2 文化类游戏竞赛活动列表

活动名称	参与人员	备注
竹竿舞挑战	学生	确定过关规则（计算全员通过最短时间）
舞狮版木头人	学生	两项活动同时进行，每项活动由两个队同时参加
四字词语挑战和中华文化知识竞赛	学生	

3. 新春集市（见表3）

表3 新春集市活动列表

活动名称	摊主的展示课题	备注
猜灯谜	赏灯、猜灯谜的习俗介绍；中文课学生制作各式灯谜，宣传中国文化，如"汉字拼图""歇后语挑战"等	收集各国谜语，填灯谜卡，编号，准备答案对照页
写许愿签	"一年之计在于春"的习俗，将新年祈愿写在祈福签上，并系在许愿树上	许愿签为灯谜答对兑换，到摊位上购买祈福牌或祈福锦袋
中国趣物和食品特卖	折纸、剪纸、中国绳结编手链体验	衍纸体验、制作灯笼
中国游戏	中国民间游戏	套圈、投壶等
皮影戏	中国民间故事	剧本写作展演
服饰设计大赛作品展	设计者与体验者面对面交流创作心得	收集作品，安排摆展，现场拉票
糖画、糖葫芦、面人	中国的集市文化	邀请手艺人展示，动手体验

4. 新春庆典（见表4）

表4 新春庆典活动列表

活动名称	参与人员	活动内容
民族风格服饰设计大赛决赛	学生	展示设计、制作的服饰作品，并展示相得益彰的造型穿搭
猜各国经典电影名称	学生	看电影片段限时竞猜
猜各国传统经典歌曲歌名	学生	听音乐片段限时竞猜
汉服穿搭复原赛	中文班学生	展示设计、制作的服饰作品，并展示相得益彰的造型穿搭
最受欢迎节目评选	舞台工作人员	评选最受欢迎语言类、歌曲类、舞蹈类、器乐类节目

"汲取中西方精粹，培养亚洲价值观"，山东省青岛第一国际学校扎根本土的"中国化的国际教育"，让学生"在文化背景中学习汉语，在汉语语境中习得文化"，让学生以全新的视野重新发现自己，重新审视世界，重新眺望未来，努力成长为兼具国际视野与家国情怀的青年一代。

教学成果：换一种方式了解中国之"中国古代历史文化概况"
案例学校：山东省青岛第一国际学校

中华文化博大精深、源远流长。山东省青岛第一国际学校从中国古代历史文化出发，让学生在课程中体悟中华文化精神，厚植家国情怀，展现文化自信。

本案例面向九至高三年级选修"中国文化课程"的学生，开展以"中国古代历史文化概况"为主题的课程教学。具体课程设计如下。

一、话题导入：中国古代历史之初探

自查摸底。学生通过线上知识竞赛闯关游戏，自测有关中国历史文化的背景知识。通过合适且新颖的话题，激发学生的兴趣，给后续学生项目作业以启发。

例如，教师展示历史解构趣味视频《糖水三国》第7集，和学生讨论其中反映的史实，及视频体现的新颖、有趣的独特视角，给后续学生项目作业以启发。

二、新知介绍：中国古代历史之摘要

以清晰明了的图表、时间轴等形式，介绍中国古代的朝代划分，提供各种中国古代王朝口诀、朝代歌以及老师整理、加工、细化了的"中国历史年表"等材料，供学生核对历史朝代排序。

（一）展示关于中国历史朝代的自编词

回溯过往，缘江、河北望：夏商旧事悠悠，神裔诸王。

周纵诸侯长(zhǎng)，东迁至洛阳：春秋后竹简上，战国兵荒荒。

秦灭六国，余威镇朔方，始皇帝施暴政，二世而亡。

汉蓄诛远，拦腰一刀伤；过眼云烟，乱政新莽。

三国争。两晋乱。北方十六国，归北魏，北朝滥觞。

南朝偏，宋齐梁，六朝故国旧梦，时隔江吟唱。

隋昙花现。唐初亦绚烂，安史国败。五代十国不堪。

造极赵宋，靖康断北、南，远渡过了江淮，任辽、金比肩。

蒙掠河山，元制招民变。

明义武奋扬，面清军叩关。

锁国闭关，清朝梦美满；炮火西来，方觉不堪。

叹兴衰，终有常，旧时书简已泛黄；愿家国无恙，阅千古，细思量；

大风起，云飞扬，二十四史浩如烟；期游子归疆、能士镇四方！

（二）利用中国古代史书体例调查（见表1），帮助学生巩固知识

（三）帝王访谈"我和我的王朝"

（1）以小组为单位，选取中国历史上的

表1 中国古代史书体例调查

史书体例	首创者及年代	作品	其他同体例史书	特点	体例优势	局限及不足

某一朝代，查阅正史资料，了解其时代、地域背景，朝代兴衰更替之概况。将关于该朝代的历史内容做成信息图表式的"电子宣传海报"。

（2）选择该朝代中的某一任君主，查阅正史资料，了解其生平经历、功过评价等，建立"君主档案"。

（3）录制访谈，并连同之前的电子海报一同通过H5技术平台发布在网络上，学生通过扫描二维码快速访问。

三、中国历史文化产品设计及相关推荐

（一）互动游戏：站在历史的十字路口

教师提出思考：假如历史可以假设，在已知的中国历史上的某些时间节点做出不同的选择，可能会带来怎样的连锁反应？

学生讨论：决定重置某一朝代的一系列历史事件。并做出假设：假如不是秦统一了六国，假如清军没能入关，没有闭关锁国。

学生活动：查阅史籍资料，重现该段历史。设计每个抉择之下产生的不同故事线的持续发展。完成人物设定、主干及支线的内容及选项文案。将内容制作为在线互动游戏，运行测试并发布。

（二）其他学生的任务活动

（1）中国历史内容棋盘类游戏设计——闯关棋盘、历史人物扑克牌、著名战争战略类对战等。

（2）连载漫画集：假如历史人物也发微信朋友圈。

（3）自制广播节目：中华历史人物、事件、谋略评选。

（4）中国历史改编电影申请立项报告。

（5）历史背景剧本写作。找出自己感兴趣的中国历史朝代，选择该时代的几个历史人物，详细了解该时代及主要人物在史书中的所有记录，在理解时空背景的前提下，思考每个人物在彼时彼刻的每个举动的原因，以历史纪录为基础，对史书中未详细赘述的部分进行合理想象，创作历史剧本，以体现学生对该时代下这批人物的理解，通过剧本作品传达小组同学想要说明的主题，体现当代青少年的历史观。

四、单元小结：小组总结反思

借鉴费曼学习技巧，用深入浅出的语言总结本单元所学，介绍取得的成绩，以及未来可以继续完善的领域。并完成小组互评。

教学成果：课程引领求发展，文化包容促成长
案例学校：重庆市凤鸣山中学

重庆市凤鸣山中学的"英语话中国"课程以更多元的价值和开放的生态，立足学生的思维培养和观念引导，提升学生核心素养的自我构建能力。课程目标分为实践层面和素养层面。实践层面指向学生的思维能力、协作能力和语言表达能力；素养层面指向学生的尊重包容、异己共生的价值观。通过两个方面的教育引导，最终培养出满足未来发展需要的新型人才。

一、基本做法

（一）课程实施，搭建人文交流平台

本课程是以国际理解教育课程为主体的、面向中学生的中外人文交流课程体系。课程以英语为媒介，以"民族情怀，世界眼光"为核心，聚焦生生不息的华夏文明，帮助学生学习和传播中国文化，用英语讲好源自本民族的文化故事，真正做到锻炼语言能力，陶冶情趣情操，扎实文化底蕴，弘扬民族人文精神，展现乐观包容、兼收并蓄的中国文化气度，学会理解其他民族的文化，形成全球视野。

（二）课题研究，攻克人文交流重难的问题

"英语话中国"课程以课题研究为抓手，聚焦项目问题，加强国际教育领悟力，探索人文交流的特色发展之路。学校积极参与或承担人文交流子课题，陆续申报各级相关课题，以课题群辐射和带动人文交流课程建设，夯实理论基础，不断优化操作模式，深度挖掘人文交流的多种形式和内在价值。

（三）拓展实践，推动人文交流素养提升

"英语话中国"课程创新了"系列化"具有国际教育特点的实践活动、创建起"现场化"国际理解教育环境、深化了"品牌化"具有国际理解教育元素的社团建设等，延伸国际理解教育课堂，将中外人文交流融入学生的日常实践，引导学生在活动中进一步深刻理解和践行国际理解教育核心价值理念。

（四）优化评估，引导人文交流良性发展

采用多元化课程评价原则，从课程内容、课程结构、课堂形态、课程价值等方面，将课程开发及实施的全过程放置在学校和区域人文交流整体发展的布局之中，进行综合评价。指导学校开展国际理解教育，提升学生的核心素养，以促进学校人文交流工作的开展。

二、主要成效

（一）"人文"理念落地生根

通过与友好学校开展长期稳定的交流互访、空中课堂、项目合作，在融汇交流中帮助学生更好地理解和学习中国文化，培养民族自豪感，用国际语言讲好中国文化故事，促进学校和国际友好学校的学生之间的跨文化理解。

（二）"人文"交流硕果累累

"英语话中国"课程组成员充分挖掘和利用本地区特色文化，不仅编写了相关学生用书、教师用书和口袋读本，而且注重学习借鉴国外优秀文化成果，组织开展人文素养教学研讨并形成成果：出版了《英语教学与文化传播》《英美文学与翻译实践研究》；公开发表《国际理解视野下中华优秀传统文化融入高中生涯规划探究》《基于渗透传统文化教育的高中英语教学实践与探索》《学科育人

价值在高中英语教学中的实践研究》《基于英语教学的国际理解教育的启示》《文化自信视角下英语生态阅读融于中国元素的路径探析》等学术论文；"英文与七夕节的浪漫邂逅：用七夕剖析定语从句""印象端午：一场从传统文化到国际理解力的盛宴""Finding purpose in the CYLC——承百年荣光 扬青春华章"等课程设计在各类活动中获得多项国家级、市级奖项。

（三）"人文"特色异彩纷呈

"英语话中国"课程增强了学生的自信与底气，促进了语言学科的双向融合，把民族文化和特色内化于心、外化于行，以艺术和语言为载体，讲好中国故事。学校积极组织师生参加第三届"中外人文交流小使者"活动、"汉语桥——美国校长访华之旅"重庆站交流活动、第五届世界和平演唱节、第二届"中国风"全国中小学生创意主题作品展、中国日报社"穿越时空的家书——致2300年前的屈原全球青少年作品征集"等活动，并在活动中获奖，其中"趣味英语·创意剪纸"作为沙坪坝区传统艺术耀眼名片和重庆市特色传统文化的一道亮丽风景线，漂洋过海远赠外国友人。华龙网、中国教育报等多家媒体多次报道了学校中外人文交流工作。

三、典型经验

（一）以精品课程体系为载体，传播中国传统文化

学校围绕"国家标准课程、特色地方课程、未来发展课程"三个方面，构建了"健康体魄""民族情结""国际视野""发展潜质"四大类别、六大核心领域的精品课程体系，以此为载体，通过多种途径加强国内外交流，渗透中华优秀传统文化教育。

（二）以国际交流合作项目为契机，加强创新项目

目前，学校已与多所国际学校达成合作意向，加强学术领域、STEAM课程、艺体项目、师生互培等方面的合作与交流，开展深度合作。未来，学校将争取与"一带一路"沿线国家的中小学校结为国际友好学校，促进教育对外开放，进一步发挥中外人文交流中的引领、带动和借鉴作用，促进中外民间友好和民心相通。

— 在2019年的"汉语桥——美国校长访华之旅"活动中，到重庆凤鸣山中学访问的外宾体验剪纸课

教学成果：根植中国传统文化，建设"文化走廊"
案例学校：青岛市实验高级中学

根植中国传统文化，开发实施中外人文交流课程，是青岛市实验高级中学"新人文"理念的具体体现。

一、课程的基本理念

在课程探索中，学校负责中外人文交流的教师注重理论研究，逐渐确立起以"国际理解""人类命运共同体""新人文"为指导的中外人文教育理念，致力于在实际的课程学习和实践中培养学生的沟通协作力、全球胜任力，增强中外青少年的中国传统文化积淀和"人类命运共同体"意识，为世界和平发展积蓄青年力量，也为传播中国传统文化、增进文化互鉴和民心相通打好基础。

二、课程的培养目标

学校以人为本，倡导"新人文"教育，以学生全面而有个性的发展为中心，坚持人文、科学和艺术素养并重，构建"学生为中心""社会为中心""活动为中心"的新型学习模式，创新学生成长方式，实现学生有选择的教育。学校的中国传统文化课程注重涵养性、活动性，强调在"做"中"学"，使学生行知合一，促进学生的全面发展。

三、课程团队建设

在开设课程前，学校通过前期动员、自主报名、综合选拔组建起中外人文教育团队，为后期活动的开展提供师资保障。课程建设过程中，通过与授课教师深度交流明确课程任务，并在授课的语言、内容、讲授方式等方面进行深入探讨，确定课程内容和授课形式。在持续的沟通、激励、合作下，越来越多的教师参与到中外人文交流中来，逐渐开发了涵盖语文、英语、历史、音乐、美术、体育等学科的、内容丰富的特色课程。

四、主要创新点

为培养法国学生学习汉语的能力，增进其对中国传统文化的了解，学校根据法国学生实际情况，为他们设置了系统的、有特色的中国传统文化课程。随着国际化程度的不断加深，学校与俄罗斯、白俄罗斯等国家的课程交流也不断增多，课程内容由法国逐渐向其他国家辐射、推广。课程的建设遵循针对性、实用性、多元性、系统性、信息化的原则，展现了学校"新人文"教育的特色。

（一）课程建设的针对性

课程开发前，学校通过调研了解学生的汉语学情、学习动机和实际需求，课程建设中不断细化课程目标，分门别类地合理规划，科学预设学习效果，增强课程建设的针对性。

为增强学生的汉语能力，学校开设了为期3周的中国文化研修班，设置了基础的汉语语言学习课程——基础汉语，主要教授法国学生基础的汉语词汇和语法应用。为促进学生对中国传统文化的了解，感受中国传统体育魅力，学校开设了八段锦、太极拳、舞龙舞狮等课程。为培养法国学生的文化艺术鉴赏能力，促进法国学生了解中国历史和风俗习惯，感受传统艺术风采，学校开设了国画书法课、历史上的中国风采女性、中国神话传说、传统民俗与手工、鲁班锁等课程。每门课程设置了具体的目标指导，让学生每节课都能获得语言或文化层面的提升和收获，全面培养法国学生对汉语日常交际语言的理解能力和表达能力，并使其更深入地了解中国社会及文化，为日后的专业学习打下坚实的语言基础。

（二）课程设置的实用性

语言是知识和文化的载体，是理解文化的工具和基础。考虑到学生的实际情况和课程设置的实用性，学校在2019年的研修班课程中加大了基础汉语学习的比重。通过一周八节的基础汉语学习课，为法国学生创设良好的汉语学习环境，注重培养学生运用汉语交流的能力。为鼓励学生参与语言运用实践，汉语教师特地组织法国学生排演中文小情景剧，并在结业典礼上展示，鼓励学生将所学所闻运用到实际生活中。2022年以北京冬奥会和冬残奥会为学习情境，让学生在真实的学习情境中提升汉语应用能力。

（三）课程内容的多元性

通过调研发现，法国学生对中国传统文

化有浓厚的兴趣，希望了解中国传统文化。因此，在课程中融入中国传统文化，让课程内容丰富多元。除前期开设的中国书法、中国武术外，2019 年特别增加了鲁班锁、民俗与手工、中国烹饪等课程。中国传统文化研修班的课程由 2017 年的十几门增加至现在的24 门。

结合学校特色和优势，学校利用汉学馆和古琴馆资源，设置了汉服文化、中国茶文化以及古琴体验课，将中国传统文化融入课程学习中，既使法国学生学习了语言技能，又让他们感受到了中国传统文化和校园特色文化的魅力。同时，通过参观极具青岛人文特色的景点崂山、栈桥、八大关景区、即墨古城等，做到行知合一，全面了解青岛、了解中国。

在课程建设上，中国传统文化课程内容随时代发展不断更新、丰富。2019 年的中国传统文化研修班中，民俗与手工课程成为新亮点。在神秘的鲁班锁课程中，法国学生了解了鲁班锁谜题、"止楚救宋"的故事、墨子兼爱非攻的价值观，教师借《长安十二时辰》还原唐代生活，并结合中华人民共和国成立 70 周年展示中国日渐强大的国家力量，向法国学生展现了中国传统文化的博大精深。

（四）课程体系的系统性

根据法国学生的学习需求，学校逐步构建起以"培养学习汉语基本语言交流技能"为主题、兼顾"中华历史文学素养"和"中国传统艺术体育素养"的"一体两翼"式中国传统文化课程。课程以培养学习汉语基本语言交流技能为主体，兼顾中国传统文化和音体美的体验，做到"两翼"丰富。课程内容涵盖基础汉语、书法、国画、中国音乐、中国文学、中国历史、武术、烹饪等。2022 年在教育部中外人文交流中心 A 类立项课题"互联网支持下中外人文交流的实践路径研究"的引领下，学校的"国文化空中走廊"课程又增加了青岛本地特色元素，将青岛的历史、民俗、现代工业发展等特色融入课程。

（五）课程教学的信息化

经过不断革新与改进，学校课程建设得到了质的飞跃。学校中外人文交流中心团队积极探索线上交流，与北京外国语大学合作了教育部中外人文交流中心 A 类立项课题"互联网支持下中外人文交流的实践路径研究"，推进了学校信息化教学研究，利用现代互联网技术实现了中外远程连线。借助互联网信息技术成功开设了中法交流课、中俄交流课、中国—白俄罗斯交流课。2022 北京冬奥会和冬残奥会期间，学校运用"互联网＋课堂"直播等形式，开展了中外青少年"同上一堂课""云游岱庙""同唱一首歌"，以及"冬奥"主题论坛"冬奥有我，共绘未来"云画展等活动。相关活动先后被国家、省市级诸多媒体报道，学校合唱团在冬奥倒计时 40 天全国云端音乐会活动中获得国家级二等奖。借助互联网技术，学校的中外人文教育打破了时间、空间限制，在内容与形式上实现了新突破，注入了新能量。

活动成果： 冬知药·亚欧青少年草药标本大赛
案例学校： 重庆耀中国际学校

在重庆耀中国际学校（以下简称"重庆耀中"），中国研习课一直深受师生的喜爱。中国研习课立足于中国文化，采用跨文化讨论的形式，通过东西方文明互融互鉴，学生学习、了解和吸收世界优秀文化及智慧，取长补短，维护世界文明多样性。

重庆耀中认为教育应面向所有公民和学生进行设计，促进社会对多元文化的理解和尊重；从社区、家庭以及学校等方面入手，主要涉及社会互动、学校、教师培训、教学方式等方面，促进学生接受多元文化，增进国际理解。学校倡导加强国家及地区合作，促进不同文化的理解和尊重，让来自世界各地的耀中学子认识到不同文化的异同，并且以开阔的视野和心胸尊重多元文化，汲取并融合各方优点，形成正确的价值观和世界观。因此，在推行双语学习共同体的大背景之下，重庆耀中将文化课程深度融合到双语课程之中，在跨学科概念的引领之下，将传统的学科知识进行统整规划，以概念为板块，将全人全面教育落实到学以致用的教学安排之中。

基于此，除了继续深化文化课程外，重庆耀中还积极参与各项社区活动，以拓宽学生的文化视野。2022 年 10 月，重庆耀中国际学校受邀参加了由重庆市政府港澳办、市政府新闻办等相关机构主办的冬知药·亚欧青少年草药标本大赛。大赛旨在传承本草精神，弘扬中药文化，培养中外"Z世代"青少年热爱自然、善于动手、勇于创新的意识；同时，鼓励亚欧国家青少年到大自然中采集草药，并代言一味中草药，将其带回家中盆栽培育、观察生长，了解其药效，用神奇的中医文化激发亚欧青少年对中华传统文化的热爱。

重庆耀中以大赛为契机，在小学部五六年级、中学部七至九年级开展了中草药特别学习项目。以五年级中草药项目为例，同学们不但学习中草药，而且将草药的相关知识与神农尝百草的传统神话相结合，进一步与五年级的主题单元《世界神话》相关联。

在学习中草药的部分，同学们了解了中草药文化，观摩了常见中草药的活体植株以及经过炮制之后的形态；通过"今人尝药"环节，亲身感受了先贤为了解药性的付出。此外，同学们将该项目与艺术学科相结合，根据中药的植株特性及药性等特点，将中药制作成艺术作品。

在整个学习过程之中，同学们品尝到了学习传统中药文化的快乐，通过自己的理解和创作，为"一带一路"沿线亚欧国家的青少年们带去了中草药文化的知识。

活动成果： 横舟航远逢知己，同心同德话友谊
案例学校： 常州市武进区横山桥初级中学

2021年，常州市武进区横山桥初级中学（以下简称"横山桥初中"）成为常州市海外华文教育服务联盟单位之一，并与德国科隆莱茵中原学院缔结为友好学校。学校在食育活动方面拥有丰富经验，德国科隆莱茵中原学院的同学们又热爱中国文化，对中国的传统节日特别感兴趣，双方决定于2022年2月19日开展以元宵节为主题的做元宵（汤圆）、猜灯谜、送祝福线上校际交流活动，以传播中国文化，促进双方的深度交流。

一、活动过程

（一）元宵甜蜜传真情

万家灯火团圆夜，一碗元宵瑞气盈。一碗碗元宵，寓意团团圆圆、生活甜美。做元宵、吃元宵，热热闹闹，喜气腾腾。横山桥初中食育老师刘丽群亲手示范，与同学们亲切互动，带领大家一步步制作元宵；美术老师孙嫚灵则用创新的形式，在线直播演示制作了"福虎"和"冰墩墩"造型的元宵，让大家赞叹不已。同学们在老师的指导下，也制作了各色元宵，收获颇丰。小小的元宵象征着祝福与愿望，是连接双方的纽带，让两所友好学校的同学们体验了中华优秀传统文化。

（二）喜猜灯谜乐融融

观灯猜谜人欢笑，喜气洋洋闹新年。思索求证乐趣无穷，每一次猜想都是智慧的凝结。在猜灯谜环节，横山桥初中王悠老师用同学们喜闻乐见的形式与大家互动。中德同学们在云端积极互动，你来我往，好不热闹。距离虽远却情谊深厚，中德同学们都感受到了融融的暖意。

（三）欢欢喜喜送祝福

东风夜放花千树，长缨万里起新航。活动最后，双方师生互致诚挚祝福，德国科隆莱茵中原学院还开展了以福虎元宵为主题的学习活动，同学们巧手制作了以"福虎"和元宵为主题的创意画。一幅幅精美的图画，凝聚了同学们的才智，表达了他们对中方师生的祝福。虽然相隔千山万水，但互联网足以将两端的真心紧紧相连。

二、活动成效

本次交流活动为弘扬中华优秀传统文化做出了积极探索，尝试了两地双师在线互动的创新教法，使外国学生在快乐、有趣的氛围中学习中国文化，建立起珍贵的跨国友谊。德国科隆莱茵中原学院冯爱民校长充分肯定了本次活动，她表示，本次元宵联谊会内容丰富，从食物元宵的制作引出元宵灯谜、生肖故事等中华传统文化知识，而且通过制作冰墩墩造型的元宵，让同学们感受到了2022年北京冬奥会的精神主题；远程互动环节中的交流沟通、互送祝福，体现了崇尚尊重、平等、友爱的中国礼仪文化。

活动成果：云端同聚，共话"冬奥"
案例学校：重庆市南开中学

作为基础教育的一环，我们可以为 2022 年北京冬奥会（以下简称"北京冬奥"）做点什么呢？在北京冬奥举办之前，重庆市南开中学首次尝试四国四校同时连线，以"履冰踏雪，一起向未来"为主题，开展线上论坛，四国学生共同研究冬奥精神、冬奥项目、冬奥明星等相关内容。

一、"云端"话"冬奥"

2022 年 1 月，"渝见南开"汉语桥线上国际交流营在教育部中外语言交流合作中心的大力支持下顺利开展。在前两次线上交流经验的基础上，重庆市南开中学首次尝试四国四校同期交流，开展为期两周的线上交流营，参与师生共计 300 余人。

学校为俄罗斯、新加坡和德国的学生开设基础汉语课、剪纸、扎染、舞蹈、太极扇、民乐鉴赏等具有民族特色和"沉浸式"游重庆的特色体验课，有汉语基础的学生不仅学习了进阶汉语、对联、春联、二十四节气、九九消寒图，还学习了由我国古代诗词改编而成的歌曲《越人歌》《花非花》。

学生一对一结伴，即一位南开学生对接一位外国学生，南开学生要帮助外国小伙伴学习中文和中国文化课程。小伙伴们要共同完成"北京冬奥——履冰踏雪，一起向未来"的项目制学习任务，随机 4~6 名不同国别的学生分为一个组，共同学习，分工协作，最终将学习成果以汇报的方式呈现。学习小组可以从冬奥精神、冬奥明星、冬奥起源、"双奥之城"北京的奥运之路和北京冬奥的口号、会徽、吉祥物、奖牌、火炬以及比赛项目等方面自选角度，进行研究探讨。线上组团交流营为期两周，分组后，学习小组立即投入工作。截至论坛开始前，交流营共收到 25 个学习组的研究学习成果。

为迎接北京冬奥，学校组织了两场由南开学生参加的实地冰雪项目体验——室内滑雪滑冰和旱地冰壶，编排出冬奥主题曲课间操，提前感受冬奥氛围。

二、"北京冬奥——履冰踏雪，一起向未来"论坛交流营闭幕式

线上组团交流营的最后一天举办了"北京冬奥——履冰踏雪，一起向未来"论坛交流营闭幕式。

在闭幕式议程的第三部分，重庆市南开中学学生为大家呈现了以北京冬奥主题曲为伴奏的自编歌舞。歌词内容体现团结一致、共同努力的理念，舞蹈风格青春洋溢。

议程第四部分是 PBL 项目制学习成果展示，四所学校选出具有代表性的作品进行播放展示，涵盖内容广泛，包含冬奥历史、冬奥明星、冬奥精神、吉祥物、北京冬奥项目和自己的冰雪运动体验等。

议程第五部分为旱地冰雪运动，4 名同学演示了旱地"冰雪"运动自编体操。该体操选取了冬奥冰雪运动高山滑雪、短道速滑、花样滑冰和冰壶四项运动的标志性动作，结合体能锻炼原则，编排出摆、蹬、转、蹲、推、跳等动作让学生练习体验，让学生感知冰雪运动的速度与激情、取与舍的智慧和动静之美。4 名同学在舞台上进行规范的演示教学，四校师生也跟着运动起来，现场瞬间欢腾起来。"我运动，我快乐"，四个国家的师生同做一支操，跨越距离和时间，让本次论坛变得更有意义。

议程第六部分由四校学生代表分别总结发言，他们分享了自己的学习收获、与异国朋友的情感、对中国文化的认识和对国际交流的感想，表达了对冬奥运动的理解及对北京冬奥的期待。

以冬奥为主题的系列活动得到了 3 所外国学校的支持与好评。德国巴特嫩多夫中学校长表示："很高兴也很感激能有机会参与本次线上国际交流营，学校与重庆市南开中学已有长达 12 年的友谊。培养学生成为世界公民不仅仅是一个长远目标，更是持续的、日常的目标，我们将为共同的目标一起努力。"新加坡武吉巴督中学副校长表示，世界联系非常紧密，所以同学们应该不局限于自己的国家和文化，而应该开阔眼界，了解和理解不同的文化和价值观，正如世界各国的运动员相聚在北京，这正是冬奥精神的体现。

三、典型经验

多年中外人文交流实践证明，稳定的友好学校能提供长期的合作机会，有越来越多的学生加入交流；选取热点事件、热点话题为交流主题，明确交流的目的，可以激发师生的交流热情；选择有效的交流方式，例如互助式语言学习、PBL 项目制学习。在国际交流中，互助式语言学习能够帮助对方学习语言，营造语言学习环境；PBL 项目制学习方式有助于提升学生的语言沟通能力、协作学习能力、解决问题能力和创新能力，开阔学生的国际视野。

活动成果： 不忘历史，面向未来
案例学校： 南京市第一中学

"巍巍金陵，滔滔大江，钟山花雨，千秋芬芳……"，南京市第一中学（以下简称"南京一中"）的学生曾经连续七年在侵华日军南京大屠杀遇难同胞纪念馆举行的国家公祭仪式上朗诵《和平宣言》。2015 年，在南京市外事办的推动下，南京一中与日本历史教育者协会建立友好关系。多年来，双方在教师互访、课堂教学、教材教法等方面开展了多种形式的互动交流，保持着良好的友谊。

一、互访交流，正视历史

日本历史教育者协会是一个进步的民间组织，在日本有近2000 名历史教师会员。多年来，他们本着"不忘历史、面向未来"的精神，致力于历史教育研究，反对右翼势力，坚持不懈地与篡改历史教科书、否认南京大屠杀等行为进行斗争。在南京，日本历史教学者协会教师参观了拉贝故居、南京利济巷慰安所旧址陈列馆等多处历史遗迹，回望不能忘却的历史，面对无法掩盖的真相，更加坚守和平的信念。他们将学生们折好的千纸鹤赠予南京大屠杀遇难同胞纪念馆和战争中的幸存者，以表达对战争的反省和对和平的祈愿。他们在日本的《历史教育》杂志上公开发表翔实的论文，帮助日本国民正视侵华历史，起到积极促进作用。

二、课堂交流，传承文化

双方教师聚焦历史课堂的建构和理想课堂的创设，寻找中日文化共同点，开展同课异构。以孙中山先生为例，中日教师分别以"辛亥革命——孙中山与南京""从孙中山的"大亚洲主义"中我们可以读出什么——孙中山与神户"为题，从多维视角解读孙中山先生。以琉球为例，中日教师分别做了"琉球（冲绳）的前世今生""琉球王国的兴衰"等讲座。双方教师还积极开展线上课堂、讲座和演讲等，探索课堂交流的新模式。例如南京一中历史教师以文物的视角，通过"文物中的南京"课程展现地方悠久的历史，日本教师则开设了"五四运动和吉野作造"等课程。

三、学术研讨，共创未来

2018 年，南京一中四位历史教师应邀出席了日本历史教育者协会举办的第 70 次全国大会并在大会上致辞。在学科会议上，南京一中历史教师以"南京市第一中学的历史教育概况""考古学入门"为题做了现场讲座，详细介绍了南京一中历史学科国家课程和校本课程开设情况，并在"中日历史教师教学交流的意义与展望"上作专题发言，与参会者开展热烈的思想碰撞。自那时起，南京一中历史教师连续四年参加日本历史教育者协会全国年会，双方教师通过专题讲座，分享教学经验，讨论教学方法，聆听彼此的思考以相互启发。

历史教学不是历史的重现，而是立德树人的重要手段。让青少年关注历史，重温历史，分析历史，才能正视历史，面向未来。曾参与撰写日本高中历史教科书的山下老师表示，作为有良心、良知、正义感的日本历史老师，在未来教育实践中应该促使学生认真思考——如何远离战争，与和平共生。可以说，中日学校的交流活动是不忘历史、反省历史、增进历史共识的活动，是进一步缩小两国人民，尤其是年轻人之间的心理隔阂的友好探索，是加深相互之间的理解、实现中日间长久和平友好的有益尝试。

活动成果： 多语种倾听世界声音
案例学校： 成都市大弯中学校

2020 年，成都市大弯中学校（以下简称"大弯中学"）成为中外人文交流特色学校建设计划项目学校（多语种外语学习方向），学校以"一带一路"倡议和青白江区打造现代化国际化成都北部中心为契机，在生态教育理念指导下，将人文交流理念融入学校教育教学和人才培养全过程，发挥人文交流育人功能，拓宽学生国际视野，创新开展"多国文化节"等中外人文交流综合实践活动，为师生创造融实践、知识、体验、探究、趣味于一体的外语学习环境。

一、"多国文化节"基本做法

"多国文化节"是大弯中学中外人文交流综合实践活动之一，在每年春季举行，并根据国际热点、师生建议等，确立每期的活动主题。活动以全校师生为主体，以班级为单位，以各国文化为载体，营造欢乐融洽的国际化校园氛围，为学生提供自主了解并传播世界各国文化的机会，实现外国文化与学生零距离的接触，增进学生对各国文化更广泛、更深刻的认识和理解，开阔学生的国际视野，畅通大弯学子理解国际多元文化的渠道，丰富学生的

国际文化积淀（见表 1）。

（1）国际理解教育论坛及人文交流专题讲座。文化节期间，学校邀请学者、专家等为全体师生开展外国文化讲座及国际理解教育讲座。

（2）多语留声机。学校鼓励学生用外语朗诵作品，并在学校微信公众号"多语留声机"板块展示作品。活动同时邀请外籍教师、外籍留学生及校友参与。

（3）多语风采展示。多语风采展示活动设置了多语歌曲展演、多语演讲、多语配音比赛、多语海报展、多语贺卡及多语手抄报创意展等，为学生提供丰富的展示机会与平台。

（4）"给妈妈的一封信"多语种写作大赛。每年五月母亲节，以母爱为主题，学

表 1 大弯中学"多国文化节"活动内容（以 2021 年为例）

语种	活动项目	活动内容
多语种	多国文化节"活动创意秀"	学生为文化节主题积极建言献策
汉语、英语	志愿者招募	学生主动参与文化节活动组织与开展
英语、日语、法语	宣传海报设计大赛	创新设计，以海报设计比赛对活动进行宣传，提高活动影响力
多语种	创意集市游园会	"一带一路""蓉欧快铁"沿线国家历史、风俗、文化展示，多国留学生交流活动等
英语	英语主持人大赛	学生英语展示及现场问答
英语	英语演讲赛	"用英语讲述中国故事"演讲赛
多语	"语"你相约——多语种手抄报大赛	外研社多语种技能大赛暨校园选拔赛
多语种	"语"你相约——多语种贺卡创意活动	"卡片传递温情、感恩常在心间"创意贺卡设计
英语	英语辩论赛	英语辩论社团辩论赛
多语种	给母亲的一封信——多语种写作大赛	学生用英、日、俄、法、韩等语言给辛劳的母亲写信表达爱与感谢
韩语、日语、英语	板报设计	不同主题的板报设计与展示
韩语	中韩友好学校携手迎新春活动	与韩国友好学校在线交流
韩语	韩国文化体验活动	韩国服饰、饮食文化体验活动
日语	配音大赛	"秋声秋韵"日语趣味配音大赛

生为母亲手写一封外文表白信（在英、日、俄、德、法、西、韩等语言中选择一种语言文字进行创作），体裁不限（诗歌、记叙文、散文等均可），用不同国家的文字向辛劳的母亲表达爱和感谢。

（5）蓉欧文化长廊。文化长廊展现了蓉欧快铁所经沿线30余个国家和地区的文化，涵盖国家概况、语言、艺术、建筑、音乐、美食、体育、名人名言、传统活动以及传统服装等。学校将文化长廊与游园活动相结合，让学生在文化大转盘、体育游戏玩玩看、历史场景复现、传统工艺品DIY等闯关活动中，充分体验和学习各国文化。

（6）创意中外集市游园会。学生设计多个展位展示世界30余个国家和地区的文化，涉及特产、美食、音乐、书籍、艺术、传统节目等多个方面。各展位设置了兼具互动性、趣味性的讲解类活动，如生活习俗、旅游介绍、历史讲解等；以及各类操作活动，如饮食制作、娱乐互动、特色表演等，让学生亲自体验世界多元文化。例如，在主题为"行'一带一路'、促文化交流"的2021年多国文化节活动中，来自尼泊尔、菲律宾、古巴、巴基斯坦等国的四川师范大学国际教育学院留学生代表们用中文及本民族的语言跟同学们互动交流、游园，在轻松欢快的氛围中，大弯学子体验了各国的文化与风俗，国际友人也更加了解中国文化。

活动成果： "味在云端"中泰人文交流之川菜博物馆研学活动
案例学校： 四川师范大学附属中学外国语学校

四川师范大学附属中学外国语学校是四川省成都市锦江区国际化窗口学校和国际理解教育课程建设实验学校。从2008年开始，学校一直保持着和国外不同中学师生之间的交流与友好访问活动。2022年3月开始，学校依托"互联网＋"背景下的中外人文交流课程建设与实践研究课题，开启全新的中外师生线上交流模式。

在活动开始前，学校积极与泰国攀牙府沓卜中学的学生进行问卷调查，确立交流主题。中国是世界三大美食国之一，成都又是赫赫有名的美食之都。近几年，随着旅游业的快速发展，泰国菜在中国也颇受欢迎。中泰双方的学生对对方国家的美食异常感兴趣，最终美食主题在调查中脱颖而出，确立了中泰"味在云端"人文交流系列课程的第一个主题。

川菜博物馆作为成都的一张旅游名片，是世界唯一以菜系文化为陈列内容的主题博物馆。利用川菜博物馆作为中泰"味在云端"人文交流课程研学地点，可以达到在交流中参观、在参观中体验、在体验中品悟、在品悟中升华的目的。

课程主题和地点确立后，教师第一时间投入研学手册编辑中。研学手册依据活动流程来进行板块设计，活动过程当中，中方学生在研学手册的引导下，与泰方学生线上交流、线下开展研学活动。

在川菜博物馆的郫县豆瓣制作区，中方学生带领线上探访的泰方学生一起参观了解郫县豆瓣酱的制作过程，并为泰方学生讲解四川香料方面的知识。关于四川香料方面的知识，学生在预习期已经作了深入的调查研究，形成了相关探究文章，在这个环节就直接给泰方学生展示。泰方学生则为中方学生介绍泰国著名的美食。通过视频，泰方学生为中方学生介绍了芒果糯米饭的制作流程。

在开展中外人文交流活动时，首先，对国外学校进行背景调查十分重要，应避免宗教背景或基金支持，防止交流中出现错误的价值导向。其次，活动环节组织紧密，安排有序，是保障整个交流活动正常进行的基础。为了保证交流效果，应事先制订完善的活动方案。最后，通过召开相关会议等举措，将每个环节中会出现的情况进行预设，确保学生的安全。

为适应时代的发展，学校对国际理解教育和中外人文交流活动的需求也越来越大，承担的责任也越来越大。作为学生的引路人，学校应时刻保持初心，带领学生了解世界，理解多元文化，培养具有国际视野、理解国际多元文化的国际化少年。

科研成果：国际语文传统崇礼文化
案例学校：中山市华辰实验中学

一、学校国际部教师教学、学生学习有"本"可依

（一）粤教版教材整合

课题组以礼的要义为主线，将粤教版必修教材和选修教材有机地结合，构建以传统文化为主题并倾向于"崇礼"方向的具有时代性、基础性和选择性的教育教学体系。例如：粤教版教材从必修一到必修五，每册书的第四单元都是古诗词单元，蕴含着大量的传统文化知识，如《离骚》《孔雀东南飞》《阿房宫赋》《赤壁赋》《逍遥游》《项脊轩志》《兰亭集序》等经典古文名篇。此外，每册必修教材其他单元也涉及传统文化的篇目，例如必修一教材中的《留取丹心照汗青——文天祥千秋祭》，必修四扩展阅读《〈红楼梦〉的情节波澜（节选）》，小说单元《宝玉挨打》，必修五第三单元戏曲单元中有王实甫的《长亭送别》等经典名篇，都成为课堂的主打篇目。

（二）校本教材出版

课题组致力于国际部校本教材的研发，目前为止学校编制的校本教材有《高中国际班传统崇礼文化校本教材系列中华传统文化之礼》《高中国际班传统崇礼文化校本教材系列中华传统文化之古代服饰》。

课题组开发了《礼》校本教材，使崇礼教育更加系统。在高一阶段每周设置了一节校本教材教学课时，包括"以敬为本，以仁为质，真诚行礼，礼要适宜，适度，克己复礼，礼以正身，礼促和谐，尊老爱幼，仪容端严，礼之价值"等内容。《古代服饰》作为高二阶段的校本教材，是从校本教材《礼》中"仪容端严"板块衍生出来的子校本教材，作为学生礼仪文化传统知识的延伸与拓展。服饰是指穿衣和装饰，其作为一种传统文化的象征，贯穿了中国古代各个历史时期，体现出中国古人的审美倾向和思想内涵。相关教学让学生重视在不同场合的着装要求，培养学生的着装礼仪，使国际班的学生在各个舞台上都能大方得体。

（三）经典诵读篇目整理

课题组编制了早读材料《高中国际班语文传统崇礼文化教学探究经典诵读篇目》，主要包含《弟子规》《增广贤文》《大学》《论语》《孟子》《中庸》以及《中国历代名门家训》选段，让学生在经典诵读中感悟圣人先哲的教诲，感悟"礼仪规范乃做人根本"的深刻道理以及"修身、齐家、治国、平天下"的远大抱负。

（四）考试内容改革

在考试内容的选取上做到传统的与现代的礼仪相结合，并使民族的与世界的礼仪并存。中国是有着优良礼仪传统的国家，随着国与国之间的交流增多，许多国际通用礼仪也被国人所接受，所以学生能够以正确的态度、辩证的眼光对待传统礼仪与世界的礼仪，并学会适当融合十分必要。礼仪教育的考试内容，不应只是简单礼貌问好之类的内容，而应增加具有参照性的仪容仪表、仪态举止、相见礼仪、语言谈吐、拜访接待、餐桌礼仪、公共场所应遵循的礼仪等内容。礼仪教育故事、外国的餐桌礼仪，容貌要端庄、体态要端正、居室要清洁整齐……这些内容无不渗透学生成长所需的礼仪知识。

二、清晰的国际部语文教学拓展思路和体系

（一）社团建设

在充分调研的基础上，学校根据学生的兴趣成立了学生社团，如话剧社、茶艺社、书法社、文学社、礼仪社等。通过语文教师兼职和外聘结合的方式提供指导，尽可能多地将社团日常活动纳入"崇礼"范畴。例如，话剧社排练了《孔雀东南飞》《宝玉挨打》《长亭送别》等经典传统文本，通过表演的方式提高学生对传统经典文本的兴趣和解读能力。

（二）活动规划

学校制订了学生语文学科的三年活动规划：高一开展书法大赛、汉字听写大赛，旨在提升学生对中国传统文字艺术的学习兴趣，夯实文字功底，培养学生勤于积累、刻苦练习的习惯；高二开展传统文化经典诵读大赛、诗词大赛，旨在提升学生的诗词修养，在诗词中提升审美素养，提高语言层次，在诗词的意境中奠定影响学生一生的文化根基；高三开展超级演说家、辩论赛，提升学生的口语表达力和思辨力，为未来的学习生活打好基础。

（三）礼仪培训

学校邀请家长、专家来校开展礼仪课程培训，指导学生如何在"举止规范、善于沟通"的基本理念指引下，展示当代中学生应有的仪容仪表以及良好的形象，更重要的是了解国际多元礼仪文化，在对外交往中既能合乎

现代礼仪规范，又能展示新时代中国青少年应有的礼仪风度。

（四）文化宣讲

每年，学校会定期接待法国、德国的学生，国际部学生成为传播中国传统文化的大使。他们积极筹备宣讲课，力求展示中国"礼仪之邦、文化大国"的风采。例如，以梅兰竹菊"四君子"形象，展示中国传统文化所推崇的坚韧不拔、清雅、正直、高洁的人格精神；以中国功夫展现武者的刚柔并济、内外兼修以及对生命乃至宇宙万物的参悟；以中国节日展示"天人合一""和为贵"等博大精深的悠久文化。

三、学校国际部语文教学有了清晰的规划体系

经过不断的摸索，特别是确定了以"崇礼"为终极目标后，国际部语文"崇礼"文化教学的拓展部分形成了较为清晰的思路和体系，对国际班一线语文教师的教学具有实际指导意义。

四、学生对传统文化、对礼仪情感态度发生了变化

多样化的学习教材、实践活动，多种评价方式的监督，再加上国际班的语文教师们给予学生们平等对话的机会，具有"国际范"的教法，自然能使学生亲其师信其道，被中国传统文化感染，更有利于我们达成崇礼的教学目标。经过三年实践，接受崇礼文化教育的学生形成了良好的礼仪习惯，他们在生活中更好地传承和弘扬中华优秀传统文化，彰显中国学生良好的文明礼仪素养，为中华五千年文明礼仪大国代言。

活动成果： 一场跨越山海的"云端"爱国课
案例学校： 山东省青岛第三十七中学

2022 年 5 月，山东省青岛第三十七中学与澳门坊众学校的师生代表云端聚首，携手开展纪念五四运动 103 周年爱国主题教育活动。同根同祖同源、同一颗爱国的心，拉近了青澳两地学子的距离，同学们一起赓续红色基因，厚植爱国情怀。

青岛第三十七中学的袁秀霞老师做了题为"青澳学子携手 共扬五四精神 争做时代青年"的主题演讲。在"峥嵘岁月泣血泪，青年意气夺青岛"篇章，袁老师为青澳两地学子深情讲述了五四运动与青岛、与本校前身崇德中学波澜壮阔的故事。透过厚重的文字和泛黄的图片，两地学子了解了五四运动的发源和青岛的红色历史，更加坚定了"学党史、知党情、跟党走"的理想信念和使命担当。在"五四青史今犹记，时代青年勇作为"篇章，袁老师通过"1919 年中国在巴黎和会上的外交失败"和"2021 年美中高层会谈上'中国人是不吃这一套的'的发言"的鲜明对比，让同学们深切体会到中国已经今非昔比，理解新时代爱国精神的深刻含义：扛起钢枪保家卫国是爱国，努力学习刻苦读书也是爱国；载人航天巡游太空是爱国，坚持锻炼强身健体也是爱国……袁老师还引用习近平总书记的讲话勉励两校学子："牢记党的教诲，立志民族复兴，不负历史、不负时代、不负人民，在青春的赛道上奋力奔跑，争取跑出当代青年的最好成绩！"

为了增进彼此的了解，两校组织学生开展线上对话。同学们就学校情况、五四运动、青春理想、学习生活、地域文化、风土人情等方面进行交流分享。虽然远隔千里，未曾谋面，但是两地学子通过对话交流，很快热络起来，并且达成共识：爱国不是响亮的口号，而是体现在做好每一件小事、完成每一项任务、履行每一项职责中；作为新时代的青年，青春底色都是中国红；作为民族的未来，国家的希望，大家共同肩负时代使命，在今后的学习和生活中，同学们将携手传承"五四"精神，以实现中华民族伟大复兴为己任，让青春在为祖国、为人民、为民族、为人类的奉献中焕发出更加绚丽的光彩！

1900 年，梁启超写下《少年中国说》，歌颂少年的朝气蓬勃，热切地希望出现"少年中国"。120 多年过去了，我们依然能够从中感受到强烈的进取精神。活动的最后，两校学子齐声"云诵读"《少年中国说》，"故今日之责任，不在他人，而全在我少年。少年智则国智，少年富则国富，少年强则国强……"铿锵有力的声音穿越镜头两端，激荡在同学们心间，展现着新时代中国青少年的风采！

活动成果：诵中华经典，做美德少年
案例学校：天津市河东区少年宫

一、活动主题

诵中华经典，做美德少年

二、活动背景

教书育人在细微处，学生成长在活动中，天津市河东区少年宫开展经典诵读活动，旨在全面展现当代中小学生传承和弘扬中华优秀传统文化的时代风采，促进中外青少年人文交流和文明互鉴，充分发挥语言沟通的桥梁纽带作用，搭建中外经典诵读学习交流重要平台，助力立德树人。通过活动，引导学生接受中华优秀传统文化和人文精神的熏陶，在潜移默化中提升境界、丰富内涵、净化灵魂、启迪智慧，为终身发展奠定基础。同时拓宽学生们的国际视野，推动中华优秀传统文化走向世界。

三、活动目标

通过举办经典诵读交流展示活动，讴歌伟大祖国，讲好中国故事，传递中国声音，增进各国青少年对中华优秀传统文化的认知和热爱，探索构建未来教育发展新格局，推动构建人类命运共同体，彰显教育的担当与使命。

四、活动时间

2020 年 4 月 5 日—2020 年 5 月 1 日

— 天津市外事办举办"中日学生津城友好行"活动

五、参与人员

天津市河东区各中小学生及幼儿园幼儿

六、内容与形式

（1）以学习、诵读国学经典，展示国学经典为主要内容，如三百千、四书五经、唐诗宋词等，具体篇目不限，一律脱稿。

（2）个人组参赛节目应以诵读为主要形式，包括吟诵、朗诵、唱诵等。

（3）团体组参赛节目应以舞台剧为主要形式，展现一定故事情节。剧本可依托经典故事进行二次创作与演绎，也可自行编写传统文化相关的原创剧本。鼓励在剧中加入吟诵、朗诵、唱诵的表演，以展示国学经典诵读成果。

（5）个人组和团体组均鼓励选手以其他各类艺术形式辅助展现国学经典诵读成果，提升国学经典的艺术表现力，如声乐、器乐、舞蹈、武术、戏曲、曲艺、茶艺等。

七、活动过程

（一）活动启动

少年宫把经典诵读活动作为加强学生民族精神教育、提高传统文化素养的重要途径和有效抓手。为了扩大活动参与面，确保活动成效，少年宫下发活动通知，要求各校积极开展经典诵读活动，并制订实施方案，将活动列为学校的重要工作内容，形成制度，长期开展。

（二）校园海选

各校充分利用橱窗、走廊、墙壁等校园空间和角落，精心布置有关中华优秀传统文化、传统美德的图画、诗词歌赋，搭配学生们创作的"诗配画"作品，营造浓郁的文化环境，组织好评选，推出代表本校特色、高水平的选手参加区级决赛活动。同时，加强宣传，将活动与学校文化建设相结合，让更多的学生了解、喜爱中华优秀传统文化，成为中华优秀传统文化的继承者和传播者。

（三）区级决赛

少年宫组织通过学校选拔的学生开展经典诵读比赛活动，打造了一批诵读精品，发现并培养一批具有天赋和灵性的诵读人才，让"诵中华经典，做美德少年"的理念深入人心，促进学生身心健康发展。

本次经典诵读活动的参赛篇目十分广泛，跨越古今，有《论语》《道德经》《离骚》《将进酒》《醉翁亭记》《满江红》《爱莲说》《忆江南》等古诗文，还有《纸船》《毛主席诗词》《生命的价值》《秋天的雨》《一株紫丁香》《最后一分钟》《祖国颂》《我的祖国》《中华少年》等近现代名篇，真正起到了"雅言传承文明，经典浸润人生"作用。《千字文》《三字经》《弟子规》等我国传统儒学的经典作品则是幼儿和小学生爱选的篇目，里面蕴含着做人的道理、处世的原则、善恶的标准等。青少年通过朗读将中华优秀传统文化的精华传入心灵，提高艺术修养，陶冶道德情操，激励进取精神，树立正确的世界观、人生观、价值观。灯光闪烁

的舞台上，同学们以铿锵有力的气势、充沛饱满的感情、自信大方的形象，赢得了评委老师和同学们的阵阵掌声。

八、活动效果

通过活动，全区中小幼师生深深地体会到了中华优秀传统文化的博大精深。经典诵读让学生感受成长的变化，让老师体味育人的喜悦。活动也展示了天津独特的文化教育资源，推动了各类文化融合式发展，充分发挥诵读活动的人文交流功能，加强对包含儒家经典在内的传统文化知识和理念的教育，引导海内外人士积极参与人文交流，促进中外民心相通和文明互鉴。

活动成果： 增强文化互鉴，增进民心相通
案例学校： 山东女子学院

习近平总书记指出："我们将高举和平、发展、合作、共赢旗帜，同世界各国人民深化友谊、加强交流，推动建设新型国际关系，推动构建人类命运共同体。"山东女子学院认真学习贯彻习近平新时代中国特色社会主义思想，服务国家外交战略，积极与海外友好合作院校开展合作交流。

韩信大学创建于1940年，具有80多年校史，是一所综合性大学，在韩国有较高的声誉。自2015年山东女子学院与韩信大学建立友好合作关系以来，双方建立了人员友好往来的稳定机制，互派交换生，双方互免学费。截至2019年，韩信大学先后有4个研修团，共计150多名学生来山东女子学院参加"汉语与中国文化研修活动"。山东女子学院每年派出15~20名交换生赴韩信大学进行专业学习、暑期游学，大大拓宽了双方学生的国际视野，提高了他们的国际交往能力，促进了双方民心相通、文化互鉴，取得了非常好的效果。"山东女子学院与韩信大学友好合作项目"荣获山东省教育国际交流协会举办的2021年山东省教育国际化优秀案例评选三等奖。

每一期韩信大学来华研修生都要学习汉语、太极拳、舞蹈、书法、茶道，通过文化研修、亲身体验的方式，使得来华研修的学生对中国文化有较为深入的体会，把这些中国文化带到韩国并进行传播，使更多的韩国人了解并热爱中国文化。学校还组织来华研修的同学到山东省民俗展览馆、山东省中医药文化博物馆参观学习，令韩信大学学生对我国博大精深的文化赞叹不已。

2020年以来，韩信大学来华文化研修活动暂停。但两校网上联系却更加密切，文化互鉴的活动一直在持续。山东女子学院将继续学习实践习近平新时代中国特色社会主义思想，学习贯彻党的二十大精神，与海外友好合作院校一道，不断巩固建设人类命运共同体，为人类的和平与发展做出贡献。

活动成果： 聚焦潮州文化，彰显中国文化底蕴
案例学校： 韩山师范学院

— 外国学生体验"今天我也是黄飞鸿"
的传统武术活动

2010 年起，韩山师范学院面向日本、泰国大中学生，开办国际学生中国文化短期研修班。研修班至今已成功举办十期，共接收学生 138 人次来校学习。研修班每期时长两周，研修期间，国际学生通过学习汉语、聆听讲座、文化体验、参观等方式，亲身体验中国文化和潮州文化，并与学校师生深入交流，加深了相互理解，促进了心灵相通。

一、短期研修班内容

一是汉语课程。语言是文化的重要载体，汉语学习是一把了解中国文化的钥匙。学院组织专业教师和师范生为国际学生设计了基础汉语课程，国际学生经过两周的汉语学习便可以掌握一些基本的日常用语，并在结业式上用汉语发表结业感言，在国际学生心里埋下汉语学习的种子；同时，通过教授国际学生汉语也锻炼了学院师范生的教学技能。在教学的过程中，中外师生通过深入交流，增进对彼此国家和文化的理解。

二是文化体验类课程。潮州是国家历史文化名城，目前全市共有市级以上非物质文化遗产代表性项目 106 项，国家级非物质文化遗产代表性项目 17 项、省级非物质文化遗产代表性项目 47 项。潮州音乐、潮绣、潮州剪纸、潮州枫溪瓷烧制技艺、潮州枫溪手拉朱泥壶制作技艺、潮州菜烹饪技艺、潮州工夫茶艺等都是潮州非物质文化遗产的代表项目。学校充分结合潮州

非物质文化遗产，精心设置了潮菜烹饪及点心制作、中国传统乐器学习、中国书法、中国绘画、潮绣作品欣赏及珠绣作品创作、陶瓷知识讲座及陶器制作、剪纸等文化体验课程，使学生通过沉浸式体验深入感受中国文化的魅力。

三是体育活动。体育是人类共通的语言，中国还有"小球转动大球"的外交佳话，通过体育切磋，可以拉近中外青少年的距离，增进双方的友谊。学校设计了乒乓球、篮球、羽毛球、高尔夫球、武术等体育类互动课程，让中外学生互相配合、同场竞技、一起拼搏，感受运动的魅力、团结的力量，种下友谊的种子，诠释"运动无国界"的理念。

四是文化景点探访。潮州历史悠久、人杰地灵，有"岭海名邦""海滨邹鲁"的美誉，是广东省文物古迹最密集的地方。全市现有各级文物保护单位 200 多处，其中，横卧于韩江之上的广济桥被誉为"世界上最早的启闭式桥梁"，因集梁桥、浮桥、拱桥于一体的独特风格，与赵州桥、洛阳桥、卢沟桥并称中国四大古桥。始建于唐朝的开元寺坐落于古城中心，是粤东地区规模最大、保存最好的古寺，具有极高的历史价值。牌坊街上，始建于明清时代的 22 个牌坊与街道两侧具有南洋建筑风格的骑楼建筑交相辉映，形成了具有浓郁地方特色的历史文化街区。基于此，学校为国际学生设置了文化景点探访活动，让国际学生漫步在古城大街小巷，近距离接触文化古迹，聆听背后的历史故事，亲身体验"山水宋城"的历史文化魅力。

二、实施效果

一是传播中国文化，讲好中国故事。在研修班，国际学生不仅可以学习了解中国文化，还可以实地参观今日中国特色社会主义建设取得的伟大成就，让他们全面地、正确

地建立对中国文化与当代国情的认知，成为知华友华的青年力量，成为中国故事的优秀讲述者，向世界更加客观、真实地讲述中国故事。

二是增进理解，厚植青年友谊。在研修班上，国际学生在学习体验中华文化、潮州文化的同时，也积极介绍其本国的历史文化，将本国文化融入剪纸、陶器、珠绣、绘画、书法等作品创作中，通过作品传递友谊、增加互信。此外，国际学生通过中国文化了解中国"美人之美、美美与共"的理念，了解到中国与其他国家的和谐共处和相互促进，以及尊重和维护世界文明多样性的主张和倡导。中外学生通过人文交流，增进了彼此间的了解，促进了民心相通，结下了深厚的友谊。

三是推动"留学韩师"，促进开放办学。学校坚持"开放办学"的发展理念，提出了"留学韩师"计划，结合学校地方性、示范性办学特色，用开放的姿态吸引世界各国学生来华留学，感受中国文化和潮州文化。一名泰国华裔留学生说："看到中国日新月异的发展，内心充满了自豪；吃到潮州美食，听到亲切的潮州话，令他非常有归属感。"

三、典型经验

聚焦中国文化与潮州文化开展专题教学。潮州文化具有鲜明的地域特色，是岭南文化的重要组成部分，是中国文化的重要支脉。在研修班，学校邀请潮州当地博物馆负责人、文史专家以及

相关专业教师，围绕中国优秀传统文化、潮州历史文化、历史文化名人、非物质文化遗产的传承与创新、潮人精神、潮州建筑以及古城特色等，向国际学生展示了中国优秀传统文化和潮州优秀传统文化的魅力，深入阐释新时代潮州文化与中国发展实际相结合的思想观念，详细讲述了潮州人团结自强、开拓进取的精神气质以及潮州文化崇文重商、儒雅精致、开放包容的显著特点，为学生们呈现了一道道丰盛的文化大餐。

融合现场教学与体验式教学拉近文化距离。学校选取具有代表性的潮州历史文化古迹，组织学生们走进唐代文学家韩愈的祠宇——韩文公祠，深入了解韩愈贬谪潮州的历史故事及其治潮功绩，领会韩愈"君子居其位，则思死其官"的精神内涵，感受潮州人"崇韩文化"的深远厚重；他们走进许驸马府及牌坊街古民居群落，从恢宏气派的建筑格局和精巧细致的装饰工艺中感受昔日粤东首府的繁华风采，从建筑上的金漆木雕、工艺石雕、嵌瓷艺术、金属工艺以及书法、绘画艺术窥见浓郁的中国文化底蕴。

活动成果： 以美为媒，留学生"游学湖美·体验中国文化"短期游学活动
案例学校： 湖北美术学院

2022年5月12日至13日，湖北美术学院开展了2022年在汉留学生"游学湖美·体验中国文化"观展交流活动。本次游学活动安排在学校毕业季展览期间，学院邀请来自中南财经政法大学、中南民族大学、武汉工程大学和湖北经济学院等多所高校的近百名在汉留学生来校开展交流观展、短期学习、游学体验等活动。

湖北美术学院亲切接待了来访的留学生师生们，在学校国际交流与合作处全程组织安排下，学院协同联系了11个参观点，组织了中国画与书法、陶瓷艺术、中国传统手工艺美术3个专业领域的精彩讲座。来访的留学生对这样有意义的活动表示了感谢，纷纷留言表达了参加此次活动的心情、想法和对学校的祝福，并对学院今后持续组织开展此类交流活动表示了期待。

本次活动加强了海外留学生与地方特色高校的交流互动，在展示我国中部地区唯一一所百年高等美术学府的办学特色和亮点的同时，又让留学生亲身感受到了中国文化的魅力。本次活动以美为媒，既加强国际学生间的文化交流，又弘扬了中华美育精神，搭建起一座国际的友谊桥梁，向世界讲好中国故事。活动得到湖北省教育厅、湖北省外事办的指导和肯定，该活动的新闻报道收录在中共湖北省委外事工作委员会办公室主办的期刊《湖北外事》——2022年6月"外国人在湖北"栏目中。

活动成果： 中外青少年中医药知识交流活动
案例学校： 山东药品食品职业学院

中医药学是中华民族的伟大创造，是中国古代科学的瑰宝，凝聚着中华民族几千年的智慧，是人们防病治病的重要手段，为中华民族繁衍生息做出了巨大贡献。中医药的思维体系和理论基础根植于中国古代哲学思想，在国际上具有广泛的影响力，传播中医药文化是我们义不容辞的责任。近年来，山东药品食品职业学院依托中医药文化省级科普基地，先后与中国台湾大仁科技大学和威海市 10 余家中小学校联合开展了中医药知识科普活动。

一、中医药文化短期培训活动

山东药品食品职业学院短期培训面向威海大光华国际学校的留学生开展，通过培训让留学生们深入了解中医药知识，传播中医药文化，讲好中国故事。

中医药在韩国具有一定的群众基础，同时中韩两国植物区系相近，大部分临床常用中医药用植物在韩国均有分布。2021 年 5 月，学院面向韩国留学生开展了以"中草药暨中医药传统文化交流"为主题的中医药知识短期培训活动。在培训中注重选择韩国学生熟悉的中草药作为教学内容，如通过韩国经典民歌《桔梗谣》介绍朝鲜族著名食材桔梗的形态和药用。通过百草园采药认药实践、中药材真伪辨别和中药调剂等课程的学习，留学生们深入了解了我国的中医药文化，了解了中医药治病的机理机制。在中药系专业教师和优秀学生的带领下，经过短期培训，留学生们初步掌握了认识本草的基本方法，认识了临床常用药用植物玫瑰、松树、菘蓝、桔梗、播娘蒿、丹参、百合、甘草、杏、薄荷等 20

余种药用植物及其背后的传统知识和文化；学习了生活中常见的临床常用动物药如蝉蜕、蛇蜕、蜈蚣、地龙、水蛭、桑螵蛸、牡蛎、鸡内金、露蜂房、石决明等中药材的鉴别方法，了解了它们的功效及应用场景；熟悉了中药传统调剂工具戥秤的使用和中药调剂的基本流程，并进行实训操作。随后，留学生们还进入学院中药标本馆进一步学习中医药知识。经过一上午的短期培训，留学生们学习积极，热情高涨，顺利完成各项学习和考核任务，学院为留学生们颁发了"本草文化传播使者"荣誉称号。

本次短期培训以临床常用和生活中常见的中草药为切入点，传播中华传统的中医药文化，引起文化共鸣，取得了非常好的教学效果。

二、中医药文化线上教学活动

线上教学活动根据国际学生的年龄和国别展开。2021 年 7 月，学院联合印度尼西亚和谐文化基金会，面向印度尼西亚青年中医药爱好者开展中医药知识线上教学活动。为切实增强活动实效，学院选配了高水平师

— 山东食品药品职业学院教师为国际学生介绍介绍中药百合（左图）

— 教师指导国际学生学习戥秤的使用（右图）

资，开展专题研究和集中研讨，设置了为期2周的6次专门课程，包括中医养生基础知识、中医体质辨别、中药基本知识、常用中药功效及配伍、艾灸基本知识及操作要点、耳穴压豆及手诊基本知识，活动在周五至周日上午开展。线上教学活动取得了良好效果，不仅增进了印尼青年群体对中医药的认识与理解，同时也增进了中方师生对印尼风土民俗的理解。印尼同学对中医药表现出浓厚的兴趣，高度认可中医药疗效，更加坚定了我国的中医药自信、文化自信。科学没有国界，中医药理论也没有国界，活动加强了学院的国际交流互动，推动了中医药文化走出国门，促进了民心相通，增进了文化互信，为中印尼两国人文交流做出了应有贡献。

正如习近平总书记所讲："中医药学是中国古代科学的瑰宝，也是打开中华文明宝库的钥匙。"传播中医药知识，既是传播健康理念，也是对中华优秀传统文化的弘扬推广。未来，学院将继续做好中医药文化传播，向全世界普及中医药知识，传播中医药文化，讲好中国故事。

— 山东药品食品职业学院与友好学校开展线上中医药知识交流

活动成果： 加强国际友好学校合作，讲好中国故事、传播好中国声音

案例学校： 枣庄学院

枣庄学院高度重视国际合作与交流工作，主动加强同世界各国高校和教育机构的互容、互鉴、互通，正在形成全方位、宽领域、多层次、更加主动的教育对外开放局面。

俄罗斯伏尔加格勒市和我国枣庄市都是世界闻名的第二次世界大战英雄城市，相似的历史经历给两座城市带来众多共鸣与合作的空间。2018年，枣庄学院与俄罗斯伏尔加格勒国立大学建立友好关系，双方互动频繁，交流成效显著。两校主要领导实现互访，在学生交流交换、科研合作、民间外交等领域开展务实合作，有力推进两校多方面的深度交流。

一、基本做法和主要成效

（一）两校互访并签署合作框架协议

2018年12月，学院率团访问俄罗斯伏尔加格勒国立大学，双方就汉语教学、联合科研、专家交流、留学生教育等领域开展合作进行了座谈并达成共识，形成了会谈备忘录。2019年9月，俄方校长、国际合作办公室主任等一行来枣庄学院考察，就两校进一步加强合作事宜进行友好磋商，并签署合作交流协议。

（二）两校积极开展学生交流交换项目

2020年1月，学院4名同学赴俄罗斯伏尔加格勒国立大学交流学习。2022年9月，两校细致沟通、通力协作，启动"线上交换学习项目"，学院12名同学和俄方23名同学为期一学期的学分互认、交流学习项目有序开展。该项目是两校在新时代国际化办学新模式新路径的积极探索，是两校签署合作框架协议以来，继"民间外交论坛""体育运动国际联合节"等"云交流"后开展的又一务实合作。

（三）学校积极组织学生参加伏尔加格勒青年国际论坛

"伏尔加格勒青年国际论坛"是伏尔加格勒国立大学民间外交重要载体，多年来在友好学校交流交往方面发挥重要作用。2020年至今，学院30余位师生通过线上方式参与活动。

（四）两校联合开展"体育运动国际联欢节"

2022年5月，两校联合开展"体育运动国际联欢节"活动。活动旨在积极响应中俄两国元首共同宣布正式启动2022—2023年中俄体育交流年的号召，凸显体育交流在传承中俄世代友好、推动中俄关系发展中的特殊内涵和重要作用，为中俄体育交流年添砖加瓦。

学校师生以线上视频方式观看了俄方学生表演的俄罗斯传统体育运动哥萨克耍刀舞、桑搏运动，以及篮球、排球、足球、哑铃、羽毛球、体操、技巧体操、有氧操、队列训练等节目。俄方学生表演了中国传统体育运动健身气功、太极拳和中国舞。开幕式还展播了枣庄学院龙舟队宣传视频。

（五）两校开展"云游中华古水城，领悟班墨大匠心"——枣庄学院2022年线上交流团组冬令营活动

学校"'云游中华古水城，领悟班墨大匠心'——枣庄学院2022年线上交流团组冬令营"项目成功申请教育部中外语言交流合作中心举办的2022年"汉语桥"线上团组交流项目。2022年度寒假，学院面向海外友好学校学生开展了线上课程教学和云端文化体验，探索"汉语+文化"的在线语言文化体验模式，加强中外语言教育交流，增进中外文明交流互鉴。

二、典型经验

（一）深入挖掘中华优秀传统文化，推动中华文化更好地走向世界

学院深挖中国传统体育元素，以健身气功、太极拳、龙舟为元素，挖掘传统文化价值。通过"体育运动国际联欢节"活动，

向俄方师生提供中国传统体育项目教学展示视频，以民间外交渠道讲好中国故事，促进中俄睦邻友好关系。

（二）绵绵发力，久久为功，不断加强中俄教育、文化交流

学院积极参加山东省教育厅组织的"相约上合"中俄（山东）教育国际合作联盟成立大会暨中俄教育交流合作对话会，申请加入中俄（山东）教育国际合作联盟。过去两年，枣庄学院和俄罗斯伏尔加格勒国立大学的合作取得长足发展。伏尔加格勒国立大学建校40周年和枣庄学院建校50周年校庆典礼上均收到来自对方学院主要领导的诚挚祝福。借助体育运动国际联欢节，两校进一步加强了务实合作，为师生创造了更多相互学习、交流的机会。2022年，两校继续开展交流工作，在2022—2023第一学期，两校顺利开展"中文、俄语线上交换生项目"。

枣庄学院将坚守中华文化立场，进一步提炼展示中华文明的精神标识和文化精髓，加强国际传播能力建设，全面提升国际传播效能，讲好中国故事、传播好中国声音，展现可信、可爱、可敬的中国形象，推动中华文化更好地走向世界。

— 俄罗斯伏尔加格勒国立大学来枣庄
学院考察交流（左图）

— 枣庄学院与伏尔加格勒国立大学合
作举办运体育运动国际联欢节（右图）

特色课程建设的实践与探索

第三章

Chapter 3

活动成果： "糖画走世界"线上课程
案例学校： 成都市温江区东大街第二小学

成都市温江区东大街第二小学是"成都市国际化教育窗口示范校"，多年来，学校不断加强与国际学校间的交流与合作。学校通过开展"糖画走世界"中法连线课程，搭建起中外青少年人文交流的平台。

"糖画走世界"课程以大单元进阶式活动层层推进。基于认识糖画、制作糖画、玩味糖画、感受糖画四个方面，学校与法国开放世界国际学校（Open World International School）举办了 4 次线上课程交流活动。活动由浅入深，层层推进，引导双方师生深入学习中国非物质文化遗产——糖画。

一、认识糖画

认识糖画是"糖画走世界"课程的第一次活动。通过教师的引导，学生从糖画的历史、发展以及现状了解糖画，激发学习兴趣。糖画距今已有 400 多年历史，是民间工艺美术与美食的融合，也叫糖粑粑、糖灯影、倒糖影等。制作糖画的基本工具有糖、锅、勺子、刀、竹签等。学生通过了解糖画的制作流程，欣赏造型丰富的糖

画作品，初步认识和感受糖画的神奇与独特魅力。

二、制作糖画

制作糖画是"糖画走进世界"课程的第二次活动。糖画教师示范糖画基本制作方法和技巧，带领中法学生一起学习熬糖，感受执勺在手、静气凝神、运腕走勺、流糖如丝等基本制作技巧。学生们尝试用学到的方法尝试制作糖画作品。中方学生设计制作了十二生肖的生动形象，法国开放世界国际学校的孩子们制作出喜欢的图案，如皇冠、棒棒糖等。

三、玩味糖画

活动邀请糖画非遗大师进行技术指导，

进一步展现糖画这一非物质文化遗产的魅力。活动首先由中方学生表演舞蹈《糖画歌》，引导中外学生通过歌曲了解中国糖画的表现形式。其次，糖画非遗大师带领学生学习抖、提、顿、放的糖画手法。随后，两校师生尝试制作糖画，通过糖画创意走秀、现场拍卖糖画作品活动，深刻感受中华非物质文化遗产——糖画的独特魅力。

四、感悟糖画

感悟糖画是"糖画走世界"课程的第四次活动，也是课程交流的重点。两校学生通过"云"端互赠礼物，开展才艺展示，法国学生通过一曲华语合唱歌曲《谢谢你》展现出他们对中国文化的兴趣与喜爱。交流分享不仅促进了中法学生的文化交流，还增进了学生之间的理解和信赖。

中国民间文化是中华优秀传统文化中重要的文化符号，"糖画走世界"将中国传统民间艺术形式作为活动的主要内容，让国内外青少年充分了解和认识中国传统民间艺术，让中华优秀传统文化走向世界舞台，同时增进两国学生的交流和分享，增进理解与包容。

— 法国开放世界国际学校师生通过"糖化走世界"线上课程现场制作糖画（上图）

— 温江东大街第二小学与法国开放世界国际学校开展"糖化走世界"线上课程（下图）

活动成果：衍纸艺术描绘美美与共的画卷
案例学校：成都市成华实验小学校

成都市成华实验小学校以"衍纸文化"特色课程为基础，围绕手工课程，开发与衍纸课程相关的国际理解教育校本课程，通过"互联网+"的方式，与国外友好学校开展课程共建共享，让同学们通过多元化途径感受国际理解教育，让学校的特色课程传播到友好学校，促进中华文化与世界文化交融。

一、选择"衍纸艺术"的初衷

传承与振兴中华优秀传统文化和传统工艺需要具体的项目作为载体，才能更好地营造氛围，培养兴趣，形成特色。学校从剪纸、刻纸入手，将传统艺术与现代审美相融合，将传统文化元素运用到不同颜色、不同粗细的纸条上，通过多种卷曲方式，采用捏合、拼贴等，创作出衍纸艺术作品。

"创新是一个民族进步的灵魂。"新课程改革强调培养学生的创新精神与实践能力。衍纸艺术在培养学生创新精神与实践能力方面有其独特的价值。制作衍纸艺术作品，首先需要对

作品的造型与色彩进行设计构思，再通过卷、粘等步骤制作衍纸作品。这个过程既培养了学生的创新精神，又发展了他们的实践能力，对于培养未来的创新人才有着重要的实践价值。

二、"衍纸艺术"的实施情况

（一）依托衍纸艺术工作坊，突出衍纸艺术特色

为营造良好的衍纸艺术教育氛围，突出衍纸艺术特色，学校在北湖分校建立了衍纸艺术工作坊。衍纸艺术工作坊融展览与创作于一体，设置了衍纸艺术简介区、衍纸作品展示区、衍纸艺术创作区。展示区陈列了由学生创作的一百多件作品，有书签、贺卡、

胸针、扇面、挂饰、摆件等。工作坊随时向学生开放，学生可以在课余时间到工作坊学习衍纸。

（二）以艺术衍纸艺术为抓手，丰富衍纸艺术课程资源

衍纸艺术创作什么样的作品？怎么创作？用什么工具创作？为此，学校衍纸艺术教师团队用两年时间，制作了一套衍纸艺术资源包，解决了衍纸教学资源缺乏的问题。衍纸艺术资源包括衍纸艺术校本教材，如精美的作品、制作步骤、创作方法等；衍纸艺术工具，如衍纸创作的材料、工具；衍纸艺术的制作视频等。学生通过阅读校本教材、观看视频，就可以利用材料与工具制作各式各样的衍纸作品。

（三）融入传统文化和地方特色元素，传承中华优秀传统文化

学校衍纸艺术的创作分为传统文化、节日、动植物、装饰画、标志性建筑五大类主题。其中，传统文化类包括川剧头面、中国结、团扇、十二生肖、红色文化等类型。目前，学校衍纸艺术创作主题聚焦本土文化，融入传统文化与地方特色元素，重点围绕青花瓷、川剧、标志性建筑、地方特色美食等开展创作，将中国的传统美、地方的特色美与衍纸艺术相融合，营造具有浓厚传统文化气息的校园环境，激发学生对传统文化和传统工艺的兴趣与热爱。

（四）建构衍纸艺术多元实施路径，全面实施衍纸艺术课程

为确保衍纸艺术课程实施效果，学校探索出六条课程实施路径，具体如下。

一是在美术课程中开设了衍纸艺术课程。在美术教学中，教师在完成正常教学任务后，增加衍纸艺术教学的内容，帮助学生学习衍纸艺术的基本知识与技法，制作衍纸艺术作品。二是在校本课程中开设衍纸艺术课程，指导学生学习各种技法，创作各种衍纸艺术作品。三是在 STEAM 教育中融入衍纸艺术课程。学校积极推广 STEAM 教育，提倡学科融合。如在国际理解课程中，学生通过学习认识各国美食文化、服饰文化、动植物等，用衍纸制作相关作品，实现国际理解教育与衍纸艺术的融合学习。四是在社团课程中开展衍纸艺术社团课程，进一步提高学生的衍纸艺术技法。五是在特色教育中融合衍纸艺术课程。作为全国心理健康教育特色学校，学校通过指导学生制作衍纸艺术作品，对学生进行心理健康教育与辅导。六是在空间课程中展示衍纸艺术作品。学校将衍纸艺术作品作为空间课程的成果，在衍纸艺术工作坊和校园艺术长廊中公开展示，为学生营造多维衍纸艺术校园氛围。

三、"衍纸艺术"的实施效果

成都市成华实验小学校衍纸艺术的实践成果被编入四川省教科院的"高品质学校建设的探究与实践"课题研究系列图书《走向高品质学校·STEAM 教育卷》中；"简单又有趣的衍纸"论文在《四川教育》发表；学校的衍纸艺术专题片在四川电视台科教频道播出；学校将衍纸艺术坊的作品与课程资源包多次作为礼品赠送给英国、新西兰、马来西亚等国的友好学校。

活动成果："蜀风裳韵"人文交流课程
案例学校：成都市盐道街小学（东区）

成都市盐道街小学（东区）坚持"和而不同，各得其乐"的办学理念，积极探索"互联网+"人文交流的实施路径，以"蜀风裳韵"课程成果展示活动为特色，聚焦发展学生核心素养下的国际理解要素，构建人文交流的课程体系，通过加强教育国际化的交流与合作，为学生提供持续的、丰厚的民族文化滋养。

一、挖掘特色，寻找中外文化"共情点"

中华优秀传统文化源远流长，是中华民族精神的"根"和"魂"。每个国家都有自己的传统服饰，朝代不同，服饰风格也随之变化。汉服是中华文明的代表符号之一，是中国传统服饰文化和非物质文化遗产，是传承和弘扬中华优秀传统文化的重要抓手。泰国也有属于自己的传统服饰。传统的泰国服饰多为绊尾幔，这是泰国传统服饰的主要特征之一。因此，学校与泰国的友好学校选取传统服饰作为文化的共鸣点，

整合"蜀风川韵""泰然自得"课程，确定了以"蜀风裳韵"为主题的中泰"云端"人文交流课程成果线上展示活动。活动以汉服、泰国传统服饰展示为主线，展现古今中泰服饰的连接与创新，同时通过服饰展示与互动、表演与体验相结合的方式，渗透国际理解教育，推动跨文化交流，增进学生对不同国家、不同文化的认识和理解。

二、活动实践，自信传播优秀传统文化

学校探索"互联网＋"人文交流的实施路径，采用线上线下融合的方式开展活动。下面介绍"蜀风裳韵"走秀活动。

学校"蜀风裳韵"人文交流课程成果展示活动以剪纸为媒，将汉服以剪纸艺术的形式呈现给泰国师生。在"蜀风裳韵"走秀中的"外造型""内造型"设计中有广泛运用剪纸艺术中的"单独纹样""对称纹样""组合纹样"等技法，充分展现"华夏衣冠"的民俗性、适应性和材质关联性。泰国师生则用棉、麻、泰丝等材料，缝制了艳丽多彩的泰国传统服饰，让中国师生通过泰国传统服饰，了解不同国家的风土人情与文化生活。

三、活动流程

中泰双方基于"挖掘传统文化—确定课程活动主题—确定课程活动目标—前置学习—云端组织及实施—线下体验及创作—学习成果展示—评价与优化"的活动流程，开展课程活动。

（1）挖掘中泰优秀传统文化的内涵，确定以"传统服饰走秀"展示为主的课程活动及目标。

（2）中方师生以剪纸为媒介制作创意服饰，向泰方师生推送汉服、剪纸相关资料，泰国师生进行前置学习。同时，泰方师生运用各式布料手工缝制泰国传统服饰，并向中方师生推送泰国传统服饰、布料、手工缝制的相关资料，中国师生进行前置学习。

（3）中泰师生分别录制"蜀风裳韵"创意走秀视频，同学们

在"云端"学习鉴赏国际不同国家的传统文化，促进国际文化交流与理解。

（4）在线学习鉴赏后，双方分别开展线下"汉服服饰""泰国传统服饰"体验及创作，实时指导剪纸、缝纫技艺。

（5）中泰师生通过平台展示学习成果，双方师生穿上亲手制作的对方国家的传统服饰走秀。

（6）中泰双方师生基于活动成果对活动进行多元评价，如"云端"课程体验满意度评价、课程内容设置丰富程度评价等，并根据评价改进、优秀课程活动。

四、经验总结，创新中外人文交流新模式

中外人文交流多以双向研学的方式开展，呈现出近距离、强关系的特点。随着新媒体技术的快速发展，"互联网＋"已成为推动国际交流与合作的重要渠道，即"远距离"也能缔结"强关系"。通过对"蜀风裳韵"人文交流课程成果展示活动的经验梳理，学校与国际友好学校积极探索、创新了中外人文交流新模式，总结出基于"云端"的中外人文交流课程活动操作流程。

文明因交流而多彩，文明因互鉴而丰富。传统服饰走秀活动不仅推进中泰学生国际理解教育，也成为增进了解彼此文化异同的有效途径，有助于促进中泰双方学生对彼此文化的尊重与理解。

— 泰国蒙福学院学生在线上观看成都盐道街小学（东区）举办的汉服走秀活动（左图）

— 成都盐道街小学（东区）举办汉服走秀活动（右图）

教学成果： 立足乡土文化，促进人文交流
案例学校： 蒲江县甘溪镇九年制学校

蒲江县甘溪镇九年制学校地处"竹海茶山明月窑"的甘溪镇，拥有丰富的乡土文化资源。作为国际化窗口学校，学校顺势而为，整合校内外资源，让乡村文化进学校、进课堂、进课题，与国际多元文化相融合，拓宽师生的视野，培养师生的国际理解意识和全球思维方式。

学校与友好学校立足本地乡土文化，探索通过乡土文化融入国际理解教育，实现学校立德树人、特色发展以及助力乡村振兴等方面的有效实施路径，落实教育传承，让教育生根。

一、浸润本土特色文化

一是依托劳动教育课程，学校收集整理出二十四节气文化资料；泰国拉翁提普小学师生整理泰国农耕节资料，中泰双方共享资料，通过同步学习，比较异同，增进彼此的了解。二是结合校园特色竹制品文化建设，通过拍摄春夏秋冬四季的竹景及校园风景，将独特的竹文化传统递给泰国师生。三是围绕"一起向未来"的生存理念，学校开设多元的少年宫活动课程，让传统文化融入低碳环保，并与泰国友好学校分享学校学生参加明月村环保跑团的案例，带动友好学校师生一起参与环保活动，丰富交流内容。四是通过线上分享甘溪镇特色传统民俗"箭塔村年猪祭"活动的照片和视频，与泰国友人在线品味中国年味。同时，邀请他们拍摄泰国"宋干节"的视频，开展对比研究。

二、深度探究外国文化

学校鼓励教师研发中外文化对比课程，学校何丽娟老师开发了"笋娃看世界"系列专门课。其中，第一期的主题课程设置为"你好，泰国！"，以此增进师生对友好学校国家的了解。同时，学校鼓励教师根据学科特点在教学中渗透中外人文交流目标、活动方式，并开展教学反思。双方师生在线上上了一堂生动的中泰音乐欣赏课，学校师生将我国名曲《茉莉花》《送别》等送给友好学校的师生们。

三、开展有广度专题活动

作为立德树人的主阵地，学校充分发挥德育活动的融合作用，利用校运会举办模拟奥运开幕式，让尊重和国际理解教育悄然发生。此外，学校还积极营造友好的国际文化氛围，在校园文化展板中，设置了"每月一国"专题展示栏，每月精选一个国家的文化并精心设计制作成文化展板，宣传和展示这个国家的历史文化和风土人情，让全校师生感受外国文化的熏陶，并通过这类活动向友好学校传递友好、尊重与理解。

四、互动交流促友好学校发展

学校积极与泰国拉翁提普小学和德国吕考市文科中学等友好学校"手拉手"，为师生构建更多的人文交流渠道。同时，学校积极邀请泰国拉翁提普小学师生来校游学，入住中国同龄学生家庭，体验甘溪新农村的生活，沉浸式感受中国农村的饮食文化、语言氛围、民俗民风等。与此同时，学校选派教师前往泰国拉翁提普小学访学，并在环保、卫生、文明礼貌、交通等方面分享经验。在双方重大节日或者学校重大活动时，双方学校通过线上沟通的方式积极交流，送上真诚的问候。

五、社区联动推动特色学校建设

一是把当地新村民和专家"请进来"，帮助中外师生"开眼界"。学校引入甘溪镇新村民资源，邀请自然教育专家侯新渠老师指导"趣味阅读"活动课程。同时，邀请著名主持人郭月担任指导老师，举办"笋娃"主持人公益培训班。二是组织中外师生"走出去"，开展研学。鼓励师生在甘溪镇举办的大型国际性活动中"露脸"，通过网络直播与泰国朋友开展线上交流，培养师生的国际交流能力。同时，全体师生走进蒲江县文创旅游新格局小镇"竹海茶山明月窑"，在乡村行走实践中了解、感受、懂得家乡的传统文化，进一步增强文化自信，并与泰国友好学校开展高质量的对话。

近年来，学校以乡土文化为切入点，广泛调动学校、家长和社区资源，与友好学校开展基于乡土文化特色的人文交流活动，让文化的根基融入课堂、家庭和社区，为家校社共育孕育了优良的土壤。全体师生在一系列的人文交流活动中不断交流、碰撞，重新审视本土乡土文化，树立并增强文化自信，筑牢师生的文化根基，在尊重并理解世界多元文化的同时，培养师生兼具"中国心、世界情"的跨文化理解能力。

科研成果："互联网＋"支持下的中外人文交流课程建设
案例学校：成都师范学校附属小学

成都师范学校附属小学（以下简称"成师附小"）于 1908 年由留日归国的陆慎言夫妇创办。在不同历史时期，学校始终立足时代，将地方特色的传统文化融入国际理解教育，在传承与创新中铸就优质教育品牌。

近年来，学校与英国友校伊丽莎白·伍德维尔小学开展常态化的远程互动交流，申报了"互联网＋"人文交流建设项目。项目课程聚焦"整体育人"，利用"互联网＋"创新国际友校间互动交流模式，创设沉浸式的中西节日文化体验环境，以跨学科的项目化学习促进学生参与人文交流，推进校际合作，共建共享中英节日比较课程，从而树立"我们认同他们，他们认同我们"的人类命运共同体理念。

一、课程实施情况

（一）搭建"互联网＋"中外交流平台

自 2019 年以来，学校与英国伊丽莎白·伍德维尔小学签署友好学校协议，双方通过三次视频连线、四十余次邮件往来，围绕相同主题下的不同文化背景的中西方传统节日课程建设展开交流。同时持续优化"互联网＋"交流模式，形成稳定、长效的交流机制，将中外人文交流教育融入每一次"对话"中，为两校师生搭建起国际化学习交流平台，拓宽了师生的国际视野。

（二）共建"互联网＋""三融"课程体系

学校依托"互联网＋"人文交流建设项目，与国际友校通过每月互发电子邮件、线上连接开展文化课程研讨，共建共享中外人文交流课程，形成了中英节日交流课程、篮球文化课程、"熊猫走世界"课程。两校共同构建了"三融"课程结构，以学科融合的优质基础涵育课堂活动，将地方特色的传统文化、国际理解教育、中外人文交流教育有机渗透并融入三级课程体系中，拓宽了校本课程。

（三）创新沉浸式文化活动体验模式

1.VR 体验：节日文化融入多门学科

中英友校通过"互联网＋"共建共享了中英节日比较课程，双方于线下分别感知体验本国的节日，线上开展共情共生的相同主题意义、不同文化背景的节日文化体验课。

以春节和圣诞节为例，学校学生自主探究、精心创编了趣味英文绘本《中西新年美食奇遇记》，制作春节美食名片、绘制美食地图。同学们通过互联网与英国友好学校的小伙伴们分享了"年夜饭"，了解了"圣诞庆祝会"，并利用 VR 技术沉浸式体验节日文化和家乡文化。

成师附小师生的文化自信深深地感染了国际友好学校，英国友好学校开设了中文课，在课程中融入中华传统文化，在校园内创建了中华传统文化墙。

2.双师课堂：篮球文化融入体育学科

体育是成师附小的核心课程，篮球是体育课程中独具特色的名片。学校将篮球课程与课堂教学、课外活动、综合实践等相结合，

— 成都师范学校附属小学雏鹰合唱团、木笛社、拉丁社团、班级团体分别参与第一、二、三届中外人文交流小使者活动（上图）

— 成都师范学校附属小学的师生在云端课堂共享家乡本土文化（下图）

— 成都师范学校附属小学在中英双师课堂中开展中英篮球文化课程（左图）

— 成都师范学校附属小学参加模拟联合国大会提案选拔活动（右图）

并渗透到校园生活中，定期开展班级篮球联赛，与英国友好学校就篮球课程建设进行专题线上交流，实时互动，中英师生共议共享篮球文化课程。

3.云端教学：天府文化融入美术学科

美术学科以国画、文创为载体，融入家乡文化。通过视频连线，成师附小的小使者带领国际友好学校学生在云端体验成都的四季美景。中英师生共绘蜀山国画，体验泼墨山水画之美，用英语在线交流感受。英国学生也在线分享了户外探险课程，通过视频互动和游戏问答的方式介绍了他们的家乡格洛比村庄。此外，两校共建共享了对外交流的"熊猫走世界"课程。

四、课程实施成效

（一）培养学生核心素养，树立人类命运共同体意识

学生通过"互联网+"体验中外特色活动，自主探索、合作交流，对比分析文化差异，深入了解文化内涵，弘扬中华优秀传统文化，帮助学生提升跨文化交际能力和增强文化自信，并初步形成"求同存异"的国际理解意识，提升他们对人类命运共同体的认识。

学校组织学生积极参加线上线下国际活动，如参观国际友城馆，参加"英语视频送祝福，大运成都爱不断"、北外模拟联合国大会提案、中外人文交流小使者活动、"用英语讲好中国故事"爱国主义主题展示、2022全球青少年中秋联合晚会等活动，并多次获奖。

（二）更新教师教学理念，创新教学新模式

学校通过"互联网+"人文交流方式，创新中外双向教研机制。成师附小教师参加线上国际理解教育、中外人文交流专题讲座和研讨会近80余次，探索多途径解决问题的教学理念和方法。在全国"文化传承 国际理解"课例讲解中，学校教师代表就如何用英语讲好中国故事、在英语课堂突出地方特色等展开交流，

并在TESOL国际大会上做学术发言，交流中外经典儿童绘本教学经验。

（三）优化学校课程体系，积累宝贵经验

通过课程实践，学校积累了大量可迁移的活动范例，建构了中西节日课程框架，优化了传统文化课程体系及"中国传统节日体验册"，为后续课程研究提供参考的范式。

（四）凝聚共识萃集智慧，区域辐射引领

学校在中外人文交流特色学校建设方面的实践被纳入成都市2021典型案例汇编。未来，学校计划与区域内的外籍子女国际学校联合开展线上线下交流活动，不断拓展中外人文交流的形式、渠道。

— 英国学校开设中国传统文化课程

科研成果： 基于"互联网＋"的中外共建课程建设探索

案例学校： 成都市双林小学

教育国际化就是放大每一个人的"胸怀"，开阔每一个人的"视野"，坚定每一个人的"步伐"，成就每一个人的"梦想"，不断增强我们的文化自信。成都市双林小学以课程为核心载体，通过一系列中外人文交流活动，撬动"馨"教育走向国际化，让国际素养落地生根。

2015 年，双林小学启动了成都市首批教育国际化窗口学校的创建工作，学校秉持"馨国际：在美好影响中走向美好"的理念，提出"培育初步具有对话能力、沟通能力、宽容情怀的现代小公民"的育人目标，设计了以"机制为基本保障，课程为核心载体，交流互动为源头活水，素养提升为培育重点"的实施思路。2022年，学校对实施中的中外人文交流课程进行了迭代升级，以提升"全球胜任力"为目标，联合加拿大曼纳派克公立学校、日本三重县桑名市津田学园小学两所友好学校的师生，共同遴选感兴趣的全球性议题，搭建课程并共同实施、评价和管理，探索基于"互联网＋"的课程研发、实施、评价、管理的模式与方法策略。

一、课程共建模式

理论引领，专家助力。学校邀请中外人文交流中心专家、课程专家和课题专家进校园，为师生普及中外人文交流常识，深度挖掘课题研究价值和人文交流的实施路径。同时要求教师阅读有关中外人文交流教育论著，深化对中外人文交流课程的认识。

友好协商，系统设计。通过中外友好学校师生协商的方式，学校建立"领衔人牵头—专家指导—课题组把关—学科教师参与—行政干部保障"的课程研发和管理机制，以系统思维设计共建课程。

聚焦核心，多方探索。学校通过对课程价值目标的重新定位、课程系统的重构重建、课程实施的模式策略探索、课程管理的评价创新等，攻坚克难保障课程建设。

内外联动，形成合力。学校与友好学校、互联网部门通力合作，形成合力，共同遴选议题和项目，研发进阶课程，保障课程的顺利实施。

二、课程实施方式

学校综合考虑课程设置、教学目标和任务，积极探索了五种课程实施方式，具体如下。

运用互联网技术，在云端实时互动。课前，通过 Zoom、ClassIn 等线上平台开展教师教研活动和共建课堂。师生进行线上面对面交流，通过幻灯片、视频分享等方式开展活动。其中，

教师教研活动每学期举办 1 次，每次 60~90 分钟；共建课堂每学期举办 2 次，每次 60~90 分钟。

（2）线上线下结合，形成互补。共建课堂前，老师带领学生围绕课堂主题，针对性地实施社会调查，如问卷调查、社区走访等，让学生了解课程主题的现实意义，建立起知识与现实的连接，为共建课堂的开展打下坚实的基础。

（3）全程在线任务打卡，保证学生参与性。平台设置阶段性的主题任务打卡任务，共建课堂前后，学生须按时登录线上平台打卡。根据任务的类型、内容和难度，任务打卡分为个人打卡和小组打卡。小组打卡环节，本校学生可与加拿大、日本的学生组成小组，共同完成打卡任务，增进三国学生的友谊。在国际节日期间，活动设置盲盒任务，增加趣味性。

（4）展示形式丰富多样的成果。学生通过文字、图片、音乐、视频、手工艺品等多种形式展示成果。根据实际情况，学校还互相赠送作品。

（5）企业和社区共同参与，推动本地化教学。根据设置的主题、教学内容和学校实际情况，双林小学安排学生走进社区、企业开展形式多样的活动。

— 成都市双林小学与国际友好学校开展可持续发展线上课程

教学成果： 课程引领润童心，"五育并举"向未来
案例学校： 固原市实验小学

　　"五育并举"是新时代的人才培养新课题。固原市实验小学以"厚德、笃学"为校训，践行"会运动、懂礼仪、善学习、能合作、乐思考"的学风，坚持"德润童心、惠泽一生"的办学理念，全面落实"五育"并举，持续深化教学改革，积极推进"互联网 +"教育示范校建设，提升学校教育教学质量，促进学校的内涵式发展。

　　一、构建德润课程体系，惠泽学子促发展

　　学校积极开展课程研发，以"德润童心、惠泽一生"的教育理念引领学校课程与教学改革实践，构建以国家基础课程为主线的"3+6+X"的"德润"课程体系。其中，"3"即基础课程、拓展课程、研学课程三大课程；"6"即综合实践课程、主题活动课程、科学实践课程、生命安全与健康课程、生活（劳动）课程、艺术素养课程 6 类主题课程；"X"为其他课程。

　　二、融合应用智慧资源，深耕教学待花开

　　学校根据教育规律和学生成长需求，借助"互联网 +"教育深入推进"523"智慧课堂教学模式和"N+1+n"优质教育资源共享模式，让学生们在素质教育的天空里自由翱翔。

　　（1）"523"智慧课堂教学模式，其中，"5"指 5 个环节，即"课前三分钟展示、自主学习、合作探究、展示分享、当堂反馈"；"2"指 2 个展示，即课前三分钟展示和课中展示；"3"指 3 个学情检测，即自主学习时的检测、合作探究时的检测、当堂反馈时的检测。

　　（2）"N+1+n"优质教育资源共享模式，其中，"N"是

叠加具有优质教育资源的学校；"1" 是以固原市实验小学为纽带，发挥上联下接作用；"n"是带动数个资源比较薄弱的学校。

　　三、创新作业助力"双减"，优化管理提质量

　　在"双减"政策背景下，学校作业管理坚持"压总量、控时长"的原则，注重"调结构、促质量"，从 3 个方面提升作业管理的质量：一是加强作业研究，提升作业效率；二是完善作业管理，强化作业质量；三是改革考试形式，优化评价体系。

　　四、多方力量协同共育，绘就教育同心圆

　　为进一步落实"五项管理"要求，推动"双减"政策落地，促进家校深度融合，学校积极探索家庭、学校、社区共育新模式，构建多方协同育人共同体，制订了《家长委员会章程》，成立了学校、年级、班级三级家委会，努力做好两个"着力"，充分调动家长参与办学的积极性，进一步规范办学行为，加强对学生的教育和管理，进一步优化育人环境。

教学成果： 创建"融译儿童英语绘本阅读"课程，打造浸润式的语言学习环境
案例学校： 重庆市沙坪坝区融汇沙坪坝小学

　　重庆市沙坪坝区融汇沙坪坝小学一直致力于英语教学改革，为学生营造浸润式的语言学习环境，拓宽他们的国际视野，让其在学习英语的过程中享受英语学习的乐趣。基于此，学校将

英语教学内容与中华传统文化、外国文化相融合，创建了"融译儿童英语绘本阅读"课程。

一、课程理念和内容

基于新课程标准，学校结合融熠课程理念，确立了"学贯中西，融通中外"的课程理念，实现中西融合、身心合修、知能合一的课程育人目标。

课程设置了"基础通识课程""特色拓展课程""主题实践课程"三大板块的内容。其中，基础通识课程作为国家课程的补充，即根据单元内容和学生年龄特点补充相应的英语绘本。特色拓展课程按主题分板块呈现，如"融译低段儿童英语绘本阅读""融译中段儿童英语绘本阅读"等。主题实践课程结合英语与生活实际，以丰富多彩的活动形式呈现。

基于三大板块，结合新课标中主题、语篇、语言知识、文化知识、语言技能和学习策略 6 个课程内容要素。学校结合学情、主题、要素等进行单元化教材内容设计，开发配套的教案、课件、习题集、实践活动方案等；利用学校图书馆、楼层书吧等空间为学生自主学习创设条件，利用专项资金购置英语绘本，建立校级绘本学习资源库；开展"融译绘本之家"资源征集活动，鼓励学生捐赠绘本，建立班级与年级的爱心绘本资源库；利用"纳米盒""趣配音""一起作业"等软件平台拓展绘本学习资源。

二、课程实施保障

为保障课程顺利开展，学校组织英语学科课程团队梳理教研、科研、培训工作，全方位提升教师课程建设能力，学习并传播中外优秀文化。学校采用馆点嵌入、城野结合的总体设计布局，着力打造班级书吧、阅览室、驿站书吧、后山公园阅读场域，建设阅读涵养园，注重学生阅读的宽度和厚度，发挥书香浸润效能，唤醒学生阅读成长的自觉性，促进学生感知中外优秀文化。同时开展课程实践规划，将基础通识课程内容整合嵌入国家基础课程内容中，构建大单元教学内容，面向全体学生，开展 40 分钟嵌入式探究学习；每周四下午开展为期 80 分钟的特色拓展课程，学生在"30 分钟知识技能探究学习 +50 分钟实践表演"课中开展自主探究学习；主题实践课程结合教学实际，有目标、有主题、有规划地嵌入开展。

三、课程实践

学校践行"学思结合、用创为本"的学习活动观，结合听、说、读、写、演、创等能力培养点，以时间为轴，以空间为屏，为学生创造绘本阅读实践活动的真实情境。

每天到校后，学生进行 5~10 分钟的"早安！英语绘本"自主晨读活动；每周举办一次"课前三分钟绘本展示"，学生围绕"本周我阅读了吗"自评互评、"畅聊绘本"交流分享、"绘本分享"推荐展示三个板块，开展班级绘本分享活动；在每周一次的"午安！英语绘本"绘本阅读时间——午间"小喇叭"，全校学生共听经典原声，共度美好时光；在"晚安！英语绘本"时间，学生与父母相伴，共读绘本，分享世界经典，涵养阅读习惯。

— 重庆市沙坪坝区融汇沙坪坝小学开展英语绘本悦读课堂

"融译儿童英语绘本阅读节"由"阅读之星巡回展演""英语绘本阅读短剧表演""英语绘本创作比赛"等系列活动组成，各项活动采用家、校、社三方联动机制，通过展示平台，多渠道、多模式开展，激活阅读知识，激发同学们的阅读自信，让同学们在潜移默化的阅读思考中引发共鸣，将中西文化相融合，传播优秀的中华传统文化，了解不同的世界文化，提升学生全球胜任力，增强核心素养。

基于多样化、科学化、人文化、长效化的原则，学校构建了包含课程准入评价、教师教学评价、学生学习评价等的课程评价体系，有效保障课程质量。

四、主要成效

随着融译儿童英语绘本阅读课程的推进，课程的建设制度、课程读本及相关配套资源、"情境引入—整体粗读—递进精读—内化吸收—拓展创读"的绘本课堂教学模式、课程实施活动方案、课程评价体系等应运而生，融译儿童英语绘本阅读课程体系建设逐渐成熟，并成为具有融汇特色的课程品牌，体现出师生对中外优秀文化的热爱。学生在课程学习中发展了英语语言能力，了解了世界多元文化，通过对比中西方文化的异同，弘扬了中华优秀传统文化，尊重他国文化，培养了学生的全球视野和国际交往能力，从而促进了学生人文情怀和审美情趣的提高。课程建设以来，学校教师团队共发表论文 22 篇，区级以上相关赛课、论文等获奖 46 次，多次参与区级以上经验交流和区级课程展示。

教学成果： 基于国际理解教育的小学美术学科渗透活动课程

案例学校： 成都市龙江路小学武侯新城分校

成都市龙江路小学武侯新城分校以学校"六乐"龙娃娃（乐学、乐道、乐艺、乐体、乐群、乐新）为载体，围绕如何开展国际理解教育，以实际问题为研究重点，分学科建构课程，采用多学科融合教学，让学生增强民族自信，接纳国外文化，拓宽国际视野。

一、基于国际理解教育的经典诵读课程建设

诵读即以读经典、背经典为主要形式，让学生日有所诵，大量积累中外经典。

表演即以吟唱经典、演绎经典为主要形式，让学生感受、体验经典文化魅力。

讲故事即了解经典创作相关的故事，通过再创作改编成有内容丰富、语言生动的故事，开展讲故事活动。

写作即在讲故事的基础上，根据自己对经典的理解进行仿写、改写、扩写等活动。

绘画即根据经典内容和意境，进行诗配画的创作。

书法即结合正在进行的书法教育活动，以硬笔书法为主，引导有能力的学生以毛笔书法的形式书写经典。

各班排练与国学有关的节目，并组织展演活动。

二、基于国际理解教育的小学美术课程建设

明确课程开发理念，展现全球视野下美术学科特色。课程立足中国特色传统文化，以育人为导向，构建学校美育体系，增设丰富多彩的美育活动，使学生了解地域特色文化。在美术课程中，学校设置了传统美术、书法、礼仪、节庆、民俗等相关课程内容。

同时结合非物质文化遗产开展二十四节气美术课程，利用"2+N+1"的课程模式，即常规课程＋常规地方课程＋延时服务非遗课程推广非物质文化遗产。

进行课本解读，鼓励学生了解二十四节气。教师在课前布置作业，引导学生查阅资料，了解节气文化的相关知识，在课上进行汇报，鼓励学生采用课件、文本、短视频等多样化的形式汇报学习情况。

整体规划课程内容，分步骤推进。第一阶段：以导促学，了解节气；第二阶段：以做促学，了解学习节气的来历、特点；第三阶段：以评促学，评价学生的学习过程；第四阶段：以展促学，展示学生的优秀作品。

多样化呈现教学过程。在教学过程中，教师利用图片、视频、微课等进行多元化的教学，学生在创作过程中可用多媒体技术分享作品。

坚持教师专业发展与学生个性化发展相结合。教师在课前查阅二十四节气资料，思考如何创新性引导学生学习，鼓励学生大胆创新作品构图等。

深化单元学习，实施多元评价。为深化单元学习的育人作用，开展组内过程性评价；

— 成都市龙江路小学武侯新城分校学生参加2021-2022学年度第三届"小红心·爱祖国"歌咏比赛（左图）

— 成都市龙江路小学武侯新城分校开展基于国际理解教育的英语学科渗透式课程建设（右图）

利用班级群，上传、分享学生的作业；利用学校公众号，搭建平台，推广展示学生的优秀作品。

三、基于国际理解教育的其他学科渗透式课程建设

科学学科 PBL 课程建设。学校分阶段、分步骤推进耕园课程，将学生的生态环境素养培养融入国家战略的生态文明建设中，通过宣传普及和植梭梭树，参与荒漠化公益项目，开展"关于沙漠环境保护和治理"的系列生态文明教育活动及项目式学习，让学生走进"生活课堂"的场域中，实现"做中学""问中学"，让"绿水青山就是金山银山"的绿色理念在学生心中生根发芽，让他们认识到保护、珍惜土地资源和水资源对人类生存和发展的重要性，助力学生生态文明素养的提升。学校将耕园科技实践活动和"阿拉善公益项目"相结合，找寻教育的"黄金契合点"；将学校环境教育景点"活水园"和"耕园"有机结合，形成教育的"生态融合点"；将"植物美学"和"移动商城"有机整合，形成教育的"文创生长点"，打造学生身边的综合实践活动基地，实现沉浸式的公益环保学习，让学生获得在社会、自然中的真实体验。

英语学科渗透式课程建设。通过英语社团，将中国传统文化和当代中国的发展介绍给同学们，又将地方特色、中国文化与世界相关联，形成中国与世界的连接与呼应，让美丽的川渝故事走进英文课堂，让巴蜀走向世界，让世界认识巴蜀。

音乐学科渗透式课程建设。学校还在高段年级开展国际理解教育音乐学科活动。

此外，学校还通过常规课程开展主题式学科系列活动，让学生了解地域特色，同时立足于中国特色传统文化，以育人为导向，增设丰富多彩的美育活动，保障资源持续发展。

科研成果： 云端课程促人文交流
案例学校： 成都市成华小学校

成都市成华小学校探索"互联网 +"的中外人文交流课程研发模式，倡导师生传承中华文明内外兼容的统一之美，用开放、包容的心态看待世界，增强文化自信。

— 成都市成华小学校与新西兰的友好学校共同开展"保护动物"课程线上教学

一、课程理念：明确"一"个核心宗旨

学校以"尚美"教育为底蕴，从弘扬中华文明"各美其美、美美与共"的文化高度出发，坚持"双 E+ 五 I"的核心的宗旨 [双"E"即"根植华夏，拥抱世界"（Embedding in Chinese, Embracing the World）；五"I"即 International 国际视野、Information 资源整合、Interaction 人文交流、Interesting 趣味多元、Intelligent 高阶思维]，基于"互联网 +"开发与实施中外友好学校人文交流课程，展现中华文化的魅力。

二、建设"两"类主题课程

基于不同的文化背景和年龄特征，中外学生的兴趣和发展需求也不同，学校立足本

土，坚持"以美育人"的价值取向，整合语文、数学、英语、美术、音乐、体育、道德与法治等学科资源，克服"主题选择""课程资源征集与应用""语言交互""时空差异"等困难，积极探索中外线上课程的实施环境条件与课堂实践策略，设计开发了基于"互联网＋"的"熊猫走世界"课程和共享共建课程。

以"保护动物"课程为例，中外教师通过网络研讨，拟定各学段的课程主题并征求学生的意见和建议，根据学生的认知水平、学情特点和学习兴趣，选择合适的主题开展交流；根据确定的主题，中外教师通过网络研讨确定教学方案、教学内容和教学计划；教师鼓励学生通过自主查阅资料、小组合作学习等方式，针对"认识和了解身边的动物""为什么有的动物越来越少"等问题开展假设、验证和研究，形成自己的理解；中外教师共同制作教学资源，组织学生开展"云端课堂"；课后，双方围绕课程开展情况进行自评，根据专家指导意见定期总结经验，并根据自评结果再进行完善和调整。

三、课程评价：构建"三"度评价体系

学校本着评价主体的多元互动性、评价内容的丰富性、评价过程的动态性原则，依据"尚美育人"的教育理念和育人目标，

初步建立了基于"互联网＋"的中外友好学校人文交流课程评价体系。教师根据评价指标，结合表现性、综合性、展示性等，让评价融入基于"互联网＋"的中外友好学校人文交流课程实施的全程全域。

学校依托中外人文交流教育实验区建设，立足学生全面发展，在"美浸生活，美润人生"的办学理念引领下，探索美育育人的新理念和新路径，将中外人文交流从原来的浅表化交流向深层次的课程构建推进，推动"互联网＋"的中外人文交流课程开发，采用"主体合作"与"课程运行自开发"相结合的方法，以"1+2+3"模式推进"基于'互联网＋'的中外友好学校人文交流课程开发与实践研究"课题研究。通过人文交流实践，进一步筑牢学生的核心素养，提升教师的综合素质，彰显学校的办学特色。

教学成果：博物馆课程赋能国际理解教育
案例学校：成都市金沙小学

成都市金沙小学以金沙文化服务教育为理念，围绕立德树人，结合中外人文交流的需求，采用馆校互动合作的方式，从教育的视角挖掘博物馆资源、社区资源，开展国际理解教育相关的研究与实践，筑牢学生人文素养的根基，培养学生放眼全球的国际视野。

一、国际理解教育课程设置

学校将国际理解课程融入日常教育教学中，每周一下午设置了三节共 100 分钟的主题融合课程。根据学生的身心发展规律和特点，纳入相应课程内容，其中一年级为"新生入学情绪管理课程"，二年级为"二十四节气科学课程"，三年级为"'一带一路'融合课程"，四年级为"博物馆课程"，五年级为"五德财商课程"，六年级为"生涯成长课程"。课程采用项目式学习方式，促进学生探究实践，实现深度学习。

— 中法师生在云端同上一堂"熊猫"手工创意体验课

— "一带一路"手拉手十国少
年中国行活动（成都市金沙小
学站）（上图）

— 成都市金沙小学师生在校内
迷你博物馆内开展金沙文化课
（下图）

二、国际理解教育课程实施效果

"巡回走课"入耳入心，赋予"引领式"体验。金沙小学实施
"走课制"，组建了"校长＋骨干教师＋学生"的"特别走课组"，
由3至5名教师自由组成"走课共同体"。在班级、课表不变的情
况下，教师要走进不同的班级开展教学。国际理解课程以"菜单"
的方式呈现，特别走课组选择"菜单"内容教学，并建立"学生
＋教师＋导师"的观察员评价反馈机制，营造出人人在其中、人
人出好课的和谐氛围。

"实景课堂"深入人心，赋予"沉浸式"体验。为用好博物馆
资源，学校把人文交流的课堂"搬"到博物馆，通过信息技术赋能，
让人文历史更直观、更具象；学校组织学生们争做博物馆讲解员，
让"聆听者"成长为"讲解者"，推动学生在任务驱动下深入理解
中外文化。学校相继携手金沙遗址博物馆、永陵博物馆开展"送
课进校园"研学活动，邀请文物专家和学生面对面交流。从此，
博物馆不再是单纯的文物陈列展示平台，而是可以领略千年文明
之光的奇妙窗口。

"线上课堂"有条不紊，赋予"便捷式"体验。金沙小学通过
线上课堂，与国际友好学校保持良好联系，学校通过远程直播的
方式为国际伙伴送去好课。

多年来，金沙小学一直重视运用社会资源创新课程，学校

— 川港师生共同开展看见多彩
的非遗课程

借助金沙博物馆的资源优势，将博物馆课
程作为学校特色课程创新的"先头车"，
让历史和文化转化成为课程资源，为培育
学生的城市主人翁责任感、树立文化自信
发挥重要作用。

教学成果： "3E"课程助力"灵秀少年"绽放精彩
案例学校： 青岛西海岸新区峨眉山路小学

青岛西海岸新区峨眉山路小学自建校起，就把建设国际化、现代化学校作为重要发展目标，把培养具有国际视野、家国情怀的灵秀好少年作为人才培养目标，从建校初期设立的学习力、健康力、交往力、审美力、实践力、创新力"六力"课程体系，发展到现在的"3E"灵秀课程体系，真正地让国际理解教育融入课程，走近学生，让学生走向世界。

二、"3E"课程体系

小学融合课程(Elementary Integrated Curriculum)即国家课程、地方课程与国际理解课程相融合。学校挖掘国家课程、地方课程与校本课程中的国际理解教育内容，以学科教材体系为主线，把地方课程融入校本课程，让国际理解教育走进课堂，走进学生的生活。

交流课程(Exchange Curriculum)即关于教育全球化、经济全球化、对外交流和世界文化的专项课程，如在教育全球化课程中开设小语种课程，在经济全球化课程中开设"一带一路"交流课程，在与外国学校交流中形成课程，在文化课程中编排了适合本校学生诵读的《论语》等传统文化课程。

特色课程（Especial Curriculum）即学校遵循各学段学生的身心发展规律，在"灵秀"课程体系中开设外语、创客、武术、剪纸、国画、蓝染、合唱、书法、国际象棋、陶笛、羽毛球、足球、篮球、滑冰等课程，开展"童心童趣选课走班""个性化社团""活动课程"。学校立足根本，融通中外，针对民族文化、外国文化、和平与发展、环境保护等全球议题开展国际理解教育。

三、"3E"课程体系的基本做法与取得成效

理念引领，融合发展。学校以育人目标为引领，确立了"培根铸魂、纳新吐绿、精彩绽放"的工作思路。学校将"构建人类命运共同体，实现共赢共享"作为国际理解教育的"魂"，不断践行社会主义核心价值观，开展"红色传承教育""国旗下课程""爱国读书月""我是新时代小公民"等课程活动，为课程赋予红色之魂。"立住根"即开展"大阅读系列教育工程""我们的节日""国学教育""中华美育"活动，让学生在深刻理解认同中华优秀传统文化的基础上，兼容并包，学习理解世界文化，扬长补短，树立民族自信心与文化自豪感。扎实的工作换来了学生的精彩绽放，学校在全国义务教育质量监测、青岛市教育质量抽测中获得优异

成绩；近年来，学校语文学科在全区学科素养测试中成绩突出。

专家指导，引领课程建设。学校邀请教材专家、教学专家等指导学校中外人文交流项目开展，为师生带来了生动有趣的课程；同时学校与中国石油大学、山东科技大学等院校建立合作关系，利用高校优势带动学校中外人文交流工作的开展。其中，山东科技大学为学校带来了蓝染、衍纸等特色课程，学校蓝染工作坊特色突出，深受师生的喜爱；2021年12月，山东科技大学艺术学院美育教学基地落地，开启了学校美育课程发展的新篇章。

课题带动，纵深发展。课题研究是课程发展最好的途径，学校通过课题不断促进"3E"课程纵深发展。为此，学校积极申报国家级、市级课题。教育部中外人文交流中心课题"促进青少年国际理解的3E课程建设研究"、青岛市课题"以3E课程建设机制，助推人文交流特色学校发展"的陆续落地，为学校教师开展课题研究、研究学科教学渗透国际理解教育理念、开展文化体验活动、优化国际理解教育主题课程等打开了一扇窗，有效促进了学校人文交流工作的开展。

通过选课走班、社团活动、活动课程落实好每项工作，让课程富有活力。学校立足根本，融通中外，开展好每一门课程，让中外人文交流工作扎根于课程之中。学校通过开展"童心童趣选课走班""个性化社团""活动课程"，全面构建"3E"课程体系。通过"线下现场会+线上同步直播"的形式，学校"陶笛扬世界"特色课程先后被学习强国平台和人民网推广宣传，并走出国门，受到了外国师生的赞扬。在2021年中国教育科学研究院举办的体育美育教学改革研讨会上，学校的蓝染、儿童画、合唱、书法等美育特色项

目表现突出，获得了高度评价。

加大投入，不断营造浓厚的文化氛围。学校专门建立了课程树，介绍课程体系；不断加大投入，建设了同步课堂，实现了与外国学校的常态化交流；建设了国学苑、梦想之梯国际交流空间、科技长廊、美育长廊、阅读长廊、中华传统文化长廊等，丰富校园文化；

配备朗读亭、广播站，更好地讲述中国与世界的故事；开设韩语、日语文化交流讲座，让学生感受不同语言和文化的差异；举办体育节、艺术节，通过各种体育运动，体悟不同国家的艺术和文化，培养学生国际情怀。

活动成果： 乘着歌声的翅膀，跨越山海云合唱——中德青少年云音乐会

案例学校： 成都外国语学校

2022 年是中国与德国建立外交关系 50 周年，为庆祝这一重要时刻，增进中德青少年友谊，教育部中外语言交流合作中心发起"庆祝中德建交五十周年——中德青少年云音乐会"，于 2022 年 9 月 10 日在德国北威州埃森市音乐厅顺利举办。中国驻德国大使馆代表、驻塞尔多夫总领事馆代表、中国德国友好协会代表等均出席了此次音乐会。

成都外国语学校合唱团荣幸受邀参加了本次音乐会的演出。学校合唱团协同德国伯乐中文合唱团共同用德语、汉语双语演唱了歌曲《乘着那歌声的翅膀》《大鱼》《同一首歌》，现场演出效果极佳，受到了中德双方的一致好评。中央电视台新闻联播、新华社等媒体对活动做了详细的报道。

成都外国语学校合唱团是一支高中混声合唱团。每周三，伴随着暮云与霞光，同学们走入成都外国语学校的艺术楼合唱排练厅，来到了独属于音乐的世界。在这里，一群对音乐充满热忱的

学子们组成了合唱团体，他们在繁忙学习的间隙坚持每周排练，结合学校的语言特色，排演大量不同风格、不同语言的合唱作品，充分展现了学生的多语种能力。

中德青少年音乐会需要学生具备优秀的德语素养和音乐素养。演出前，老师精心组织和筹划，德语组老师参与指导，师生们利用大课间和晚自习前的时间进行排练学习，力求达到最好的演出效果。

中德青少年音乐会是外语之美与音乐之美的完美结合，也是中德人民友好交流的体现。愿中国与世界人民的友谊，乘着歌声的翅膀，跨越山海，世代长存。

— 成都外国语学校参加"庆祝中德建交五十周年——中德青少年云音乐会"录制活动

教学成果：立学中华，语通世界
案例学校：成都外国语学校

— 成都外国语学校参加"共迎未来"中外青少年人文交流活动暨第二届"中外人文交流小使者"中外经典诵读展示活动（左图）

— 成都外国语学校学生参与全国迎冬奥展演法语比赛（右图）

　　成都外国语学校以"立学中华，语通世界（Chinese Heart, Global Mind）"为办学理念，坚持"文理并重，外语特色鲜明"的办学思路，以"为学生发展奠基，为民族未来负责"为指导思想，以培养"具有民族情怀、世界胸襟的高素质现代中国人"为培养目标，深入推进素质教育和国际理解教育。

　　成都外国语学校的国际理解教育课程设置了丰富的内容：①学科课程方面，各学科教师在教学过程中进行国际理解教育渗透，尤其是语言课、语文课、政治课等。②选修课课程方面，在初高中选修课程"世界胸襟课程"的分类中，开设了专门的国际理解教育相关选修课，比如模拟联合国、小语种课、中外诗歌欣赏等。③活动课程方面，组织学生参加各类国际性比赛，比如模拟联合国、USAD/USAP、AMC、CTB、NSDA、FBLA、哈佛峰会、英美澳加奥林匹克五大学科竞赛等；组织学生参加与国外友好学校的交流研学或游学活动，如友好学校互访交流、小使者交换生、线上视频交流等。

　　2021年，成都外国语学校18名初中同学和法语班的3名高中同学前往重庆参加由教育部中外人文交流中心和北京2022冬奥组委会共同主办的"共迎未来"中外青少年人文交流中外经典诵读全国总展示活动。18名同学表演的《百年党史树初心 红色基因代代传》节目获得大赛中文组二等奖；学校高中法语班学生的原创作品"同一世界，同一梦想（Le même monde, le même rêve）"获得大赛外语组二等奖。2022年9月10日，由教育部中外语言交流合作中心发起的"庆祝中德建交五十周年——中德青少年云音乐会"在德国北威州埃森市音乐厅举办。成都外国语学校合唱团协同德国伯乐中文合唱团共同用德文、中文双语演唱了歌曲《乘着那歌声的翅膀》《大鱼》《同一首歌》，受到了一致好评。

科研成果：小小空竹声响起，人文交流放光芒

案例学校：成都市簇桥小学校

抖空竹原是中国民间的一种儿童游戏，历经千年传承与演变，抖空竹已成为集娱乐性、健身性、技巧性、灵活性、表演性于一体的民间活动。2006年5月20日，抖空竹被列入第一批国家级非物质文化遗产名录。成都市簇桥小学校于2008年将空竹引入校园，经过十余年的实践研究，目前形成了空竹校本课程的实践成果。

一、基本做法

（一）空竹校本课程的再开发

学校将空竹作为人文交流的载体，在已建成的"三段四维"空竹课程目标基础上，继续开发中外人文交流课程。并以学科融合为指导，整合出空竹校本课程实施的四条途径。

空竹进课堂即每个班每周开设一节空竹特色体育课。作文写空竹，手工课办空竹小报，音乐课谱写传唱空竹歌，美术课设计空竹、画空竹、制作空竹，科学课讲解空竹转动原理，舞蹈课训练空竹表演动作等，实现学科融合。

空竹进课间即在每天四十分钟的空竹大课间。首先，孩子们操练由学校结合国学、民乐自编的空竹操。其次，在悠扬的古典音乐声中，学生与搭档练习抖空竹的技法，以此培养学生的合作意识，让他们感受中华传统文化的魅力。

空竹进社团即学校设有"空竹表演队"和"空竹竞技队"两个精品空竹社团。学校选拔了一批热爱空竹且技艺较高的学生，成立了学校空竹表演队和空竹竞技队。空竹表演队把抖空竹与艺术表演结合起来，创编了"杂耍娃""快乐的课间""幸福课堂""茉莉花""旋转的中国红"等精彩节目，参加了各级各类表演活动，让学生在表演中增强自信。空竹竞技队则尝试难度较大的练习，如"空中双人对抛""高山流水""抛高跳绳"等，进一步提高竞技水平，在各级比赛中大显身手。

空竹进活动即空竹进入学校的"两节两赛"传统活动。一是设立"空竹原创节"，与每年5月的生活艺术节相结合；二是设"空竹传承节"，与每年12月的爱心节相结合；三是在每年的体育节上，上半年增加空竹个人挑战赛，下半年增加以班级为单位的空竹操比赛。"两节两赛"激发了学生抖空竹的兴趣，增强了学生的自信心，培养了学生挑战自我、团结合作的品质。

学校通过参观空竹博物馆、欣赏空竹表演、学校千人大课间等活动，让学生了解空竹这一非物资文化遗产；通过空竹左右回环、左右翻花、高山流水 鲤鱼跳龙门等动作的学习，让学生在交流中互动，增进对中华优秀传统文化的认同。

（二）人文交流多样化

学校以空竹为载体开发了空竹与剪纸、空竹与水墨画、空竹与音乐相融合的课程，让学生们感受中国文化之美，同时将空竹通过3D打印技术制成交流礼品，让学生们在互赠礼物中充分感受中华文化的魅力。

（三）设置国际礼仪课程

学校编制了中外人文交流活动礼仪读物。学生通过读本了解中西方在个人礼仪、餐饮礼仪、人际交往等方面的文化，对比中西方文化的美异，学会理解、尊重他国文化与习俗，拓宽国际视野。

二、主要成效

自2008年将空竹引入校园以来，学校经过十余年"小学空竹校本课程开发与实施"的实践研究，形成了空竹校本课程的实践成果，构建起"三段四维"空竹课程体系，探索出了"三一四二"的课程实施路径，总结出了空竹课程实施的教学模式、空竹课程的评价体系，开发出序列化的空竹课程学生读本、教师指导用书、教学参考用书，完善了一套空竹课程开发与实施的保障机制。学校学生多次参加各级表演和比赛并获奖，多次被各级媒体报道。目前，学校已成为四川省空竹协会主席单位、"非遗空竹技艺传习基地""国家级非物质文化遗产保护项目——抖空竹校园空竹基地校"。2018年，学校被中国教育科学研究院授予"中小学弘扬传统文化成功案例与课程开发研究项目实验校"。如今，小小空竹已成为成都市武侯教育界的一张人文交流名片。

活动成果：《中非合作》国际理解教育课堂教学设计
案例学校：重庆市沙坪坝小学

一、教学主题

《中非合作》——美美与共

二、前置学习

（一）学习范围

了解第八届部长级会议《中非合作论坛》和中非之间的外交历史。

（二）探究设计

通过讨论与思辨，帮助学生建立积极、健康、正向的国际视角，正确看待中非相互共进的关系，理解中国提出人类命运共同体的现实意义和未来意义。

三、课堂教学设计

（一）学习内容分析

人类生活在一个"地球村"里，谁也无法独善其身，中国人用行动在诠释着习近平主席提出的人类命运共同体这一重要论述；帮助学生建立积极、健康、正向的国际视角，正确看待中非相互共进的关系，理解人类命运共同体的现实和未来意义，这对新时代的世界公民非常重要。

（二）学习目标分析

知识与技能：通过"新闻""思辨"构建课堂。采用"谈论""交流"的形式，升华课堂感悟，让学生通过对中非客观历史的了解建立自我立场。

过程与方法：通过视频、图片直观了解各项内容，讨论思辨并归纳总结，让学生感受中非之间共生、共长的历史友谊。

情感态度与价值观：通过本课的学习，学生认识到中非合作的重要性；同时让学生认识到世界是一个共同体，走向国际合作是我们未来义不容辞的责任。

（三）学情分析

六年级的学生对时事政治有强烈的好奇心，具有一定的评判和辨别能力。通过前期对材料的准备和收集，他们能够清晰地表达出自己的观点和立场。

（四）课堂形态

小组合作、思辨教学、情境教学。

四、教学过程

（一）非洲知多少

（1）多媒体展示《中非合作论坛》新闻。

（2）图片呈现第八届部长会议及要旨。

在会议中，习近平主席指出，中国将同非洲国家密切合作，共同实施"九项工程"。习近平主席在会议开幕式上宣布，中国将再向非洲提供 10 亿剂疫苗，其中 6 亿剂为无偿捐助，4 亿剂以中方企业与有关非洲国家联合生产等方式提供。

（3）你支持中方的这项重要举措吗？

（二）基于现实、走向中国

（1）2021 年 2 月 25 日举行了全国脱贫攻坚总结表彰大会，习近平主席宣布，现行标准下 9899 万农村贫困人口全部脱贫（多媒体出示《全国脱贫攻坚总结表彰大会》）。

（2）非洲人在中国有哪些行为呢（图片展示）？

（3）关于《中非合作论坛》，你支持中国的举措吗？

（三）亮观点，表立场

（1）了解历史，引发感悟。

（2）多媒体展示中国进入联合国视频。

（3）通过"抬"字深刻阐释中国和非洲国家深厚的兄弟情谊。

（4）中国恢复联合国合法席位，有哪些深远的意义？

（四）面向世界、共同发展

自学：厘清投资和扶贫的概念与异同。

互学：中国为什么不直接无偿援助 10 亿剂疫苗？

（五）时代的呼唤——世界命运共同体，畅谈感想

当今世界面临百年未有之大变局，政治多极化、经济全球化、文化多样化和社会信息化潮流不可逆转，各国间的联系和依存日益加深，但也面临共同的挑战。不论人们身处何国、信仰如何、是否愿意，大家已经处在一个共同体中。让我们怀着一颗感恩之心，致力于和他国的共同发展，为推动构建人类命运共同体而不懈努力。

（六）学习评价

（1）对学习过程的评价。

学生自学关于投资和扶贫的内容，针对中国为何不直接把 10 亿剂疫苗进行无偿援助展开讨论。

（2）对学习结果的评价。

学生是否能够清晰表达自己的观点和立场。

通过学习增加学生对中非合作的了解，即世界的发展离不开中国，中国的发展离不开世界。

教学成果： 国际理解课程助力学生打开世界之窗

案例学校： 重庆市沙坪坝区树人和平小学

随着时代的发展，未来人才的核心竞争力是国际化竞争力，未来的国际化人才需具备国际化意识、胸怀和一流的知识结构储备。作为中外人文交流教育实验区，沙坪坝区教育系统近年来不断聚合优质资源、深化对外开放，致力于构建全方位、多层次、高质量的中外人文交流新格局。

在全球化背景下，通过积极的合作增进不同地区、不同民族、不同文化背景、不同宗教信仰的人们之间的相互理解，在关乎人类生存和社会发展的全球性重大问题上达成共识，让人们养成共存和共生的意识。国际理解教育，旨在促进来自不同社会文化背景的人们相互了解与尊重。其核心理念是对他者的尊重，对多元文化、多元价值的理解，悦纳差异性和独特性，养成对不同文化、不同情感的理解尊重和宽容态度。

基于此，重庆市沙坪坝区树人和平小学每周开设了"国际理解"课，课程内容包括古老的神话世界、人类文明的奇迹、节日与风俗、天南地北话体育等。其中，古老的神话世界设置了创世神话和开天辟地，上帝造人、龙的传说和神奇的龙，我们的祖先、天地英雄和大禹治水，盗火英雄等模块。人类文明的奇迹设置了展开文明的画卷之古老的城镇、文明的奇迹——金字塔模块；多彩的生活设置了居民的奥秘之我国各地居民的房屋、世界各地居民的房屋模块；生活中的情趣设置了追寻茶香、浓郁苦涩的咖啡模块；节日与风俗设置了感受别样的热闹——多彩的节日模块；视觉的盛宴设置了写意中国画、油彩的世界模块；天南地北话体育设置了划龙舟与赛骆驼、乒乓球、篮球、足球模块；中国欢迎你设置了魅力中国之瓷和丝的故乡、吉祥中国之百家姓与十二生肖模块；生命的质量设置了生存的呼吁、食物权、救助无国界、生命的尊严、种族平等、民族尊严等模块。

通过国际理解教育课程的学习，同学们了解到中华优秀传统文化以及其他国家的历史、文化、社会习俗等，拓宽了眼界，初步学会了尊重并理解世界多元文化的独特性和差异性，逐步养成对不同文化、不同情感的理解尊重和宽容态度。

— 重庆市沙坪坝区树人和平小学展示的国际理解课程系列成果

活动成果： "弟娃儿带你走街串巷"特色活动
案例学校： 成都市弟维小学

— 簧门街道的现在与过去对比组图

成都市弟维小学以国际化为视野，以思维教育为导向，以本土文化为基础，以学生能干为主体，各学科联动，构建中外人文交流课程，形成并开展"弟娃儿带你走街串巷"特色主题课程活动。

一、特色活动课程的基本做法

首先，学生在教师的指导下学习"回看簧门历史"的专题必修课程，初步了解簧门街道的历史文化，包括街道名称的由来、名人轶事、历史变迁、诗词文化等，形成自己的课前学习单，帮助学生奠定继续探究簧门街道现状、展望簧门街道未来的基础，激发学生的学习愿望。

其次，学生在教师的指导下开展"探秘簧门现状"专题选修课程的学习。教师根据学生对话题的感兴趣程度，将学生分成三个子项目组。一是簧门佳话组，学生采访、记录具有簧门特色文化的现代名人故事；二是簧门数字组，学生通过调查统计发现最能代表簧门特色的街巷文化；三是簧门美化组，学生用画笔和镜头记录簧门街巷的建筑文化。学生们以小组为单位，在教师的指导下实地考察、研究。考察完成后，再以小组为单位汇报考察结果。同时开展"我为簧门代言"的展示活动，学生们通过征文、演讲、表演、手抄报、绘画、摄影等形式集中展现学习成果。

二、特色活动课程的主要成效

学生们在教师的指导下进行必修课程专题学习后，初步了解簧门街道的历史文化。他们选择自己感兴趣的话题，并分为三个子项目组进行实地考察，展开研究。学生先围绕主题学习提出问题，有目的地收集资料，共同讨论研究，形成各自的研究报告。

通过簧门佳话子项目，学生寻找、采访并记录代表簧门特色文化的人物及故事，激发了学生身为武侯簧门人的自豪感。通过簧门美颜子项目，学生用自己最擅长的艺术创作语言，展现簧门的过去、现在和未来，用镜头记录下簧门街巷的建筑文化和历史变迁。通过簧门数字子项目，学生采用小组合作的形式，开展绘制"簧门街"平面图和搜集"我感兴趣的簧门数据"的活动，在设计、测量、整理等实践活动中，感受数学与人们生活的密切联系，进一步帮助学生理解和综合运用图形位置、测量、比例、数据收集等数学知识，帮助学生建立思考问题的模式与经验。

通过"弟娃儿带你走街串巷"特色活动，学生在对本土文化了解的基础上，比较家乡街道文化和国外街道文化，增加了对外国街道文化的认知，增进了学生的国际理解能力，他们的语言能力、思维能力、学习能力也在项目活动中得到了提升。此外，还进一步增强了教师对国际理解教育的认识，提升了教师对国际理解课程的设计能力。

教学成果：言以兴邦，兼济四海——基于"互联网＋"的国际友校中文教学支持项目

案例学校：四川师范大学附属实验学校

四川师范大学附属实验学校是成都市中外人文交流特色学校建设计划项目学校，也是成都市教育国际化窗口学校。学校是西班牙巴塞罗那教育局跨文化"一起来"全球项目唯一的中方合作单位，双方基于"互联网＋"开展了国际友校中文教学支持项目。

项目坚持学科融合的设计理念，融合线上线下教学方式，采用中西教师共教共研的备课方式，以学校的精品微课、特色校本课程、两校共建主题班会为途径，帮助西班牙的华裔学生了解中华优秀传统文化以及成都地区的社会生活概况。

项目突破传统对外汉语教学模式，协助西班牙的国际友好学校搭建起更为系统的国际理解教育课程体系，实现文化与语言的有机融合。项目鼓励两国师生深化中华民族身份，增加对中国文化的认同感，增强学生们的文化自信，同时引导学生们博采世界文化之长，拓宽学生的国际化视野，展现责任担当。

一、项目的前期调研

双方学校立足学校特色课程和天府文化课程，通过前期调研，确定了人文交流的形式和课程目标，采用"线上授课＋线下学习"的教学方式，开展小组合作制教学。学校还遴选11名本校教师，组建成项目组，通过学科课程交流、班级活动交流两条线同时推进项目的开展。双方学校在跨文化交际的基础上，还设计了更适合华裔学生的优秀课程。

二、非语言本体支持阶段

2021年3月至6月，双方学校协助对方学校开设非语言本体课程，帮助对方学校搭建起国际理解教育课程体系。基于此，学校集合特色校本课程和天府文化课程，固化了"互联网＋"课程学习模式，为西班牙的学生们提供了跨越语言教学的课程内容，如心理"我的特色雪花"、体育"花样跳绳"、音乐"古琴赏析"、数学"古人计数与算筹"、美术"软陶天府食文化——火锅"、科学"神奇的纸"等。让西班牙的华裔学生了解、认同和传播中华优秀传统文化，引导他们努力成长为中西两国人民友好交往的民间使者。

国际友好班级交流以班级为单位，各班分月开展班级主题交流活动。双方学校在具体的主题语境下，开展"我们的课外活动"、天府本土文化"成都火锅，巴适！""川剧""云游大熊猫基地""采春茶""舌尖上的成都"、人文节庆"快乐的六一""中西儿童节对比""世界读书日""博物馆之夜"等主题班会。双方学校的同学们在交流的过程中，不断增强语言技能，拓展跨文化知识，汲取中国文化的精华（见表1）。

三、语言本体支持阶段

2021年9月至2022年4月，双方学校在国际友好班级中开展语言本体学习和支持活动，双方围绕华裔学生学习中文的痛点和难点，如标点符号、区别同音字等，展开针对性的帮助与支持。同时，双方以"鸿雁传书，纸短情长"为主题，立足中文语言教学，开展微课录制、儿歌录播、书信交流等活动，培养中西学生的跨文化交际能力。学

表1 四川师范大学附属实验学校国际友好班级交流活动计划表

时间	班级和交流主题				
	二年级七班	三年级三班	四年级三班	四年级四班	五年级十班
4月	舌尖上的成都	我们的课外活动	书签	采春茶	世界读书日
5月	绿色环保我先行	我们的传统节日	火锅	云游大熊猫基地	博物馆之夜
6月	创意书签DIY	快乐的六一	川剧	成都火锅，巴适！	中西儿童节对比

校 Lemon 合唱团成员为西班牙国际友好学校幼小衔接班的学生们录制了儿歌《打电话》，启发华裔儿童的心智。学校两位五年级的学生还为西班牙学生们录制了"学写一封信""趣味标点"微课。他们从学生的视角出发，为西班牙的学生们讲解了书信的由来、格式和写法，还设置了"标点王国"的游戏，并向他们介绍了中国的校园生活、传统节日以及天府文化等。

四、实施经验

两年来，学校的中外人文交流活动取得了一些教学成果，录制了 9 堂优质视频微课，开展了 12 堂优质主题班队活动，书写了 400 余封往来交流信件，影响了国内外师生 500 余人，为学校的人文交流实践指明了方向。

同时，项目形成了基于跨文化交际的《教师行动指南》，帮助双方教师合理的安排课程活动，提升教学效果。项目还构建出教学课程，课程内容包括饮食、衣着、节庆、语言交际、语言与文化等社会生活，非物质文化遗产、红色文化等中华传统文化等，还探索出了基于互联网开展中华传统文化交流的有效途径。

从"你好"到"Hola"，从"常回家看看"到"欢迎来巴塞罗那"，一撇一捺，一字一句，是小我与祖国之间山海隔不断的问候与关心，是新时代背景下中华文化的延续，是海内外中华儿女的团结与和睦，是助推中华民族伟大复兴延绵不绝的文化基因和持续动力。

教学成果： 美食小窗口，文化大世界——中外线上美食课程
案例学校： 大邑县北街小学

"民以食为天"，大邑县北街小学与马来西亚的友好学校通过饮食主题的中外课程在线共建共享，以美食为窗口，引导学生们学习中西方餐桌文化，感受世界文化的多元。

"不学礼，无以立。"中国作为礼仪之邦，餐桌礼仪是数千年中华优秀传统文化的积累与反映。首先，中国学生带领马来西亚学生走近中国的饮食文化。中国的饮食文化以食表意、以物传情。入席次序上，座位的安排遵循长者为尊、长幼有序、谦虚礼让的原则；上菜次序上讲究先冷后热，展现出生活的仪式美；筷子作为中国的进餐工具，一头圆，一头方，象征着中国传统文化中的天圆地方之道；用餐过程中，还有诸多的礼仪规则。马来西亚学生在中国学生的指导下，学习从入席到就餐的礼仪规则，感受中华民族餐桌文化的博大精深。

马来西亚学生则向中国学生介绍西方的餐桌礼仪。西方饮食多用金属刀叉，以及各种杯、盘、盅、碟，马来西亚学生细致地讲述了西餐餐具的摆放规则、餐具的用途、上餐顺序、餐巾环的位置等，还介绍了如何根据餐具判断菜的数量。此外，双方学生还在线观看了来自新加坡的米其林名厨带来的简餐与正式宴席的西方餐桌礼仪视频。中国学生认真地倾听、提问、交流，感受不一样的文化内核。

通过饮食主题的中外课程在线共建共享，大邑县北街小学的学生学习了中西方的餐桌礼仪的规则，了解到中西方餐桌文化的差异。在第一期线上课程中，中外学生通过相互介绍，增加了彼此对中西方文化差异的了解。在第二期线上课程中，中国学生与马来西亚学生再聚云端，同时邀请来自新加坡的澳大利亚籍主厨 Tim 老师带领双方学生开启了一次有趣的三明治之旅。首先，国际友好学校的陈老师为学生们介绍了三明治的由来，引导学生们思考三明治和汉堡的区别，大家一起从起源、面包形状等方面区分三明治和汉堡。随后，风趣幽默的主厨 Tim 老师详细地为学生们讲解了鸡蛋三明治的制作步骤，指导学生们亲手制作三明治。

美食小窗口，文化大世界。大邑县北街小学的中外线上美食课程为中国和马来西亚的学生们带去了别样的美食课堂体验。学生们通过学习不同地域的美食文化，不仅收获了宝贵的劳动生活技能，同时在实时的交流、碰撞中，让国际理解教育的思维悄然发生。

活动成果： 舌尖上的相遇，文化上的交流——中泰饮食文化暑期探究项目
案例学校： 四川师范大学附属中学外国语学校

　　四川师范大学附属中学外国语学校是成都市锦江区国际化窗口学校和国际理解教育课程建设实验学校。2022年6月，基于对美食文化的了解与调研，学校与泰国沓卜中学确定了以中泰"味在云端"人文交流课程为主题，开展研学交流。

一、项目内容

　　在课程形式上，学校设计了项目先行课、项目式学习探究活动、中泰线上交流三种活动形式，本项目按照"知识预习—实地探究与交流—总结反思"的流程进行。中国教师根据活动流程编写了研学手册，确定了中泰历史文化渊源，中泰饮食的异同，中泰美食的搭配、口味、餐具要求，旅游业对中泰美食的影响等主题，明确了两校"味在云端"人文交流课程的内容、课时、开展方式、时间安排、学生参与形式等。

　　（一）知识预习

　　在知识预习板块，中方教师设计了中泰两国饮食文化的历史探究活动，同学们通过查阅相关网站和书籍完成历史知识的预习。同时根据研学的相关要求、评价量表等内容，帮助学生做好对整个交流过程及研学的心理预期和准备。

　　（二）实地探究与交流

　　通过研学手册，中泰学生采用线上交流与线下研学活动相结合的方式，开展实地探究活动。第一次交流中，中泰学生通过自我介绍，增进彼此的了解。中国学生根据研学手册进入灶王祠实地参观考察。在郫县豆瓣制作区，中国学生在线上带领泰方学生一起参观、学习、了解郫县豆瓣酱的制作过程，并为泰国学生讲解了川菜香料的知识；泰国学生为中国学生介绍了泰国的著名美食。随后，中泰学生一起观看了川菜金丝面和宫保鸡丁的制作过程，泰国学生则通过网络为中方学生介绍了泰国芒果糯米饭的制作流程。

　　通过线上交流，中泰学生不仅进行了饮食文化的交流，还一起实地考察饮食文化博物馆，让线上研学有深度，有广度，让交流更加全面和深入。课后，双方还组织了课程评价、活动反思和成果展示等系列活动。

二、案例反思

　　通过中泰饮食文化暑期探究项目，中泰师生不仅收获了中泰饮食文化方面的知识，学生们的多媒体素材制作能力、语言表达能力、文字组织能力、团队协作能力、沟通能力以及知识探究能力等也均得到了有效提升。这也是四川师范大学附属中学外国语学校开展中泰线上人文交流活动的目的——让学生们在收获知识的同时，不断拓宽国际视野，提升综合素养，为了解世界、走向世界打好基础。

— 中国学生通过线上为泰国学生介绍香料

科研成果： "童行世界"课程体系的构建与实施研究
案例学校： 重庆市沙坪坝区第一实验小学校

— 重庆市沙坪坝区第一实验小学学生参加
2022 世界青少年模拟联合国大会（左图）

— 重庆市沙坪坝区第一实验小学学生参加
第二节"中外人文交流小使者"中外经典
诵读展示活动（右图）

"世界美好，我在中央"。重庆市沙坪坝区第一实验小学校坚持"人人小星星，颗颗亮晶晶"的办学理念，希望每颗星都亮起来，照亮周围，温暖世界。

一、"童行世界"课程体系架构

作为沙坪坝区中外人文交流特色学校建设计划项目学校，学校聚焦"全球胜任力培养"的育人目标，基于儿童的立场，构建了以"奠基课程""STEAM 课程""进阶课程"为主的"童行世界"中外人文交流课程体系，开设了"英语 +"多语种课程，国际理解教育课程，以 PBL 项目式学习为主的 STEAM 与科技统整、STEAM 与艺体统整、STEAM 与人文统整课程、中国传统文化、戏剧、游学研学等多个领域的综合课程，形成了"童行世界"课程体系。

二、奠基课程及实施情况

奠基课程以"英语 +"多语种课程和国际理解教育为基础。

语言是行走世界的交流工具。为培育多语种人才，促进新时代中外人文交流，在每周四下午第二节社团活动时间和课后延时服务时间，学校为学有余力的学生开设了可持续发展的支持课程和奖励课程，包括日语、法语、西班牙语等多语种课程。

学校组建了国际理解教育兼职教师队伍，利用社团活动时间开设了国际理解教育课程。围绕某一特定主题形成相对完整、独立的学习单元，课程设置了可持续发展教育、环境教育、和平教育、规则教育等（分年级确定主题和内容，逐步形成校本教材或读本）六大维度。班主任利用朝会、班队会时间，数学及综合老师利用社团活动时间，开展1~2课时的国际理解教育课程。同时，教师以分析问题和解决问题的能力、批判性思维和质疑能力、交流与合作的能力等为切入点，开展学科渗透教育，如英语学科开设了每两周一次的国际理解教育课程。

三、STEAM 课程及实施情况

STEAM 课程以 PBL 项目式学习为主。学校从 STEAM 与科技统整、STEAM 与艺体统整、STEAM 与人文统整三个维度着手。

科技统整促思维。学校着重发展学生行走世界的思维。在科学实验课程中，通过操作国内外著名科学家主导的典型实验,让学生在实践中理解人类共同探索的科学真理;通过人工智能课程培养学生的创新思维。学校学生在重庆市 STEAM 科创大赛中多次获奖。

艺体统整成常态。艺体无国界,培养体魄强健、情趣高雅的人是共同的育人目标。学校开展以世界文化为主题的运动会,组织学生参加情境朗诵剧、合唱、民乐、英语配音等"中外人文交流小使者活动",中日和纸画国际大赛,中马、中美国际"云"交流,民族文艺表演……通过丰富多彩的活动,增强了学生的体质,增进了学生对世界文化的理解。

人文统整重交流。通过中外经典名著对比阅读,引导学生探知世界文化,习得人类共通的价值观。学校组织学生积极调研,通过少代会提出利于学校发展的小提案;举行"超级辩辩辩""新闻大事件"专题朝会,拓宽国际视野,增大格局;争做班级、校园、社区的小小志愿者,充分发扬奉献、友爱、互助、进步的志愿服务精神;围绕"联合国气候变化大会",以"地球一小时"为主题开展模拟联合国活动,培养学生聚焦热点、心怀天下的胸怀。同时,学校组织学生参加外事活动,如中日和纸画展、中外人文交流小使者活动、2022 年世界联合国模拟大会等。学校通过一系列项目式学习,不断提升学生的格局,提升学生的创新能力、批判思维能力、交流能力、合作能力、可持续学习能力五大核心能力。

四、进阶课程及实施情况

学校确立了"从本民族走向全世界、从了解走向理解"的课程进阶路线。

社团活动。学校利用课后服务时间,开设了民乐、国画、草编、书法、剪纸、戏剧、名著导读、昆虫、科学实验等丰富多彩的社团活动,支持学生发展多元素养。

中外共建共享课程。学校与美国、马来西亚等国的学校开展线上课程共建活动,课程内容包括中马新年习俗、川剧变脸、马来巴迪话、中马经典传统故事、马来西亚 24 节令鼓、重庆话与马来语、国际理解全球问题探讨等。

研学课程。一是开展万物研学活动。"万物启蒙"综合课程基于万物学堂、万物营地、万物行旅,帮助儿童建立对自然、科学、人文的完整认知。课程以蚕、稻、面、竹、桥、二十四节气、古镇等系列具有中国意象的事物为主题,持续开展中外文化对比,扎实理论与实践研究,根植中国精神,融汇世界文化,培育学生的综合素养。二是开设线上研学双师课堂。学生以万物为书本,以天地为课堂,借助海外实景导览的双师课程,将中国与美洲的多个国家和地区连接起来,学生们通过"童行世界"之走进迪士尼小岛、"童行世界"之潜水探索蔚蓝大海、"童行世界"之小星星探曼谷之谜等线上研学课程,了解世界多国文化,收获具有历史厚度与世界广度的思维和眼光。

五、"童行世界"课程实施效果

学校在"童行世界"课程初步构建和实施的基础上,先后邀请了行业专家、学者来校讲学指导,开阔了学生的文化视野,丰富了师生的文化素养,拓展了教师的文化结构,促进了教师全方位的发展。学校还先后组织师生在线学习中外人文交流相关的专题汇报,参加专题讲座以及各类国际交流活动,不断引领学校师生走向世界。

教学成果: 中华经典"英"流传
案例学校: 青岛外事服务职业学校

青岛外事服务职业学校依托本校外语特色,将跨文化能力、德育教育与英语学科教育有机融合与渗透,深耕师生的爱国主义教育,培养承载中华文化底蕴、充满家国情怀和文化自信、具备人类命运共同体意识的"爱国自强代言人"。

一、课程目标

德育目标:从知情意行方面出发,学生通过理念与素养提升,践行青岛市中学生十个好习惯,爱党爱国,厚植家国情怀。引导

— 青岛外事服务职业学校学生们创作的《红楼梦》画报（左图）

— 青岛外事服务职业学校学生们创作的《西游记》画报（右图）

学生主动了解党史国情，珍视祖国荣誉；尊重文化差异，培养学生具有开放包容的全球化视野；同时引导学生讲好家乡故事、中国故事，传播好中国文化。

能力目标：通过课程学习，学生可以用英语描述中华经典文学作品的英文名称、相关人物、内容、经典名言名句，提升学生的英语交流能力。

知识目标：学生通过本课程学习，掌握《三字经》《诗经》《唐诗》《宋词》《红楼梦》《三国演义》等名著的英文名称、相关人物、内容、经典名言名句等。学生能用英语讲述著作中的名篇、小故事，蕴含哲理。

教师发展目标：提升英语教师在课堂中落地核心素养的能力、讲好中国故事的能力，从而更好地引领学生践行中华文化、传播中国声音。

二、课程设置

结合前期调研结果以及对课程内容难度的分析情况，课程精选了 12 个学习模块作为课程内容，支持不同层次的学生顺利完成学习。这 12 个模块课程分为 3 个难度级别，难度呈梯度上升。具体如下：级别 A 主要为诗歌类，浅显易懂，易于掌握。级别 B 为小说类，具有故事情节，难度有所加深。级别 C 为哲学伦理类，语言较为艰深，适合高阶学习。

学校将课程整合成包含语言学习、品格培养与思维能力的系列任务活动，开设社团课程，以主题演讲、情景表演等可视化方式展示学生成果。

三、教学实施

课前，学生通过云班课预习本课相关的单词，了解课程内容，做好课程学习准备。

课中，学生学习相关模块的背景介绍，如唐诗模块，学生学习唐诗的中英文简介。教师引领学生对经典唐诗进行中英文诵读和赏析，学生观看英文小视频，了解唐诗的背景和背诵英文版唐诗，学生将本课的学习情况通过矩阵量表进行个人评估。

课后，学生观看课程相关的英文小视频，获取更多学习资源，在"云"班课上进行课程测试练习。测试结束后，获得分数评价。

四、课程影响力

学生的民族自豪感和文化自信心得到提升。通过学习中国优秀古典文化典籍，学生们为国家拥有悠久璀璨历史文化而感到骄傲和自豪。

学生英语表达和概括能力得到提升。通过学习，学生对不同题材的文体学习有了一定的认识，学习到了用英语概括文体并进行介绍的能力，口语能力显著提高，并在青岛市中职英语技能大赛中荣获一、二等奖。

学校开展人文交流实践的方式和途径更加丰富。学校与德国、日本、韩国、泰国等国的多所院校签订友好交流合作项目。以与德国的友好交流合作项目为例，通过线上交流，德国学生运用学习到的中国古代文学知识，用英语介绍给德国同学，让交流内容更加丰富，很好地传播和推广了中国文化。从 2016 年至今，已有 96 人通过该项目开展中德之间的互访与交流。项目还多次被中国和德国的媒体报道。

教学成果：基于国际理解的"熊猫"课程建设与实施
案例学校：都江堰市灌州小学校

小学是基础教育的重要环节，在小学阶段开展中外人文交流实践有着重要的意义。为此，都江堰市灌州小学校重点着力在一至六年级开展"熊猫"课程。经过三年多的实践探索，拨开了学校在国际理解教育中的迷雾。

一、"熊猫"课程的目标

"熊猫"课程以人文底蕴、科学创新、民族精神为抓手，培养"发展多元智能，实现差异成功，共享幸福成长"的新时代优秀的社会主义建设者和接班人。

二、"熊猫"课程的编制原则

"熊猫"课程遵循以下三个原则：第一，整合性原则。"熊猫"课程具有跨时间、跨空间、跨学科等特点，按照整合性原则进行编制。第二，系统性原则。"熊猫"课程是基于国际理解的，既要遵循国际理解教育知识的系统性和逻辑性，也要考虑学生的身心发展顺序和学习规律。第三，校本化原则。"熊猫"课程需要由学校和教师根据校情、班情、生情、师情，设计符合国家政策文件精神要求和教育教学规律的课程。

三、"熊猫"课程的内容

经过不断实践与打磨，学校结合最新的小学生国际理解教育课程设计与实践，形成了基于国际理解的"熊猫"课程内容。通过"熊猫"课程内容的设计，学生由自然的人逐渐转变成社会的人、国家的人和世界的人。根据小学生的年龄特征，低年段的学生从了解熊猫的概况入手，着重为培养国际理解能力打好基础；中年段的学生进一步强化其环境保护意识，知道生物多样性、对自然充满敬畏、懂得人与自然的共生；高年段的学生，则是从作为自然的一员的维度，拓展至作为社会的一员、作为国家的一员、作为全球社会的一员三个维度中。经过教学实践，"熊猫"课程成效显著。

四、"熊猫"课程的实施

（一）"熊猫"课程的课时分配及教学

"熊猫"课程作为学校的基础性课程，在一至六年级每周开设 1 节课，通过学科渗透、专题教育、主题活动三个板块来实践探索。在语文、数学等学科中，融入与"熊猫"相关的课程内容

进行教学；课程以学校自行研制的读本为主，教师围绕某一个问题引导学生进行专题式学习；主题活动采用学生小组合作的方式，解决某一项目的具体问题，全面激发学生的创新创造能力和学习的主动性。课程的教学场所由"教室 + 基地"组成，以教室室内教学为主，熊猫基地实践活动为辅。

（二）研制中英文读本

学校依托当地的熊猫资源，在中国大熊猫研究保护中心的支持下，广泛搜集素材，严格把控内容，厘清了很多熊猫研究中的误区，自主研发了《我与大熊猫有个约会》中英文读本，并聘请了芬兰大熊猫研究中心专家和芬兰爱赫泰里市小学教师一同参与读本的编写。目前，该读本已被列为中国大熊猫科普教育的指定读物，并得到宋庆龄基金会的支持。

（三）编印《功夫熊猫画册》

学校挖掘熊猫资源的优势，结合非物质文化遗产"太极二十四式"，组织师生绘制并编印了《功夫熊猫画册》。

（四）制定友好学校交流机制

学校以"熊猫"课程为媒介，积极与美国、澳大利亚等国外友好学校交流学习。基于此，学校形成了国际友好学校的交流机制，并完善了人文交流的周期、内容、方式、宣传、接待（访问）方案等。

（五）双向带动教师研修

每月，课程教师组织针对国际理解的"熊猫"课程的专题培训，形成了"学习—实践—反思—再学习"的研修方式。同时邀请外籍教师参与到研修活动中，充分交流"熊猫"课程实施中的重点与难点，双向带动教师整体国际理解能力的提升。

五、"熊猫"课程实施效果

"熊猫"课程体系为其他学校开设专门

的国家理解教育课程提供了范本。学校运用《我与大熊猫有个约会》作为国际理解教育课程的学生读本，并在课表中固定课时，这对其他学校想要开设国际理解教育课程具有借鉴意义。学校积极组织教师撰写论文、申报课题，其中"国际理解教育校本课程的开发""研发自主校本教材，提升学生综合素养""小学英语国际理解教育的探索""怎样开发和实施国际理解教育校本课程"等多篇论文获奖。学校课题组教师积极参加国际理解教育成果公益推广活动。学校的"熊猫咪咪""熊猫表情包"两堂教学课被送教至凉山州昭觉县大坝乡中心校，四川观察栏目对整个送教活动进行全国直播，384万教育工作者同时在线观看，活动反响热烈，产生了巨大的社会效应。

活动成果："当蜂蜜柚子茶遇上奶昔"的国际理解教育学科渗透教学设计

案例学校： 成都双语实验学校

成都双语实验学校以学校的双语林花园为载体，开发了"小花园"校本课程。结合课程和学生需求，本文节选了"小花园"校本课程中的"放蜂蜜柚子茶遇上奶昔"国际理解教育学科渗透教学案例，从人教版八年级英语教材中"谈论如何制作香蕉奶昔"的话题切入，结合中小学劳动实践课，开展以"当蜂蜜柚子茶遇上奶昔"为主题的双语饮食文化综合实践活动。具体内容见表1。

表1 "当蜂蜜柚子茶遇上奶昔"的国际理解教育教学设计

教学阶段	教师活动	学生活动	设计意图
一、分享事先制作好的柚子茶	组织学生分享	学生代表分发饮品，大家一起品尝	初步感知柚子茶的味道，激发学习兴趣
二、了解柚子茶和奶昔的文化背景及特点	提前了解学生查询资料的情况；组织学生交流，及时点评（资料筛选、英语口语表达等方面）	学生展示收集的资料，其他学生聆听并补充	了解两种饮品的起源及特点、中西方饮品文化异同
三、学做蜂蜜柚子茶	组织学生研究如何又快又好取柚子果肉；组织学生交流柚子茶的做法	小组探究讨论；分享快速取果肉的办法；分组实践，取出果肉；学生查询资料或寻求帮助学习柚子茶的方法	培养学生的探究意识和能力，收集、筛选信息的能力，合作的能力，手动操作的能力
四、制作奶昔	引导学生通过课文了解奶昔的制作过程；组织讨论并进行示范操作；指定学生进行演示操作，并提供现场指导；巡视小组完成情况，给予指导	读英语课文了解饮品的制作过程；用英语讨论具体操作；观摩同学的操作；动手实践	完成英语课语言教学任务；培养动手能力；培养小组合作能力
五、品尝	组织学生品尝柚子茶和奶昔，对比感受；组织学生观摩教师制作饮品的过程	品尝、比较并介绍两种饮品的口感与风味；用中西方饮食礼仪分享饮品	感受劳动的喜悦；对比两种饮品的口味，剖析饮品侧重口感还是功效；中西方饮食文化礼仪实践
六、小结	组织学生用英语总结活动的收获，对比中西方文化差异	交流并做好笔记	培养总结意识与能力；掌握语言要点；感受中西方饮食文化的异同

教学成果： "中华韵世界情"特色课程实践
案例学校： 青岛西海岸新区太行山路小学

自 2012 年以来，青岛西海岸新区太行山路小学以"太行养中华正气，书香育世界情怀"为行动指南，致力于发展传统文化融合国际理解教育的特色，初步构建起中西合璧的"中华韵世界情"特色课程体系。

一、课程目标

通过"中华韵世界情"特色课程实践，培养学生增强对本民族优秀传统文化的认同，同时了解别国历史、文化、社会习俗的产生、发展和现状等，尊重并理解多元价值与多元文化。

二、课程内容

青岛西海岸新区太行山路小学的国际理解教育课程包含基础性必修课程、选修模块课程和活动课程三类课程。

（一）基础性必修课程

学校教师编写并出版了国际理解教育校本教材，形成了以"ONE WORLD""中国故事""世界故事"为主的基础性必修课程。

以"ONE WORLD"课程为例，本课程内容丰富，理念先进，采用符合小学生的年龄和认知特点的呈现形式，图文并茂、趣味盎然，适合作为小学高年级国际理解教育的校本教材。其中上册教材引导学生了解地球家园、世界公民、世界文化等国际理解教育知识，重点培养学生的国际视野。下册教材引导学生了解国际礼仪规范、世界发展趋势、战争与和平、世界科技发展等，培养学生的全球视野和国际责任意识，为学生走向世界奠定坚实基础。

（二）选修模块课程

"世界情"主题选修模块课程以培养学生的世界情怀为中心，以外国经典文化为主要内容，包含俄语、法语、小外交官、外国诗歌、国际同步课堂、英语剧社、机器人竞技、跆拳道、管乐、模拟联合国等 20 多个内容模块。学生以全员走班制的形式开展以"世界情"为主题的选修模块课程。

（三）活动课程

一是学校开展"童眼看世界"系列综合实践活动。班级模拟承办某个国家的推介活动，并把班级装饰成了这个国家的综合展览中心，学生们变成这个国家的小主人，介绍这个国家的文化和风土人情等。二是学校与中国石油大学（华东）留学生语言实践基地联合举办活动。目前，学校已接待英国、俄罗斯、澳大利亚、韩国、哈萨克斯坦、乌兹别克斯坦、塔吉克斯坦、尼日利亚、喀麦隆等 9 个国家的留学生到校开展语言文化交流活动，增进了本校学生对不同国家、不同文化的认识和理解。三是学校与青岛耀中国际学校联合开展幼小学段的语言实践基地活动。双方学生每周进行英语阅读及口语交际的探索，初步培养学生运用国际语言交流的能力。四是开展国际交流访学。学校与俄罗斯、澳大利亚等国的友好学校互派师生开展访学活动，传递、交流中华优秀传统文化，体验异国文化，促进中西方文化交融。五是举办"欧亚之声"国际互动艺术节。学校通过直播连线参加在俄罗斯彼尔姆市第二中学举行的国际互动艺术节，学生们观看英国、日本、俄罗斯的多所学校在艺术节上表演文艺节目，为发展学生多语种的能力创造条件。

三、课时计划

学校每学期开设了 20 个课时的"中华韵世界情"特色课程，其中每周安排 1 个课时，采用课堂教学与主题活动相结合的方式，教师根据教学实际灵活安排课程教学活动。

四、实施情况

自 2012 年学校开展国际理解教育和中外人文交流实践以来，学校开设了国际课堂，同时与青岛市模拟联合国协会友好合作，开展了"童眼看世界"校本课程系列活动。学校优秀学生代表连续两年参加在纽约举办的全球中小学生模联峰会等，师生的综合素养得到全面提升，学校也获评首批青岛市国际理解教育示范学校、中国教育国际交流协会 CEAIE-AFS 项目学校。学校申报的山东省教育科学规划课题"小学教育国际化的校本课程建构研究"、青岛市"十三五"教育科学规划课题"小学国际化人才核心素养培养路径的研究"顺利通过专家评审，并结题。《人民日报》、新华社、中央电视台中文国际频道、中国教育报等多家媒体多次报道了学校在国际理解教育方面的人文交流实践情况。

科研成果：友城合作背景下国际理解教育课程的建构与实践
案例学校：成都霍森斯小学

成都霍森斯小学是基于国际友城而建立起的公办小学，学校为了实现区域优质教育资源配置，创新体制机制办学，建立了高起点、高品质国际理解教育课程，注重培养学生的国际竞争力，着力培养具有"中国情怀、世界眼光、人文精神、科学素养"的学生。

一、主要做法

学校坚持以立德树人为核心，秉承"空间即课程、生活即教育、世界即课堂"的理念，在整体设计上充分融入现代化、国际化的教育理念，研发国际理解教育校本课程。

（一）创新"Happy^{in}国际理解课程"体系

学校从"人与自然和谐发展、人与社会和谐发展、人与人和谐发展"三个领域，以"立足中国、读懂世界、合作共生"为落脚点，从"人人和谐、文化解码、环境探秘、规则解析"四个维度开发了"Happy^{in}国际理解课程"体系。

（二）体现"全方位协同育人"的课程理念

学校围绕落实学生核心素养和培养学生全球胜任力，依托课题引领实践，从人与自然的和谐发展、人与社会的和谐发展、人与人的和谐发展三大领域开展国际理解教育，覆盖人生存与发展的全部空间和领域。"Happy^{in}国际理解课程"体系架构如下图所示。

图1 成都霍森斯小学"Happy^{in}国际理解课程"体系

（三）立足"五育融合"设计课程样态

学校立足"五育"，寻求更深层次的课程融合与创新，形成了具有整体性又结构化的课程架构，课程包括国际理解教育的专题课程、学科渗透性课程和实践探究性课程三大课程。课程覆盖所有年级和班级，由专任教师授课。课程确定了一至六年级六个学段的国际理解专题课教学目标。以"文化解码"课程为例，一到六年级分别以我的学校、高新符号、成都之美、西部之窗、爱我中国、放眼世界为主题，让学生逐渐从认识故乡到放眼世界，逐步提升他们的国际理解素养。

（四）"多元包容"的课程评价

在课程评价方面，一是采用多元评价方式，注重量化评价与质性评价相结合，更关注学习过程的评价，包括行为观察、情景测试、学习日记或成长记录等。同时，把过程性评价、发展性评价与结果性评价有机结合。二是实行多元主体的评价，学生、教师、学校、家长和社会都是评价的主体，但更注重学生的自我评价。

（五）采用"1+3+n"种子教师培养模式

学校采用"1+3+n"种子教师培养模式，打造"1+3+n"跨学科项目团队，体现"协同发展，合作共生"。其中，"1"指的是一位种子教师，"3"是指三门学科，"n"是指不断发展壮大的教师队伍，旨在以点带面，加强学校国际理解教育师资队伍建设，发挥教师在教学工作中的辐射、示范作用，从而提升学校的办学活力。

三、研究成果

学校以"立足中国、读懂世界、合作共生"为课程理念，定位"民族自信、国际视野、全球眼光、开放包容"的新时代世界小公民的育人目标。经过课程实践与探索，学校编写了《国际理解教育课程实施指南》，创新性地提出了富有学校特色的国际理解教育课程教学模式，打造了两节区级国际理解优秀示范课例，厘清了学校国际理解教育课程的4个维度，建设了24个单元的国际理解专题课教学资源库、96个课时的教学课件和相关的视频、音频教学资源等。

教学成果： 抓课程共建共享，融中外人文交流

案例学校： 成都市双流区棠湖小学

中外人文交流教育实验区的建立为成都市双流区棠湖小学开展中外人文交流特色活动搭建了实践平台。以此为契机，棠湖小学与国外多所学校建立了国际友好学校关系。学校利用资源的优势，研发了国际研学旅行课程、IUTC 国际理解教育主题课程、"熊猫'棠棠'游成都儿童国画课程"、国际童声合唱课程、中外校园生活课程等特色品牌课程，为学校开展中外人文交流实践赋能。本文以国际研学旅行课程、IUTC 国际理解教育主题课程、"熊猫'棠棠'游成都儿童国画课程"三大课程为例，介绍课程的内容和实施经验。

一、国际研学旅行课程

为落实立德树人根本任务，帮助棠湖小学学生认识世界、开阔视野，着力提高他们的自我管理能力、跨文化理解和交流能力，发展其核心素养，树立人类命运共同体意识，棠湖小学开发了"棠娃走进韩国""棠娃走进泰国""棠娃走进英国"等研学旅行课程，组织学生先后访问了韩国金泉富谷小学、泰国曼谷吞武里易三仓学校和英国鲱鱼镇小学等国际友好学校，让学生学有所得、学有所获。

棠湖小学国际研学旅行课程设计了六大板块的内容，具体如下。

一是出访国的简介。以"棠娃走进泰国"课程为例，课程介绍了泰国的首都、国歌、官方语言、政治体制、人口、民族、宗教等相关信息，让棠湖小学的学生们对泰国形成初步的了解。二是出访国与中国的历史与现状。以"棠娃走进英国"课程为例，课程介绍了"一带一路"背景下，中英关系的历史与现状，帮助棠湖小学的学生们梳理中英两国的历史脉络。三是棠湖小学的学生国际交流必备素养。课程聚焦文明礼仪、思想品格、团队协作、安全保护等方面，为棠湖小学开展国际研学旅行提供行为标准的参考。四是国际研学旅行小课题研究。这个板块是棠湖小学国际研学旅行的"灵魂"。学生是带着研究任务参加研学旅行，选择一个感兴趣的研究课题，组成小组，分工协作，有的搜集资料，有的负责制作课件，有的负责创作手抄报，有的负责撰写报告论文。当研学行程结束后，小组进行合作展示，让学生们人人有所为，人人有所获。五是国际研学旅行行程研究。这个板块是棠湖小学国际研学旅行的核心，它以研学行程为时间轴，把每一天的行程课程化。每天的研学课程以行程所访地为主题，设置了"行前加油站""海棠娃观世界"两个部分。第一个部分是行前任务，学生通过网络、书籍等查找访问地的相关信息，第二个部分让学生记录实地体验后的感受和思考，如"棠娃走进泰国""泰国历史文化探索与生态环境保护"等。学生们通过"行前加油站"，研究曼谷大皇宫和野生动物园；通过"海棠娃观世界"，记录下自己游览大皇宫的感悟，以及在野生动物园看到的动物。值得一提的是，学生们还与国际

友好学校分享行程课程。在"棠娃走进英国"课程中，在英国的友好学校为中国学生设置了三天的共享体验课程，课程包括风筝制作与方法、3D 打印、正念瑜伽、尤克里里演奏、阅读识字等体验课程。六是国际研学旅行学员须知。为保障研学正常有序开展，学校专门为学生设计了国际研学旅行学院须知，包括研学旅行证件管理、乘坐交通工具的要求、海关程序、行李管理、衣着管理等旅行常规管理要求，为学生提供了研学旅行的指南。棠湖小学的国际研学旅行课程也以其参与性、知识性、趣味性，获得了学生家长的一致好评。

二、IUTC 国际理解教育主题课程

棠湖小学 IUTC 国际理解教育主题课程（International Understanding Topic Course）是棠湖小学中外人文交流课程体系中面向校内学生的国际理解教育课程的重要组成部分。课程由外籍教师和学校英语组教师联合实施，采用英语教学。在一个学期内，每个年级完成一个主题的学习。通过课堂学习、讨论、合作、交流，课后资料查询、海报制作等，培养学生跨文化理解和交流能力、拓展学生国际视野、提高学生发展核心素养、帮助学生树立人类命运共同体意识。

目前，IUTC 国际理解教育主题课程共有56 个主题课程，根据学生年龄段和主题，课程内容分为以下五个大板块，具体如下。

一是中外童话故事，如《小红帽》《生姜面包人》《杰克和豆茎》《饥饿的毛毛虫》《金发女孩和三只熊》《三只小猪》《白雪公主和七个小矮人》《三个和尚》《猴子捞月》《我们去猎熊咯》《爱丽丝仙游记》《神笔马良》等。二是世界文化多样性与文明互鉴，包括《爱尔兰与泰国文化》《印度和南非》《英美文化对比》《泰勒·斯威夫特和 G.E.M》《庞贝古城和兵马俑》《中国龙与西方龙》《茶文化与咖啡文化》《屠呦呦与居里夫人》《史蒂夫·乔布斯和比

尔·盖茨》《李白和瑟斯》。三是全球化与人类命运共同体,如《循环使用与环境保护》。四是社会热点内容,包括《全球变暖》《冬奥会》《中美俄国际空间探索》《天宫空间站与国际空间站》《种族主义和人种之美》《中国少数民族》等。五是世界和平与安全,包括《第一次世界大战》《第二次世界大战》等。

IUTC 国际理解教育主题课程采用合作共建的方式开展。在中外童话故事教学过程中,学校与英国诺金汉姆小学提出各自感兴趣的故事主题,开展故事教学。如棠湖小学提出同讲《三个和尚》《神笔马良》的故事,诺金汉姆小学提出学习《小红帽》《我们去猎熊咯》。两校合作开发相关的教学课件、双语绘本等教学资源。双方学生还在各自的学校媒体上开展视频展示活动,交流学习成果。近年来,英国诺金汉姆小学的学生在双语绘本的助力下,用中文讲述中国故事,得到了广泛好评。

三、"熊猫'棠棠'游成都儿童国画课程"

棠湖小学"熊猫'棠棠'游成都儿童国画课程是成都市"熊猫走世界"精品课程。课程旨在通过中国水墨画传统技法的学习,培养学生自主探究能力、创新能力、审美能力。棠湖小学与英国诺金汉姆小学、泰国吞武里易三仓学校开展课程共建共享,中外师生通过学习儿童国画,画天府民风民俗,开展"同画一幅画"中外人文交流特色活动,传播天府文化,产生了较大的国际影响。

"熊猫'棠棠'游成都"儿童国画课程设置了六大板块的内容。包括儿童国画工具使用与技法、熊猫"棠棠"的基本画法、熊猫"棠

棠"品美食(如熊猫"棠棠"享火锅)、熊猫"棠棠"探民风(如熊猫"棠棠"学川剧变脸)、熊猫"棠棠"耍民游(如熊猫"棠棠"踢毽子)、熊猫"棠棠"游名胜(如熊猫"棠棠"打卡空港花田)。

"熊猫'棠棠'游成都"儿童国画课程的开展取得了丰硕的成果。棠湖小学与澳大利亚圣约瑟夫小学开展了"熊猫'棠棠'游黄龙溪古镇"为主题的课程共建共享,形成了双语教材、双语教学视频、教学课件、主题手抄报等课程资源。学校与英国诺金汉姆小学开展了"熊猫'棠棠'游空港花田"为主题的课程共建共享,形成了双语教材、双语教学视频、双语绘本、主题手抄报等教学资源。英国诺金汉姆小学为了推进课程的实施,准备了笔墨纸砚等国画必备材料,精心实施儿童国画教学。棠湖小学与泰国曼谷吞武里易三仓学校开展了熊猫'棠棠'游空港花田"为主题的课程共建共享,形成了有泰国特色的儿童国画作品和双语绘本。这些课程共建共享不仅让国际友校的小伙伴了解了天府文化,学习了儿童国画,而且促进了几所学校的国际中文教学推广,真正做到了"童心通,民心通"!

活动成果: 创特色校本课程,促学生人文素养提升
案例学校: 青岛西海岸新区博文初级中学

青岛西海岸新区博文初级中学是一所公办局属初中学校,是山东省规范化学校、山东省教学示范学校、山东省中小学优秀家长学校。学校全面贯彻党的教育方针,秉承"爱与尊重,服务育人"的办学理念,坚持"博才广艺,崇德尚文"的办学思想,实施全员育人、全程育人、全方位育人。

学校以课程改革为中心,以课堂教学为重点,以合作共赢为目标,与中国人民大学附属中学于 2018 年 11 月建立校际友好合作关系,开展人文交流活动,在校本特色课程建设上积累了一定的经验,并确立了以"体验生活,亲近自然,了解历史"为主题的系列自然资源课程和学科拓展课程体系,开设了"软硬笔书法""快乐小合唱""绘画欣赏"等艺术类课程,"陶艺""电脑制作""十字绣"等生活技能类课程,"毽球运动""多彩篮球"等体育类课程,"弟

子规""诗词鉴赏""电影中的历史"等 20 多门人文素养类课程。同时,在低年级学生中实施"选课"走班,将每周四下午的一节课设置为走班时间,学生在教师的指导下开展主题类的课程实践活动。

经过多年教学实践,目前学校已经形成了《弟子规》《新视点》《博文学子必读的100 个修身故事》《胶南三名》《书香伴我行》《整合 探索 创新》等 20 多种校本教材。学校通过课程开发,为教师的专业化成长和学生的个性化发展提供了广阔的平台,不断提升学校的办学品位,促进了学校的可持续发展。

教学成果： 中国心、荔湾情、西外展——本土文化视角下的中外文化交融校本课程探究

案例学校： 广州市西关外国语学校

广州市西关外国语学校地处广州老城区荔湾区西关，西关悠久的文化遗产和历史积淀赋予了学校独特的气质风格。学校坚持以中国文化为基石，充分挖掘荔湾区西关地域文化资源、发挥外籍教师、在校外籍学生的资源优势，打造中外文化相互交融的校本课程体系，即本土文化视角下的中外文化交融课程"中国心、荔湾情、西外展"。课程旨在培育学生核心素养，积极将课程相关的人文、科学、艺术等多种元素与西关文化相融合，充分尝试跨学科深度融合，积极培养具有国际视野和国际竞争力的世界人才。

一、课程实施原则

课程采用近景组织的原则，以本土文化（即西关文化）为中心的同心圆组织方式，以地域文化为原点，由近及远，开展本土文化视角下的中文文化交融课程，即依托悠久的西关地域文化资源（泮塘、永庆坊、粤剧博物馆、荔湾湖、荔枝湾、陈家祠、沙面贸易十三行等），改革学校已有的西关文化校本课程（见表1）。

二、课程实施方式

本课程采用"四结合"特色课程开发模式，即本土文化与国外文化知识相结合，自主研发与借用或改用相结合，个人开发与集体研发相结合，模块课程与专题课程、微型课程相结合。在课程打造过程中，学校充分发挥"三合力"，即发挥校内学科教师力量，发挥校内外籍专职教师与校内韩、法、日、德等多语种专职教师的力量，发挥外聘专家以及社会力量。

Every region has different ideas and customs.
每个地区有不同的观念和习俗

— Raymond 带领师生一起寻觅西关美、传递荔湾情

第一个系列"与 Raymond 一起寻觅西关美、传递荔湾情"由"向外籍教师 Raymond 分享与介绍文化""与外籍教师一起户外寻找荔湾之美的活动""一起动手体验与展示课程成果"三大板块组成。学生与外籍教师一起户外寻找西关美景，从多角度

— 广州市西关外国语学校学生创作的西关之美的画作

表1 "'动起来'的西外文化"课程结构表

章节	题目	中华传统文化（含本土文化）	外来文化	探究内容	实践与比赛
1	众里寻茶千百度	中国茶文化、西关人喝早茶文化	西方Tea–break的历史	中西方茶文化探究	茶文化比赛（社团展示）
2	葡萄美酒夜光杯	中国酿酒发酵历史与做法	西方葡萄酒历史与做法	讲授中西方酿酒历史	酿酒发酵比赛（学科课堂进行）
3	舌尖上的美食探究	广州荔湾人早茶介绍	西方快餐文化介绍	中西方饮食文化差异、介绍"舌尖上的五彩麦香"	面点制作比赛（科技节进行）
4	东西方插花艺术	东方式插花艺术（以我国为主）	西方传统插花艺术（以欧美为主）	中西方审美角度及表达手段的差异性	插花比赛（科技节比赛行）
5	多肉植物栽培技术与欣赏	我国多肉植物栽培技术与欣赏	国外多肉植物栽培技术介绍	中西方对多肉植物栽培的技术介绍	多肉植物栽培比赛
6	不同植物带电性能的比较研究	"水果电池"研究	国外相关知识的介绍	中西方相关的背景拓展	"水果电池"设计比赛（学科课堂）
7	当黑酸奶遇到白酸奶	西方酸奶饮食介绍	西方酸奶饮食介绍	从酸奶传入中国的历史，探究人们饮食健康观的改变	酸奶发酵比赛（社团展示）
8	姓氏探秘	初探我国百家姓的来源	国外姓氏特征与历史	中外姓氏历史初探	英语科技节项目展示

发现荔湾的美、欣赏荔湾的美，进而厚植学生的国家与本土情怀，增进爱国、爱家乡与爱学校的情感。

第二个系列"'动起来'的西外文化"以西外校园文化为主题，把中华传统文化知识、与外来文化有机融合。学生发挥主观能动性，以小组合作的形式，进行知识内化。

学校立足本土视角，把源远流长的中华传统文化与外来文化的相关知识融合渗透于校本课程教学中，拓宽学生的视野，增强学生的本土意识和文化自信，提高他们对中外文化审美角度差异的理解与包容，继承与发扬中华传统文化。综合上述情况，学校开展的本土文化视角下的"中国心、荔湾情、西外展"中外文化交融课程，拓宽了学生的国际视野，增强了文化自信。

— 广州市西关外国语学校举办国际理解教育主题活动

教学成果： 创逸绘本，多彩世界
案例学校： 重庆市沙坪坝区高滩岩小学校

"创逸文化绘本"系列大单元是在国家美术学科课程和"七彩创逸卡通"校本课程基础上研发的融合类课程单元，其实质是"基于理解的文化创造"。这是重庆市沙坪坝区高滩岩小学校（以下简称"高小"）师生对国际理解教育的校本化探索，由"学科拓展课程"生发而出，融合了学校的"劳动教育"传统、区域的"中外人文交流"资源，以及国际化的"STEAM"教学理念。

一、聚焦课程特色，开展学科融合研究

2017 年 9 月，学校"七彩创逸卡通"课程被立项为沙坪坝区首批精品校本课程。2021 年，在"七彩创逸卡通"课程基础上凝练出的《课程实施纲要》以及 5 册配套教材，通过了区级精品课程项目验收。

随后，学校选取了该课程中的"项目挑战"学习模块作为重点建设对象，进一步以"PBL+STEAM"学习方式开展实践研究，成立了多学科的"七彩工坊"项目研习社群，同时申报了沙坪坝区艺术实践工坊项目，"STEAM 视阈下的大单元教学实践研究——以'七彩工坊'校本课程为例"被立项为市级规划重点课题。

二、享受文化创造乐趣，开启中外人文交流实践

2018 年 5 月，学校成为"文化寻力"项目的基地校，随后成为沙坪坝区国际理解教育的试点校。学生们乐于担任文化交流的小使者，选择了绘本作为交流的载体。美术老师、语文老师、英语老师以及四年级一个班的学生组成了项目组，开始了《食物的故事》绘本创作。后来，《食物的故事》绘本不仅被师生带到美国学校进行交流，还多次作为特色文创礼品被赠送给到校参观的外国友人。学校将"文化寻力"项目作为学校国际理解教育课程的组成部分，学生们创作了《有趣的汉字》等绘本，也在主题探究的过程中建立文化自信，在创意表达的过程中加深文化理解，在多元交流的过程中实现文化创造。2020 年、2021 年，学校学生创作的《腊八粥》《烩碗儿和小鸡炖蘑菇》等绘本故事入围教育部中外人文交流中心举办的首届"中华优秀传统文化国际交流计划——青少年原创绘本征集"活动。2022 年，学生以绘本方式创作的《左右》《神秘的配方》《虫虫之家——蚊母树》《草草有要事》《贪吃的鹦鹉》参加第七届重庆市梦想课堂·自然笔记大赛并获奖，同时获得国内外专家和教育同行的好评。学校在重庆市中外人文交流研讨会、成渝地区青少年国际理解教育研讨会、中国 2021 国际友好学校年会、中澳（成渝双城）校长论坛等学术活动上分享绘本课程建设经验。

三、建设工坊实践社群，参与全球发展行动

学校的"七彩工坊"并不是一个具体的空间，而是国际理解教育背景下以劳动创造为特色的跨学科融合校本课程的研修社群，是由美术、音乐、语文、英语、数学、科学、信息技术、体育等学科教师和混龄学生组成的项目学习团队，是由创客教室、学校书坊、生活馆、小农场、学科功能室、重庆图书馆、国际友好学校、文化寻力基地等组成的线上和线下联结的课程实践场域。

例如"七彩工坊"2022 学年春季的 STEAM 校本课程试点项目"七彩番茄"，该项目以学校"七色光小农场"的劳动教育资源和"荣昌新农村建设"的社会现实需求为项目背景，选择番茄在校七色光小农场开展"生产""加工""宣传""销售"环节的实践研究，为荣昌区的经济建设助力，最终实现对"乡村振兴"这一议题的理解。"宣传"环节包含了不同媒体形式的产品文创制作，"创逸文化绘本"单元设置了七彩番茄产品的文创绘本制作任务，学生在创作绘本的过程中调研饮食、文字、节日等多维度的中外文化差异，加深对"多元文化"大概念的理解。学生研究"如何将多元文化注入'七彩番茄'项目，从文化传播和经济增长两方面实现乡村振兴"的问题，和"创逸定格动画"大单元一同在实践中体验"融合创新传统语言，艺术赋能乡村产业"。

教学成果： A-Level 国际课程
案例学校： 青岛市即墨区实验高级中学

近年来，中国学生出国留学的趋势呈现出低龄化、平民化和常态化三个特征。注册留学国的考籍，参加留学国的高考，成为高中生的另一种人生选择。在此背景下，A-Level 国际课程进入中国，许多中国学生通过学习 A-Level 课程进入国外大学学习。

青岛市即墨区实验高级中学坚持"打造拥有人文情怀、鲜明特色、一流育人质量的现代化卓越品牌学校"的办学愿景，大力倡导"教师第一、学生中心、课堂至上"的现代化教学理念，面向未来，着力培养有国际视野、社会责任感、家国意识、博大胸怀的青少年。

学校在高中阶段结合国内和国外教学，既注重国内高中文化课教学，又抓牢出国所需的考试教学。学生从入学之初，学校会根据每位学生的具体情况制订专属个性化的成长方案，定期向学生和家长分析出国留学相关信息，并根据学生的成长情况，不断调整申请目标，推进目标落地。在教学方面，开展小班化、个性化的教学。在高一阶段在会考科目中穿插托福基础课程，以词汇、语法为主，进行托福的基础教学。高二阶段托福考试科目的教学全面启动，SAT 数学也增加了强度。高三上学期，托福备考进入最后阶段，AP 课程也加入其中。高三下学期完成 AP 考试，帮助学生做好出国前一切准备工作。

国际班的教学以学生为中心，在生活中，注重学生习惯养成，培养自主能力；在思想教育上，侧重爱国主义的培养，利用主题班会等形式，分享时事，打开学生眼界，在细节中引导学生树立正确的人生观、价值观、世界观；在出国留学考试教学的部分，科学地规划考试节奏，教学与备考合理结合，全面提升学生英语的综合能力，使其能够通过优异的考试成绩收到名校录取通知书。

青岛市即墨区实验高级中学 2018 级学生刘佳，2021 年拿到了纽约大学和多伦多大学的录取通知，目前就读于纽约大学 Tandon 学院的 Integrated Digital Media（综合数字媒体）专业。另一位同学袁菲，在青岛市即墨区实验高级中学就读 A-level 课程的业余制，成功考入伦敦大学，而后又考入澳大利亚昆士兰大学进行博士课程的学习。

— 青岛市即墨区实验高级中学学生参加 2019 第十七届 MicroBiz! 未来商业领袖峰会

科研成果： 弘扬剪纸文化，传承艺术魅力
案例学校： 重庆市凤鸣山中学

国际理解教育的首要任务，是带领学生深入了解中华优秀传统文化，增强对中华民族文化的认同感，引导学生热爱中华优秀传统文化、弘扬民族精神。重庆市凤鸣山中学将剪纸教学融入国际理解教学中，增强学生文化认同感和坚定文化自信心，助力学生拓宽国际视野。

一、基本做法

目前,我国剪纸类校本课程以剪纸技艺传承为主,对剪纸材料、表现内容等却少有探究。因此,学校将剪纸作为中国传统文化交流的媒介,不断完善剪纸人文交流校本课程,同学们用剪纸塑造历史和文学人物形象,创作出《水浒108将人物剪纸》《红楼梦12金钗人物剪纸》《西游记场景片段剪纸》作品等,加深对经典名著的阅读理解,用艺术向优秀文学作品致敬,增强了对中华文化的认同感。

在此基础上,学校从国际理解教育的视角进行创新,帮助学生认识人与人、人与自然、人与社会的关系,从中华传统文化的价值内涵中去理解和认同多元文化的表现与差异,真正认识国际理解教育中"人类命运共同体"的内涵。

2022年2月23日,在北京冬奥会闭幕之际,学校举办了一场"非遗文化——剪纸、扎染"作品展,展出的作品生动地体现了"绿色、共享、开放、廉洁"的办奥理念,展现了凤鸣山中学学子热情支持冬奥的热情。其中,《冰墩墩》剪纸作品以五米长卷的形式,谱写出一曲欢乐、激昂的冰雪交响曲,震撼了参展的每位来宾。

二、主要成效

学校以"构建剪纸校本课程的实践研究"为课题,撰写课题研究报告并顺利结项。为进一步促进人文交流项目,学校以沙坪坝区教师成长课题为媒介进行实践研究,对学科课程实践研究策略进行了梳理,介绍了美术学科在校本课程开发中的实践经验,将剪纸作为人文交流的媒介,搭建起中外人文交流的桥梁。目前,学校已形成了《剪纸》(初中,共四册)校本课程教材。为持续有效地推进人文交流实践,学校开展问卷调查,了解中学生学习剪纸艺术的基本情况,为课题研究提供参考,为校本教材实践提出合理建议,不断完善剪纸校本课程教材的开发策略。

学校鼓励教师将人文交流项目经验进行系统性总结,形成教研论文,如《剪纸活动中如何培养学生创新综合实践能力——以剪纸主题作品〈十二星座与冰墩墩〉为例》论文中,教师结合2022北京冬奥会,以活动推进项目,带领学生开展单元化教学探索。论文《浅谈如何有效开展剪纸活动》则通过课题申报、研究,详细梳理、总结了剪纸项目课题研究的开展情况。论文"质朴灵动 雅作美趣"从剪纸选修课程资源的探索出发,详细介绍选修课程的实施方法。

教师围绕剪纸艺术与人文交流实践,积极主动开展教学设计、课程研发、课题研修及教学分享等活动,通过人文交流活动,促进教师自我专业素养的提升和个性化发展。如田红梅老师获2022年大单元教学设计说课大赛一等奖,并以"精品特色项目课程建设与实践——凤中剪纸"为题在重庆市沙坪坝区主题研究中进行公开展演交流。

三、典型经验

目标,学校初步构建了以人文交流为基础的剪纸校本教材、知识与技能的框架对策,运用由浅入深的原则,分板块、分层次递进学习剪纸语言表达的方法。对学生剪纸作品及时评价,采用自我评价和小组互评等,引导师生进行交流,逐步形成对外交流的经验。

为推进中外人文交流落到实处,学校鼓励教师从剪纸基础知识入手,编写校本教材,让学生知道剪纸与传统美的关系;鼓励学生剪刻自然景物,让学生热爱自然,实现剪纸文化与人文思想的交流,形成国际理解意识,让剪纸艺术成为凤鸣山中学的特色符号。

— 重庆市凤鸣山中学的学生们正在创作剪纸作品《水浒传》(左图)

— 重庆市凤鸣山中学将剪纸作品《生肖猪》赠送给香港将军澳香岛中学(右图)

教学成果："翰墨书香"课程教学案例
案例学校：成都市第三中学

一、课程基本信息

课程目标：认识中国书法，感受书法魅力。

课程标准：初识中国书法，了解汉字中正平和的审美。

教学内容：中方教师介绍中国书法源流，引导中外学生互动，协助外国学生书写"中国""四川""成都"等汉字，感受中国书法魅力。外国学生介绍外国文化和文字。

教学目标：在写字过程中让外国学生感受到书法的形态美、文化韵味；注重观察，善于比较、辨析；了解中国书法艺术，激发起写字兴趣。培养正确的写字姿势和认真书写的好习惯，书写一幅端正平和的汉字。

教学重难点：让中外学生了解中西文化差异、软笔与硬笔的书写差异，感受中国书法艺术魅力。

教具准备：电脑、多媒体、投屏仪、笔、墨、纸、砚、课件。

学具准备：笔、墨、纸、砚。

学情分析：外国学生没有接触过中国书法，一切从零开始。利用外国学生对中国书法的好奇心，对中国文化的兴趣，引导外国学生学习握笔、蘸墨、落笔、起、行、收等技巧。在书写上从临摹入手，并从知识和方法上提供适时指导。

设计思路：逐一解决书写中所遇到的困难。重温握笔方法，了解基本笔画的写法。从中国书法源流引入，简介文房四宝，了解握笔方法；学习基本笔画的用笔方法，体会不同的写法；逐一书写范字；练习"中国""四川""成都"等字；外国学生在中国学生帮助下进入汉字临摹阶段。

二、教学过程

（一）导入

教师介绍中国书法的发展史；检查学生握笔姿势及坐姿，进行巩固复习；教师介绍握笔姿势，简化握笔，让外国学生认识到握笔不难，可以用握签字笔的方法握笔。

（二）了解基本笔画，戈勾的基本形态，学写"戈勾"

教师通过动画展示戈勾的几种分类。学生认识戈勾，体会各自形态特点。教师出示课件演示基本笔画书写行笔方向及方法。教师示范写"中国"，学生通过一边看教师示范一边书写，从中理解点、画，同样要注意它的起笔、运笔、收笔等。学生说说运笔特点，用简单英语或手势教会外国学生运笔。教师带领学生书写"中"字，同时强调书写的要点。如斜捺：①逆锋起笔；②回锋收笔；③顺势右行提笔折锋向下收笔；④逆锋行笔后回锋收笔；⑤逆锋起笔至末端提笔收。学生展示"中国"二字。教师在黑板上进行书写示范，学生跟着教师进行书写练习，教师巡视指导。然后师生互评，并展示评出优秀作品，予以表扬。学生运用同样的方法学习"四川""成都"的写法，教师进行书写指导，并展示书写成果。

（三）中外文化、文字交流

外国学生介绍英语的书法，主要介绍了斜体和花体。中外学生围绕以下问题展开相互交流：①意大利宫廷斜体类似于汉字的馆阁体，用来写官方文件或任命书。这种字体简单易学，美观大方，方便实用。②英汉书法差异。相同点：讲究运笔，要有起、行、收，笔画有连带、牵丝等。不同点：英语书法横平竖斜；汉语楷书书法横斜竖直。

（四）优秀作品展评

教师挑选优秀的书法赠送给外国学生，外国学生回赠手写英语斜体、花体书法作品。

三、教学反思

书法教学活动是推动中外人文交流的有效路径。外国学生对中国书法学习有一定难度。在教学中，教师始终贯穿着情感体验，抓住学生的兴趣点，鼓励每一位学生积极地参与。教师不断地示范、指导，让学生能较好地完成活动任务。

在练习的过程中，教师注重引导学生从一点一画入手，认真地去研究、体味，一丝不苟地进行练习、比较，让学生在掌握书写技能的过程中培养毅力，让外国学生感受到中国书法的魅力。对学习书法兴趣较浓的外国学生，教师在课下进行个别交流。

教学成果： 人文交流促成长，文化互通阔视野
案例学校： 成都市娇子小学

成都市娇子小学立足国际教育课程、中国传统文化和本土资源，着力构建中外人文交流校本特色文化课程，以培养具有中国情怀、国际视野的"娇子娃"。

一、在交流中达成共识

2020 年，学校与成都爱思瑟国际学校签署了"友好学校关系备忘录"，达成常态化交流的共识，建立并保持着良好的教育交流与合作关系，确定了每期课程、活动交流机制。三年来，学校与爱思瑟国际学校已经开展了五次视频连线课程、一次线下文化交流活动、两次课堂观摩，师生参与人数达到 400 余人。此外，学校与法国尼斯市泰瑞斯·罗密欧第二小学建立了友好学校。两年来，双方通过线上课程、贺卡交流等方式开展对话交流，参与交流师生近 300 人。

二、在实践中共建课程

（一）体验中华传统技艺，坚定文化自信

学校将剪纸、青花瓷、国画、绳编、年画等中华传统技艺课程作为对外交流的主要内容。例如，与法国泰瑞斯·罗密欧第二小学开展线上剪纸之团花课程，让法国学生了解团花的制作方法及其寓意，在学习、体验传统技艺的同时，对作品进行创新性设计，培育学生创新性思维。

— 成都市娇子小学学生现场推广竹叶青茶

（二）通过中西方传统节日课程，感受文化差异

学校开设中西方传统节日课程，旨在通过各国的传统节日，让同学们相互了解彼此源远流长的文化，加深对多元文化的理解和尊重。学校重点选择中国的春节、清明节、端午节、中秋节作为课程主题，通过线上连线，向爱思瑟国际学校的师生们传递中国传统节日的文化和习俗。外方学校也将圣诞节、感恩节、万圣节作为交流的重点节日。双方学校还对纪念意义相似的节日进行对比教学。

三、在探索中开发资源

学校探索熊猫课程资源，共建课程在成都市"熊猫走世界"精品课程评选活动中获得一等奖，部分课程案例入选《成都市锦江区对外人文交流课程》一书。自主研发的"以万物造自然"草编课在成都市首届中小学国际理解教育优质课评选中成功获奖。此外，依托"非遗项目数字化资源研究"课题，学校开发了以非物质文化遗产项目分类的数字化平台。目前已完成非物质文化遗产数字化平台的资源建设，平台已进入试用阶段。

四、在活动中拓宽渠道

学校积极组织学生参加爱思瑟国际学校举办的国际文化节日活动。同学们带去了富有中国传统特色的表演，也深入参与多国文化体验活动，在活动中增进对彼此历史和文化的了解。同时，学校积极参加教育部中外人文交流中心主办的"中外人文交流小使者"展示活动，屡次获奖并作为四川地区代表在书画全国总展示领队会发言。未来，娇子小学将不断完善共建共享课程，深入开展与友校的合作与交流。

教学成果： 初中阶段"国际理解教育"学科渗透实践研究案例
案例学校： 成都市棕北中学西区实验学校

自 2010 年建校以来，成都市棕北中学西区实验学校一直坚持教育国际化作的办学理念，通过多种途径提升师生国际交流素养。2020 年，学校成立国际理解教育课程小组，积极探索适合初中阶段的国际理解教育学科渗透教学方式，并形成了国际理解教育学科渗透课程。

一、文化多样性为主题的课程内容

课程内容以文化多样性为主题，将主题的四个要点与各学科内涵匹配。四个要点主要为：一是文化学习，即学习不同文化，了解不同文化背景的观念和生活方式，理解文化差异。二是文化尊重，要尊重不同文化，欣赏文化差异，尊重宗教信仰。三是文化认同，承认、维护所有民族的文化。四是文化保护，保护世界文化遗产，特别是土著和少数民族文化遗产，反对歧视土著和少数民族的文化传统。渗透的学科主要是语文、数学、英语、美术、体育、音乐、历史、政治等。

二、"学科＋融合"的课程结构

自 2020 年起，课程组开展"学科渗透式国际理解教育"课程建设，形成了学科渗透＋融合课程相结合的课程结构。学科课程从学生生活实际出发，立足本土文化，聚焦某个要点，针对性地提升学生国际理解素养；同时扩展到其他国家和地区的文化，借鉴吸收其他国家国际理解教育课程的先进经验。此外，依托地方特色，设定融合课程，每个年级确定一个主题，以学生体验为抓手，联合多学科开展 STEAM 课程和校内外综合实践活动。

三、"知—行—传"的课程实施路径

在课程实施中，探索出"知—行—传"的课程实施路径。"知"是在教师指导下学习知识，是意识层面的理论建构。在学科渗透中，学生借助学科知识理解中华传统文化与国际多元文化，拓宽国际视野。"行"是指运用所学解决问题，是实践层面的知识应用。学生在融合课程中，运用所学知识，参与文化体验活动，合作完成国际理解小课题，感悟多元文化的魅力。"传"是学生在深入理解多元文化后，主动传承与传播中华文化，主动汲取优秀的国际多元文化，增强文化认同与文化自信。

四、以学段为"经"、学科为"纬"的课程体系

目前，初步形成了以学段为"经"、学科为"纬"的初中国际理解教育课程体系，使学生的学习有深度，有广度。以六至九年级为"经"，课程贯通初中学段，随着年级增加，连续、递进地开展国际教育理解课程。以学科为"纬"，将文化多样性主题的具体要点，渗透到各学科，形成文化素养、艺体素养、科技创新、综合实践四大类课程。

文化素养类课程包含"让世界看中国""从文学看世界""从历史看世界"三个模块。"让世界看中国"课程以"非遗传承"为切入点，学习传统技艺，传承中国传统文化，树立民族自豪感。"从文学看世界"模块，学生通过中西方神话、诗歌、小说，了解中西方文明的起源，感受不同的审美意趣，激发阅读中外名著的兴趣。"从历史看世界"模块，将国际理解教育融入大单元教学，渗透到课本剧中，对时政热点进行探讨，使学生理解文明有差异但没有优劣之分，各国各地区应相互尊重，共同发展，构建人类命运共同体。

艺体素养类课程包含中西方音乐多元文化交流、中西方体育之辩、中西方戏剧艺术等。学校组建管乐队、合唱团，学习东西方乐器，用音乐启迪心智，使学生学有所长。同时了解中西方体育起源与发展，认识中西方体育的区别，传承与弘扬中华传统体育精神，张扬个性，增强集体意识，培养团队协作能力。挖掘川剧蕴含的丰富民族文化，带领学生欣赏川剧，表演川剧，开发文创产品，感受川剧的艺术之美，传承忠、孝、仁、义中华民族传统美德。

科技创新类课程设置了安全教育、VR 编辑、机器人、网络资源应用等。七年级的"从自然看世界"课程以大熊猫为媒介，在了解熊猫的前提下，延伸到其他动植物。在地理和生物学科开展学科渗透，利用 VR 智慧课堂，让学生了解本土、本国的生物和国外的动植物，形成对比、分析，并使用 VR 编辑

器物化成果。

综合实践类课程包含游园活动、书法展示、中外经典诵读等，为传统课程的国际化推广提供了研究模板。在六年级"'一带一路'文化旅行，趣玩趣学趣成长"国际理解游园活动中，学生以推广

传统项目为基础，设置了捏泥人、剪纸、祈福书签、中国画等 17 个传统文化特色项目，感受了中华优秀传统文化的魅力，弘扬了传统文化，增强了文化自信。

教学成果：从中华传统神话故事中汲取民族精神
案例学校：山东省青岛第一国际学校

山东省青岛第一国际学校深耕中华传统文化，探索从神话故事中发掘民族精神的本源，思考神话人物身上反映出来的精神品质，总结民族精神之所在，涵养学生心中浩然正气。

一、课程对象

课程面向国际学校九至高中三年级的汉语（近）母语学生。

二、课程内容

课程总课时为 8 周。第一周，神话故事的来源探讨；第二周，神话故事导读，对《女娲补天》《共工怒触不周之山》《夸父逐日》等神话故事进行导读；第三周，总结神话人物精神品质；第四周，分组进行剧本初步创作；第五周，组内与组间剧本内容反思；第六周，剧本定稿与角色分配；第七周，排练与道具设计；第八周，彩排、场景布置与展示。

三、教学实施

教学实施以第三周的最后一课时——总结所学神话故事中人物的精神特点为例。

（一）课程导入

回顾学过的神话故事，教师课前准备好标题卡片，将神话故事名称贴在教室的前侧的布告板上。学生随机入座，并回顾一个距离自己最近的布告板上的神话故事的内容。在故事讲述结束后说出每个神话故事中的主人公，并写在老师提前准备好的卡片上。在全部学生回答过后，让学生将主人公的名牌卡贴在相应的故事下面。

（二）教师指导

引导学生总结神话故事主人公身上体现的精神品质，并将其总结的内容发布到 Padlet 学习软件上。

（三）学生任务

学生完成 Padlet，写下自己的理解，教师总结 Padlet 上学生发布的内容，找出发布频率最高的几项精神品质。将学生分组，提

出接下来的任务要求，即每组分布 1 至 2 个精神品质的关键词，学生制作思维导图，讨论并总结哪些神话人物拥有该精神品质。每组学生将本组意见以便利贴的形式张贴到每张思维导图下，学生根据其他组的意见修改思维导图，并组织讨论，总结自己的最终稿。

（四）作业布置

学生将本课所涉及的两个或以上神话人物进行关联，写出一段能够展现其精神品质的小故事，下节课进行班内展示。

四、实践意义

本课程设计让文学课程不再拘泥于文本，让神话人物不再停留于文字和想象，让学生在动态的学习环境中理解并创造，在创造中思考并输出，通过多样的输出形式让学生在每个学习的环节中都更有参与感。在整个过程中，促进学生对民族精神更深层的理解，从而提升民族认同感。

— 山东省青岛第一国际学校学生
展示自编的《秦皇之治》舞台剧

教学成果： 聚焦中外人文交流，着力国际课程建设
案例学校： 中山市华辰实验中学

— 中山市华辰实验中学校园一隅

进入 21 世纪以来，世界各国不同的文化相互激荡、相互交融。为提高学生的国际交往能力，培养学生的国际理解和国际担当意识，中山市华辰实验中学与国际友好学校师生共建中外人文交流课程，选择既能引起双方学生共鸣又能产生文化碰撞（不涉及宗教、种族等敏感话题）的内容，依据各学段学生的不同心理和学情特点选择课程主题，让学生围绕主题探索交流，在思想碰撞中求同存异、交流互鉴。

一、课程简介

（一）课程内涵

课程旨在促进学生传承和弘扬中华优秀文化，了解和尊重世界多元文化，培养人类命运共同体意识和全球胜任力；促进教师专业发展，提升国际理解素养，培育能驾驭中外人文交流课程教学的高素质教师队伍。

（二）课程特征

课程具有如下特征，一是拓展性，即在国家课程基础上结合中外优秀文化，建构校本课程；二是生本性，即以生为本，基于学生、指向学生、发展学生；三是人文性，即以中华优秀传统文化为根，以中外优秀文化交流为体，培养学生的人文情感，积淀人文素养；四是包容性，即注重"平等交流"，突出对国际多元文化的尊重、理解与包容。

（三）课程框架

小学低段课程以感受多元文化魅力为主要内容，中高段课程以形成正确对待多元文化的情感与价值观为主要内容。中外共享共建课程由学校与国际友好学校师生共建，依据各学段学生特点选择课程主题。

二、教学策略

赋予中外人文交流课程新内涵。学校充分利用学校文化特色课程，建构中外人文交流课程，赋予中外人文交流课程新的内涵。

以校本课程承载中华优秀传统文化。中华优秀传统文化是中华民族的根，学校充分发挥校本特色课程优势，进行文化传承与课程建构。

师生共同参与课程构建。师生教学互动，共同发现和解决问题，促进课程建构，发挥学生的主观能动性，培养学生的发散思维和创造思维。如学校以双语剑桥数学为对象，开发并实施特色校本课程，形成中外人文交流的课程。

三、评价体系

课程坚持主体多元性，由中外教师、中外学生、学校行政、第三方机构人员共同评价，更多地关注学生课堂参与度、课堂表现、课堂呈现的客观效果，关注教师课堂授课方式和内容是否恰当、是否引发学生积极参与，关注教师适时处理课堂问题的能力等。

四、教学成果

多年来，中山市华辰实验中学致力于为每一位学生的发展创造合适的优质教育，提供丰富多彩的社团、文体及实践拓展活动，为每一位学生尽可能地提供发展的可能和展示自我的广阔天地。学校鼓励学生积极参加含金量高、有趣的学科竞赛。通过师生共同努力，同学们在袋鼠数学竞赛、加拿大数学竞赛、加拿大化学竞赛、英国物理挑战赛等国际竞赛中都有不错的收获。外语部每年大部分毕业生就读于海内外知名大学，如美国哥伦比亚大学、约翰霍普金斯大学，英国剑桥大学、爱丁堡大学等。

活动成果：以艺育德，以艺启智
案例学校：福建省漳州实验中学

自"双减"政策落地以来，福建省漳州实验中学注重学生艺术素养的培育，发挥学校少年宫的阵地作用，创新艺术形式，扎实推进艺术教育。通过各类绘画比赛，培养学生"发现美、感受美、欣赏美、表现美"的能力。在努力营造"人文校园、绿色校园、和谐校园"理念的指导下，漳州实验中学已成为漳州教育的模范学校之一，是福建省唯一被省教育厅列入高中试点的民办学校。

一、文艺会演

截至目前，漳州实验中学已成功举办 19 届校园艺术节，各类文娱活动反响热烈。校园文化艺术节文艺会演活动由学校师生自编自导自演，有歌唱、舞蹈、朗诵、健身操、武术、花式篮球等节目，展现了师生积极向上的精神风貌和朝气蓬勃的青春风采。

二、绘画类（百米绘画展、国画等美术作品）

"百米画布"绘画，展示多彩校园，描绘祖国发展；"手作之美"剪纸，剪出玲珑世界；"插画比赛"陶冶学生身心，培养审美能力；学生社团活动丰富多彩，五子棋、脱口秀、原创短剧、乐队献唱等表演，展现"大实验"学子的青春活力与理想追求，丰富了学生的校园文化生活。

三、民间美术类（剪纸、衍纸、雕刻、扎染）

一张纸、一把剪刀、一双巧手、一份匠心，剪出玲珑世界。在剪纸活动中，学生了解了剪纸的悠久历史，感受剪纸这一传统艺术的魅力。经过学生的巧手，一张张普通的红纸变成了一幅幅精美灵动的剪纸作品。学校通过举办剪纸活动，让剪纸这项非遗文化"活"起来，使中华优秀传统文化得到很好的传承。

四、书法类（师生书法大赛、写春联"新春送福"活动）
（一）师生书法大赛

— 福建省漳州实验中学举办学生书法作品展

学校始终秉持"以字育德，以字启智，以字修身，以字促美"的书法教育目的，已开展 7 届师生书法比赛。书法润心田，墨香沁校园，学校为师生提供展示书法艺术的平台，彰显了漳州实验中学"各美其美，美美与共"的特色办学理念，让师生领略传统文化的博大精深，传承中国书法，提升汉字书写能力，探寻民族文化自信的力量源泉。

（二）写春联"新春送福"活动

迎春送福添年味，翰墨飘香暖人心。在写春联"新春送福"活动中，师生们写下寓意吉祥的"福"字作品和春联作品，祝福新年。学校校长率先执笔，一笔一画，横撇竖捺，写下"大实验"美好愿景，为全校各年段师生代表送去美好祝愿。"大实验"的小书法家们也纷纷化身中华文化的使者，挥毫泼墨。新春送"福"活动，不仅弘扬了传统文化，营造节日文化的浓厚氛围，而且丰富了学校师生的文化生活。

— 福建省漳州实验中学举办第19 届校园文化艺术节（左图）

— 福建省漳州实验中学学生制作的立体衍纸作品（右图）

教学成果：融中外、借平台、创方法，打造国际学生文化课程新模式
案例学校：济南职业学院

"中国概况"是济南职业学院面向国际学生开设的一门文化课程，是高等学历教育的必修课。课程融入行业、产业与专业元素，聚焦文化素养培养和职业素养培育。围绕该课程设计的参赛作品"大美中国广蕴人文"获得了2020年山东省职业院校教学能力大赛一等奖和全国职业院校技能大赛教学能力比赛二等奖。

一、教学整体设计

（1）"八字主题模块"重构中国映像。本课程依据《学校招收和培养国际学生管理办法》、中国概况课程标准，参考中国政府奖学金生专用教材《中国概况》，从国际学生学习的角度出发，抓住其学习中国文化的兴趣与特点，将教材十六个章节的内容整合优化为"文明古国源远流长""大美中国广蕴人文""法治中国繁荣富强""传统民俗百花齐放""科教兴国、国泰民安"五个教学模块，八字主题凸显模块特色。

（2）"一生一策"服务多国生源。针对学院不同国籍的国际学生，学校建立了"专业导师、生活导师、语言导师"三导师培养机制，实现"一生一策"，精准画像。

（3）设定"三维"递进教学目标。依据《留学中国计划》《学校招收和培养国际学生管理办法》以及课程标准和专业要求，结合学情分析，本课程从素质、知识和能力三方面确定了各模块三维教学目标及课程总目标。

（4）规划"五三二五"教学思路。依据专业特点，课程设计了五个主题模块，"课内活动""课外拓展""线上提升"三类课堂，"文化素养"及"职业素养"两种素养，"赏、识、感、品、悟"五个阶段，采用"五三二五"教学思路，形成了情境创设式第一课堂、课外拓展式第二课堂、线上指导式第三课堂的"三课堂协同育人"课程教学实践体系。课程依托中德学院，提供主题化职业案例，助力学生考取德国手工业行会（HWK）职业证书。

（5）实施"五多"混合教学策略。课程按照建构主义、学习金字塔理论和先行组织者教学策略，以信息化手段为支撑，应用主体参与教学的理念，采用多种教学方法，创设多种教学情境，开辟多种学习途径，进行多难点练习，采取多种应变策略，构建"五多"混合式教学策略。

（6）构建"多元多维"评价体系。为精准考核学习效果，课程采用"多元多维"教学评价体系，交叉采用师生共评、生生互评、自我评价等多种评价方式，保证考核的全面性、公平性。教师通过数据采集统计了解学生的学习情况。

二、教学实施过程

（1）时政素材选取秉承三条原则。一是依据《学校招收和培养国际学生管理办法》，非政治专业国际生不进行思政教育，为帮助学生了解中国最新的发展成果，学校在教学中将时政热点与教学内容紧密结合；二是紧扣四主题，按照过去、现在、将来的时间轴，将中国精神及对"一带一路"的发展期望贯穿文化课程；三是通过融入展现中国精神的时政热点，培养学生成为知晓中华文化精神内涵的知华、友华、爱华人才。

（2）信息技术应用贯穿三类课堂。一是教师利用视频、音频等打造情境创设式第一课堂；二是学生利用华夏文化资源云平台、钉钉等构建课外拓展式第二课堂；三是教师与学生通过钉钉群和微信群实现线上提升式第三课堂。

（3）教学实现三项调整。一是调整文化体验活动方式，将课后拓展环节的文化体验调整为云参观；二是教师根据环境及学习资源情况及时做出调整，为学生提供电子教学资源或开展线上教学；三是当教学计划中的小组讨论、组间竞赛等课堂活动无法实现时，教师及时借助多平台实施替补方案，达到同质等效课堂效果。

三、教学实施成效

（一）达成"四提升"的教学效果

（1）提升学生文化。课程将讲授和体验相结合，引领学生实现积极向上、轻松愉悦、富于激情和趣味的学习。问卷调查显示，上课后，学生的文化了解度有了明显提高。

（2）提升学生汉语水平。学生用汉语阐述文化知识的水平、掌握相关词语并灵活运用的能力，以及学习词语、语言点的效率显著提高。课程相关词语测试的结果显示，学生平均及格率为95%。

（3）提升学生文化素养。学生通过赏、记、

感、品、悟五个维度的学习，了解中国文化知识，增强跨文化交际能力。

（4）提升文化认同感。通过课程学习，学生的道德素质有所提高，文化兴趣有所培养，文化认同感迅速提升。课后问卷调查显示，90%的学生会主动谈论中国文化，将中国文化的精华部分融入世界文化。

（二）构建"三助力"特色创新

（1）融入中国时政，助力中国文化价值认同。学校响应"一带一路"倡议，在教学模块中融入中外时政热点，融通汽修专业特色，精选新鲜案例激发学生兴趣，促进文化价值认同。

（2）践行文化自信，助力中国文化的国际传播。在教学内容中融入中国优秀文化的精神标识，引领学生"知中国情怀、感地广域博、鉴文萃源远、想美好未来"，为国际学生实现文化交流和传播理清脉络。

（3）构建"词语库"，帮助理解巩固模块主题。整合教学资源，植入思维导图，构建"文化词语库"，清晰、直观地呈现各主题关键词，帮助学生积累文化词语，提高学习效率。

教学成果：以"中外课程共建共享项目""多语种学习项目"推进中外人文交流
案例学校：重庆市第七中学校

课程是学校发展的灵魂，是育人的主要载体。重庆市第七中学校（以下简称"重庆七中"）推进"中外课程共建共享项目""多语种学习项目"，将人文交流素养和国际理解教育全面融入学校课程建设的过程中。

一、内容丰富的选修课程

2020年，学校利用重庆大学附属中学的优质资源，和重庆大学伽利略意大利中心签订战略计划，开设意大利语、韩语选修课。2021年，学校又开设了剪纸、面塑等具有中国特色的非物资文化遗产项目选修课，以及日语、意大利语、模拟联合国及国际理解教育选修课。

二、形式新颖的线上课程

学校成功申报由教育部中外语言交流合作中心主办的"汉语桥"团组交流项目，开发了以"探索历史之谜""中华美食""中华象棋"为主题的三门课程，带领学生开展边走边学的历史课，前往大足石刻、巴将军墓实地取景教学，拜访洪崖洞知名厨师，进行现场美食教学，开展中国象棋教学等。借此次机会，学校与泰国和菲律宾的两所学校结下了深厚友谊，继续开发了以"字说中国"和"中国剪纸"为主题的特色线上课程，与来自美国、英国和菲律宾的两百余名学生通过互联网学习写字和剪纸。

三、主题多样的活动类课程

2020年，学校首次参加世界青少年模拟联合国大会，会后将"模拟联合国"作为活动类课程在全校范围内进行推广。两年期间，参加"模拟联合国"的学生队伍不断壮大，连续两年获得世界青少年模拟联合国大会"最佳团队"称号。2021年，有3位同学晋级高级别会议。2022年，有14名学生晋级高级别会议。

为了营造学校的人文交流新生态，学校自主策划开展了东川人文交流小使者系列活动，设计了"初中英语趣配音大赛""讲好中国故事"高中生英语大会。2021年，以"拥抱未来，共迎冬奥"为主题的首届东川人文交流小使者展示活动启动。初一年级学生们精心准备的"英语配音表演大赛"凸显人文交流主旨，以融合信息技术拓宽学生学习渠道，以赛促进学生英语听、说能力全面提升。同学们使出浑身解数，展现各自的特长与魅力。活泼的小兔子、矫健的功夫熊猫、骄傲的拉弓战士、替父从军的花木兰……一个个经典影片中的角色，给了初一年级学生们演绎青春精彩的好机会。"讲好中国故事"高中生英语大会则以"讲述中国故事"为主题，歌颂祖国美好，聚焦时代人物，传递奥运精神。高一年级学生们用激情四溢的演讲展示了七中学子自信的力量。

在研发丰富多彩的课程过程中，重庆七中通过内容丰富的选修课、形式新颖的线上课程和主题多样的活动类课程，打破"不识庐山真面目，只缘身在此山中"的学习壁垒，让七中师生在对中华优秀传统文化保持高度

自信的同时，也对多元文化进行理解，不断适应国际挑战，练就终身受用的国际理解、国际竞争、国际沟通能力，成为具有"合古今

中外皆为师，腹海内天下气自华"特质的七中人。

教学成果："跟着外事学子逛青岛"中外人文交流课例
案例学校：青岛外事服务职业学校

中外人文交流的文化课主要分为专业文化课、文化专题讲座、文化实践课三类。"跟着外事学子逛青岛"是青岛外事服务职业学校实践活动课程，采用大家喜闻乐见的活动主题和项目化设计方式，对标来华探索中国文化的外国学生。

一、课程周期
根据来访的外国学生在青岛的时间而调整，课程时间为2天到7天，"云端"交流则为2至4节课。

二、教学范式
课程通过初识文化—感悟文化—深度体验文化，完成对中华优秀传统文化的研修。

三、课程素材
目前，学校已形成以青岛街区、自然风光和人文风景为内容，英日韩泰四种语言版本的校本材料，通过语言文化课和活动选修课辅助学生提炼文稿，形成特色推广方案。

四、课程案例
（一）青岛市登州路啤酒街
初识文化：播放青岛啤酒宣传片，了解青岛啤酒的前世今生。（0.5课时）

感悟文化：进入学校餐饮实训室，观看学生调酒展示，品尝无酒精饮料，展示啤酒花面包、啤酒冰激凌以及崂山可乐等产品，并分小组品尝和点评，对中西方餐饮文化的相似和不同之处进行交流，完成一幅对比海报（汉语＋外语）和一篇中外饮食对比的目标语言文章。（4课时）

深度体验：参观啤酒博物馆，观看老建筑物、老设备及车间环境与生产场景，观看生产流程的录像，了解青岛啤酒的生产流程及历史沿革。为重现历史原貌，啤酒博物馆在老糖化车间的老发酵池，设置了工人生产劳动的雕塑模型，同时复制老实验室场景和工人翻麦芽场景，引导学生了解青岛啤酒的生产和酿造过程，观察啤酒喷泉，体验啤酒小屋，品尝啤酒豆。回校后尝试制作青梅酒或啤酒皂，作

为伴手礼送给家人和朋友。进行一场中外电商直播，向世界推介青岛啤酒。（4至8课时）

（二）崂山
初识文化：观看"神仙之宅，灵异之府"——崂山旅游风景区宣传片。（0.5课时）

感悟文化：进入学校茶艺实训室，观看学生烹茶展示，了解茶道的"七义一心"说的缘由。茶艺的基本流程：清洗双手、欣赏器具、烫杯温壶、马龙入宫（投茶）、烫洗茶叶、正式冲泡、春风拂面、封壶、分杯、玉液回壶、分壶、奉茶、闻香、品茗、收具、清洁等。沏一杯茶，敬师长。做一份商业企划案，为崂山绿茶设计市场营销方案，并翻译成目标语言。（3至4课时）

深度体验：拜访道教名山崂山。崂山是中国海岸线第一高峰，有着海上"第一名山"之称。当地有一句古语："泰山虽云高，不如东海崂。"参观太清宫，了解道教文化，发现中国建筑之美、篆刻之美、诗词之美，体会中国从古至今的"人与自然和谐共生"生态理念。尝试采茶、炒茶以及茶叶包装的流程。根据交流的时间，游玩樱花谷，采摘樱桃、山杏、蓝莓、草莓等水果，了解中国农业的现代化环保理念。观看大秧歌、舞狮、太极表演，亲身体验豆浆制作（大磨盘）、王哥庄大馒头制作、饺子的制作以及年画拓印、剪纸等活动，感受中国年节的民俗，完成一份大美崂山的项目体验问卷，分组讨论并给出各个项目的体验星级评价，达到以文明交流超越文明隔阂，以文明互鉴超越文明冲突，以文明共存超越文明优越，互相理解、互相尊重、互相信任的目标。（6至8课时）

通过课程实践，学校不断丰富教育领域中外人文交流的实践内涵，深化"一带一路"教育国际合作，为新时代中外人文交流注入新的活力。

文艺体育领域的实践与探索

第四章

Chapter 4

一

活动成果： 深入建设校园足球文化，架起中外足球交流之桥
案例学校： 广州市黄埔区新港小学

"百步健体"是广州市黄埔区新港小学"百步梯课程"中的重要组成部分。学校秉承"让孩子经历一百个世界"的课程理念，在普及足球课程之余，开设了高尔夫、网球、帆船、击剑等多个特色课程。2010 年，学校基于对场地和人员优势的深入研究，确定将足球作为学校的特色发展方向。

一、11 年足球进课堂，普及校园足球

从 2011 年开始，每班每周开设一节足球课，由足球专业的体育老师执教。同年，学校课题"足球进校园促行为习惯的养成"成功申报为广州市市级课题。课题组的体育老师在专业教练的指导下，开发了足球校本教材。

足球运动在学生的心里播下了竞争意识、团队精神、运动习惯的种子，让学生的身体素质得到大幅提升。学校全员体质测试成绩在市里排名前列，优良率达到78%，及格率达到99%。此外，足球运动也赢得了广大家长的支持。

在体育课程外，学校将足球技巧与体操完美融合，编排了动

感十足的足球操。每天的课间操时间，千余名学生人手一球，伴随着动感的旋律，尽情享受足球运动的乐趣。以足球为特色的"阳光体育"大课间活动，有力地提升了大课间活动的质量，树立了新港小学的品牌特色。

二、11 届足球文化节，培育足球生态

2011 年，学校举行首届"足球文化节"，温丽珍校长在开幕式的致辞中引用了亚足联前秘书长维拉潘的"足球是人生的一所学校"这句话，指出新港小学举办"足球进校园"文化节活动是素质教育的呼唤，也是孩子成长的需要。

此后的 11 年里，学校每年举办"足球文化节"让学生对校园足球的热情不断延续下去。"足球文化展"图文并茂地向师生、家长展示

— 广州市黄埔区新港小学的足球大课间活动

了足球的发展史、足球的比赛规则、足球明星的成长等。足球章设计、足球文化宣传及"我是足球小健将"班会等系列活动，为足球运动锦上添花。足球系列活动得到了《中国体育报》等媒体的广泛报道。

三、人人参加班级足球联赛，点燃足球激情

全校全员参与的男女足球联赛点燃了学生的足球梦想，在校园中掀起一阵阵足球热潮。每届足球联赛为期一个学期，全体师生、家长参加到活动中。在班级足球赛中，前半段每个学生按照号码顺序上场比赛，下半场为主力队员比赛。在班级足球赛的过程中，学校还会进行最佳球员和文明啦啦队的评选活动。

近年来，学校的足球代表队在区、市等各级各类比赛中屡创佳绩，更有队员通过层层选拔，入选广州市队和全国校园足球最佳阵容队员。

四、架起中外足球交流之桥

2017 年 1 月，挪威国会议员来学校考察足球开展情况，非常认可新港小学阳光、健康、友谊的足球发展理念，热情邀请新港小学参加 2017 年挪威杯世界青少年足球大赛。挪威大使馆不仅免除了新港小学足球队教练及队员的签证费，领事长更是亲自将签证送到新港小学。同年暑假，新港小学足球队赴挪威与全球 50 多个国家的青少年交流阳光足球。中国驻挪威大使亲临现场助威，挪威的几家报刊也对新港小学足球队进行了报道。

2018 年，学校再次受邀参加挪威青少年世界杯足球赛，成为我国唯一一所连续两年受邀参加该赛事的学校。此次比赛，学校足球队不仅参加了足球比赛，而且还代表中国青少年，为世界多个国家的政要、联合国官员、国际媒体展示了联合国可持续发展目标的塑料时装秀表演。

两届挪威青少年世界杯足球赛，新港小学的足球队都收获了冠军奖杯。此外，新港小学还曾多次组织学生参与国际足球交流活动，致力于架起国内外足球交流之桥，开阔青少年的国际视野。

五、阳光足球少年，闪亮羊城

学校积极开展一系列足球文化活动，不断提升体育育人实效。

近几年，学校足球队在国家级、省级大赛上发挥出色，多次获得省级以上的荣誉，培养了一批足球苗子。2017 年、2018 年，学校足球队参加世界青少年校园足球比赛（挪威杯）U12 女子组斩获冠军。杨丽娟在 2021 年广东省"中国体育彩票"青少年足球锦标赛（女子丁组）中摘得桂冠。荣获 2019 年广东省校园足球"未来之星"的杨一琳，在 2019 年广东省"中国体育彩票"青少年足球锦标赛女子 U10 组、"菁英杯"广东省青少年超级足球联赛总决赛 U11 女子组和广东省"省长杯"青少年足球锦标赛女子 U10 组等赛事活动中都获得了不错的成绩。

各类国内外足球交流、比赛等活动，让学生近距离感受足球的魅力。足球给学生带来的不仅是健康与运动的快乐、生命的激情，也帮助他们养成良好的行为习惯、学习习惯、文明礼貌习惯和卫生习惯等。

— 广州市黄埔区新港小学足球队员到挪威参加足球比赛

活动成果："'一带一路'乐行世界" 国际理解教育主题活动
案例学校：成都市龙江路小学中粮祥云分校

2016 年 7 月，教育部正式印发了《关于〈推进共建"一带一路"教育行动〉的通知》，明确提出与"一带一路"沿线国家加强教育合作、共同行动，既是共建"一带一路"的重要组成部分，又为共建"一带一路"提供人才支撑。成都市龙江路小学中粮祥云分校以此为契机，结合学校办学特色，举办了"'一带一路'乐行世界"国际理解教育主题活动，旨在引导学生积极参与"一带一路"实践，理解"一带一路"背景及重大意义，充分展现英语水平，提升学生的国际理解力，弘扬和传承中华优秀传统文化精髓，展现学校师生兼容并包的精神风采。

活动设置了开幕式表演和主题游园活动。

一、开幕式表演

2018 年 12 月 29 日清晨，满载梦想的"祥云号"动车停靠在成都市龙江路小学中粮祥云分校的校门前，来自各国的建设者参与到学校举办的"'一带一路'乐行世界"国际理解教育主题活动中。开幕式上，学校师生与巴基斯坦友人共同演绎了精彩的节目。"爷爷"和"孙女"的一段对话深入浅出地向全校师生介绍了国家"一带一路"倡议的重要意义。"张骞"出使西域与"郑和"下西洋的故事片段带领师生们回溯历史。一支优美的古典舞，生动地呈现了"一带一路"的历史，带给师生们深深的震撼。"火车道"修通了，巴基斯坦友人为我们献上了代表欢乐与友谊的舞蹈。

全校师生在"环游世界"的欢乐时光中，感知家国情怀、开阔国际视野。

二、主题游园活动

在这次的游园活动中，每个班级代表一个国家或者地区，26 个班级为我们展示了"一带一路"沿线国家多姿多彩、风格迥异的文化，成为一道亮丽的风景线。大家从"千岛之国——印度尼西亚"出来，经历了"献花礼"，戴着茉莉花环，又投身于"浪漫星月之旅"，搭乘"多彩狮城号航班"前往"蓝色土耳其""雪国俄罗斯""美丽希腊""南亚瑰宝印度"，流连在"上帝抛洒在人间的项链——马尔代夫"的甘甜里，又被热情的鼓声带到"五克拉的彩虹之国——南非""仙境尼泊尔""阿拉丁的故乡——阿联酋"……

通过这次的活动，同学们深刻地理解了国家"一带一路"倡议的历史背景及重大意义，在认同本民族主体文化的基础上，不断增强文化自信自强，学会合作、学会创造，努力成长为"一带一路"文化的传播者和建设者。

— "'一带一路'乐行世界"国际理解教育主题活动开幕式上，学校师生与巴基斯坦友人共同演绎精彩节目（左图）

— 参加活动的学生身着"一带一路"国家服装（右图）

教学成果： 聚焦中外人文交流，探索美育视角下融合发展新路径

案例学校： 重庆市沙坪坝区儿童艺术学校

重庆市沙坪坝区儿童艺术学校是中外人文交流特色学校建设计划项目学校。学校基于艺术特色和"普适＋特长"课程，走出了一条美育视角下"五育"融合发展的人文交流道路。

一、统筹推进，打造"普适＋特长"的课程环境

学校将中外人文交流工作列入年度工作计划，由教研室统筹，组建课程研发队伍，制订学习目标，拓展课程内容。学校在各年级开设以民族舞蹈为基础的国际理解课程，一年级学生学习儿童舞，二年级学生学习藏族舞，三年级学生学习蒙古族舞，四年级学生学习傣族舞，五年级学生学习东北秧歌，六年级学生学习维吾尔族舞，以课程带活动的方式在全校各年级施行。此外，学校还开设了跨学科融合的国际理解教育课程，通过"管校课程"，帮助学生关注重庆与中国、世界的联系；通过"博士进课堂活动"，让学生关注先进科学技术、关注世界发展。此外，学校借助四川清音非物质文化遗产传承人刘靓靓、重庆民乐团等校外专业团队力量，在课堂中融入国际舞蹈与民族舞蹈，以高站位、高视角带领学生以国际眼光欣赏艺术。

— 重庆市沙坪坝区儿童艺术学校学生参加第一届"中外人文交流小使者"器乐类（集体）全国总展示活动并获得一等奖

二、多措并举，助推人文交流工作持续发展

学校利用自身在民族民间舞、民乐团、非物质文化遗产磨漆画等项目的优势，稳步开展"国际运动"主题校运动会、"用英语讲中国故事"大赛、唱"国际特色"歌曲的活动等，提升学生的兴趣，激发学生在艺术领域的国际差别认知，将中华优秀传统文化根植于学生内心。学校还通过小报、演讲等形式，对国外文化、礼仪、传统特色、音乐舞蹈等展开探究，营造国际理解教育的校园氛围。

学校多次接待来华访学团队，并就文化、艺术、风俗等方面的异同与泰国的友好学校开展每月一次的线上交流探讨。学校还申报了"中外人文交流特色学校建设实践探索"课题，组织老师进行理论研究和实践研讨，为学校深入推进人文交流工作提供理论支撑和参考。

三、美育视角下融合发展的育人成效

30 年来，学校集中力量构建艺术课程，创作高质量的艺术作品，做好艺术教育，在国际舞台上传播中国优秀文化。学校曾多次出访土耳其、波兰等国，为当地的人们带去《花木兰》《小小盘子声声脆》《月亮姐姐快下来》《远方》等富有中国特色的民族舞蹈作品。其中，《重庆的灯》在北京冬奥会倒计时系列活动中演出，深受国内外观众的喜爱，观看量达 40.6 万人次。学校民乐团还受邀参加了第 72 届英国爱丁堡国际艺术节对外交流活动，并获得第一届"中外人文交流小使者"器乐类（集体）全国总展示活动的一等奖。

中外人文交流工作是一项长期的工作，需要有设计、有规划、有方向地开展。重庆市沙坪坝区儿童艺术学校结合办学特色和优势学科，以传播中华优秀传统文化为着力点，关注学生的当下，着眼于学生的未来，将培养具有国际眼光的高质量中国公民的愿景落实到每一节课、每一次活动中，将中外人文交流的种子播撒进每一位儿童艺术学校的学子心中。

科研成果：让世界听见大运——基于"云端"的中泰人文交流新机制
案例学校：成都市盐道街小学（东区）

　　成都市盐道街小学（东区）以中外人文交流特色课程建设为载体，将中外人文交流活动融入"全时空"育人体系中，聚焦培育学生的国际理解素养，构建起联通家、校、社的"三位一体"育人机制。从 2015 年起，学校响应"一带一路"倡议，与泰国蒙福学院建立了合作关系。近年来，双方创新交流方式，在"云端"交往，在"镜头前"相聚，引导学生探秘世界文化瑰宝、华夏悠久历史，解读巴蜀人文风情，建立起基于"云端"的中泰人文交流新机制。

一、紧扣时代背景，选择"共情"主题

　　世界大学生运动会（以下简称"大运会"）是让世界了解成都的一个窗口，也是成都展现自身风采的一个机会。为传承中华文明，弘扬天府文化，向世界展示成都作为音乐之都的城市魅力，2022年 5 月 30 日，成都市盐道街小学（东区）与泰国蒙福学院小学部联合主办基于"云端"的"让世界听见大运"校园合唱艺术节活动，用美好歌声迎接第 31 届世界大学生夏季运动会。

二、明确活动目标，回归"共育"本质

　　世界各国的文化传统不同，教育的基础不同，各有自己的特色。但是，教育的本质都是育人。把教育与人的幸福、价值、尊严、需要、人的全面发展和人的终身发展有机地联系起来，是各国教育的一致追求。

　　面向中国学生，学校确立了"让世界听见大运"的育人目标，即进一步落实"五育"并举，提高学生审美能力、人文素养和跨文化理解能力，通过共享共建、互学互鉴，使人文交流可触及、可感知、

可持续；推广世界大学生运动会知识，普及大运会文化、讲述大运会故事、传递大运会精神，不断营造"爱成都·迎大运"的良好社会氛围，动员中外师生共同关注成都大运、了解成都大运、支持成都大运，在认同本民族文化的同时，增强民族自信心和自豪感，积极推广成都名片。

三、涵养人文底蕴，创设"共建"机制

　　中外人文交流既包含学生对中外文化的体验、探究、比较，也包含中国学生与国外学生在实践活动中的合作交流与互学互鉴，其目的在于增进彼此对世界的认知、理解和包容。在实际工作中，成都市盐道街小学（东区）总结出以下运行机制。

（一）双向课程共谋划

　　双方通过"同程同步"的研讨活动，协商课程目标、课程框架、课程运作方式等，形成课程方案和活动实施方案。通过共同谋划，聚焦中外学校人文交流的"共情点"，协同解决问题。在"让世界听见大运"活动中，通过双方研讨，最终确立以下主题（见表1）。

表 1　成都市盐道街小学（东区）"让世界听见大运"活动课程安排

年段	主题	主题说明
一二年级	让世界听见大运·成都篇章	聚焦运动精神，展示大运会武术、跆拳道、柔道等项目，选择童心洋溢、积极向上的曲目。在表演、服装、道具等方面展现天府文化（如川剧、熊猫、蜀绣等代表元素）
三四年级	让世界听见大运·中国篇章	聚焦运动精神，展示大运会乒乓球、羽毛球、网球等项目，选择朝气蓬勃、积极向上的曲目。在表演、服装、道具等方面展现中国文化（如汉服、书法、武术、京剧等代表元素）
五六年级	让世界听见大运·世界篇章	聚焦运动精神，展示足球、篮球、排球等项目，结合世界赛事（如奥运会主题曲）、运动文化，选择青春洋溢、积极向上的曲目。在表演、服装、道具等方面展现各国文化元素（如标志性建筑、国旗等）

（二）线上、线下共运行

在"中泰学校共建'云端'人文交流课程"的目标定位下，借助主题式项目活动，中泰双方学校采取线上、线下共运行的方式组织课程体验活动。线上借助直播平台"同程同步"体验课程，线下进行成果分享、交流和评价。

（三）"五位一体"齐参与

学生、教师、家长、学校和机构"五位一体"，主动、深度参与。综合考虑不同国家学生的需求、家长的素养、师资能力以及校情和机构类别，学校从课程所蕴含的核心素养出发，挖掘和设计内容，倡导教师和家长参与其中，切实保证"活动主体全覆盖、主体参与有深度"，构建以"教师为主导、家庭为基础、社会为依托"的育人模式，形成家校社育人共同体。

（四）资源共建各尽力

学校在校内关注多学科融合、跨学科整合，在校外挖掘社会资源，利用博物馆、文化馆、科技馆等资源，借力社区及社会资源，以输出"学校特色课程"和"中国文化行"相结合的形式展开。在"让世界听见大运"项目中，我们聚焦学校合唱特色课程，结合地域文化，充分挖掘大运元素，以"唱成都、唱祖国、唱天下"为主题，在高、中、低三个学段分层推进。为了提升演唱水平，丰富表演形式，学校还邀请四川音乐学院、成都爱乐交响乐团、成都大学的专家指导和点评各年级的比赛。

（五）课程评价同进步

线上中外人文交流课程面临很多未知因素，如果完全进行程序化的安排，极有可能打击学生探索的积极性。因此，课程实施方案不能过度设计，要给学生提供自主性、合作性比较强的项目式学习活动，评价方式也应优化。

"让世界听见大运"项目活动的评价包括云端课程体验满意度评价量表、学生的项目式学习积分量表、基于学科核心素养的"艺术感知、审美体验、创意表达、文化理解、综合融通"评价量表，学校按照参与态度30%、过程性活动30%、成果成效评价30%、社会评估10%的比例，形成了学生自评、组评、师评、校评、机构评"五位一体"的评价体系。

活动成果： 舞动青春，绽放芳华
案例学校： 重庆市凤鸣山中学

在素质教育和全民健身被大力倡导的今天，校园啦啦操正以趣味性体育运动项目的全新形式在各大校园火热发展起来。它融合了体操、音乐、舞蹈等因素，深受学生的喜爱。近年来，重庆市凤鸣山中学注重体艺教育，作为重庆市高中体育与健康课程基地，学校设施设备优良，建有一流的现代化体艺场馆，为学生的艺体活动提供了场地。

学校组建啦啦操研究项目组，由校长亲自担任组长，邀请专家进行指导，科学规划项目发展前景，合理制订了项目建设的目标及任务。学校建立了完善的社团管理制度，指导教师全程进行专业指导，每周至少指导6次。社团负责人统筹管理社团活动的正常进行，由社团教师负责具体工作，指导学生训练。由专业的健美操教练担任社团的指导老师，针对学员个体技能水平差异提供专业的训练方案。

凤鸣山中学啦啦操队在全国比赛中屡次获奖——全国第三届啦啦操、健美操锦标赛男子单人操、混双两项全国冠军，2016年中国啦啦操大奖赛暨海峡两岸暨港澳地区大奖赛中学组自编动作全国冠军……与此同时，凤鸣山中学获得了代表中国中学生参加国际啦啦操赛事的资格。在教育部中外人文交流中心举办的第三届"中外人文交流小使者集体展示活动——云端啦啦操"大区展示活动中，凤鸣山中学啦啦操队获得一等奖。2017年至2021年，学校先后培养4名国家级运动员，为厦门大学、天津工业大学等高校输送了多名优秀队员。

学校大力推进课程改革，鼓励教师们结合自己所长编写校本教材，面向全体学生开设校本选修课程。体育组老师结合学生身心发展特点，努力挖掘地方及校园资源，形成了"健身操""啦啦操"等校本课程，定期组织教学，针对学生的兴趣制订教学内容，充分调动学生参与的积极性，引领啦啦操活动积极、健康发展。学校啦啦操代表队每年都会报名参加世界性、全国性的专业比赛，以赛带练，以赛促变，在比赛中增强自信、开阔眼界，以运动促交流，使学生能更好地了解自己、了解世界。

活动成果：以合唱展演推进中外人文交流发展

案例学校：青岛西海岸新区井冈山路小学

近年来，艺术素质教育已成为美育教育的重要组成部分。合唱是声乐艺术领域中的一种集体歌唱形式，也是声乐艺术的最高表现形式，童声合唱以其独特的艺术魅力越来越被人们喜爱。青岛西海岸新区井冈山路小学尤其重视合唱教育，并以合唱展演推进中外人文交流项目发展。

一、基本做法

（1）选好平台，精细化规划项目。井冈山路小学根据中外人文交流项目提供的多种活动，召开专项会议讨论，明确了以艺术活动为亮点，对中外人文交流的项目进行了整体化、精细化规划，最终选择参加第三届中外人文交流小使者活动，通过集体项目——合唱，组织各年级优秀学生参与展演。

（2）组建团队，打磨高质量节目。学校组建了由管理层、专家层、师生层、家长层协作共进的四层级团队，指导学生坚持刻苦训练，打造高质量的合唱节目。特聘一批音乐专家作为艺术指导老师，由音乐教师执行具体组织工作，家长群全力配合监督学生日常训练、作业提交，做好后勤保障。经过两个月的训练，最终打造出两支高质量合唱曲目，精心录制合唱视频，参加展演。

（3）拓宽眼界，整体化提升素养。合唱展演通过央视频进行，来自全国的200多支中小学生合唱队伍汇聚在云端，由国内外专家、评委进行现场点评。这样的机会给予学生、教师极大的锻炼。家长通过观看展演视频、点赞等形式，对本项目进行了深入的了解并表示认可。

（4）以点带面，持续性开展活动。以合唱展演为契机，学生对中外人文交流项目的认知度不断提高。学校以此为契机，定期开展中外人文交流项目的主题班队会活动、微课堂活动、双语种趣味教学等活动，不断推进中外人文交流项目的整体发展。

三、主要成效

2021年5月，井冈山路小学合唱团参加了青岛西海岸新区中小学校园艺术节班级合唱展演，取得了特等奖的好成绩。同年9月，又参加了青岛市艺术节比赛，取得了一等奖第一名的好成绩。2022年3月，合唱团报名参加了第三届"中外人文交流小使者"合唱展演活动，47名学生组成的合唱团演唱了《启程》《KUSIMAMA》两首合唱歌曲，7月在央视频进行了视频展演，获得评审专家的高度评价，成绩突出。9月10日参加了全国总展演，并获邀参加12月份在澳门举行的"第三届中外人文交流小使者"庆澳门回归23周年——中外青少年人文特别交流活动。

通过参加中外人文交流小使者项目的合唱展演等活动，井冈山路小学为学生搭建了一个认识世界、探索世界的新窗口。学校通过组织展演活动，促进中外民心相通、民间友好，取得了良好的社会反响，也积累了许多宝贵的经验，为今后深入推进中外人文交流项目奠定坚实的基础。未来，学校将继续以合唱展演为亮点，推进人文交流，以点带面，深入推进项目的整体发展。

— 2021年5月，学校参加青岛西海岸新区中小学校园艺术节班级合唱展演

教学成果： 创设民族乐器校本课程，增进学生文化自信
案例学校： 青岛西海岸新区香江路第二小学

民族音乐是一个国家文化的灵魂，是民族意识与民族精神在音乐领域的积淀。中国民族乐器历史悠久，底蕴深厚，反映出各地的风土人情、生活习惯以及审美情趣，是各族人民抒情达意的产物，展现出极具魅力的民族文化，具有不可替代的文化价值。青岛西海岸新区香江路第二小学探索出一种新的适合民族乐器的发展道路，对发扬并传承民族乐器具有重要的现实意义。

学校以民乐教育为办学特色，以尚美为核心，以兴趣爱好为动力，旨在通过民族器乐的学习，提高学生的综合艺术素养，弘扬民族传统文化，培养具有文化自信的中国少年。

一、民族乐器校本课程

学校民族乐器校本课程以民族乐器教学为主，依托学校民乐校本教材有计划地开展教学活动。学校民乐校本教材由"少儿二胡""少儿琵琶""少儿扬琴""少儿大提琴"等16个专业组成，按照难易程度分为2册、3册或6册，适合小学阶段的学生学习，属于初级教材。教材广泛吸收了适合学生学习、有效提高的基本功方面的技能、技巧练习曲，同时包含了全国民族乐器演奏技术水平考级的部分曲目，是一套适合小学学段使用的集练习曲、乐曲于一体的校本课程用书。

二、教学评价

学校构建了民乐课程评价标准与体系，实行自主加互评的三级别课程实施晋级评价体系。学期初，学生在教师的指导下，有针对性地制订了适合自身发展的民乐学习目标，并努力实现。学期末，学校通过"教学公开表"进行评价。不同于传统的评价模式，该评价从学生自评、家长评价、专业教师评价三个维度展开，三个维度评价均采用等级评价方式。三维评价体系变单纯的以学生为评价客体为主客结合的形式，有效激发了学生学习的积极性，有力推动了民乐课程在学校的开展，保证了民乐教育的效果。

三、实践意义

自1999年民族乐器校本课程实施以来，民乐教育已扎根香江路第二小学。学校现有4000多名学生参与民族器乐学习，16种乐器进入课堂，为专业院校输送民族乐器专业人才达400多人。经过20多年的不断探索，学校已发展成为拥有3个校区的民乐教育集团，并实现了"宏观层面文化传承，中观层面课程体系，微观层面课堂教学"的一致贯通。2016年，"民乐"获黄岛区中小学优秀校本课程一等奖。2017年，学校民乐校本课程被评为青岛市精品课程。学校办学质量得到提升，教师专业能力得到发展，学生人文素养全面落地。

活动成果： "2022 相约北京"主题活动
案例学校： 北京耀中国际学校

"冬奥会"于2022年来到了北京，这是举国上下激情欢腾的时刻，也是向世界立体展示中国发展成果的时机。作为国际学校的一分子，北京耀中国际学校亲身感受北京这座城市的底蕴与魅力，见证了"双奥之城"的诞生，是一份独特的荣誉。为了将这份荣光传递出去，彰显中国文化的自信、包容、开放，同时也体现北京耀中学生尊重并理解中西文化，善于跨文化交流，学校筹划并组织了一场主题为"2022 相约北京"的大型庆祝活动。

"2022 相约北京"主题活动于 2021 年 10 月 22 日在北京耀中国际学校中学部的七至高中一年级的二语学生中开展。活动分为启动仪式、现场展演、颁奖仪式三大部分。"2022 相约北京"主题活动在 2022 北京冬奥会倒计时活动中盛大开启，紧接着第23 届韩国平昌冬奥会闭幕式上的北京 8 分钟的文艺演出点燃了同学们的热情。频频出现的中国元素让同学们兴奋不已，例如代表中国传统文化的熊猫、中国结、龙、凤等，代表中国新时代建设与发展的高铁、"中国天眼"、新四大发明等，代表冬奥元素的冰壶、冰球、滑雪等。

在"东言西语话北京"的现场展演中，北京的气候、交通、运动场馆、新科技、必吃美食、必玩景点等，在同学们的视频、绘本、现场陈述、情景剧、作文、海报、诗歌和歌曲中成了独具特色的中国元素，极具吸引力。非母语的学生们为国外的参赛选手及游客精心制作了贴心的"北京生活指南"；北京的小餐馆、糖葫芦、雪人儿冰激凌、豆汁儿、铜锅涮羊肉、长城、故宫……被同学们创作成了一条条北京攻略。一位德国同学更是挑战自我，在滑雪场用中文采访其他游客，并在镜头前为北京冬奥会送上祝福语。一位同学以冰墩墩为题，绘制了一整套《冰墩墩历险记》图书。有的同学通过"云游故宫"VR 游览功能带领大家"云游"故宫，在"云端"寻宝……根据现场投票，活动评选出"最受欢迎奖"等奖项，同学们纷纷在便利贴上写下对冬奥会的寄语，把美好的祝福贴在了冬奥心愿展示墙上。

随后的南腔北调庆冬奥——才艺展示环节更是将活动推向了

高潮。一曲钢琴伴奏的小合唱《北京欢迎你》拉开了才艺展示的序幕。配乐诗朗诵让学生在古典音乐的曲调里欣赏诗歌的节奏与魅力。说唱脸谱与京剧《穆桂英挂帅》将学生带入生旦净末丑的一方天地中。一抹抹鲜亮的颜色、千变万化的台步、一颦一笑间演绎着中国京剧的精髓，尽显中国文化国粹的魅力。《向世界微笑》的合唱表达了我们与世界同行的美好憧憬，向世界传递中国的友好与热情、努力与拼搏。书法作品"冰雪腾起彩虹梦 健儿舞开春日花"让同学们在一笔一画中体味力量，也为冬奥会献上美好的祝福。在中国生活多年外国友人用一首原创的《来北京》，向世界各国的奥运健儿们发出深情的邀请。活动在同学们的大合唱《一起向未来》中走向高潮。耀中学子们用自信大方的表演，阐释了他们是跨文化交流中身体力行的传播者，充分展示出中国文化自信自强、文化包容与开放的内涵，也展现出生活在双奥之城的骄傲。

语言是文化的外显形式，文化是语言生发的土壤。北京耀中国际学校深深扎根于中国的文化土壤，将中文作为国际学生的第二语言，用中国文化的宽容、开放、与时俱进的精神感染每一位学生。

活动成果： 强身健体，奋进新征程
案例学校： 长沙市第六中学

长沙市第六中学西连美丽的年嘉湖，北靠风光旖旎的浏阳河。百余年来，学校传承着先贤精神，秉承"公勇诚朴"的校训，坚持"一切为了师生的美好发展"的办学理念，发奋图强，努力开拓。在党的二十大胜利召开之际，学校师生积极行动，精心组织开展以"强身健体，接续百年，喜迎党的'二十大'，奋进新征程"为主题的校运会，在校运会开幕式上，利用道具和服装展示我国各地的经济、文化特色。

一、基本做法

校运会以喜迎党的二十大为背景，围绕"祖国繁荣昌盛，万众一心迎盛会"，各年级团队用展板明确所展示的省份或直辖市，展示所代表省份或民族的特色，学习所代表的省份或直辖市的发展历程。

本次中华优秀传统文化展示分为"东

— 长沙市第六中学校运动会
上，学生们手举"一起向未来"
的标语向前迈进（左图）

— 长沙市第六中学校运动会
上，学生们手举"守正创新
稳中求进"的标语踏步向前
（右图）

北振兴""中部崛起""西部开发""东部领航"四大板块。"东北振兴"以黑龙江、吉林、辽宁为代表，从科技、工业、农业三个维度展示东北特色及文化。选取"辽宁舰"——中国第一艘服役的航空母舰，展示东北地区的科技实力，石油工人形象代表着东北地区的工业发展，东北大米代表了东北地区的农业科技实力。"中部崛起"以陕西、河南、安徽、湖南、湖北、江西为代表，利用横幅、标语、代表性建筑及高校，显示中部地区科技、经济、教育事业的绝对实力。"西部开发"以陕西、甘肃、宁夏、云南、贵州、四川、内蒙古、青海、新疆、重庆、西藏、广西为代表，学生身着各民族服饰，表演各民族舞蹈风格，呈现西部地区的文化地域性、民族性、多元性。"东部领航"以北京、天津、河北、山东、江苏、上海、浙江、福建、广东、海南、香港、澳门、台湾为代表，全方位展示了中国的发展速度及综合实力。

活动全程，学校采用专业录音、录像设备进行拍摄，并在活动后对视频进行剪辑优化，发布于各大平台。在党的二十大召开之际，学校利用网络的传播能力，讲好中国故事，展现中华民族优秀文化，并借此次活动弘扬中华民族传统文化，推进青少年中外人文交流，寄语新中国，逐梦新时代。

二、主要成效

通过体育盛会传承中华优秀传统文化，是长沙市第六中学提升青少年人文交流素养的创新举措。可以说，体育活动是增强学生对中华文化参与感、获得感和认同感的重要途径；是将中华优秀传统文化全方位、全过程融入学校美育，以美育人、以文化人，探索学科融合协调发展，整合优化美育资源，全面提升学校美育质量的创新之举；是提高学生审美和人文素养，引领学生树

立正确民族观、国家观、文化观，建设向真、向善、向美、向上的校园文化的有益探索。通过体育盛会，不仅帮助师生了解各个省份的优秀传统文化，提升了青少年人文交流素养，还增强了师生的民族自信心、文化自信心，引领青少年在世界百年未有之大变局中促进民族传统的创新发展。

三、典型经验

中华优秀传统文化是提高中国人民自信心、增强民族凝聚力、培育民族精神和民族情感的源泉。通过本次活动，学校、教师、学生、家长通力合作，用地方服饰及具有民族特色的表演生动地展示了中国各地的风采，让学生在简短的时间里迅速了解中国的发展史及中国的特色，培养了学生的民族情感，提高了学生审美能力，唤醒了学生的民族主体意识，达到增强学生文化自信的目的。

同时，学校充分利用"互联网＋"技术，采用线上线下同时进行的宣传教育模式，推动人文交流的网络化发展，扩大了宣传效果，让中外人文交流"走出去""传得远"，从而达到弘扬中华优秀传统文化、实现中外人文交流的目的。

活动成果： 以舞为媒，架起联动中外的艺术桥
案例学校： 广东省外语艺术职业学院

党的十八大以来，习近平总书记高度重视文化建设，多次强调坚定文化自信，坚守中华文化立场，弘扬优秀传统文化，2021年4月，习近平总书记在清华大学考察时提到，"要增强文化自信，以美为媒，加强国际文化交流"，高屋建瓴地为中外文化交流指明了方向。这句话也成为广东省外语艺术职业学院师生努力践行的目标。作为一所以外语和艺术为特色的高职学院，广东省外语艺术职业学院"以美为媒"，开展了形式多样的中外文化交流活动，搭建起艺术文化交流之桥，促进中外青少年之间相互理解、相互支持、相互帮助，展现构建人类命运共同体的青春担当，让更多其他国家民众看到中国年轻一代学子的风采，听到动人的中国故事，感受中华的文化魅力。

一、基本做法

（一）弘扬中国传统舞蹈文化，助力人才培养

在43年的办学历史中，学校一直将美育作为人才培养的重要方式之一。学校艺术教育学院以中华美育精神为内核，着力构建了美育模式。这一模式在传统美育课程的基础上，遵循职业教育的规律，融合美育课程、艺术展演、社会服务、国际文化交流等一体化设计，以螺旋上升式的发展方式，开展形式多样的美育课程，使学生获得必备的知识、技艺和审美素养，以常态化的艺术展演培养学生的文化创新能力，强化"活动育人""社会服务育人""对外交流育人"的作用，将中华美育精神的传承与发展落到实处，将美育课堂转化为舞蹈能力和创作技巧，推动广东省外语艺术职业学院学子以舞蹈作为沟通的语言与各国学子进行交流，展现了中国学子坚定的文化自信，推动中国传统舞蹈"走出去"。

（二）搭建文化艺术国际平台，促中外学子交流

舞蹈无国界。通过舞蹈这种人类共通的形体语言，可以快速地实现交流沟通。学校以五燕艺术团为载体，让学校中国舞蹈的美育成果走向世界。五燕艺术团是学校培养舞蹈艺术人才，教师指导学生创作、学校发挥专业及文化特色，有效利用国际教育资源，搭建国际化的文化艺术的交流平台和新文化创作的实践平台，是在广东省外语艺术职业学院美育土壤上开出的一朵灿烂的美育之花。

五燕艺术团曾携《绣缘》赴韩国世宗大学、韩国蔚山大学进行交流演出，向世

— 广东省外语艺术职业学院学生赴英国交流演出，开展中国舞蹈教学

界展示了岭南舞蹈之美。2018 年，五燕艺术团赴英国伯明翰城市大学音乐厅、威尔士卡迪夫社区、英皇芭蕾舞学院、伦敦华舞学校等进行交流演出活动，向中外观众展示岭南文化之美……他们不仅为海外观众展示了优美的中国舞蹈，还送去了舞狮、剪纸等传统文化。

二、主要成效

（一）通过美育夯实学生创编及展演能力

五燕艺术团把中国传统文化尤其是岭南文化用现代语境进行演绎，丰富了美育的内涵，提升了学生的审美体验。此外，学校将美育与专业课程建设结合，重视美育成果的转化，注重以作品创作（成果导向）加深学生对中华优秀传统文化的体验和认识，推进国际化人才培养及教学改革的深入开展，为实现培养高素质舞蹈人才的目标提供了途径，奠定了坚实的基础。

（二）通过对外交流坚定了师生的文化自信

学校以舞为媒，先后赴韩国、英国、西班牙等国交流，取得了巨大成功。目前，海外受众已有近万人。国外青少年被优美的岭南舞蹈所折服，舞蹈唤醒了国外华裔的深层文化记忆，让文化得到传承和延续。五燕艺术团的展演受到了社会各界的好评，当地的各大主流媒体进行了报道。可以说，五燕艺术团的海外展演，不仅弘扬了中华民族的悠久文化，鼓舞了海外青少年，也开阔了校内学生的国际视野，培养了他们的文化艺术素养。

（三）创作了一批成熟的中国舞蹈作品

学校扎根中国文化，创作了一批成熟的舞蹈作品，如《绣缘》《雷公佑红土》《西关小姐》《渔水谣》《采茶舞》等。其中《雷公佑红土》取材于国家级非物质文化遗产——湛江傩舞，作品通过民间活态遗存的"小传统"，弘扬新时代国家传递的"大传统"，即礼法坚守、信仰之美以及民族文化认同感。同时作品通过渲染"意象"与"现实"二者相融共生的空间，体现了"人与神"的联系，探寻了生命的意义。

三、典型经验

中华文化的传承与传播的希望在年轻人，中外文化交流的未来也将由年轻人完成。学校以美育人，以文化人，让学生感受到中华文化与艺术的魅力，认识中华优秀传统文化的价值，主动肩负起传承与弘扬中华优秀传统文化的责任。

（一）以美育提升学生的创演能力，坚定文化自信

学校将美育融入学生专业的成长与培养，开展形式多样的美育课程，使学生获得必备的知识、技艺和审美素养，广泛地培养学生的创演能力，夯实舞蹈能力，提升学生的舞蹈创编和参演能力，为中国舞蹈的传承培育更多人才。

（二）跨文化互学互鉴，中国舞蹈消融文化差异

在对外交流合作中，我们既要坚定文化自信，热爱中国舞蹈，也要考虑到海外受众特定的文化语境，帮助国外青少年降

— 广东省外语艺术职业学院师生赴西班牙交流演出（上图）

— 广东省外语艺术职业学院学子指导西班牙青少年学习剪纸（下图）

低观看中国舞蹈及接受异国文化的难度，从而最大限度地发挥中国舞蹈的文化魅力，增强中国舞蹈艺术对外的传播力度。因此，在中国舞蹈"走出去"的过程中，学校师生创编中国舞蹈会充分考虑国外青少年受众的审美需求及文化理解力，缩小不同文化间的认知差异，促进中外青少年的交流，促使中华优秀传统文化能真正在世界范围广泛传播。

（三）中外交流打破创作局限，助推人才培养国际化

通过参加国际展演、中外师生交流、异域文化体验等活动，能有效地帮助学生们打破思维局限，弥补课堂教学的不足，更深层次地挖掘和激发学生的创造力。因此，每次交流归来，学校师生都会总结经验，从而更好地将海外展演与舞蹈创作、课程教学相结合，推进中国舞蹈人才国际化培养的课程改革。

教学成果： 绳彩乐动，共游世界

案例学校： 重庆市沙坪坝区上桥实验学校小学部

跳绳作为一种古老的民俗娱乐活动，是中华文化的重要组成部分，更有着强身健体的功效。在重庆市沙坪坝区上桥实验学校小学部，跳绳被学生玩出了各种新花样，成为大家热爱的运动项目。

一、基本做法

根据中外人文交流活动开展的需求，重庆市沙坪坝区上桥实验学校小学部确定了活动内容、主持人员等，组建了中外人文交流专题项目组。中外人文交流专题项目组的成员大多为区级骨干教师、一级教师，有较强的科研能力和专业素养。为了让学生深入了解中外跳绳的文化和现状，教师们围绕学校"绳彩乐动"精品课程，立足本土，放眼世界，开发了"绳的世界知多少"资源包。学校为丰富师生的人文活动，拓宽师生的国际视野，积极搭建中外人文交流平台，以跳绳为主题开展丰富多彩的人文交流活动。

二、主要成效

（一）学生对本民族文化的认同和弘扬

国际理解教育并非空泛的国际交际知识的传授，在学习他国文化、了解他国传统的同时，再加强对本民族传统文化知识的学习是必需的。要真正理解和接受他国文化，理解差异、谋求沟通，必须有深厚的民族传统作为基础；一旦缺乏这方面的培养，在理解吸收他国文化时就会造成对本民族传统的轻视。因此，学校以跳绳为主题开展丰富多彩的活动，旨在培养学生的民族自豪感和荣誉感，如学校开展"共游世界"儿童节庆祝活动，让学生了解中华优秀传统文化正在走向世界，吸引着外国青少年，从而激发文化自信，努力学习民族传统文化。

（二）学生跳绳技能的提高

通过一系列"绳彩乐动"活动，学生个人跳绳的水平和班级跳绳的整体水平都有了很大的提高，而且加深了对中华"绳文化"的理解，既丰富了绳文化知识，也开阔了视野。

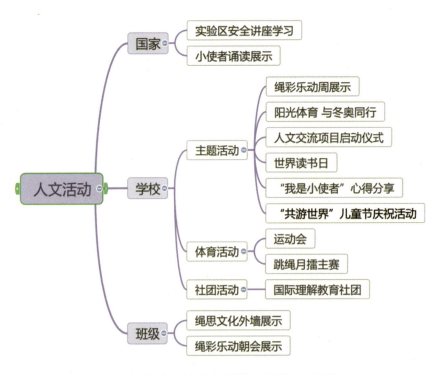

— 重庆市沙坪坝区上桥实验学校开展的人文活动

教学成果: "运动让'视'界更美好"教学设计
案例学校: 重庆市沙坪坝区上桥实验学校小学部

"运动让'视'界更美好"教学设计

教学流程	活动设置目的	学生活动	教师活动	时间
一、感受和了解近视带来的影响	在活动体验中,感受近视带来的影响,增强预防近视和保护视力的意识	1.蒙层看图片(学生体验从不蒙塑料纸到蒙一张、两张,再到多张塑料纸后,看图片的对比) 2.观看视频(近视带来的影响)	1.引导学生上台体验,分享发现 2.播放视频 3.引导学生关注近视问题	3分钟
二、了解儿童近视现状,以及预防近视和保护视力的方法	了解班级、学校、中国、国外的儿童近视率,引发学生关注近视问题	1.结合前置问卷调查和新闻数据分析:儿童近视率的现状 2.谈谈预防近视和保护视力的方法	1.呈现调查数据 2.播放新闻视频,总结运动对视力保护的重要性	6分钟
三、讨论和学习不同国家预防近视和保护视力的特色运动	了解中国、美国、日本、瑞典等国家有利于儿童视力健康的特色室内和室外运动	室内运动: 1.猜一猜:根据不同国家眼部操图片猜国家名称 2.观看视频,学习模仿 3.说说做眼部操的感受 室外运动: 1.谈谈不同国家有特色的保护视力的运动项目 2.选择喜欢的运动方式,现场演示	1.呈现不同国家的眼部操图片 2.播放视频 3.介绍特色室外运动项目	15分钟
四、创设情境,迁移运用,在任务中体验和学习保护视力的特色运动	分小组准备世界爱眼日主题微视频,引导学生用实际行动关爱眼睛,并将关爱传递给更多的人	任务驱动: 1.做世界卫生组织志愿者,拍摄微视频,帮助更多儿童关爱眼睛健康 2.四人小组合作,创编爱眼口号,选择不同国家的护眼运动进行展示 3.学生互评:检测小组表演并给出建议	1.观看爱眼日微视频 2.观察、引导、评价 3.鼓励学生参与爱眼运动	12分钟
五、总结回顾	回顾运动对视力保护的重要性及各国护眼的运动项目	1.回顾世界儿童的近视问题现状 2.回顾各国特色的运动项目	1.小结 2.启发:爱护眼睛,做生活中的运动小达人	4分钟
六、课后任务	拍摄世界爱眼日主题微视频——"运动让'视'界更美好"	1.结合课堂中的微视频准备活动,四人合作拍照 2.上传至校园网站	指导学生制作视频;鼓励学生分享爱眼微视频	不限

绿色教育领域的实践与探索

第五章

Chapter 5

一

教学成果： 跨学科开展小学国际理解教育的教学实践
——以水文化主题学习为例

案例学校： 成都新津墨文学校

《"十四五"全国水情教育规划》指出"要让民众增强知水、爱水、节水、护水意识，全面提升应对洪涝灾害的能力"。联合国可持续发展目标提出要为所有人提供卫生的水，并对其进行可持续管理。目前，学生对全球饮用水资源缺乏、水环境污染问题等问题的认识不足。基于这一情况，成都新津墨文学校设计了以"水文化"为主题的跨学科国理解教育主题课程。本文节选了课程中的部分环节，具体如下。

一、课程简介

"水文化"课程共四章，其中第一、二、三章是面向三年级学生开展的跨学科主题式学习，第四章为全校共同的学习活动。课程采用多学科渗透的方式，通过主题式研修，开展海洋世界编程、制作水钟、自动洒水器、制作中外著名河流形态以及文化大图等跨学科项目式学习，并在世界水日、中国水周等重要日期开展全球水议题讨论及护水行动等。课程融合任务型、协同式、探究式等多元课堂教学策略，研制了课程开放评估系统，保障课程的落地实施。

二、具体做法

通过跨学科主题式学习，提高师生的综合素质和学科素养。各学科教师通过集体备课与合作，建立起学科间的知识关联，提升教学质量。学生通过跨学科的主题研修，建立起对事物的多元认知视角，构建起对水的多学科认知，探究水资源的全球性问题，培养团队协作、思辨、解决问题的能力。

通过比较中外水文化，学生了解了中外水文化的异同，加深了对国际理解教育的认知。例如中国长江与尼罗河形态与人文景观的图画制作；中国都江堰、三峡大坝与外国的胡佛大坝、阿斯旺大坝的比较，水文化戏剧表演等，使学生增加了民族自豪感。

通过中外水文化的类比学习，了解中国和埃及的古老河流。探讨河流沿线城市的人

— 成都新津墨文学校学生制作埃及阿斯旺水坝浮雕（上图）

— 成都新津墨文学校学生制作的"节约用水"的海报（下图）

文景观、风土人情和文化元素等异同，增加学生的民族自豪感，增强文化自信，开阔国际视野，加深学生对文化多样性和文明互鉴的认知，让开放包容的育人理念深入人心。同时，通过参与全球水资源的讨论与倡议，培养学生的责任感及全球意识。

学校每年举办国际理解教育展、水文化主题报告展览、学生戏剧展演等活动，吸引了大批家长和教育界专家参观，在得到了高度认可的同时，也丰富了学校的办学特色。

三、典型经验

系列化开展国际理解教育活动与学校育人理念的有机统一。

（一）结合学校背景，创编水文化国际理解教育项目

一是梳理国家课程，结合学校育人背景，设计国际理解教育水文化课程框架。二是专家引领，教师教研。通过研讨会、教师合作学习、课题研究。结合本校中外教师的优势，互相分享，提高教师对国际理解的认识。三是编写《国际理解教育水文化课程指南》，为教师在教学目标、教学过程、教学评估等方面作出具体的指导。

（二）挖掘可作为国际理解教育的本土资源和友好学校的资源

在学校"根植中国、放眼世界"的教育理念下，挖掘本地河流文化，例如著名诗人在成都新津留下的千古名句等本土资源以及世界长河尼罗河所在地的友好学校资源。全方位了解中国与世界文化的异同，培养学生对多元文化的理解与尊重。

（三）发展全球议题，增强师生的全球意识和责任担当

学生围绕水资源的全球性问题，提出自己的见解和解决问题的方法，亲身参与全球性的保护水资源活动、实践行动计划，为实现联合国可持续发展目标做出贡献，作有担当的"小小环卫守护者"。

（四）利用国家资源，构建人类命运共同体

国家教材中提取丰富的资源，结合社会制订水情教育行动方案，对在学校普遍推广"十四五"规划中的中国水情教育有一定的参考价值。以真实的可操作的教学内容，给教育界一定启发，共同构建人类命运共同体。

学校深入研究本地水资源，开展跨学科课题研究，致力于打造优质的水文化课程。目前，本课程被成都新津区国际理解教育活动课程案例集收录。教育局曾组织70多位校长、主任及教师到校观摩学生水文化主题的汇报及展示，教育界同仁给予高度评价。未来，学校将研发更好的中外水文化课程，为中外水情教育做出贡献。

— 成都新津墨文学校学生提出保护水资源的倡议

活动成果："垃圾分类"活动设计
案例学校：四川天府新区麓湖小学

四川天府新区麓湖小学结合天府新区公园城市特色、社区特色和学校特色，自主研发了跨学科的公园城市课程，课程设置了"人与自己""人与自然""人与世界"三大主题，以发展知识、技能、概念、个人品质和拓展国际视野为目标，采用大单元、项目式学习方式，通过跨学科融合学习，深度探究具有全球性意义的环保主题，引导学生成为垃圾分类的践行者和倡导者。"垃圾分类"是"人与自然"主题下的子课程（见表1）。在本课程的学习中，学生走出教室，走进社区，通过前期调查、制作垃圾分类问题墙、讨论垃圾分类的利弊、学习如何进行垃圾分类等系列课程，包括垃圾分类概况与做法，了解新西兰、美国、日本等国垃圾分类的实施情况，探索垃圾分类的可持续性方式。

表1 "垃圾分类"课程基本信息

课程内容与课时安排	活动准备阶段：垃圾分类调查及学习垃圾分类，8课时
	活动实施阶段：堆肥箱的设计与制作，4课时
	总结与反思阶段："食物的一生"课程，1课时
	拓展与延伸阶段：堆肥与堆肥的科学观察，1课时
跨学科知识	语文：文字表达、语言表达、采访与调研
	数学：数学与统计
	英语：生活垃圾词汇表达、宣导语言表达
	美术：艺术设计、绘图、手工制作
	科学：好氧堆肥的原理、操作技能与科学观察
	劳动：日常生活劳动（垃圾分类）、生产劳动（堆肥与种植）
	信息技术：视频拍摄、PPT设计与制作、信息检索
	国际理解：感知全球性话题"粮食短缺""饥饿"，培养青少年"人类命运共同体"意识；了解中国和世界主要粮食作物的分布与农作物的生产条件

其中"垃圾分类——食物的一生"课程是助力议案

表2 "垃圾分类——食物的一生"课程教学设计

课时安排	1课时	
环节	课程内容	设计意图
兴趣导入	观察并统计学校午餐食用情况，引出浪费食物的问题	从学生实际生活中的餐食问题入手，激发他们的学习兴趣
学生活动	估算一个班级每天、每周、每月、每年的食物浪费数据	通过真实数据，让学生们对目前的食物浪费现状有更加深刻的认识
新知呈现	感知"粮食短缺""饥饿"等全球性话题	通过图片和基于数据的讨论，帮助学生理解为什么有些国家面临粮食短缺和饥饿问题。通过"水稻的一生"的视频，让学生了解粮食生产的艰辛
知识迁移	将知识转化为行动，引发思考：粮食得来不易，在学校生活中，我们应该怎么做？	分享已经采取的实际行动，践行减少食物浪费、厨余垃圾分类回收处理以及关心等全球性话题等环保概念
应用实践	小组活动：制作班级午餐公约	通过制作班级午餐公约，同学们自我监督，养成爱惜粮食的良好习惯

落地、实施与校内普及推广的重要一环（见表2）。

麓湖小学"垃圾分类"课程自实施以来，受到师生和家长们的热烈欢迎，多次获得各级各类奖项。学校联合成都市生态环境局开设的"公园城市的'朋友们'"生态环保公开课在成都市生态环境局公众号进行广泛推广。

教学成果：中西方社会治理差异比较课例
案例学校：成都七中万达学校

文化的差异影响着人们的行为、人际交往，以及我们对他人行为的解读。本案例引导高中学生探索东西方的不同文化是对人们认知自己和认知世界的不同影响。通过对比，引导学生认识文化差异，客观地看待"个人主义"文化与"集体主义"文化，帮助学生树立相互理解、相互包容、相互借鉴的文化价值观，深入思考当下"个人主义"与"集体主义"如何共融共生的问题。

一、课程目标

通过案例的学习，能够培养学生以下能力：

（1）提升分析问题的能力。对比中西方文化的差异，引导学生透过现象看本质，通过分析逐步认识中西方文化层面差异的深层内涵，培养分析问题的能力。

（2）培养系统思维能力。对比西方社会治理的差异，从国家或地区的社会环境、制度土壤、文化根基等方面研究。学生通过不同国家制度、文化等背景的分析，打破思维局限，培养系统思维能力。

（3）培养国际视野与中国意识。在案例学习过程中，通过多方资料收集，拓宽学生国际视野，理性分析国内外差异，建立对世界的客观评价，树立文化自信。

二、教学设计

1. 问卷调查

我们在日常生活中的一些行为体现了我们所受到的文化影响，学生联系自己的生活实际情况，通过填写5个简单的问卷进行自我检验，了解自己的行为特性、文化价值观，为深入探讨做好准备。教师在学生中发放调查问卷，收集反馈，对问卷结果进行总结。

2. 视频学习

通过视频，向学生简要介绍"个人主义"与"集体主义"的主要表现形式和代表的典型国家，让学生对两者差异产生直观的认识，为下一步收集信息与深入调研做好准备。

3. 小组信息调研与收集

组织学生利用课余时间，通过网络、报刊及图书馆资源进行信息收集与调研。小组调研完成后，由组长收集信息，制作成PPT并进行成果汇报。

4. 成果汇报

学生分享各组调研成果，逐一分析"集体主义"与"个人主义"的含义、优势和不足。学生分享后，教师及时总结小组汇报信息，引导学生思考"集体主义"与"个人主义"的社会文化根源，强调

文化没有好与坏，都是人类认知世界的方式。

5. 课堂研讨

讨论主题：面对世界百年未有之大变局，各国的公共卫生政策、人民观念中的"集体主义"与"个人主义"的具体体现？研讨目的在于帮助学生进一步了解中西方在面临全球公共卫生危机时，由于文化差异所采取的不同应对策略和态度。教师积极参与学生讨论，引导学生深入思考，及时给予帮助。

6. 情景案例剖析

情景：假设你在全球公共卫生危机笼罩之下的美国留学，你的美国朋友诚挚地邀请你去参加聚会，你会怎么做？

（1）拒绝邀请——利？弊？

（2）接受邀请——利？弊？

（3）面对公共卫生危机，如何做才能达到"集体主义"与"个人主义"的平衡？

情景剖析是为了引导学生在具体的情境中，解决由"集体主义"与"个人主义"差异而产生的冲突。

学生剖析自己的处理意见后，教师总结如下：

（1）一个人的文化背景影响他看待自己和别人的方式。

（2）文化没有优劣，要相互借鉴，取长补短。

（3）面对文化冲突，做好自己，尊重别人，学会包容。

因为高中生正处于"拔节孕穗期"，我们需要对他们进行正确的思维引导，帮助他们增强文化自信，形成正确的世界观、人生观、价值观。因此，我们在课程内容的选择上，侧重于选择国际理解教育相关且学生有切身体会的问题为切口，以小见大，让学生更好地了解和尊重中外文化差异，以更加开放、平等、理解、包容、尊重、合作和共赢的姿态，努力成为拥有全球视野的世界公民。

活动成果：中瑞学生携手共话环保，你我同行共建洁净世界
案例学校：广州执信中学

2017 年，广州执信中学与瑞典林雪平市波奇利尔斯学校的师生围绕保护绿色环境这一共同目标，在互访和主题研讨中寻找着答案。

一、基本做法

学校与瑞典林雪平市波奇利尔斯学校的师生围绕"人类足迹"绿色环保合作项目，开展了以"科技创新——为了可持续发展的未来"为题的小组合作研修，通过实地参观、现场调研和数据分析等方式，共同研讨人类活动对于环境的影响。在结题报告会上，双方学生分别就用电用水情况、食物、交通方式、垃圾回收及购物方式等进行了结题汇报，现场展示了碳足迹海报、分类回收垃圾桶模型及其运作模式图，为全球环境治理建言献策。双方还通过交流互访，走进校园，走进课堂，开展现场课程观摩，交流分享关于课程的心得体会。

二、主要成效

学校与瑞典林雪平市波奇利尔斯学校的师生开展了一系列交流活动，效果显著。在环保课题的探究活动中，双方学生团结协作，共同完成了三维建模与打印，纸板模型设计及交互硬件的制作与调试。学生们充分发挥想象力，构想了一个未来的绿色世界，如设计了一个通过压缩塑料垃圾来节省空间的垃圾桶，将垃圾燃烧发电站微缩成一个能坐、能发电的景观座椅，以及许多极具想象力的概念设计……在课题汇报中，双方学生就所在城市的居民交通方式进行了对比调查研究。通过探究，学生们对环境问题有了进一步的思考，有效地提升了环保意识。

通过课堂交流，同学们对中瑞两国的教育有了进一步的思考和认识。执信中学的学生们认为瑞典的课堂是师生共建的。在课堂上，学生是课堂的主体，教师指导学生完成课程内容。学生可以表达自己的看法，课堂气氛十分活跃。瑞典的课堂与生活紧密相连。数学课上，同学们来到运河边，思考如何用一把皮尺、一个秒表测量运河每秒钟的水流量，估算横跨运河的拱桥最高点距水面的距离，推测途经此桥的机动车数量；信息技术课上，同学们运用 3D 建模制作储物柜。瑞典师生高度赞赏执信中学"还师生完整的教育生活，促进师生主动发展"的教育理念，欣赏执信

中学多样化课程对学生全面发展、多元发展、特长发展所作的努力。校长马格努斯·约翰松先生感慨："执信的课堂有序、高效、质量高，教师们都致力于改善课堂的质量，这与学校的教育追求是一致的。"

在深入互访交流的过程中，同学们观察生活、认真思考、用心体会，很好地融入两国的家庭生活，适应当地的饮食习惯和生活节奏，感受并尊重彼此的文化差异。在这种思想的碰撞过程中，学生们对自己的人生价值和理想有了新的认识，有的同学希望能继续充当中瑞友谊的使者，萌生从事国际交流工作的志向。另外，受瑞典环保意识的影响，执信中学的学生们希望能吸收先进的理念，为建设"绿水青山"的美丽中国贡献自己的力量。两国学生建立了深厚的友谊，开拓了多元化的国际视野，加强了跨文化交际的能力。

三、成功经验

经过探索和实践，执信中学中外青少年人文交流活动逐步形成了"一目标、两课程、三特色、四项目"的交流模式。

"一目标"即执信中学在交流中注重培养学生的爱国情怀、国际视野、全球意识、跨文化比较意识与文明互鉴意识，为学生未来参与国际事务、讲好中国故事、传播中华文化、参与构建人类命运共同体奠定基础。

"两课程"即在全方位的交流互访活动中，中瑞双方的课程体系融合发展，通过人生远足实践课程和生涯规划教育课程，拓宽学生的视野，提升跨文化素养。

"三特点"即执信中学的青少年人文交流活动呈现出高频率、宽领域、深层次的特

点。2020年以前，执信中学每年有近200人次师生出访，结对友好学校也有近百人来访，交流合作频繁。双方在课程实施、校本教研和校园文化建设等方面开展全方位的合作交流。执信中学与友好学校交流内容丰富，根据友好学校的不同特色，执信中学构建科研学术类、艺术类、体育类、综合类四大类型的文化交流系列活动，面向全校学生，受惠面广，参与人数众多。此外，双方还在教学研讨、同课异构、课题研究等方面开展深度合作。深层次的合作推动了文化交流的内涵式发展，实现了情感交流、思想碰撞、文化融合。

"四项目"即通过不断创新友好学校交流项目的合作模式，执信中学建立起了以课程为载体的国学课程、STEAM课程、艺术交流、课题研讨四大特色交流项目，多维度展示中华传统文化，拓宽学生的国际视野，培养学生的跨文化理解能力。

活动成果： 全球基础教育研究联盟参与全球教育治理实践案例

案例学校： 石家庄外国语学校

全球教育治理正成为世界教育发展的重要特征。中国是联合国"教育2030行动框架"议程的积极推动者，也是全球教育治理的倡导者。参与全球教育治理是我国从教育大国走向教育强国的必由之路。2014年，石家庄外国语学校提出并创建了全球基础教育联盟，通过搭建全球基础教育研究平台，开展基础教育国际合作与交流，推动基础教育改革与创新，服务人类社会可持续发展。

全球基础教育联盟每年围绕一个教育主题举办年会，2015年至2021年，学校先后成功举办了6届年会，举行中外专家主题报告220场，发布《会议共识》4篇，出版《蓝皮书》5册，在国内外产生了广泛的影响。6年来，全球基础教育联盟先后邀请了来自25个国家的300余名国外专家和中小学校长，以及国内20多个省市的2500多名中小学校长和教育专家参会，围绕主题详尽阐述本国教育现状与经验，分享先进的教育理念、行之有效的教育经验、前沿的教育制度、高效的教育管理等，达成"年会共识"，向世界发出联盟大会的声音。全球基础教育联盟不仅推动了区域教育的发展，还广泛传播了中国基础教育的理念。年会期间，联盟还组织各国专家与学生进行圆桌座谈、进中国课堂体验等丰富多彩的活动。特别是"走进山区学校"活动，外国专家走进石家庄外国语学校帮扶的12所山区中小学，与学生进行交流。山区学生从羞于开口渐渐变得乐于交流，国外专家也深刻体会到中国在教育精准扶贫方面所做出的努力和成效，感受到了中国政府为促进教育公平，开展教育扶贫、全纳教育的成果。

全球基础教育联盟成立至今，学校共收到了来自世界各地参会代表所在地政府的贺信103封。随着贺信数量的不断增多，全球基础教育研究联盟和石家庄外国语学校的世界影响力也在不断提升。美国艾奥瓦州州长在贺信中提道："感谢贵校为中美友好做出的重大努力与贡献……全球基础教育研究联盟年会为全球教育工作者的相互学习与交流提供了绝佳的机会。"展望未来，石家庄外国语学校将继续开拓进取、守正创新，将全球基础教育研究联盟发展成国内外有影响力的基础教育领域研究品牌，引领全球基础教育的发展，成为世界基础教育领域的风向标。

— 石家庄外国语学校"秋之韵"学生文艺演出

活动成果： 领略新能源技术知识，共搭中瑞友谊的桥梁——中瑞学生实训营
案例学校： 深圳技术大学

2019 年 7 月，由深圳技术大学与瑞士伯尔尼应用技术大学联合开展的 2019 暑期中瑞学生实训营成功举办。实训营历时 4 周，在瑞士伯尔尼与深圳举办，来自深圳技术大学新材料与新能源学院的 20 名学生与瑞士伯尔尼应用技术大学的 20 名学生共同参与。活动不仅帮助同学们增长了新能源技术知识，拓宽了国际视野，提高了外语沟通和跨文化交际能力，也促进了中瑞师生们深入交流，助力国际友谊桥梁的搭建。

一、瑞士站暑期实训营

在瑞士举办的中瑞暑期实训营以 "New Energy Technologies: Production, Storage and Mobility（新能源技术：生产、储存和移动）" 为主题，40 名中瑞学生学习新能源技术专业课程，实地调研瑞士太阳能光伏发电站、风能发电站、水电站等清洁能源电力设施，参观少女峰高山光伏研究站、瑞士交通博物馆、瑞士知名巧克力品牌 Camille Bloch 生产工厂，亲身感受了琉森州首府卢塞恩的人文习俗，体验因特拉肯小镇的独特魅力。

（一）课程学习

40 名中瑞学生在伯尔尼应用技术大学进行新能源专业课程的学习，内容涵盖新能源技术经济学、能源储存技术、电池及光伏原理、应用光伏学共四大模块，以课堂讲授和研讨会两种方式为主。学校邀请供应链与物流管理和光电专业的教授、瑞士联邦铁路公司能源储能中心负责人、储能研究中心联席主任等行业专家担任主讲老师。以能源、电池和光电物理基础课程为例，来自太阳能光伏领域的专家生动地描绘了可再生能源及光伏的未来前景，深入讲授了太阳能光伏系统的组成类型、应用及发展趋势，其结课项目（同时也是结营项目）是要求每位学生按照所学方法设计并安装自己家的太阳能光伏系统，通过海报形式展示并现场回答专家教授的提问。

（二）实地调研

40 名中瑞学生来到瑞士太阳峰风力发电站，了解其建设历史、发展规模，并进入风机观察内部设施，学习设计原理及外部构造。同学们观摩了来自世界各地的不同类型的太阳能光伏板，了解其设计原理、特性及发电效率。同学们还参观了瑞士最大的抽水蓄能电站之一的格里姆塞尔 2 号水力发电站，通过模拟系统，直观了解了水力发电的科学原理、触发条件、发电储能过程。

在少女峰高海拔研究站，同学们参观了实验室、气象观测站和科研人员生活区；在少女峰太阳能光伏发电测试点，同学们观察了监测数据的设备和记录方法；他们还走访了瑞士交通博物馆、巧克力制造公司 Camille Bloch、卢塞恩、因特拉肯小镇等，感受了瑞士独特的文化。

二、深圳站暑期实训营

2019 年 8 月，40 名中瑞学生齐聚深圳技术大学校园。同学们参观了深技大科研实验室，实地参观汉能移动能源控股集团、比亚迪股份有限公司、华为东莞松山湖基地等知名企业，同时还展开了精彩的人文交流活动，加深中瑞学生间的友谊，为瑞士师生提供了解深圳、了解中国的窗口，为体验中华历史文化和蓬勃科技活力创造了宝贵机会。

（一）课程学习

以 "新材料与新能源" 为主题，课程聚焦有机电子学、硅太阳能电池组件和光伏系统、微纳米制造、自旋电子学技术等领域，由学校新材料与新能源学院教授专家全英文教学，在学习理论知识的基础上，中瑞学生还在实验室分组进行项目实践。

（二）实地调研

40 名中瑞学生参观了汉能移动能源控股集团、比亚迪股份有限公司、华为东莞松山湖基地等企业，亲身感受到中国企业在高科技领域的蓬勃创新、在新能源领域的快速发展、在制造业领域的匠心工艺。

同学们在汉能移动能源控股集团，近距离观摩了汉能生产线和众多光伏发电产品，体会到绿色环保设计理念及应用；在深圳比亚迪公司，同学们了解了空中交通系统，了解了比亚迪公司 "四角大楼" 和 "六角大楼" 所应用的新能源前沿技术；在华为松山湖基地，学生们深入了解了华为发展历程和企业文化；在聚飞光电，学生们参观 LED 产品生产线，领略了高效的制造工艺。

三、经验思考

为了让深圳技术大学学生更好地理解瑞方开设的专业课，学校专门为学生讲授新能源专业知识，熟悉相关英文单词，减少全英课程的磨合时间。项目筹备期间，两校为此次实训营制订了十分详尽的行程安排，合理规划每项活动。另外，组织方提前协助中瑞学生开通 IT 账号和教学平台账号，为学生准备地图、注册账号说明、住宿规则、紧急联络信息的资料袋，极大地方便了学生的学习和生活。

教学成果： 与德国波恩—莱茵—锡格应用技术大学联合开设国际跨学科线上讲座

案例学校： 深圳技术大学

从 2021 年 10 月起，深圳技术大学与德国波恩—莱茵—锡格应用技术大学联合开设了 10 场以"互联世界中的可持续发展与创新"为主题的国际跨学科线上讲座，由两所高校的 10 位教授授课，涉及人类学、碳达峰和碳中和、可穿戴设备、中欧经济等 10 个不同主题，授课语言为英文。德国波恩—莱茵—锡格应用技术大学的 40 余名学生与深圳技术大学近 200 名学生共同参与本次课程。中德学生按比例被混编为多个小组，共同完成小组任务。这是两校师生首次共同参与的线上课程，有利于推进国际师生交流和国际学术研究交流。通过本次课程，中德学生学习了可持续性的发展理念，在专业、语言及文化等方面进一步加强了交流。

一、创新管理平台

该课程创新使用德国波恩—莱茵—锡格应用技术大学 LEA 系统进行课程支持，为中德学生、课程教授及管理人员提供独立账号。管理人员账号可发布课程通知，管理课程资料，管理课程参与人员账号，进行分组及进行组内管理；教师账号可上传课程信息、课件等相关资料，查看并下载学生提交的小组作业；学生账号可接收课程通知，查看并下载课程资料，提交小组作业和进行线上课程等。全部人员可在平台内直接进行信息沟通交流，互发邮件。该平台的使用极大限度地提高了课程管理效率，为此类国际课程管理积累了经验。

二、注重跨学科国际联动

围绕"可持续性发展"主题，由不同专业的教授提供覆盖分子人类学、碳中和、智能可穿戴设备、中欧循环经济、可持续劳动力迁移模式、乘用车服务平台、ICT 市场创新、光纤应用、粮食体系、太阳能等跨学科课程，不限参与学生所学专业。为促进两国学生进一步交流，将两校学生按比例分组，每组内安排一两名德国学生和三四名中国学生，学生们以小组为单位设计课程海报。

教授们为同学们提供了内容充实的课程内容，拓宽了同学们的专业知识和国际视野。在共同完成作业期间，中德学生进行了积极友好的沟通与互动，交流了很多学习生活方面的内容，培养了深厚友谊，提升了跨文化交际能力。

三、下一步计划

课程结束后，学校制作调查问卷，邀请两国学生对课程内容、主讲教师、课程形式等多方面进行评价，收集学生对课程的意见和建议。2022 年 10 月起，以"互联世界中的可持续发展与创新——工程与企业"为主题的第二期课程也正式开课。本系列课程作为常规课程，每学期开放给学生选择，课程的主题和授课形式将不断优化，力求提升教学效果，让学生们充分感受国际化的教育模式和教学理念，开阔学生的国际视野，帮助他们成为高水平、高素质的国际化、复合型应用技术人才。

活动成果： "天宫对话"——神舟十四号航天员乘组与东盟青少年问答活动

案例学校： 泰国玫瑰园中学孔子课堂

讲好中国故事，传递中国力量，是展示中国硬科技和软实力的良好形式。泰国玫瑰园中学是泰国第一所近现代中学，12 所分校遍布泰国，被誉为泰国"社会精英的摇篮"。2009 年，玫瑰园中学与山东大学附属中学合作共建了玫瑰园中学孔子课堂。自成立以来，玫瑰园中学孔子课堂一直朝民间化、本土化方向发展，夯实在当地的社会基础和民意基础。

近年来，中国与包括泰国在内的东盟各国在空间技术应用、通信卫星、航天测绘等方面开展了密切合作。2022 年 11 月 1 日，天宫空间站的神舟十四号的航天员与东盟国家青少年们举行了一场别开生面的"天宫对话"。泰国分会场的活动则由中国驻泰国大使馆与玫瑰园中学联合主办、玫瑰园中学孔子课堂承办。活动当天，来自泰国的青少年们与东盟十国的青少年一起，与中国神舟十四号的航天员们展开天宫对话。泰国学生希瓦丁问航天员："在太空中如何喝水进食？每天需要睡几小时？"航天员刘洋回答："我们有特殊的水袋和饮水器具，食物放在包装袋里，配备了餐具。虽然我们每 90 分钟看到一次日落和日出，但我们保证和地球上的作息时间同步。"航天员们还送上美好祝福，祝愿同学们早日实现航天梦，祝愿中国和东盟国家的友好合作能够取得更加丰硕的成果。活动激

励着泰国的青少年，激发他们的想象力、创造力，增强学习中文的兴趣。泰国民族电视台、经理人报、人民日报、新华社、中央广播电视总台、中新社等 20 余家媒体对活动进行了深度报道。仅在泰华传媒频道，活动的点击量就达到了 13 万次。

近年来，玫瑰园中学举办了 20 期"线上中国学"讲座，吸引了 4000 人次参加。其中，以"讲好中国故事，传播好中国声音，展示真实、立体、全面的中国"为主题的文化类讲座，为泰国的听众呈现了中国多元风貌和博大精深的中国文化，受到教师和中国文化爱好者的热烈欢迎。2022 年 1 月和 11 月，玫瑰园中学孔子课堂联合汉考国际，突破地域限制，举办线上模拟考试，吸引了 120 所泰国学校的 1600 人次参加考前自测，促进了教育公平。

科研成果： 国际青年人文对话大会

案例学校： 对外经济贸易大学

青年是国家与世界的希望，积极推动各国青年间的人文交流是促进未来世界更加开放包容的明智之举。对外经济贸易大学是一所国际化特色鲜明的高等学府，以培养适应全球治理需要的复合型人才为己任。2016 年，学校聚焦前沿科技对未来的深刻影响，举办"未来世界·创新科技论坛"青年会议，引导青年洞悉世界变化。2017 年，学校发起"国际青年人文对话大会"，倡导"人文对话、青年先行、自信开放、合作共享"的交流理念，以

"青年人文交流与全球开放发展"为主题，邀请各界领导嘉宾和专家学者交流思想、分享观点，让中外青年在文化交流中增进了解和互信，在学习合作中拓宽全球视野。截至 2021 年 12 月，国际青年人文对话大会已成功举办 5 届。

第一届国际青年人文对话大会以"新时

代的对外开放与青年交流"为主题，包括开幕式、主题演讲和青年团队学习3个部分。各界领导嘉宾与来自25个国家的560余名青年参加了此次年会。会上正式启动了第一批"全球开放发展青年创新学习项目"，来自全球25个国家的140余名青年学生用一年时间，在国内外一流大学的知名教授指导下，重点围绕"一带一路"倡议、经济全球化新发展、全球治理变革、消除贫困等全球、热点问题开展理论研究和实践调研，形成凝结各国青年对全球开放发展的独特思考和创新主张的学术实践成果。年会上，对外经济贸易大学青年人文交流研究中心正式成立。它是一个融合"青年人文交流研究咨询智库 + 青年人文交流合作活动平台"双重属性于一体的新型青年研究机构，通过重点建设"青年人文交流大数据库"，为今后相关领域的学术研究、活动开展、对外交流和领导决策提供数据支撑。

第二届国际青年人文对话大会以"中国开放，世界共享"为主题，各界领导嘉宾和专家学者交流思想，让中外青年在对话中增进了解和互信，在学习合作中共担时代使命。第三届国际青年人文对话大会以"人类命运共同体与青年全球领导力"为主题，设置了"人类命运共同体与青年""新时代青年领导力科学的理论与实践""青年菁英全球领导力创新"三个平行主题分论坛，来自世界各国的77名专家学者出席，发表演讲并进行研讨。第四届国际青年人文对话以"凝聚各国青年在疫后世界的合作共识"为主题，来自中国、沙特、巴基斯坦等国嘉宾和青年代表参与了对话活动。第五届国际青年人文对话大会以"数字社会与青年领导力"为主题，来自10个余国家的学者、青年通过线上视频会议的形式，共同探讨了数字社会建设中的青年力量。

活动成果： 中马越三方会谈——社会 5.0 视野下终身学习的机遇与挑战
案例学校： 四川天府新区华阳实验小学

2016年1月，日本政府发布了关于第五项科技基本规划（2016至2020年）的信息。该倡议被称为"社会5.0"，旨在创建一个可持续发展的社会，并基于特定的网络物理系统为个人的安全和舒适作出贡献。2021年12月28日，四川天府新区华阳实验小学、马来西亚教育部技职师范学院与越南国立大学共同举行了以"通过终身学习社会5.0"为主题的线上座谈会，就区域内的具体做法进行了探讨和分享。

座谈会上，华阳实验小学分享了学校开展"终身学习"和"社会5.0"的学习及探索活动。学校以建设未来型学校为目标，将"社会5.0"下的终身学习理念贯穿到教师的教育教学中，开展自上而下的新型教育理论、教师基本功学习，形成了良好的终身学习的氛围，促进教师的专业成长。教师以建设学校信息技术2.0工程为契机，建设AR课堂、智慧型课堂，为学生创造一个信息技术型的学习环境。同时学校还开展团队教研活动，将信息技术融入课堂，通过录制教学微课、制作教学资源等，开发了具有学校特色的STEAM课程、编程课程和机器人课程，创编了很多优秀的信息技术教育案例，实现教学资源的共建共享。

"社会5.0"是一个概念，也是一种趋势。华阳实验小学基于"社会5.0"的探索是一种积极的尝试与突破。马来西亚教育部前部长拿督阿敏博士认为现代社会对网络的依赖很大，但是真正将信息资源用于学习的部分却很少，想要实现"社会5.0"最主要的是要提升公民学习的自主性，普及终身学习的概念。越南国立大学的曹教授指出，"社会5.0"背景下的教育，可以缩小城乡教育差距，录制的优秀课程也可以成为免费资源，向更多的师生开放，从而促进教育公平，创建一个学习型的社会。本次活动让华阳实验小学的所有老师对于"终身学习"和"社会5.0"有了更深层次的了解。活动吸引了马来西亚的5000余名教育界同仁在线观看，会议形式新颖、内容充实，得到了广泛好评。

活动成果：2019 创新创业国际夏令营
案例学校：哈尔滨工业大学（深圳）

2019 年 6 月 30 日至 7 月 27 日，哈尔滨工业大学（深圳）成功举办 2019 创新创业国际夏令营。夏令营围绕创新创业主题，通过学分课程、企业参访、城市探索、传统文化体验和中外学生文化交流等模块，让来自荷兰、英国、韩国和中国的近 40 名营员在深圳度过了精彩纷呈的 4 周时间。项目多板块、广视角、多层面、重参与的设计得到了夏令营营员的肯定。项目过程中，中外青少年学生的互动交流也为哈尔滨工业大学（深圳）的校园涂抹出一抹亮丽的国际化色彩。

一、项目背景

哈尔滨工业大学（深圳）一直以来致力于推动科技进步与技术创新，充分发掘地处中国改革开放之都、创新创业之城——深圳的地缘优势和校友资源，以学校精品课程为基础，围绕创新创业主题，策划组织了"创新创业国际夏令营"项目。2018 年项目试运行，面向港澳地区高校青年学生成功举办了第一届活动，取得了良好效果。2019 年项目扩大招生规模，同时面向港澳学生和国际学生开放，共接收了来自中国香港和中国澳门地区，以及荷兰、英国、韩国等国近 40 名青年学生。

二、项目内容

（一）学分课程

项目开设了"创新创业学"与"当代中国"两门课程，共 4 学分 64 学时。课程由哈尔滨工业大学本部及深圳校区优秀教师联合授课。"创新创业学"以现代创新理念方法以及创业理论为主要内容，在理论的讲解中辅以案例学习与研讨。课程考核以项目设计形式进行，邀请深圳业界高级管理人员以及校友创业者一同担任导师，共同指导学生进行前期调研、项目设计及成果展示。"当代中国"课程按"跨文化视角下的当代中国，中国政治经济外交，科技文化，环境与生态和社会生活"五大主题进行，以课堂教学、小组讨论、实地走访等方式让学生以深圳为窗口，全面地了解当代中国社会经济发展现状。

（二）企业参访

项目每周安排一次企业访问活动，参访企业包括大型集团公司、高科技产业园区、新兴科创企业等多种类型。通过访问深圳招商局蛇口中心及招商局历史博物馆，学生透过企业的发展历程看到了中国的时代变迁；访问南山智园和吉虹创意设计园等高新科技园区，通过了解产业园区的发展脉络与进驻企业情况，更直观地感受到深圳为前沿高新产业所提供的各类支持与指导；访问迈瑞集团，通过与企业部门负责人的交流让学生进一步了解相关行业的发展现状和行业前景；访问乐聚机器人公司，通过与企业创始人面对面交流，了解中国年轻一代创业过程中所面临的机遇和挑战、艰辛和快乐。

企业参访板块为学生提供了难得的深入了解区域经济发展、产业布局和行业现状的机会，让学生看到区域经济发展的繁荣景象与巨大潜力，同时也感受到创造这良好局面的深圳人为推动经济发展、实现理想而砥砺前行的勇气与坚定信念。同时，为项目课程"创新创业学""当代中国"提供鲜活的现实依据与参考，是课程的重要补充，也是课程内容最鲜活的诠释与注解。

（三）城市探索

深圳是著名的花园之城，也是有着 1700 多年的郡县史、600 多年的南头城史及大鹏城史和 300 多年的客家人移民史的城市，林立的高楼间隙和曲折漫长的海岸线上，历史处处留痕；深圳还是中国改革开放的重要城市，在日新月异的城市变迁中，年轻且充满活力。了解深圳、了解深圳人是设立"城市探索"板块的主要目标。项目每周安排一次城市探索活动。探索线路既有充分展示深圳地理环境特点与自然资源的深圳红树林、大鹏地质博物馆，又有一砖一瓦、一土一沙都镌刻着历史沧桑变化的宋少帝陵、大鹏古城与炮台；既有能仰望改革开放设计师邓小平伟人雕像，又能俯瞰城市中轴大型建筑市民中心的莲花山公园，还有村巷狭窄蜿蜒却能以油画产业闯出傲人成绩的大芬油画村。城市探索让参加项目的青年学生乘坐公交地铁，走街头，品小吃，走进深圳的各个地方，领略它葱郁洁净的城市风貌，感受它朝气蓬勃的发展步伐，贴近它喧嚣热闹的烟火气息，体验最真实的深圳人生活。由此，在学生的心中，深圳和深圳的人不再是抽象的名字和概念，而是他们亲自用双脚丈量过的一条条马路、一个个公园，还有那一个个与之相谈甚欢的有血有肉的深圳人。

（四）传统文化体验

项目为参加夏令营的学生安排了丰富多样的中华传统文化体验活动。其中有传统体育游戏，包括高跷、空竹、陀螺、投壶、毽球、铁环、板鞋等。通过教练的示范教学与技巧讲解，在学生充分学习和练习之后，全体参与人员分小组进行大比拼。此外，项目还安排了茶道和香道的体验课程，随着导师对茶和香的历史的讲解以及学生亲身体验，学生对中国茶艺和香艺有了基本的了解。

除了安排校内体验活动，项目还带领学生到传统文化工作室及广州粤剧团等地进行沉浸式体验。在庄玉君艺术馆和关柏春奇石微书工作室，学生观赏了中国书画和中国奇石，体验中国书画的魅力；在广州粤剧院，学生在专业解说人员的带领下了解了中国传统戏剧唱、念、做、打的艺术特色，现场欣赏了粤剧折子戏，学生代表还在专业人员的指导下体验了一番武将耍枪和青衣耍水袖的表演程式，充分感受了中国传统戏剧之美。

（五）"多国文化交流夜"活动

为促进夏令营内不同国家和地区的学生之间的交流，同时为国际学生与本校学生之间的交流提供机会，夏令营设计了"多国文化交流夜"活动，邀请国际学生和本校学生一同参加。活动中，荷兰学生和韩国学生受邀介绍各自国家概况和文化风情，同时还介绍自己就读的高校情况，分享不同国家的大学生活。随后，活动将中外学生混合分组开展游戏，来自不同国家和文化背景的大学生们在游戏过程中通力合作，增加了解，成了朋友。

三、项目特色

（1）两门课程内容互助补充，相辅相成。"创新创业学"对当前中国社会的创新创业热点进行了介绍与剖析，为国际学生了解当代中国经济提供了一个切入点；而"当代中国"对中国社会、

经济等的介绍，又为学生理解中国人创新创业实践提供了强大的信息支撑。两门课程既相互独立，又相辅相成。相得益彰，有助于学生更好地掌握课程内容，完成课程项目设计。

（2）企业参访与城市探索活动是课程的有益补充，与两门课程一起形成一个相互支撑的有机体。学生在学习理论之余走近社会各行各业，亲眼看、亲耳听，多层面、多角度地了解当代中国社会、经济和生活的方方面面，促进学生对当代中国的了解，同时也有利于培养国际学生知华友华的情感。

（3）本土学生项目活动的组织和管理发挥了积极的作用。项目充分调动本土学生的积极性，让本土学生以主人翁的精神与态度参与到项目活动中，既为项目运行和管理增添强大的助力，又能为本土学生创造更多与不同国家和文化背景人员交流的机会，有助于提升学生跨文化交流能力。

综上所述，哈尔滨工业大学（深圳）2019创新创业国际夏令营项目将地缘优势、产业优势和人员优势充分结合，以课程为核心，以企业参访、城市探索为有益补充，同时融入中华传统文化体验和多国文化交流，形成了内容丰富、形式多样的夏令营项目，为国际学生了解深圳、了解中国提供了窗口，也为中外青年的互动与交流提供了机会，是哈尔滨工业大学（深圳）创设国际化校区的一次较为成功的尝试。

— 2019哈尔滨工业大学（深圳）创新创业国际夏令营学员参观广州粤剧院，感受中华优秀传统文化（左图）

— 2019哈尔滨工业大学（深圳）创新创业国际夏令营学员参观南山智园（右图）

多语种学习的实践与探索

第六章

—— Chapter 6 ——

科研成果： 主题统整的"英语·多语种"话题式学习实践探索

案例学校： 成都市锦江区外国语小学校

语言是交流的基础和媒介，不同语言包含着不同文化，通过语言学习可以了解更多元的文化。成都市锦江区外国语小学校以"英语·多语种"话题式学习，使学生具有更加多维的国际视野，理解国际重大问题，提升学生跨文化交际的能力。

本文节选了原文中的"主题统整的'英语·多语种'话题式教学部分"进行展示。

一、概念界定

主题统整即结合小学生身心发展的特点，围绕"生活与学习，做人与做事，历史、社会与文化，社会服务与人际沟通，科学与技术，自然生态"六大主题，按照主题意义和价值设计小学阶段的子主题及话题，促进学生核心素养的发展。

"英语·多语种"体现了融合理念，是指围绕主题意义，跨越学科界限，打破学科壁垒，以英语学习为主，其他语种学习为辅，英语与多语种相互渗透融合，整合学习内容。其中第一学段主要是英语，第二学段是英语、法语、西班牙语和俄语的融合，第三学段是英语、日语和德语的融合。

话题式学习是基于"主题—子主题—话题"的课程学习的方式，以主题意义和育人价值为统领，依据学段特点和子主题内涵，整合英语和其他语种中的相关话题构建学习单元。

二、主题统整的"英语·多语种"话题式教学

这是一种跨学科的教学，涉及单元的重组与整合，它以主题观念为统领，以话题为依据，融合各种语言知识、文化知识、语言技能和学习策略来形成学习单元，培养学生的核心素养。以第三学段中的子主题"劳动实践——我为新年添光彩"来具体阐述教学目标、内容与策略，主要的教学策略包括情

境依托、落实"三环节"、递进式活动和多元评价。

（一）单元内容

新年是每个国家最盛大的节日，世界各国不仅有自己独特的新年习俗和庆祝方式，还有很多代表性的文化元素。以"我为新年添光彩"主题课堂为例，学生通过梳理、归纳、推断等方式获取语篇信息，学习语篇承载的语言知识和文化知识，并阐述自己的观点见解，拓宽国际视野；在比较过程中加深对中国文化的理解与认同，促进中国文化的传播；动手制作寓意独特的手工艺品，装饰环境或赠予他人，提高自己的实践能力。

（二）单元教学目标与课时核心语言知识、技能、策略关系

依据单元育人蓝图，分析单元教学目标、话题教学目标与核

心素养，把预期的核心素养目标落实到课时教学中（见表1、表2）。

（三）教学实施

1. 情境依托

一是设问驱动性问题。首先教师提出问题，激活学生的已知图式，引出主题，引出学生与文本知识与经验间的信息差，激发学生的好奇心和求知欲。然后创设真实的主题语境，引导学生以小组为单位展开讨论，激发学生的学习兴趣。二是营造真实的情境。通过信息技术、情境再现、游戏、实物、生活体验等方式，联系学生的现实生活与经验，营造真实情境，使学生在具体的情境中学习语言，激发表达的欲望，提高学生的理解与表达能力。

2. 落实"三环节"

在单元整体教学中落实好三个环节。一是引出主题。围绕子主题，设计话题，把英语与其他学科知识结合起来，联系学生实际生活，让学生面对真实的环境，留心观察身

表1 单元教学任务

话题	核心短语	核心句式	技能与策略学习要点
时代广场的跨年狂欢	美国庆祝新年相关词汇：America、Times Square、New Year、celebrate	使用以下句型介绍美国的迎新活动：How are you going to celebrate New Year? I'm going to……	询问和应答庆祝新年的信息；根据视听、阅读对话等方式了解美国如何庆祝新年
圣诞日历大PK	德国圣诞日历内容及相关事项：die Girlande、die Stiefel、die Geschenke、die Bonbons、die Waggons、der Züg、die Figuren、die Säckchen、die Spielsachen	使用以下核心句型询问、介绍圣诞日历的情况：Wie sieht der Adventskalender aus？Mein Adventskalender sieht aus wie…………hat 24 Fentster/Türen.	通过图片、视频获取并梳理有关圣诞日历样态、内容的主要信息，了解德国人迎圣诞的传统习俗
充满爱意的新年贺卡	新年贺卡相关核心词汇：新年、年賀はがき、飾る、部屋仲間、上司、家族	使用以下句型表达新年祝福：明けましおめでとうございます！いつもお世話になっております！本年よろしくお願いいたします！	通过语篇、影像等资料学习新年相关语言知识，了解日本人庆祝新年的方式；融入中国文化，制作新年贺卡赠予家人朋友
装扮我的家	春节相关词汇：Spring Festival、red lantern、lucky money、red clothes	使用以下句型介绍中国春节活动：How are you going to celebrate Spring Festival? I'm going to……	通过看图、听对话等方式获取并梳理中国迎接春节的步骤；结合所获信息，发挥创意，装扮自己的家

表 2 单元教学目标与话题

单元教学目标	话题	教学目标	活动任务
完成本单元学习后学生能够完成以下教学目标：学生在"我为新年添光彩"主题课堂上，借助梳理、归纳、推断等方式获取语篇信息，学习语篇承载的语言、文化知识并阐述自己的观点；在比较过程中加深对中国文化的理解与认同；动手制作寓意独特的手工艺品，装饰环境或赠予他人	时代广场的跨年狂欢	在情景对话中，借助角色扮演了解美国新年庆祝活动，感受中外文化差异，体会外国人表达爱和庆祝新年的方式	学习庆祝新年的词汇和句型；了解美国新年庆祝活动，感受中外文化差异；学习一个自己喜欢的跨年活动，体会外国人表达爱和庆祝新年的方式
	圣诞日历大PK	基于微视频学习，借助自主设计的圣诞日历，讨论德国人过圣诞节的传统习俗，体会人们对节日的期盼之情	学生学习德国圣诞日历的相关语言词汇和句型；了解德国圣诞的传统习俗；制作圣诞日历，体会人们对节日的期盼之情
	充满爱意的新年贺卡	基于对话学习，借助自主设计的新年贺卡，讨论日本人过新年、表达爱和关心的独特方式	学生学习日本新年的相关语言词汇和句型；了解日本的新年文化和寓意，体会日本人表达爱和关心的独特方式；制作日本的新年贺卡，体会外国人表达爱和庆祝新年的方式
	装扮我的家	基于主题情景活动，教师引导学生完成设计并装扮自己的家，提高动手实践能力，关心他人，传递爱意	根据自己家人的喜好，综合借鉴各国过新年的习俗，设计并布置自己的家，营造浓浓的新年氛围

边的现象，引发学生思考。二是拓展巩固。从日语和德语相关话题中学习，拓展文化视野，丰富学生的知识层面。三是对比融合。从社会生活和自然环境中发现感兴趣的问题，与同伴协同合作，开展调查研究，综合运用英语、日语、德语和其他学科知识解决问题。

3. 递进式活动

依据每个课时的特点设计理解类、巩固类、拓展类、应用类活动。活动层层递进，每个层级都在前一个层级的基础上，在学习语言材料、学生思维习惯和学生学习能力培养方面有更高的要求；理解类活动是基于对话题意义、词句的理解和对逻辑的建构；巩固类活动是进一步加深对话题的理解，培养学生对信息的组织加工能力；话题拓展类活动是围绕既定话题，整合已学知识和思维习惯，培养分析评价能力；应用类活动是联系学生生活，讨论真实的情景问题，培养学生迁移应用的能力。

4. 多元评价

评价包括基础性评价和发展性评价。基础性评价是对学生外语课堂学习情况进行观察记录评价，调动和发展学生学习的主动性。教师对学生在日常课堂表现出的情感、态度、能力、行为进行观察和反馈，促进学生养成良好的外语学习习惯。发展性评价是教师对学生素养发展的描述性评价，对学生搜集、整理、分析

资料的能力，与人合作的能力和成果展示交流情况进行学生自评与互评，引导学生在共学互鉴中共同成长。

三、结语

主题统整起着承上启下的作用，向上指向学生语言能力、文化理解、思维品质、学习能力四大素养发展，向下由一个个子主题和话题组成，落实培养素养的任务。一个个子主题由几个话题构成，形成一个单元，包含英语和多语种学习，实现"英语·多语种"课程内容的融合。在实施方式上，依托情境，包含引出主题、拓展巩固、对比融合三个环节，其中设计递进式活动，培养学生文化理解和实践应用能力，实现多种教学方法的融合。课程评价包含基础性评价和发展性评价，引导教师反思自己的教学和学生反思自己的学习，为课程实施反馈情况和数据，不断完善课程体系。

活动成果： 国际理解下的英语配音活动课
案例学校： 青岛西海岸新区峨眉山路小学

青岛西海岸新区峨眉山路小学依据学生的身心发展规律，创设包含"学习力、健康力、交往力、审美力、实践力、创新力"的"六力"灵秀课程体系，开展"童心童趣选课走班"活动，电影配音课是其中的特色课程之一。该课程立足根本，融通中外，从民族文化理解、异文化理解、人权教育、和平教育、环境教育五大学习领域开展国际理解教育，让国际理解教育扎根于课程之中。

一、基本做法

"电影配音——小学英语口语教学新模式"是全国教育科学"十五"规划研究课题"优秀电影全面提高学生素质的实证研究"中的子课题。基于此，挖掘现有课程中能够作为国际理解教育载体的内容，结合现有学科特点和已有的国际化课程，引入前沿的国际课程，满足学校教学需要。一是研究中国周边国家文化；二是研究"一带一路"沿线国家和地区的文化；三是研究"海上丝绸之路"所涉及的国家文化。主要以英语、地方语学校课程、综合实践课程为主，引领学生感悟世界人文思想，不断开阔学生的国际视野。

二、具体措施

（一）精心选材，确定话题

首先，好的剧本是一堂英语课本剧的关键，其内容应活泼、新颖、积极向上，深受观众喜爱且有一定的教育意义。其次，教师应该根据学生英语知识和听说读写能力的实际基础，结合学段教学要求，精心选取课本剧的话题。选择的内容要贴近学生生活实际，激发学生学习的兴趣。

（二）合作学习，集体创作

教师采用小组合作的学习形式，组织学生进行课本剧改编与排练。每个小组推选一名组长，负责统筹组内各事项。各组员分工合作，发挥集体的智慧，完成从剧本创作到演出的全过程。

各小组首先掌握课文中的生词、难句、语法等内容，熟读课本，反复描摹课文中的情节、人物；按照"改编的剧本要将课文中提到的内容都表达到"的基本要求，讨论形成剧情梗概。为了使表演内容连贯、新颖，大家查询收集相关的语言材料，完善剧本。小组成员根据剧本内容选择角色，展开排练，同时准备道具，增强艺术效果。

（三）创设情境，课堂表演

经集体创作和小组排练后，便进行课堂表演。表演时，小组成员根据剧情需要展现面部表情和使用肢体语言，教师和其他同学要注意调节课堂气氛，使课堂表演轻松自然。

（四）综合评价，及时点拨

小组表演结束时，教师首先引导观看的学生对表演进行评价，再让大家提出具体意见和建议，适时进行点拨，鼓励他们再接再厉。对语言上的错误用法给予纠正，肯定学生的创意。

三、实践意义

学校通过英语配音活动课的课程开发实践，以新颖活泼、形式多样、内容广泛的英语表演活动为载体，为学生提供贴近生活、具有时代感的口语教材，拓展学生口语学习和运用的渠道，培养学生的英语阅读兴趣和良好的阅读习惯，促进国际理解教育的渗透，帮助学生了解世界文化差异，培养具有家国情怀、国际视野的世界小公民。

— 青岛西海岸新区峨眉山路小学的
学生开展电影《狮子王》配音活动

活动成果："Spread the Beauties of Chongqing 向世界讲述重庆之美"校园英语文化节
案例学校：重庆市南岸区南坪实验小学校

讲好中国故事，讲清中国故事，让世界听懂中国故事，让世界更了解中国，是每一个中国英语教育者的使命。重庆市南岸区南坪实验小学校举办了"Spread the Beauties of Chongqing 向世界讲述重庆之美"校园英语文化节，为学生们讲好"巴渝故事"、传承"巴渝文化"提供了展示平台。

一、文化活动主题

校园英语文化节按年级确定主题，通过不同的实践与展示方式，促进不同年级学生的悦纳能力、表达能力与人文素养。具体如下：

一年级：声声悦耳，歌唱重庆特色。学生们以班级为单位进行英语歌曲比赛，在歌曲的选择上凸显了重庆的特色，如 mountain、river、food、transportations 等，让学生们在演唱英语歌曲的同时也能够感受到家乡的特色。

二年级：奇思妙想，手绘重庆名片。学生们用一张张白纸设计出重庆的专属名片，hot pot、"Chongqing noodles""Mountain city""The capital of bridges"……让学生们从不同角度欣赏重庆之美。

三年级：打卡地标，解锁绝美重庆。学生们带上自己制作的展板到重庆各个特色景点打卡，以录制英文小视频的方式为重庆代言。

四年级：手绘攻略，畅游重庆风光。学生们用画笔绘制出重庆地标，勾勒出沿线路径，配上特色美食，展示出遍布山花与楼宇间的重庆。

五年级：行云流水，书写重庆烟火。学生们用工整的字迹生动地描绘重庆的独特之处，"It's so hot in summer""I like the beautiful night view in Chongqing"……学生们在字里行间描绘家乡的人间烟火。

六年级：面向世界，讲述重庆故事。学生们用大方自信的台风、流利标准的语言、精彩纷呈的方式，向世界讲述了重庆的热辣之食、动人之景、美丽之人、美好之事、独特之貌，让世界各地的朋友们关注重庆，向往重庆，爱上重庆。

二、具体做法

"巴渝文化"作为弘扬中华优秀传统文化的一个样本、一个案例、一个抓手，加深了学生对家乡的感情，培育了学生对本土文化的认同与自信，这也正是南坪实验小学校举办校园英语文化节的初衷。

（一）声声悦耳，歌唱重庆特色

学生在正式演唱之前，各班级内主持人介绍活动串词。以 London Bridge 为例，主持人的串词如下：

A: When I think of Chongqing, I can think of Bridges.

B: Chongqing is a capital of bridges. You can see a lot of bridges, such as Chongqing Yangtze River Bridge. It's old and great!

A: Yes! Now let's enjoy the song "London Bridge".

（二）奇思妙想，手绘重庆名片

学生以重庆热门地标、重庆特色美食等特色为主题，发挥自身的想象力和设计才能，创作出一张具有吸引力和创意的重庆专属名片。

（三）打卡地标，解锁绝美重庆

学生手持自制的"外小娃，我为你打call"的展板，到重庆各个特色景点，如洪崖洞、解放碑、朝天门等，用英语介绍自己的家乡。

教师提供语言支架供学生参考：I'm from…Nanping Experimental Foreign Language primary school. This is…Welcome to Chongqing, my beautiful hometown.

（四）手绘攻略，畅游重庆风光

用图文结合的方式介绍自己熟悉的地方，让全世界了解重庆风光。以轻轨 2 号线为例，学生可以通过漫画、简笔画的形式，为外国友人导览类似"宫崎骏"笔下的"海上小火车"的重庆轻轨 2 号线沿途风景，感受穿梭在山花与楼宇间的浪漫。

（五）行云流水，书写重庆烟火

教师提供写作主题和相关的语言支架，比如 weather、food、bridge 等，学生选择某一主题用完整语篇描述重庆的独特之处。以 bridge 为例，学生提交的作品文字稿如下：I'm from Chongqing. It's in the southwest of China. As we all know, Chongqing is a capital of bridges, so you can see a lot of bridges in Chongqing. Do you know Chongqing Yangtze River Bridge? It was built in 1994 and the first bridge in Chongqing. Cool, isn't it? Chongqing is wonderful. I love my beautiful hometown.

（六）面向世界，讲述重庆故事

班级内进行演讲比赛，优胜选手进入年级总决赛。决赛设置主会场和分会场，学生分两个会场进行英语演讲比赛。学生围绕自选主题，介绍自己的家乡重庆，如重庆美食、重庆人文风情、重庆独特地貌等。

学校通过开展融实践性、文化性、趣味性、娱乐性于一体的活动，调动南坪实验小学校学生的积极性和主动性，寓教于乐，为学生创造了更加多元的、轻松的学习环境，在校园里掀起了一股英语学习热潮。同时，学校依托中外友好学校项目，以文化节为抓手，在课程体系建设、外语教学、学生交流、师生互访等方面精准发力，提升学校在人文交流领域的引领力与辐射力。

教学成果： 文化意识视角下小学日语教学中的中国文化融入研究
案例学校： 成都市锦江区外国语小学校

成都市锦江区外国语小学校是成都市锦江区首批教育国际化窗口学校、成都市国际理解教育实验学校、中外人文交流特色学校建设计划项目学校。本文节选"小学日语教学融入中国文化切入点"中的"创新教学方式"的内容进行展示。

文化兴国运兴，文化强民族强。2022年4月，教育部印发的《义务教育日语课程标准（2022年版）》明确提出日语课程要培养的学生核心素养，主要包括语言能力、文化意识、思维品质、学习能力等方面。其中，文化意识主要体现价值观，即通过对比中日文化的异同，加深对中华文化的理解和认同，坚定文化自信，培养学生的家国情怀以及尊重与包容不同文化的态度。中日两国一衣带水，风俗文化的交流源远流长，中国古代传统文化更是对日本文化的形成、发展起了至关重要的作用。随着经济全球化的发展和"一带一路"倡议的大力推进，日本语言及文化的学习在我国日益盛行的同时，也出现了因单方面强调日本文化的输入而轻视母语文化的现象。因此，小学教育作为义务教育的基础与起点，是语言学习的关键期，应该在日语教学中充分考虑中国元素，融入中国文化，从而帮学生树立文化自信，拓展全球视野，成为复合型多语种人才奠定扎实的基础。

一、小学日语教学融入中国文化的创新教学方式

由于小学日语课时有限，在具体的课程实施中，可参考课程综合化实施来保证教学质量。北京师范大学教授杨明全提出了课程综合化实施的三条途径：三级课程整合，跨学科教学设计与整合，主题性课程单元设计与设施。在此理论和核心素养理念的指导下，结合《义务教育日语课程标准（2022年版）》要求，小学日语课堂教学中融入中国文化，可一改单纯语言传授的方式，遵循以生活、人文、社会和自然为核心的主题，先统整日语学习资源，再融合其他学科资源，按前置学习和展示学习进行授课，从而突破学科限制，建构新的学习单元，引导学生理解与梳理语篇知识，表达与交流个人观点，探究与建构知识体系，丰富学习体验，提升思维能力。因此，我们采用跨学科主题教学方式（见表1），下面以"唐衣与和服的跨时代交流"为例进行介绍（见表2）。

主题：唐衣与和服的跨时代交流

意义：盛唐时期，中国唐衣传入日本，逐步演变成今天的和服。作为日本的传统民族服装，和服反映了日本民族对山水的欣赏

及对风土的眷恋，也体现了对人本精神与情境的细腻感受。学生通过学习和服的语言知识和文化特征，加深对日本民族风俗文化的认识，促进对中国相关历史文化的理解与认同，提高跨文化理解交流能力。

在日语教学中融入语文、英语、美术、历史、道法学科，引导学生学习和服的语言知识、发展历史、文化特征、礼仪事项，全面培养学生综合素养。

教学方式：以单元主题教学为基础，设置 4 个教学课时，并

锦江区外国语小学校的日语课程围绕核

表 1 跨学科主题教学流程

	学习内容	第二外语学科语言和其他学科知识，分 3 个课时完成
前置学习	教学方式	授课老师根据主题，课前查阅其他学科相关资料，按课时进行授课，布置层次化教学任务；第二外语老师教授，教学语言主要为第二外语
	学习方式	学生根据单元主题和学习任务，分组进行课前查阅，课中讨论分享，课后总结整理
	教学时间	每课时 40 分钟
展示学习	学习内容	根据单元主题和课时教学内容，在前置性学习中展示相关元素，深入学习讨论 1~2 个重点知识
	教学方式	环节一：第二外语老师按单元主题进行授课，教学语言为第二外语 环节二：相关老师根据教学内容与活动设计授课，必要环节由学科老师教授，教学语言为中文 环节三：第二外语老师反馈学习情况并总结
	学习方式	学生分小组展示前置性学习成果，梳理、探讨、解决本课时中的教学问题
	教学时间	50 分钟

表 2 "唐衣与和服的跨时代交流"教学设计

课时	话题	教学目标	学科
第一课时	源于盛唐的大和风情	学生通过学习唐朝时期中日交流的历史，了解和服的发展历程，对比分析和服与唐衣式样的异同，感知和服反映出的大和民族文化的特性与精髓	日语＋历史
第二课时	文人笔下的和服魅力	学生通过阅读中西方文人对和服的文字描述，再次感知和服的风格，以及和服式样、种类、做工、图案的特点，深层次地学习和服相关的风俗文化及人文精神	日语＋语文＋英语
第三课时	和服礼仪的考究之处	学生通过学习日本人在不同场合、不同年龄的和服穿搭，了解和服礼仪的具体细节（如穿法、搭配装饰、站姿、坐姿等）和相关的社交注意事项	日语＋道法
第四课时	别出心裁的和服 DIY	学生通过借鉴融合和服和唐衣的文化特征，设计并制作简单的和服美术作品，送给自己的家人或朋友	日语＋美术

心素养发展目标，统筹课程安排，培养学生的家国情怀、国际视野及跨文化沟通和交流能力。作为在"一带一路"倡议发展下成长的青少年，小学生有责任、有义务讲述中国故事，表达中国思想，让世界听到中国的声音，实现本国文化和外国文化的双向互鉴，

同时进一步理解与认同本民族文化，加强文化自信，树立不同文明的交流、互鉴、包容的理念，形成和平、民主、发展的全球视野和世界胸怀。

教学成果： 基于中外人文交流的多语种课程实践研究
案例学校： 重庆市沙坪坝区高滩岩小学校

重庆市沙坪坝区高滩岩小学校开展了双师中外共建课程——创意戏剧英语表达课程和全球视野英语思辨课程，英语校本课程——中外节日对对碰，二外法语课程，友好学校中文共建课程，以多种课程形态服务学生的个性化学习需求，为中外人文交流打下坚实的基础（见表1）。

一、双师课堂课程建设——优质教育资源的跨国流通

作为中外人文交流特色学校建设计划项目学校，学校的双师课堂戏剧课程共建项目开辟了学校中外人文交流的新途径，促进了教育的对外开放，增强了学校的办学特色和核心竞争力。通过课程共建项目，培养了高小师生的国际视野，提升了他们的人文素养、人文交流能力和国际理解力。

二、二外法语课程建设——打开看世界的另一扇窗

法语课程的开展提高了学校教育国际化水平，推进国际理解教育落到实处，增进了学生对不同国家、不同文化的认识和理解，有助于学生健康成长，促进学生全面发展，培养具有国际竞争力的现代公民。

三、中外节日对对碰课程建设——校本课程教学新模式

不同的国家有不同的文化，也有不同的节日。节日是文化的载体，是学生们最喜欢的活动。因此，学校以节日为主题，进行了"中外节日对对碰"的校本课程研发，形成高效的"3+1"教学模块（节日歌曲、节日视频、节日绘本＋节日作业）。在此授课模式下，不同年级对相同节日进行不同程度的学习及对比研究，加深学生对多元文化的理解和包容。

四、中文共建课程建设——助力友好学校中文教学

自2020年起，学校持续与美国华盛顿州西雅图市碧近山国际小学开展线上中文课程共建项目。通过笔友活动的形式，大洋彼岸的师生建立了深刻的友谊，对中外文化有了更深入的理解，也为友好学校的中文教学注入了新的活力。

学校的多语种课程为师生提供了良好的语言学习环境，加深了学生对中外文化的理解，为中外人文交流打下了坚实的基础。

表1 重庆市沙坪坝区高滩岩小学校多语种课程建构

年级	英语课程		二外课程	中文课程
	中外共建课程	校本课程		
一年级				
二年级			法语课程	友好学校中文共建课程
三年级	双师课堂：创意戏剧英语表达课程	中外节日对对碰		
四年级				
五年级	双师课堂：全球视野英语思辨课程			
六年级				

活动成果： 当盖碗茶邂逅川宁茶 ——"友好学校线上云交流"活动
案例学校： 成都市龙泉驿区天鹅湖小学

一杯惬意的盖碗茶，是成都这座城市最朴实的魅力。远在英国约克郡的布拉特福德市同样历史悠久，风景绮丽，当地居民喜爱在午后时分品味一壶热气腾腾的川宁茶。出于对乡土的热爱和对远方生活的向往，2022 年 5 月 24 日，成都市龙泉驿区天鹅湖小学与英国布拉特福德市的希尔托普小学相约云端，拉开了中英"友好学校云交流"系列活动的序幕，两座相隔万水千山的城市，就此开启交流的大门。

一、实施路径

（一）组织架构明确，工作有序开展

天鹅湖小学设有行政管理中心、学生发展中心、教师发展中心与课程发展中心，国际理解、中外交流项目由课程发展中心下属的对外交流部安排专人对接与管理。缔结友好学校、开展对外交流活动等，由对外交流部协同专门的工作小组来实施，制订详细的工作计划，分工落实到人，确保每次活动高质量开展。学校也定期邀请驻校专家对教师团队进行培训与指导，积极学习先进教育理念与教育方法。

（二）构建课程框架，共架友谊桥梁

中英"友好学校云交流"系列活动计划由两所学校共同制订，两校教师根据双方学情与兴趣热点确定主题，双方学校的教师团队轮流主导，通过 Zoom 线上平台开展四期全英文交流，双方师生代表共同参与。

第一期活动由天鹅湖小学英语组主导开展，包括以"看见城市之美"为主题的学生交流课程和以"外语教学的理念与实践"为主题的教师教研活动。第二期交流活动由英方承办。

（三）精选课题，学生交流

首次活动主要目的在于增进了解，拉近双方的距离，为日后的深入交流奠定基础。让学生们作为交流的主体，有利于拉近人心；与严肃的学术研讨相比，城市生活的衣食住行则是极好的开篇话题。因此，我们邀请三年级学生作为活动的小主持，邀请二年级的师生担任活动的第一个环节——成都宣传片的配音。外揽山水之幽，内得人文之胜。幸福感满满的成都，通过学生们的介绍，给对方留下了深刻的印象。

吃和玩是学生们最为喜爱的部分。二年级和三年级的学生们分别用英文向对方介绍了成都的美食和旅游胜地。热辣的火锅、外酥里嫩的糖油果子、酸酸甜甜的怪味面、麻辣可口的钵钵鸡、香甜软糯的蛋烘糕，引来了英方学校学生们的阵阵欢呼声；充满神秘感的

金沙遗址、憨态可掬的大熊猫，也获得了大家的喜爱。

在交流的过程中，学校学生直观地感受到布拉特福德这座曾经兴盛的工业城市独特的建筑风格，领略到约克郡宁静美丽的荒原风情，第一次了解英式早餐丰富的内容，认识了英式下午茶里其貌不扬但是深受英国人喜爱的司康饼。距离虽然遥远，文化虽有不同，但通过合理选择话题、深度参与交流，学生们逐渐打开心扉，建立起深厚的友谊。

（四）实践导向，教师研讨

为了分享双方的优秀教育经验，两所学校的老师们以"外语教学的理念与实践"为主题展开研讨。学校教师首先进行了"How to teach and learn a foreign language?"的分享，介绍学校教学团队、英语教材的情况，讲解备课的五个步骤，即教材分析、课时整合、目标设定、学习任务明确和作业设计。而后，介绍国家"双减"政策下学校作业如何优化，以及与英语学习、国际理解教育相关的课外活动。英方学校则介绍了他们使用的外语（法语）教材、近年来学生的作业情况，并强调了校方对于学生户外运动与身心健康的关注，以及学校活动与城市文化资源的联动。通过教学实践的展示与交流，老师们既看到了新时代背景下自身教学的长处，也吸取了对方的经验。

二、典型经验

文化交流的最佳状态是不卑不亢、落落大方，这些都来自日常生活中真实的积淀。全校学生参与学习、研讨了成都文化，发现成都之美，学校英语组以"看见成都之美"为主题，实施了为期一周的英语校本课程。

一年级的学生开展了三项不同类型的英语主题活动：童谣演唱小达人、单词认读小达人、创意设计小达人。他们热情洋溢地在

舞台上唱起英语童谣，积极参与单词认读的比赛，设计属于自己的"Chengdu Farm"，展示了英语初学者自信、快乐的学习状态。

二年级的活动主题为"看见城市之美——成都美食知多少"。活动共分为三个部分：我的美食课堂、我的美食拼贴画、我的美食Vlog。通过一堂别开生面的美食课，学生了解到成都被联合国教科文组织评为美食之都，体会到原来这些成都美食的翻译这么有意思。成都有这么多的美食，如何才能让更多的人看到并了解它们？学生们纷纷化身"文化交流小使者"，用各种方式为大家介绍地道的成都美食。

三年级的学生英语能力更强，他们迎来了关于成都景点文化的主题活动。老师用英文介绍了成都著名景点，随后，学生们共同观看成都景点的英文宣传片，学习相关景点的英文介绍，也了解了成都在中国乃至世界的影响力。最后，学生们通过"绘成都"和"讲成都"，从不同角度感受成都的文化，实现对成都文化的理解与传承。

英语不仅是一种交流的工具，也蕴含着历史文化与风土习俗；交流活动也不仅是交流活动，更是一门生动的国际理解与交流课程。

教学成果：涵养文化自信，培养学生用英语"讲好中国故事"的能力
案例学校：成都市磨子桥小学分校

"讲好中国故事，传播好中国声音，展示真实、立体、全面的中国"是每个中国人的责任和义务。成都市磨子桥小学分校充分利用英语课堂，涵养文化自信，培养学生用英语"讲好中国故事"的能力。

一、基本做法

教材是教与学的重要载体，是用英语"讲好中国故事"的范本和资源库。磨子桥小学分校组织英语教师研读教材，梳理、归纳、提炼出教材中关于"中国故事"的素材，在英语教学中有意识地厚植中华优秀文化，逐步培养学生的民族自豪感，涵养文化自信，培养学生用英语"讲好中国故事"的能力。

根据《完善中华优秀传统文化教育指导纲要》《关于实施中华优秀传统文化传承发展工程的意见》等文件精神和2022版新课程标准，结合学生的认知规律和生活经验，学校英语学科组将培养学生用英语"讲好中国故事"的能力列为英语学科重点工作，并针对不同学段进行了目标和内容的分解和细化。

在各个学段的目标和内容确定之后，通过补充、整合、对比，建构了"讲好中国故事"的学科英语资源包，打造向世界"讲好中国故事"的素材库。同时运用了图片、视频、游戏等多种形式实施课程。学生的参与方式也非常多元，如完成导学单、小组合作、广泛调研等方式。

家校共育为学生提供了更多的空间和平台。学科共育，学科之间互相配合，帮助学生达成"用规范、流利的英语讲述更多的中国故事或者优秀中国人的故事"的总体目标。学校还将英语学习与学校德育工作相结合，每学期定期举办用英语"讲好中国故事"比赛。

二、主要成效

英语学科"讲好中国故事"资源包不仅有利于深化和系统开展相关的教学及系列活动，也为其他学科进行"讲好中国故事"的活动提供参考。同时通过补充、整合教材，加强中外文化比较，引导学生进行文化反思，加深对不同文化的理解和认同；通过系统开展"讲好中国故事"主题活动，帮助学生进行系统学习，坚定文化自信，提高了教师"中国故事课"的教学能力和资源整合能力。

三、典型经验

磨子桥小学分校英语组进行"爱家乡、知中国、看世界"英语课程体系建设，极大地补充了国家课程，实现了家国情怀、世界眼光、国际传播三个维度课程目标的融合。为了让学生了解更多的中国故事，学校英语组开展了"用英语讲中国故事""传统节日手抄报比赛""画'非遗'"等一系列符合当下学生认知特点的特色活动。

教学成果：上海文化周活动与墨西哥驻沪总领事馆文化研学活动
案例学校：上海星芽教育

一、上海文化周活动

2020 年 7 月，Spain to You 第一季活动"你不知道的西班牙"文化主题直播在上海梅赛德斯—奔驰文化中心钻石直播厅拉开序幕。西班牙文学分享会、西班牙建筑设计赏析沙龙、马术盛装舞步演出、弗拉门戈舞蹈互动、木吉他音乐会等活动丰富多彩。活动现场，热爱西班牙文化的青少年们选择自己喜欢的西班牙语歌曲，舞出拉丁民族的热情，同时模仿西班牙巴塞罗那足球俱乐部 FCB 进行桌上足球竞技大比拼。本次活动向中外人文小使者以及广大民众展现了西班牙当代艺术、体育等多维度的文化独特性，实现了真正的人文交流不分国别。

2021 年 12 月，Spain to You 第二季活动拉开帷幕，本次活动以"西班牙·灵感·上海 FINDING SPANISH VIBES IN SHANGHAI"为主题，学员们与衡复风貌馆、夏衍旧居、张乐平故居、柯灵故居资深历史研究学者、海派文化研究员徐欢老师一起开启西班牙地标建筑打卡之旅，徜徉上海街头，马蹄拱、伊斯兰瓷砖、穆迪扎尔式风格的窗框和带花边的木质楼梯，西班牙南部的建筑风格与老上海的石库门故事交相辉映。

同时，还举办了"西班牙·画笔·上海"速写写生比赛、"西班牙·镜头·上海"摄影比赛、"西班牙·小食 Tapas·上海"美食品鉴等活动，青少年们在西班牙艺术家、中国建筑师和"建筑可阅读"宣传大使周培元先生的带领下，一起探寻上海的西班牙古迹，在 10 余家上海知名西班牙餐厅寻找西班牙灵感。

二、"小小外交官"墨西哥驻沪总领事馆文化研学

2021 年 8 月，上海星芽教育联合墨西哥驻沪总领事馆在上海共同举办了"小小外交官"墨西哥驻沪总领事馆文化参访活动。10 个正在学习西班牙语、对墨西哥文化具有浓厚兴趣的家庭受邀参与了此次活动。

活动设置了我是绘画小能手、小小诗人在墨西哥、小小记者对话领事官员、小小外交官颁奖礼、现场参观领馆公众工作区等环节。活动现场，小朋友们积极地用西班牙语向领事先生提问："说西班牙语的人语速都是那么快吗？墨西哥儿童节会有什么特色活动给小朋友们庆祝？墨西哥的传统美食塔可是怎么制作的呢？墨西哥有哪些著名的景点和传统服饰？墨西哥的小朋友放学后都干什么呢？"领事馆的工作人员同小朋友们展开了热烈而真挚的交流。

由墨西哥海外研究院及外交部举办的第二十五届儿童绘画大赛"我心中的墨西哥"，邀请全球的小朋友们充分展示自己的艺术才能和想象力，描绘出与墨西哥独立相关的时刻、人物、历史场景。10 位参加活动的小朋友们依次向大家展示自己的作品，并用西班牙语流利地诠释自己的绘画参赛作品里所呈现的墨西哥元素。副总领事对每一位小朋友的作品都进行了认真详尽的点评。

现场参访的小朋友们都获得了副总领事亲笔签名以及领馆盖章的"小小外交官"证书，每个家庭也收到了一份由领馆精心准备的墨西哥传统伴手礼。同时，签证领事官员带领孩子们参观签证公众区，为大家细致讲解了领事馆的职能，包括护照和文件是如何流转的，让小朋友们对签证申请以及领事馆的日常工作有了进一步的了解。

学习国际礼仪、采访外交官、才艺展示表演，孩子们在活动中展现自我风采，不仅了解到世界地理知识和风土人情，还开阔了视野，建立起自信心，为成为"世界小公民"打下坚实的基础。

近年来，上海星芽教育还积极组织学生参与外研社多语种国风微视频大赛、外研社冬奥手抄报大赛，组织学生参与 CGTN 央视西语频道中国和巴拿马建交 5 周年文化展、CGTN 央视西语频道中国和墨西哥建交 50 周年文化展等活动，致力于为更多人提供国际人文交流的机会和资源支持。

科研成果： 促进国际理解教育——"多语种"课程项目初探

案例学校： 成都市泡桐树中学

成都市泡桐树中学开展人才培养模式改革试点工作，颠覆传统教育模式，在全省首创"三制三化"（走班制、导师制、学分制、个性化、小班化、国际化）的中学教育模式。创设"桐树"课程体系，以"多语种"课程作为"桐树"体系中的特色课程，发挥着增强学生国际理解力的作用。

一、构建课程认知

2021年11月，学校"基于国际理解教育的初中郭玉忠课程建设与实施的研究"被确立为中外人文交流特色学校建设计划课题。课题正式立项后，学校成立了课题组，并通过上网、学习专著、阅读教育教学类刊物等方式学习有关"多语种"课程的教育教学理论，将"多语种"课程界定为"初中学生通过英语、日语、法语、俄语选修课程的学习，能够掌握基本的语言知识，具备一定的文化修养，通过学习与体验，能够感受到本民族的文化魅力，尊重与理解他国文化"。

二、设计课程框架

根据义务教育阶段学生的需求，结合本校"桐树课程体系"的课程目标和育人理念，课题组确立了"多语种"课程实施整体框架，制订了"多语种"课程的育人目标、教师聘任及管理机制和课程评价机制。在此基础上，利用经验总结法，学校拟进行"多语种"课程由课堂向课后、课外的延伸，制订课后、课外活动实践方案。最后，收集教学案例并制作"多语种"课程的教学案例集。

三、建设实施课程

"多语种"课程项目严格按照"理论研究—制订方案—实践研究—成果总结"的流程推进，具体如下：

（1）分析学校客观情况，确定多语种课程的整体架构。首先是对学校的客观环境进行评估，再根据学生对已有的外语课程的评价来确定多语种课程的整体架构。

（2）确定教师聘任。根据多语种课程的架构，先向校内有相关语言技能的教师发出招募，确定黄老师为旅游英语的授课教师，再通过第三方合作机构来确定其余教师的人选。

（3）确立课程目标。根据"多语种"特色课程与学校整体课程体系之间的关系和学生的反馈，以及相关专业书籍的指导，明确课程的定位，确定课程目标。

（4）改革课程的评价体系。根据教育理论的指导和教师的实践经验，创建师生互评、生生互评的，过程性评价与终结性评价相结合的评价体系。

四、实施效果

本课程不仅为学生提供了了解西方传统文化、学习世界各国文化礼仪、增进中外文化交流的重要平台，更有利于培养学生的全球意识和多元文化的理解力、批判性思维能力、沟通能力与合作能力。

通过本校教师与校外教师共同合作，将课程从课堂内延伸到课后、课外，有效提升了教师的课堂管理素养、自主发展素养、人文素养和研究素养。积极组织教师参加成都市青羊区"国际理解教育"赛课、成都市中小学"中外人文交流主题"论文等比赛，以及相关课题研究等，提升教师的专业素养。

学校积极申报中外人文交流特色学校建设计划项目学校，课题获得立项。学校积极组织学生参加各类青少年中外人文交流活动，获得"国际人才摇篮"奖、"模拟联合国优秀组织单位"称号。2021年12月，在青羊区国际理解教育会议上，学校以"大课程观下国际理解教育的尝试"为题，分享了学校以语言课程为载体，深化学生国际理解教育，促进中外人文交流的具体做法。

活动成果："多语琅琅，广府之声"多语种文化课程
案例学校：广州市西关外国语学校

广州市西关外国语学校坐落于风景秀丽的荔湾湖畔，位于传统广府文化集聚地——西关一带。学校附近分布着众多蕴含历史底蕴的人文资源。独特的地理位置孕育了学校师生深厚的广府情怀。

一、课程简介

为了更好地传承广府文化、传播中国声音，学校秉承着培养"具有本土情怀与国际视野的现代化公民"的育人理念，盘活本土资源，融合日本、法国、德国、韩国多国文化精粹，创设了"多语琅琅，广府之声"多语种文化课程。

本课程立足学生核心素养发展，充分发挥多语种课程的育人功能，以广府生活为基础，以多语种文化主题为引领，以实践任务为载体，以中华优秀传统文化及广府文化为落脚点，创设丰富的学习情境，在中日、中法、中德、中韩文化的交流与碰撞中，激发学生的求知欲与探究精神，增强学生的跨文化交际意识，加强学生对广府文化的认识与认同。

二、实施原则

"多语琅琅，广府之声"多语种文化课程始终坚持学生主体性、实践应用性及本土化原则，着力编织中外联系的纽带，引导学生通过对比中日、中法、中德、中韩文化，从语言、节庆、饮食、建筑等多个方面进行比较分析，感知并发现文化异同，从而进一步认识广府文化的内涵。

三、课程体系

学校面向高考日语生、多语种目标生、一般学生分别开设了第一外语课程、第二外语课程及研修课，形成全方位、多层次、宽领域的"多语琅琅，广府之声"多语种课程体系（见图1）。本案例侧重第二外语课程展开论述。

图1 多语种课程体系示意图

四、课程内容

"多语琅琅，广府之声"多语种课程从语言规律、学生学习能力、生活实际出发，致力于编织"一根纽带"——语言知识与文化内涵的纽带（见图2、图3），致力于搭建"三座桥梁"——跨中外互联之桥、跨语种互鉴之桥、跨学科互通之桥。

编织"一根纽带"，旨在将语言知识与文化内涵有机衔接。课程遵循日语、法语、德语、韩语的语言规则以及中学生的学习规律，设计好零基础入门的语言知识，以发音或词汇为拓展点，延伸到相应国家的文化背景，从而避免语言知识与文化内容的"断层"或"割裂"，实现语言知识与文化背景的自然过渡。

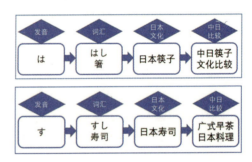

图2 "一根纽带"日语教学设计思路示例

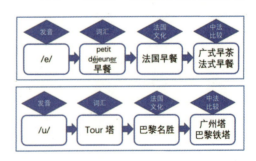

图3 "一根纽带"法语教学设计思路示例

搭建"三座桥梁"，旨在规避本土文化与外国文化割裂、语种与语种之间割裂、多语种与其他学科之间割裂等问题。通过搭建

— 广州市西关外国语学校多语种学生参加在"广州市对外交流小使者"活动

跨中外互联、跨语种互鉴、跨学科互通的桥梁，使信息流通更加顺畅，有利于优化课堂教学以及培养全面发展的学生。

跨中外互联之桥，是指在中华文化（广府文化）与多语种文化之间构建联系，重点比较中外文化的异同，过程中加深对本土文化的认识。在进行文化输入时，为了更好地呈现本土文化的精粹并维持不同语种之间的信息平衡，该课程在人与自我、人与社会、人与自然三大范畴中，精选出十大文化主题，用于引导教学，使得各语种的课程内容更加科学、丰富。

跨语种互鉴之桥，主要采用"同课异构"的方式，围绕同样的文化课题，由不同语种的教师根据相应语种特色设计并开展教学，有利于多语种教师互相借鉴、取长补短，不断优化教学设计，也有利于为不同语种的学生创造可供讨论、分享的文化话题。

跨学科互通之桥，是指将地理、艺术、生物、劳动技术等学科知识融入多语种文化课程，善于用各领域的知识去解释文化现象及内涵，淡化学科界限，实现跨学科迁移，使学生在不同知识内容的相互交叉、渗透和整合中开阔视野，提高学习效率及实践能力，为学生的全面可持续发展奠定基础。

五、课程效果

"多语琅琅，广府之声"多语种课程通过丰富多彩的外语实践、各式各样的文化交流活动，极大地激发了学生的好奇心与求知欲。多语种课程紧贴时代需求，既为广府地区建立具有国际视野的多语种青少年人才储备，也为学生开启一扇"看多彩世界，品多样文化"的窗口。在学习的过程中，学生充分发掘广府特色，坚定文化自信，弘扬传统文化。

本课程受到学生的广泛好评。根据教学调查问卷反馈，90% 以上的学生对该课程"非常喜爱"，83% 以上的学生表示从该课程"学习到非常实用的多语种知识"。学生们普遍表示，通过该课程更深入地认识了本土优秀文化，收获颇多。

多语琅琅，实为广府之声。学校将继续优化课程，为学生打造立足本土、拓宽眼界、接轨国际的平台，引领学生成长成才。

活动成果： 开展国际理解英语文化节，促进学校跨越式发展

案例学校： 都江堰市光明团结小学

每年的 12 月上旬，都江堰市光明团结小学都会举办为期两个星期的国际理解英语文化节。从 2016 年至 2021 年，教师通过教授"走进英国""走进美国""走进非洲""走进澳洲""走进东盟十国""走进法国"等主题内容，带领学生了解各国文化，体会各国风土人情。

一、活动内容

在两个星期的文化节期间，教师带领学生们了解文化节主题、相关国家信息，开展前置课程与各式各样的年级活动。

（一）前置活动丰富全面，开阔学生眼界，培养国际视野

为了让学生能全面地了解活动的主题国家或地区，教师选取既能涵盖其特色又贴近学生认知层面的内容进行介绍。例如 2018 年"走进非洲"国际理解文化节，教师们在

前置课程中介绍非洲的风土人情，还邀请都江堰市的非洲留学生，在开幕式上带领全校师生跳非洲舞、敲非洲鼓，整个校园都沉浸在非洲特色风情之中。又如2019年"走进法国"国际理解文化节中，学校通过前置课程展板介绍了法国的建筑、自然风光、美食、历史人物、著名事件、艺术藏品等。此外，教师还指导各学段学生制作主题明信片，让学生在绘制中感受异国风情。同时，引导学生传承中华传统文化，以平等的眼光看待世界各国文化，培养学生的国际视野。

（二）年段特色分明，促进整体发展，提升个人素养

国际理解文化节坚持一至二年级"培养集体凝聚力"、三至六年级"展现团队和个人风采"的宗旨，举行英语风采大赛。其中，一、二年级以班为单位进行"英语歌谣表演唱"比赛，三、四年级以团队为单位进行"英语创意故事表演"比赛或"英文诗歌朗诵"比赛，五、六年级以团队或个人为单位进行"梦想新主播"比赛或"英语歌曲演唱"比赛。大赛设置各类奖项，在活动中表现突出的团队，将在圣诞节举办的闭幕式上进行表彰。

二、活动成效

国际理解英语文化节以活动为载体，不仅让学生认识到世界多元文化，理解、欣赏、融合、接纳多元文化，还为师生搭建了广阔的跨文化交流平台，培养学生国际素养，让学生成为具有中国精神、世界眼光的国际小公民。

（一）发挥家校力量，彰显国际理解教育协同育人魅力

在国际理解文化节，学校积极发动家校社协同育人。在绘制明信片课程中，一、二年级的家长主动参与，帮助学生查资料，讲解相关内容，陪伴学生完成明信片的绘制。在"英语歌谣表演唱"活动中，家长主动协助日常排练，购买服装、布置道具、化妆、拍照、摄像等，真正做到了家校共育。

（二）推动国际理解教育课程建设，提升整体办学质量和区域影响力

文化节的深入开展，点燃了学生们对世界文化的求知欲和探索欲。同时，英语教师主动更新教学理念，开展中外文化比较研究，探索并构建了学校国际理解教育课程，将中华传统文化根植于学生心中，帮助学生对中外文化异同进行探索，尊重与理解不同文化，促进学生的全面发展。

教学成果： "互联网＋"开启中外人文交流 E 时代
案例学校： 青岛西海岸新区太行山路小学

青岛西海岸新区太行山路小学"同步课堂"借助录播系统设备，通过网络将在线教学互动、课堂音视频互动相结合，让不同国家的教师和学生在同一个"教室"中进行互动教学，有效满足了中外不同学校间的教学需求。经过长期发展，"同步课堂"已逐渐由单一的课堂授课拓展为多元的互动交流平台，成为中外学生、教师和学校三个层面互动的有效载体，推动了跨文化交流，拓展了师生的国际视野。

一、"同步课堂"做法

（一）确定适合双方的人文交流方式及内容

双方学校积极探索使用即时通信软件在线视频授课，俄罗斯普希金俄语学院为学校学生开展俄语小语种教学，取得了良好的效果。

目前，学校与俄罗斯彼尔姆市第二中学、普希金俄语学院、哈巴罗夫斯克第四中学、澳大利亚普尔特尼文法学校的国际"同步课堂"开展常态化授课。针对国际"同步课堂"，学校开发了语言、文化、艺术、综合实践四个课程模块，既关注全球性问题，增进国际理解，又致力于传播中华优秀传统文化，发出中国声音。从国外的老师给太行山路小学的学生上俄语、英语课，到中国老师向国外学生传播"十二生肖""中国传统节日""中国美食"等独特文化，实现了优质教育资源实时跨国共享。

（二）克服语言与时差障碍

得益于学校优秀的英语教师团队，学校师生与英语系国家的师生交流基本不存在语言障碍。但与非英语国家师生的沟通就会面临语言不通的问题，"同步课堂"就需要翻译的辅助。由于学校是中国石油大学（华东）国际教育学院语言实践基地，有许多熟练掌握俄语、韩语、德语、日语等小语种的学生家长，有些还是拥有中国"绿卡"的外国人，大学老师、留学生和家长们组成的翻译志愿者团队，有效解决了"同步课堂"面临的语言障碍问题。

不同国家间的师生同时学习，还要解决时差的问题。这需要中外双方沟通，在合适的时间段里开展国际同步学习或相关活动。

二、工作亮点

"同步课堂"上，不仅双方学生可以同上一堂课，双方教师也可以通过视频会议系统一同评课，讨论制订提升课堂学习质量的措施，双方校长可以随时"见面"商讨教育合作事宜。学校还依托"同步课堂"开展了对外汉语教学、节日联合庆祝、艺术比赛等多种文化艺术活动。

以"欧亚之声"国际互动艺术节为例。"欧亚之声"国际互动艺术节是跨国文化盛会，在每年12月，由太行山路小学联合俄罗斯彼尔姆市第二中学共同举办，来自英国、日本、俄罗斯的多所学校的师生使用汉语、俄语、英语、日语四国语言，以连线直播形式表演文艺节目，通过校园录播系统以HD高清模式进行实况转播。各学校经过前期沟通，确定统一的直播时间，克服9个小时的时差问题。至今，活动已连续举办了4届。第四届艺术节的主题为"电影中的歌曲"，太行山路小学合唱团的一首《听妈妈讲那过去的故事》，表达了对母亲的赞美和童年时光的怀念，赢得了热烈的掌声。"欧亚之声"国际互动艺术节的成功举办，为世界各国开展语言对话和文化交流创造了良好的开端，成为学校积极推进"互联网+"中外人文交流的一次成功实践。

活动成果： 多语种文化交流，促进中外学子互学互鉴
案例学校： 中山市华辰实验中学

一个国家文化的魅力主要通过语言进行表达和传递，掌握一种语言就是拥有了通往一国文化的钥匙。近十年来，中山市华辰实验中学先后开设了法语、日语、德语、俄语等小语种学科，并积极组织外语部学生参加多语种文化交流活动。

一、法语特色交流活动

中山市华辰实验中学法语班自创立以来，得到了法国驻广州领事馆的大力支持，连续多年承办或参与由领馆组织的华南地区中学法语文化节。学校法语班与法国阿维尼翁中学、马赛高中、圣查尔斯中学建立了友好合作关系，中法两国师生进行了多次互访。师生们深入了解对方国家的文化，为中法文化交流打下牢固的基础。以法国马赛普罗旺斯中学交流活动为例，交流期间，法国师生们充分融入中山市华辰实验中学外语部的法语班课堂，学习了书法、古筝、京剧、水墨画、中国功夫等中国传统文化特色课程。面对全球公共卫生危机，两校采取"云交流"的方式，在视频见面会上用双语交流，就学习、生活、社会热点话题进行讨论。同时，中山市华辰实验中学还与法国国立科学学院、鲁昂工程师联盟、巴黎高等电子工程师学院等一众高校建立了合作关系，定期为学生进行升学政策分析等活动。

二、德语特色交流活动

在由德中教育交流中心和歌德学院举办的"2021/2022年中德教育传播者交换项目"中，中山市华辰实验中学与德国中学IGS Schaumburg建立了友好关系，共同致力于推进两校之间的校际交流活动，帮助学生在跨文化交流的同时促进外语学习。中山市华辰实验中学积极组织学生参与丰富多彩的德语交流活动，在中国和德国建交50周年之际，学校组织学生参与由中国国际青年交流中心主办的第二届中学生德语能力展示暨中德青少年艺术展演活动，设计加工由总领事馆送来的"Buddy熊"的熊胚，并在德国统一日招待会上展出。

三、俄语特色交流项目

2022年3月，中山市华辰实验中学高一俄语新生参加了首届"大湾区杯"南方中学

生俄语风采大赛。该赛事是我国南方地区首次举办的针对中学生的高规格的俄语大赛,激发了学生学习俄语的兴趣,加深了他们对俄罗斯文化的理解,为他们提供了交流展示的平台。

四、多语种交流活动

中山市华辰实验中学组织了外文戏剧节、配音比赛、西方风情嘉年华慈善义卖、朗诵比赛等多语种交流活动,也会根据每个语种相对应的国家及文化,设计不同的文化活动。如法语学生学习制作法餐,俄语学生学习制作套娃,日语学生学习茶道,德语学生进行德国生活场景演绎等。

中山市华辰实验中学对外通过与国外的大中小学形成友好合作关系,对内开展了丰富多彩的多语言交流活动,引导中外学子了解各国文化,感受各国文化的风采,互学互鉴,用语言架起沟通的桥梁,在交流中彰显语言的魅力。

活动成果: 当"法国蓝"遇上"锦外红"——融汇中法文化,缔结友谊之花

案例学校: 成都市锦江区外国语小学校

为培养"面向世界"的人,成都市锦江区外国语小学(以下简称"锦外")秉承"融·和"的教育理念,开展英语、日语、俄语、德语、法语、西班牙语等外语学习。本案例以中法文化交流为例进行分析,意在通过中法两国文化交融,在书法活动中传递中华传统文化,在城市标志绘画中传播法国文化风情,进一步促进学生对于跨文化交流的认识。

文化是一座桥梁,每一个活动则是桥梁的一块砖。学校通过书法,将源远流长、博大精深的中华文化凝聚成一个个汉字,传递给了法国友好学校的学生;同时,通过绘画活动,将两国城市文化借助城市徽标传递给了学校学生,使两国学生在相互学习与交流的友好氛围中增进了对两国文化的理解。

一、同写一个字

书法艺术是中国传统文化的瑰宝,更是华夏文明的精髓。为培养学生的法语交流能力,学校与法国勃艮第大区欧坦市教育活动中心结为友好学校,定期进行云端文化交流,在增进学生了解他国文化的同时培养文化自信。

(一)初识天府文化

锦外学生代表用法语向法国师生介绍成都大运会的吉祥物、天府美食、都江堰水利工程和天府竹文化等特色文化,激发了外国友人对成都的兴趣。同学们还用法语亲切地问候法国师生,表达对美好未来的祝愿,增进了校际的友谊。

(二)共学书香翰墨

锦外学生与法国学生走进中华传统文化的云端艺术殿堂,锦外教师讲解汉字的起源、书写工具、坐姿和握笔的姿势,带领大家一起学写"天人合一"四个汉字。法国学生们积极参与,在教师的帮助下认真书写汉字,近距离感受中华文化的博大精深。

二、同画一幅画

继中法云端书写活动后,学校举办"同画一幅画"交流活动。活动伊始,中法学生代表分别用中文和法语介绍自己,学生们像老朋友一样亲切而热情地打招呼。法国教师向同学们介绍欧坦市的人文历史以及城市标识的含义,并教学生们手绘欧坦市的标识,丰富精彩的法国文化随着一个个城市徽章走进每一个锦外学生的心中。随后,学校杨邻可老师又向法方师生介绍成都的历史文化和城市标识——太阳神鸟的起源及寓意,并带着学生们一起绘制带有太阳神鸟图案的绘画作品。中外学生用绘画的形式呈现了城市之美、艺术之美,不仅拓宽了同学们的国际视野,还展现了中外师生互学共鉴的开放姿态,锦外学生对世界多元文化有了更深入的理解。

通过云端跨文化交流活动,学校师生向法国师生展示了天府文化,传播了中国传统文化,增进了双方师生对中法两国文化的理解。同时,促进学校师生怀抱包容、共生、互学的文化开放姿态,共谱文化交流的美妙乐章。

教学成果： 跨国视频双语选修课程
案例学校： 湖南省浏阳第一中学

— 湖南省浏阳第一中学与美国的中学缔结为友好学校

跨国视频双语选修课是湖南省浏阳第一中学与美国、法国姊妹学校中文班开展的在线双语选修课程，是国际姊妹学校合作探索培养学生国际理解力新路径的阶段性成果。课程坚持国际理解教育理念，运用跨文化教学和双方语言教学标准指导课程实践，旨在培养学生的目标语应用能力、国际理解力、跨文化沟通能力。双方师生运用 Zoom 软件，采用异地同时上课的模式开展线上教学。在实施过程中，双方教师充分考虑课程对象、课程时间、课程内容、课堂活动、课程评价等方面，具体如下。

一、课程对象

中美视频双语课的美方学生为美国姊妹学校罗得岛州查理豪地区高中（Chariho Regional High School, Rhode Island, USA）中文班学生，学生年级从九年级跨度到高三年级；中方学生为高考科目为英语的高一或高二学生。中法视频双语课的法方学生为法国姊妹学校中央大区卢瓦雷省蒙达尔纪市森林学校（Lycée en forêt, Montargis Loiret Centre-Val de Loire, France）中文班学生，中方学生为高一法语班学生。

二、课程时间

跨国视频双语课一般为每月一次，一个学年为一个课程周期。

三、课程内容

课程内容上，双方教师双方对教材单元话题共性进行教学内容设计，并适当拓展相关内容。对于教学主题的选择，双方教师遵循以下原则：①若双方教材主题重叠，直接就重叠主题进行内容拓展；②若主题未重叠，则就中文教材主题进行内容拓展；③就中秋节、春节、感恩节、圣诞节以及成人典礼和毕业典礼等中外节日文化和典礼文化拓展内容；④融入城市特色、校园特色等地方文化特色。

四、课堂活动

双方教师基于学生学情和教学主题设计课堂互动活动。课堂以学生为主，以话题为主线，与课前准备、课中活动、课后作业有机结合。

五、课程评价

每节课后，教师组织学生们及时反馈课堂效果，布置课后作业并检查。每隔一段时间教师对参与的学生进行访谈，记录参与学生的英语、法语各次考试成绩、学习态度和跨文化意识等方面的变化，综合评价学习效果。

六、汇编课例集指导课程

教师将中美视频课例整理汇编成为课例集并指导后续课程教学。课例集选取破冰之课、家庭观念、高中生活、相处之道、运动与健康、风味菜肴、节日风俗、语言文字、肢体语言、电影赏析、绘画艺术、文学欣赏等 12 个单元话题，并参照《普通高中英语新课标》的主题语境组织编排课例内容。

跨国视频双语课将外语教学与文化拓展相融合，为学生们提供了一个学习交流的平台，更为师生们架起了一座友谊和文化交流的桥梁，让外语教学在文化交流中大放异彩！

教学成果：以"法文课程"为载体，架起中外人文交流的桥梁
案例学校：四川大学附属中学

四川大学附属中学（以下简称"川大附中"）秉持"心心相通、文化交融、互学互鉴"的中外人文交流育人目标，以法文课程为载体，构建起既有面向全校师生，也有面向来访师生的中外人文交流课程体系，讲好中国故事，传播天府文化。

一、法文课程的特色

（一）以人文交流为宗旨，培养国际化优秀人才

川大附中法文课程致力于推动拉伯雷课堂，深化和推广基于法语教育与中学教育深度融合的国际化合作，加强川大附中学生与国外高校的衔接，促进川大附中师生与法国及其他国家师生间的交流，培养国际化优秀人才，让法文课程成为中法、中欧文化教育交流的"直通桥梁"和"友好使者"。

（二）以课程为载体，架起中外人文交流的桥梁

2012年，学校与蒙彼利埃市的祖尔·盖德高中建立了姊妹校的关系。两校以课程共建共享为抓手，持续深化合作交流。

一是开展中法语言互换学习、互助交流。自2011年起，川大附中法文课程班学生开始系统学习法语。2012年起，祖尔·盖德高中同步开设中文课程。在两校的定期友好交流中，双方互换高中教材，通过线上线下的交流，实现教师教学共研和学生互助互学。

二是由语言互学逐步走向基于对方语言的学科渗透教学。2014年起，川大附中开设法文数学课，祖尔·盖德高中开设中文数学课，同时互派数学教师进行授课。

三是开设境外师生来访课程，传播天府文化。在"成都—蒙彼利埃文化体验周"，学校为来访的祖尔·盖德高中师生开设了中国文化、天府文化等特色课程。如中国语言文字课程——跟我学汉语、书法，中国传统文化课程——京剧脸谱、太极拳，中国传统美食课程——包汤圆、饺子，天府文化课程——熊猫、三国、茶艺等。

四是开设法国语言与文化课程，丰富校本课程体系。自2016年以来，川大附中每学期均面向高一、高二年级学生开设"法国语言与文化"校本选修类课程，每学期5次课，每次课2课时，学生采取走班制上课。学校聘请教学经验丰富的法语外教，在教授法语的同时，向学生介绍法国历史、文化，并和学生一起制作法式点心，这门课程深受师生的欢迎。

五是打造境外研学课程，深化友谊。2012年以来，学校与祖尔·盖德高中每年互派师生交流学习。2018年，川大附中师生受邀前往祖尔·盖德高中，参加校庆暨国际发展论坛。学校李缨老师

— 四川大学附属中学举办中美高中国际教育交流季活动

在教师圆桌会议上发言，学生也在国际论坛上展示了天府文化的才艺。

二、经验总结

多年来，川大附中积极参与各级各类教育国际化活动，为师生提供了一个高品质的教育国际化平台，彰显区域特色及学校品牌。学校积极落实三个"坚持"，即坚持文化引领、坚持制度保障、坚持质量提升，明确了师生发展和学校前进的方向。学校完善的课程体系，丰富了国际理解教育的内涵及川大附中的文化。

川大附中以课程为载体，将友城交流织成了增进民间友好交往、加强文化交流互鉴的紧密纽带。打开国际化这扇窗，川大附中对中外人文交流有了更深刻的理解，对"人类命运共同体"有了更新的体悟，对"新时代育人方式变革"有了更明确的目标。未来，川大附中将继续肩负为国育才的使命，紧抓育人本质，找准发展路径，深化交流合作，走出富有特色的中外人文交流之路。

科研成果： TEDx 英语演讲研习课程研究——在中外人文交流中培养英语课程核心素养

案例学校： 四川大学附属中学初中部

将中外人文交流融入英语中学课程，是落实培养英语课程核心素养的有效方式。四川大学附属中学初中部研发"初中 TEDx 英语演讲"系列课程，通过参与 TEDx 演讲活动，引导学生们走进英语新天地，学习英语演讲技巧，提高英语写作能力和演讲水平，为进一步学好英语指明了方向。

一、课程研发

TEDx 是为英语学习者提供的英语演讲平台，平台参与者通过非母语——英语的使用，进行思维观点的碰撞交流，提升英语表达能力。自 2016 年起，七年级开设了 TEDx 演讲英语选修课程。结合七年级学生学习英语的意愿和提高演讲能力的现实基础，课程研发小组研发了"初中 TEDx 英语演讲"系列课程。

通过课程实施，同学们增加了对 TEDx 的了解，理解了 TEDx 对英语课程核心素养的全方位提升起着重要的作用。通过参与 TEDx 演讲活动，同学们走进英语新天地，学习英语演讲技巧，提高英语写作水平，锻炼演讲能力，为学好英语打下了坚实的基础。

二、课程进程

"初中 TEDx 英语演讲研习课程"分为五次课程开展。

第一次课程中，学生提出问题并讨论确立演讲评价要素。师生

— 四川大学附属中学初中部 TEDx 英语演讲
研习课程研究的获奖优秀小组

通过观看经典 TEDx 英语演讲合辑和研究英语演讲文稿，探讨优秀初中 TEDx 英语演讲评价标准，初步拟定《初中 TEDx 英语演讲评价表》。演讲的评价要素很多，不可能面面俱到，学生根据研究兴趣组建团队，确定深入研究演讲评价的 3 要素：英语节奏、英语遣词造句、英语逻辑思维。并组建 3 个演讲小组，课后小组分工撰写关于优秀 TEDx 演讲评价表的报告。

第二次课程到第四次课程是解决问题环节。

第二次课程，各小组汇报关于演讲评价表的研究成果，全班同学再结合各小组深入研究的演讲评价要素，再次讨论、梳理、归纳总结，修改《初中 TEDx 演讲评价表》。确定以"迎大运·让世界听见我们的声音"为演讲的主题，三个小组分别确定了各自的研究重点：文化组重点研究"修辞、英式幽默和英语节奏"，大运组重点研究"遣词造句以及反复修辞手法"，梦想组的研究重点是"用英语的思维谋篇布局"。确定主题和演讲要素后，各小组分工合作，开始撰稿、练习，各组选出 2 名同学准备演讲和点评。

第三次课程，通过观看组内 1 位同学汇报演讲和聆听组内 1 名同学和其他师生的点评，发现演讲中非语言方面存在的问题，经过再次梳理、归纳和总结，进一步优化《初中 TEDx 英语演讲评价表》；同时重点关注深入研究演讲评价要素是否在演讲和点评中体现；通过全班投票选出最终汇报演讲的 9 名学生；课后小组分工修改演讲稿 PPT 和剪辑选手视频等。

第四次课程，3 组共 9 名选手汇报各组演讲的主题，通过自评、他评、师评，完成对演讲的评价；师生使用问卷投票选出最优小组；学生认真聆听并记录师生点评以便进

一步改进演讲稿和后期抒写参研感受。

第五次课程，反思提升环节，整理相关资料，反思研讨，撰写研究报告。通过一系列的课程，较好地完成了教学目标。

学习能力是吸收语言类课程知识的根本。英语课程是"鱼"，学习课程的能力是"渔"。借钓鱼之机，习捕鱼之法，是本课课程目标的重要一环。学生将演讲稿与研究主题相结合，经过讨论修改，反复打磨，最终定稿，全面培养学生的综合学习素养，

既彰显了英语学科性，又培养了具有"中国心，世界眼"的社会主义建设者和接班人，最终实现"全面发展，学会研究"的课程育人目的。

活动成果： 交流科学新思想，启迪科学思维，提升学术水平

案例学校： 青岛农业大学

一、活动背景

青岛农业大学的研究生教育始于 1999 年，至今已有 24 年的历史，为国家培养了大批优秀的人才。在培养过程中，研究生参与学术交流，特别是国际学术交流的比例还比较小，距离国家对研究生教育的要求还有较大差距。因此，学校需要探索一条行之有效的途径来弥补这一差距。为探索开展研究生国际学术交流的有效途径，青岛农业大学从 2009 年开始参与创建了中日韩泰四国研究生学术研讨机制。目前，参与该研讨机制的高校共有 6 所，包括 4 个创始学校日本冈山大学（早期为筑波大学，后因无接续教授而退出）、韩国首尔市立大学、泰国农业大学和青岛农业大学，以及近年来新加入的日本宫崎大学和我国的江汉大学。该交流机制创建的动机是为四校研究生提供一个可以充分展示自我和相互交流学习的国际平台。

二、基本做法

研讨会的交流语言为英语，采取室内报告会与室外考察相结合的方式进行。室内报告会为期 1 天，主持、提问、讨论等环节全部由学生组织，教师旁听并予以点评。参观、学习和考察的内容包括各校的基础设施、实验室、研究所、展览馆、试验田以及学校附近的人文景观等，并视情况安排专家进行学术报告。通过参与研讨会，同学们能够近距离地学习国外高校的科学研究经验，了解研究的最新动态，并感受国外的风俗习惯和人文历史。研讨会原则上采用线下的方式召开，由参与高校轮流举办，并承担各国师生抵达后的一切费用。会议时间为 4 天。

三、主要成效

（一）开阔视野，提升学术水平

学术交流的目的是沟通科学信息和思想文化，同时开阔视野、启迪科学思维，掌握新知，产生新思想、新观点、新精神，达到文化的互学互鉴。本项目围绕"植物与环境""自然环境与可持续发展""植物与环境及人类健康"等主题展开学术交流，每届会议有 16 至 25 名学生作报告，交流的内容涵盖了农学、植物保护、园艺、农业资源与环境、生物资源利用以及人类健康等学科领域，内容聚焦科学前沿以及生产实际需要，有助于提高学生的研究能力和学术水平。

（二）克服困难，提高英语交流能力

多年的实践表明，参加该研讨会能有效提高学生的英语语言组织能力和表达能力。在参会前，多数学生虽然学习了多年的英语，但很少用英语进行交流。通过研讨会，同学们不仅能够顺利完成英文发言，而且能回答相关问题，并与他国学生进行面对面交流，英语交流能力都得到了提升。

（三）增进相互了解，广交国际朋友

研讨会期间，通过与他国师生的交流，增进了同学们的相互了解和信任，在了解他国风土人情、风俗习惯、传统文化的同时，也进一步传播了中国文化。

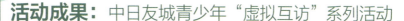

活动成果：中日友城青少年"虚拟互访"系列活动
案例学校：深圳市第二高级中学

2022 年 6 月至 8 月，深圳市第二高级中学被选定为纪念中日邦交正常化 50 周年系列活动深圳市高中代表学校，依托学生日语社团，与日本友城筑波市的中学生开展了一系列线上互访交流活动。

一、以开创丰富多彩的创新交流形式为活动主线

深圳市第二高级中学创新性开展了"五个一"系列特色活动，即"一张贺卡、一幅旗帜、一处风景、一道美食和一个故事"，精心设计了系列活动，点线面联动。活动期间，学校动员上千名学生参与手绘深圳贺卡，给来访学校的友谊旗帜签名写祝福；学校组织开展 10 场线上线下活动；学校微信公众号推送 7 期系列专项活动报道，学生原创制作 10 个深圳校园文化视频，传播中国深圳学生的声音，讲好中国故事。

二、以开设线下线上的多渠道平台探索为活动载体

深圳市第二高级中学依托学生日语社团，相关负责教师积极引导学生分享共创 Vlog 视频。开设中日学校两校共建的学生交流邮箱，由负责教师进行指导和管理。中日学生定期开展不同校园话题的讨论交流，互发邮件，增进了解和互动。

三、组织开展讲好"中国故事"的中日青少年线上"虚拟互访"活动

学校组织开展"'深'化友谊，共'筑'未来"中日友城青少年线上"虚拟互访"活动。中日双方学生代表紧紧围绕中日文化、校园生活、个人兴趣爱好等话题展开了交流。在深圳市政府外事办公室和深圳市教育局的精心策划和大力支持下，深圳市高中生受日本筑波市邀请参加 2022 年 8 月 20 日的筑波·深圳"世界茶话会""五个一"（一张贺卡、一幅旗帜、一处风景、一道美食和一个故事）系列特色活动。学校学生代表通过线上日语演讲向筑波市民介绍了深圳风景、饮食和城市精神等。

通过系列活动的开展，学校积极探索多种学习语言和文化交流的形式，提升了学生的语言能力和国际视野，同时线上"互访"为青少年施展才华，讲好中国故事提供了广阔的舞台。通过此次互动，深圳、筑波两城青少年坚定友好信念，不断播撒中日友谊的种子，让其成长为茂密的苍天巨木。

— 深圳市第二高级中学学生参加旗帜留言签名活动（左图）

— 深圳市第二高级中学三位同学参加"中日友好读书青少年对话"活动，并进行总结发言（右图）

科研成果： 实施共建共享课程，促进学校中外人文交流
案例学校： 四川省彭州中学

作为中外人文交流特色学校建设计划项目学校、成都市教育国际化窗口学校、成都市国际理解教育实验学校，四川省彭州中学与加拿大、奥地利、韩国、英国、新西兰、塞浦路斯等国的 7 所学校签约了国际友好学校，拓宽学生的国际视野，促进中外人文交流的发展。

一、共建共享"新西兰中学生活"课程

（一）课程目标

了解新西兰中学生的生活，进行跨文化探索，比较中外异同，包括传统文化、价值观和思维方式的差异性，培养学生的跨文化能力及信息获取能力。

（二）时间安排

前置课程：15 分钟
直播课程：40 分钟
后置课程：10 分钟

（三）实施过程

1. 课前准备

课前准备由学校英语教师组织，整个过程约 15 分钟。学生提前熟悉课程 PPT，教读部分词汇；认读本节课的重点英语单词；了解本课时相关话题的背景知识。

2. 课程安排

课程实例见表 1。

二、课程实施成效

（一）提升了学生人文交流素养

通过课程实践，学生了解国外的学习体系及学校生活等，激发学生的好奇心和求知欲，提升学生发现问题、解决问题的能力；提高学生互动能力和英文口语表达能力，培养学生的全球视野，提高学生的全球胜任力；学生感受不同文化，学会理解与尊重不同文化。

（二）拓宽了教师的国际视野，提高了教师人文交流教育实施能力

在课程教学实践中，学校教师与国外

表 1 "新西兰中学生活"课程教学设计

	教学重点	教学活动	教学时长	课后作业
新西兰中学生活课堂内容	1.介绍新西兰中学生的学校生活，让中方学生了解新西兰的学校科目及学生的日常生活 2.比较中国与新西兰的中学生活，了解中外学生在学习、生活、娱乐等方面的异同	1.新西兰教师 Lauren 播放一组图片，介绍新西兰的地理位置、特色文化及特有动物等，引入课程学习，学校崔老师协助	8~10分钟	根据练习册，完成教师指定的单词、句子、语法和阅读作业
		2.Lauren 播放一段当地学生学校生活的视频，引导学生展开小组讨论	3分钟	
		3.Lauren 介绍新西兰学校的作息时间和学习科目，组织目标句型教读及 pair work 训练核心句型	10~15分钟	
		4.Lauren 和崔老师组织学生进行自我介绍，分享中国的校园生活	5分钟	
		5.互动问答环节，学生展示口语对话，Lauren 正音及点评	5分钟	

教师直接交流、研讨、授课，学习中西方教育方式的优点，锻炼和提升中方教师的口语能力，对比中西方不同的教学模式，提高了教育教学水平，开阔了中方教师的国际视野，传播了中华文化。学校为教师提供了一个继续教育的平台，课程结束后，考核合格的任教老师可获得由国际共享教学协会和海外国际学院共同颁发的证书。

（三）提升了学校办学品位

经过课程实践及系列活动的开展，学校与新西兰奇斯纳尔伍德学校结为国际友好学校，还推动了学校中外人文交流工作，建立起新的教学特色，提高了学校国际交流能力和办学水平，提高了学校的教育国际化水平。

活动成果：国际研学助推学校课程改革
案例学校：胶州市瑞华实验初级中学

为使学生在了解国际知识的基础上学会接纳、关心和尊重不同的文化形态和各民族的风俗习惯、宗教信仰，增强学生的民族自信，让学生具有较高的国际责任感，2019年暑假期间，胶州市瑞华实验初级中学组织学生进行了为期半个月的美国研学之旅。

研学期间，学校与质量及安全性高、口碑好的美国LMA学校（力迈学院）建立了友好合作关系。LMA学校为同学们安排了美国学校的真实课堂科目和特色活动项目，采用全真美式插班营的方式，让同学们零距离体验美国课堂，感受美国的课堂氛围。课程中融入了具有美国特色的艺术、科学、运动、数学等内容，促进学生的全面发展。如通过科学类主题插班课程，带领学生了解动物王国，研究恐龙及其灭绝、动物的进化等知识，创建与动物王国相关的项目；通过激情撕铭牌、NBA篮球等运动类课程，增强学生的专注力，提高社交技巧和沟通能力，并创建一个自我锻炼计划；通过数学类课程，学习人工智能，了解数学在"变形金刚"等机器人技术中的应用；通过艺术类课程，学习美式舞蹈和音乐，学习并制作美式DIY手工，了解乐谱；通过科学类课程，认识植物与昆虫，了解植物对全球变暖的影响和昆虫在环境中发挥的重要作用；通过科学类课程，了解太空和宇宙，学习海洋等相关知识内容，使用显微镜观察微生物并创建海洋项目等。

此外，如何在美国生活，如何克服跨文化冲突，如何识别美国硬币，如何购物及美国文化和礼仪沟通等，也是同学们的必修课。每天课程结束后，同学们入住当地美国家庭，体验美国的家庭生活文化，与寄宿家庭成员交流当天所学、所闻、所得，分享各自国家不同的学习生活体验。通过24小时融入美式英语环境，快速提升学生的英语听力及口语能力，开阔眼界。

同学们还参观了美国加州大学洛杉矶分校UCLA、盖蒂艺术中心、圣塔莫妮卡海滩、加州科技中心、洛杉矶中央图书馆、格里菲斯天文台、圣地亚哥动物园、养乐多工厂、比弗利山庄等美国标志性建筑和著名景点，近距离感受了美国的人文风貌与文化氛围。

国际研学是一次难得的海外求学机会，带给同学们一次难忘的体验。通过国际研学，同学们不仅体验了丰富的国外生活，在多元化文化中感受中西文化的碰撞，增加对不同文化的理解，同时通过跨文化的沟通，不断丰富知识，拓宽国际视野，激发强烈的爱国热情，帮助他们树立远大的理想。此外，本次活动也是学校国际理解教育与学科教学融合的初步尝试，优化学校校本课程，提高了教学质量。随着学校各类国际理解教育活动的展开，活动课程不断丰富，有效地推动了学校课程改革。

PBL 项目制的实践与探索

第七章

Chapter 7

一

活动成果: "爱家乡迎大运"川茶伴手礼项目式学习
案例学校: 成都市娇子小学

茶蕴含着交往习惯、饮食习惯和社会文化等深层次内涵。本项目围绕"你最想推荐什么川茶伴手礼""如何推荐川茶伴手礼给来自全世界的友人"等问题,激发学生的创造性思维,培养学生的实践探究能力。项目以大概念"文化与设计"统摄茶香蜀韵的项目布局,结合四年级"川茶叶韵"校本课程,通过调查问卷聚焦川茶伴手礼的不同茶叶品种,从茶的品鉴、茶与健康和茶与礼仪三个方面入手,结合语文、数学、英语、美术学科知识,按照绿茶、红茶、黑茶和花茶四个类别学习和探究川茶。最后通过推广会,学生以表演"茶仪"、发放"推广手册"等形式呈现学习经历和收获。项目注重对不同民族茶文化的比较和思考,以此为载体培养学生的国际视野,帮助学生树立起人类命运共同体意识。

一、项目设计

(一)核心知识

通过四年级的"川茶叶韵"校本文化课程,学生了解了辨茶、沏茶、品茶等相关知识,并能进行茶艺表演,但是对茶文化礼仪的了解还有待进一步提升。为了让四年级学生主动了解、探索家乡茶

文化,比较家乡茶文化与外国茶文化的差异,向外国友人推荐川茶伴手礼,增强"我是一个'成都小主人'"的自豪感和使命感,成为家乡文化的推广者,从而增强国际意识,扩展国际视野,主动将学习成果转化成文创作品,娇子小学以"核心问题 + 任务驱动"的方式推动项目的实施。

(二)项目目标

通过项目实施,了解川茶的品鉴、茶与健康、茶仪等相关知识,总结出川茶伴手礼的相关要素;搜集川茶相关资料,经过整理统计、分析总结,提炼出观点;学习说明方法和多种推广方式,创意表现茶文化推广文案;运用审美设计思维,设计推广手册;树立主人翁意识,能够树立文化自信,扩展国际视野,有命运共同体意识,做家乡文化的宣传者和传播者。

二、项目实施

（一）理论学习

学生通过学科学习了解川茶和推荐川茶伴手礼的相关知识。如运用数学的数据分析概念，绘制图表；通过美术课，学习如何设计精美的推广手册；通过英语学习，了解中外茶文化的差异；通过语文课，学习说明方法和说明顺序，了解如何推荐；在川茶叶韵课中，学习茶艺和茶仪。通过学习初步了解茶的文化内涵，学习设计方法，初步形成设计思维，着眼于现有资源的整合，初步形成文化与设计的概念。

（二）调研考察

调研之前，各小组制订调研计划，确定调研茶叶的色、味、功效等。通过调研、观察、记录，亲身体验感受。

（三）探索与形成成果

各小组设计茶品推荐图，制作川茶伴手礼推广手册，并通过"展—演—荐"的形式进行成果汇报。学校举办川茶伴手礼推广会，邀请外国友人参加，并为参会来宾发放学自主设计的川茶伴手礼推广手册。活动还邀请海外合作学校的学生和家长出席线上推广会。活动中，各小组现场推荐川茶，为参会来宾介绍花茶的茶名、茶色、茶味、茶香、茶语、功效等，同时推荐家乡的茶，在悠悠茶香中互学互鉴。

三、交流成果

同学们运用多种渠道，积极查阅、收集、整理资料，通过项目式学习了解中外茶文化的差异，了解如何培养健康的饮食习惯，如何设计精美的川茶伴手礼推广手册等。这种学习方式打破了"灌输—吸收"的传统教学方式，提升了学生的思维能力和对外交流能力。同时，教师为学生开展自主合作探究式的学习提供了丰富的资源和教学支架，帮助学生解答、质疑、讨论、交流，极大地调动了学生学习的积极性。

项目式学习促使教师更新观念，转变思想。教师通过项目实施发现传统的讲授式教学、填鸭式教学已无法满足学生的学习需要。学生思维品质的培养、综合素养的提升需要更科学、更多样、更灵活、更有效的教学方式来推进，课堂教学需要更加开放多元，必须重视师生互动、生生互动，引导学生在体验、探究中习得知识，提高能力，同时培养对外交流能力。

开放的课堂和持续的探究，促使教师不断更新教学手段，促进教学技能的提升。在项目式整体推进时，充分发挥家校社协同育人功能，寻求多方支持，有意识地将项目式学习迁移运用到生活中。

活动成果： 中外人文交流月活动

案例学校： 重庆市沙坪坝区高滩岩小学校

基于提升中国学生核心素养及国际理解力的要求，积极响应党的教育方针，重庆市沙坪坝区高滩岩小学校充分发挥学校中外人文交流特色校、中英伙伴项目校的优势，促进全校师生触摸世界多元文化，学会包容和尊重世界的多样性，将每年12月份确定为"中外人文交流月"，用活动品牌建设推进学校国际理解教育的发展。

一、项目内容

（一）顶层设计，建立模型

学校在谋划活动时，将活动价值意义、子活动目标、建议方式等——明确，既给教师指明了方向，又留有一定选择空间，激发了师生的参与积极性。在充分调研的基础上，学校确定了人文月的基本模式，分为以"世界地球村"为主题的班级PBL项目群和以"学科中的世界"为主题的学科建设活动群。

基于课堂教学，学校成立学科指导组，积极指导学科教师设计渗透国际理解力的课程或项目方案。同时，通过任务型支架设计，给予教师可实践的阶段性任务有效支持，指导教师在学习过程中激发学生兴趣、明确学习任务、提供学习资源。

（二）动态管理，全员参与

学校加强动态管理，将班级秀场评比交给全校学生，让学生走进30个班级，感受不同文化。各班级也通过自制"漫游地球村护照"、设计该国钱币、通关文创奖品等方式，全方位展现高滩岩小学校师生在全球视野下对文化理解和文化互鉴的新思考、新做法。

二、主要成效

（一）活动开展可持续

学校中外人文交流月活动已连续开展了两届，教师、学生、家长通过项目式沉浸体验、课题式比较研究，全方位了解了各个国家的饮食、服饰、建筑、文学、艺术等。中央广播电视台国际在线栏目组对该品牌活动进行了专题报道。

（二）成果孵化有实效

高滩岩小学校近200名学生参与了第三届"中外人文交流小使者"全国总展示活动，学校教师多次参加全国性、市级中外人文交流并作主题发言，10名学生的原创作品入选2021年教育部中外人文交流中心举办的中华优秀传统文化国际交流计划——2021年青少年原创绘本征集活动。全校学生800余人次在全国、市、区级绘画、演讲、朗诵、科技、英语比赛中获奖。与此同时，高滩岩小学校运动月系列活动也以此为项目切口，深度挖掘国家最具特色的体育风采。每个班级用PBL项目研究的方式，在行走的课堂中看世界，做有中国情怀、世界眼光的使者。

活动成果： 中日和纸画展，促进中日文化交流
案例学校： 重庆市沙坪坝区第一实验小学校

应日本广岛特定非营利活动法人虹桥会理事长岩井梅子的邀请，重庆市沙坪坝区第一实验小学校组织15名学生参加了第五届中日和纸画展绘画展览活动。该活动旨在以具有日本特色的和纸画为媒介，促进中日文化交流，拓宽学生对日本文化的认知。

在学校的大力支持下，本次活动鼓励学生学习各种形式的艺术技巧，吸收外来文化，提高自己的艺术修养。

因学校大多数师生对日本和纸画的了解较少，岩井梅子理事长通过邮件和微信的方式，用流利的中文详细介绍了日本和纸画的历史渊源。和纸是在借鉴中国传统造纸术的基础上进行改良，以日本独特的原料和制作方法生产的具有日本文化特色的纸张。和纸画实为和纸撕画，这种作画艺术一改过去"纸是平面的"这一概念，将纤维作为素材进行创作，通过运用美术拼贴、美术组合、美术摹拓等塑形手法，与布、皮革、金属等素材组合，以自由奔放的形式展现世界的美，将日本的和纸文化升华。

学校师生在了解了日本和纸画的历史和绘制方法后，大大提升了对日本和纸画的兴趣。教师们通过教学视频和岩井梅子理事长的讲解，基本掌握了和纸画的绘制方法，再把绘制方法教授给同学们。和纸画需要用手撕和专用的铁笔，通过反复地练习，同学们感受到了日本传统绘画技艺与中国国画的异同，学会尊重与认同两国文化的差异。

在本次画展中，重庆市沙坪坝区第一实验小学校的师生们用和纸画的形式，再现了中外友好使者、日本著名画家平山郁夫先生的画作。通过学习，同学们加深了对日本民间艺术的了解，这也成为学校在中外文化交流工作的亮点。

— 教师指导重庆市沙坪坝区第一实验小学校的学生创作和纸绘画

活动成果： 影视戏剧教育项目
案例学校： 成都市双眼井小学

2022 年 3 月颁布的《义务教育艺术课程标准（2022 年版）》正式将"戏剧、影视"纳入课程标准。成都市双眼井小学在充分调研的基础上，结合学校实际，以影视戏剧教育为突破口，研发了相关校本课程，探寻出美育教育新途径。

为保障项目的顺利落地，学校多举措推进影视戏剧项目实施。

一、以项目式管理推进课程建设

学校引入"PDCA"项目管理，通过项目计划、项目实施、项目控制、项目验收和评价等流程，明确"1+3+N"式人员架构，其中"1"是指一位项目负责人，"3"是指教学、德育、科研三部门协作，"N"是指多名专业教师和学科教师，通过流程管控确保项目按计划实施。

二、全力打造"四型课堂"，让课程活起来

一是在剧本研讨课上，通过"学生讲、教师听"的反转型课堂，在教与学的角色互换过程中，学生发表自己的理解并提出疑问，促进对剧本的深度理解。二是通过角色扮演、剧目排演等形式，启发学生思维，促进集体间的互动协作，使学员形成独立的见解，实现由灌输式教学向体验启发式教学的积极转变。三是以研学为契机，支持学生走进红色教育基地，开展实践性课堂教学，激发学生的感受力与共鸣。四是发挥"互联网 +"融媒体作用，创设"网上戏剧"栏目，拓宽学习阵地，稳步推进课堂信息化建设。

三、多举措落实课程实效

（一）三方协作打造原创

学校地处成都市中心城区，周边有文殊院、巴金故里、双眼井等人文历史资源，学校充分挖掘本土文化特色，聘请校外专家与师生共同创编具有区域特色的剧本。

（二）双段划分培养六能

结合戏剧教育特点，培养学生看、读、听、评、演、创的能力。低龄段学生开展看红色电影、听红色歌曲、诵红色诗歌、述历史、绘画等课程，高龄段学生开展赏析红影、鉴赏红色歌曲、品读红色文学、评议新闻、创编戏剧等课程。

（三）四步教育融入日常

①从知开始。学校每天课间播报一则"曾经的今天"，每周讲一次四史故事，每月一次红色影视戏剧鉴赏课，让学生了解党和国家的发展历程。②以思延续。通过鉴赏影视课、读剧本课、表演课等，学生与剧中人共情。③有爱明志。学校高龄段课程作品大多为英雄、名人事迹，参与课程的学生要了解整个故事脉络，依据自身特点选择合适的角色，体悟仁人志士的爱国之志。④践之于行。学校开展了"我是府河守卫者""爱心宣导员"等校外实践活动，让学生走入社会践行爱国之志。学校还以党建联盟为载体，研究各学段的教学目标及衔接点，开设跨学段戏剧课程，助力学生全面成长。

四、项目实施效果

调研数据显示，83.3% 的学生之前没有接受过影视戏剧教育。通过每周一的"班级小剧场"等系列项目活动，形成了班班参演、人人参与的常态化戏剧表演活动。同时，由专业人士、教师、学生联合自编、自导自演了两部戏剧，学生们全程参与编写剧本、设计服化道、排练表演、设计图标、后勤服务等。两部戏剧连续两年在社会面公开展演，全体师生通过现场感受到戏剧蕴含的家国情怀，树立了自信，还激发了主动探求影视戏剧教育知识的欲望。值得注意的是，参演的学生还在"中外人文交流小使者"活动中荣获一等奖。

观察到戏剧教育给学生带来的变化，教师们有意识地在课堂上使用戏剧手段，通过以点带面的尝试，逐步在语文、思政、英语、科学、音乐等学科中推进，形成了浓厚的校园戏剧教育氛围。

近年来，学校在影视戏剧教育方面积累了丰富的经验和成果。学校原创戏剧《觉醒的时代——水是故乡甜》先后在北京 2022 年冬奥会和冬残奥会全国总展示活动、四川省第十六届校园影视教育成果展示交流活动中荣获多个奖项。基于影视戏剧教育的"爱国主义观照下的全媒体影视戏剧校本课程的开发研究"已成功立项成都大中小学思政工作研究基地的课题，学校也成功申请为青少年影视教育实践基地学校。

未来，成都市双眼井小学将在影视戏剧教育方面积极打通路径，丰富教育形态，促进区域落地，在校园文化氛围、艺术品德培养、影视作品创新等方面产出更多教育教学成果。

活动成果："芳华——最美夕阳红"中国研习课项目
案例学校：上海耀中外籍人员子女学校浦东校区小学部

上海耀中外籍人员子女学校浦东校区小学部的"中国研习课"以培养具有国际胸怀和全球视野，坚信"民吾同胞，物吾与也"，以培养构建人类命运共同体的世界公民为最终目标，内容涉及语言、历史、地理、科技、政治等多个方面。"中国研习课"的授课时长为每周一小时，探究成果形式多样，如交互式展览、表演、辩论、工艺作品等。

2021—2022学年，学校以"中国研习课"为平台，小学部发起"芳华——最美夕阳红"活动，让家校教育共振，传承敬老孝道。该项目引导小学生关注老年人，了解老一辈的故事和奋斗史，让学生尊重、敬仰并关爱老人，弘扬仁义礼孝的传统美德，关爱与理解长辈，更清晰地认识自我。

一、项目基本做法

"芳华——最美夕阳红"项目选择从"中国研习课"出发，紧扣其课程大纲中的"家庭""价值观与信念"单元主题，结合学校国庆节活动、校庆日"楚珩日"活动和重阳节活动等，依托校园的国际社区，开展形式多样的活动。该项目促进了中华优秀传统文化的传播，引导学生树立了正确的生命观，培养了他们敬老、爱老的优秀品质，提高了学生跨文化交际的能力。

基于对全人教育内涵的理解，综合不同学生的水平特点，项目教研组在"尊老敬老"的主题单元下，对不同年级学生待解决的核心问题进行研讨，定制了差异化的学习活动与任务。以核心问题为例，对于低年级学生，以"什么是家，家庭如何塑造我们的价值观

和信仰"作为核心问题；对于高年级学生，则以"信仰、道德、价值观如何影响不同人的行为"这一问题进行探究。在活动内容方面，各年级通过发布不同的任务以支持解决核心问题，如绘制"家庭树"、制作重阳节贺卡、设计家庭日活动、体验"老年生活"、制作家庭纪录片等，实现了对项目主题的分层理解。

二、项目实施效果

一是开启寻根之旅，争做有礼少年。对于很多国际学校的学生来说，"芳华——最美夕阳红"项目是他们寻根之旅的起点。一张祖父辈的老照片、一次深入的谈心、一部精心制作的纪录片……在学生真诚聆听老一辈的故事、认真地思考"我从何处来"的过程中，尊老敬老的传统美德和"寻根"的种子已在他们心中种下。

二是发展多项技能，拓宽社会视野。从知识方面来看，学生通过文本探究，学习了汉语本体知识，了解了中华传统故事，并掌握了采访、策划方案等特殊文本的写作方法。从能力方面来看，他们通过小组合作、作品展示，与各个学段的学习者分享自己的观点，在交流中提升了跨文化交际的能力。同时，他们发展了发现问题、解决问题的思维，拓宽了社会视野。

三是促进文化交流，构建和谐社区。对于学校而言，这是一次极好的"社区团建"。不同的文化、思想在"尊老敬老"这一主题下碰撞、交流，学生和父母增进了沟通，共同思考如何传承良好家风。此外，通过活动，学校将进一步融合多元学科，建设双语学习社区，为学生提供更好的文化交流环境。

三、项目典型经验

围绕"我们为什么要关注老人，了解老人，

— 同学们为长辈设计养老公寓

关爱老人"这一问题，学校开展了项目式学习。在探究学习的 6 个阶段，根据年级设计不同的子问题和活动，让学生初步掌握人像摄影、人物访谈、传记写作、公共演讲等相关技能。在模拟采访中，教师们分析了老人的年龄、职业等特征，构建了"芳华"的问题库。面对面采访中，学生们了解到家庭长辈的生活故事。采访后，学生们根据采访笔记，梳理采访内容，撰写人物传记或者拍摄纪录片。

在这个过程中，学生对家庭和生命也有了新的认识。在项目后期，学校将"家庭的传承"作为 2021—2022 学年中国新年的主题。将项目成果融入中国新年的活动和演出中，每个年级围绕这个主题进行诗朗诵、歌曲演唱等表演，启示学生们多关注身边的人。

教学成果："中国八大菜系"跨学科项目式学习
案例学校：上海耀中外籍人员子女学校浦东校区中学部

"民以食为天"，从南到北、从东到西、从古到今的中国八大菜系成为中华饮食文化的中流砥柱。基于此，上海耀中外籍人员子女学校浦东校区中学部以"中国八大菜系"为主题，开展跨学科项目式学习教学活动和一系列丰富多彩的人文交流活动。同学们运用中国研习课、人文课、英文课、科学课上所学的知识与技能，探究中国八大菜系的形成、发展以及现状，通过参与携程美食林发起的投稿活动和策划、组织菜系展两项任务，展示主题探究的学习成果。

2019 年开学以来，学校中学部中文部、人文部、英文部和科学部的教师们经过多次跨学科教研，决定将跨学科项目式学习教学活动分成三大阶段。

— 同学们在科学课上测量食物营养成分

一、前期准备

中国研习课：八年级同学利用"教室外的教育"游学周开展为期五天的山东游学。其间，学生们在教师指导下完成一份关于"鲁菜"的研习手册。在游学后的中国研习课上，教师们介绍中国八大菜系的相关知识。

人文课：围绕教学主题，重点训练学生的调查能力、沟通技能、批判性思维能力。

英语课：围绕教学主题，重点训练学生的写作技能，包括术语使用，以及通过描述、解释和举例来展示某一主题和概念的相关知识等。

科学课：学生学习通过实验手段测试食物中的营养成分。

二、集中合作

针对四个学科，开展为期两周的跨学科项目式教学活动。其间，学生需要完成多项里程碑任务。一是学生开始探索项目，发展出一系列"需要了解的问题"；二是学生探索地区饮食和自然、人文、地理之间的关系；三是学生从多个角度收集、评估和分析信息；四是学生探索写作格式；五是学生小组寻求并吸收反馈意见，修改并编辑最终稿件；六是帮助学生完成在携程美食林公众号上的投稿任务。

三、成果展示

学校集中在校会上展示被选中的稿件，同时开展面向学校教职员工的菜系展。活动获得了学生、家长以及社会的一致好评，两篇学生稿件被携程美食林选中，并以中英文双语的形式刊登在其公众号上。活动充分体现了学校优秀的课程设置和教师团队强大的课程设计能力，以及学校对中华优秀传统文化的高度重视。在课程中，同学们不仅体验到了中华传统文化之美，还提升了自我核心素养。

教学成果："适融·善创"——成都市盐道街小学通桂校区中外人文交流学习中心建设方案

案例学校： 成都市盐道街小学通桂校区

成都市盐道街小学通桂校区秉承"厚德如盐、适融人道"的办学理念，弘扬"善思善创、守正出新"的学校文化，以"适融·善创"为主题，以中国传统思想哲学通俗地表达"各美其美，美人之美，美美与共，天下大同"的理念，打造人文交流学习的场域模块，以 PISA 全球素养认知场景的内容为依据，营造触动学生多感官、环境优、底蕴厚、眼界宽的人文交流学习中心——"适融·善创"未来国际空间站（见表1）。

一、人文交流学习中心建设的逻辑架构和校本化阐释

（一）情境创设

时间：2042 年

地点：银河系 China Space Station 空间站

空间站创建者：Doctor Xiaoyu

任务：建立 PISA 地球公园

任务路径："盐娃"和国际友好学校的学生们穿上航天服，乘坐"时光穿梭机"来到2042 年的银河系 China Space Station 空间站，与 Doctor Xiaoyu 一起进入"适融·善创"空间站，在"传承舱""交融舱""创新舱"中学习并完成 PISA 地球公园建设的任务。

（二）文化共情点

学校"'适融·善创'未来国际空间站"人文交流学习中心践行费孝通先生的"各美其美，美人之美，美美与共，天下大同"的人文交流立场。这四个共情点向世界各国人民展示了中国文化的最大善意和创新性表达，也是达成人类命运共同体的最佳路径和目标。

（三）知识递进线

人类命运共同体—中华—世界—文化的创意表达

从中国对世界人文交流的创新性、最具善意和前瞻性的 "人类命运共同体" 表达开始，以我为主，兼收并蓄，在"中华"知识板块中掌握中国叙事体，讲好中国故事。放眼世界知识，培养学生的国际理解能力，用国际理解教育的本土建构来培育学生核心素养。

（四）目标达成

视野与格局—中国心—世界眼—民族魂

（五）实施路径（PBL 项目式学习）

核心概念—驱动型问题—认知模型—项目实践—成果发布—评价量规

（六）评价量规

"五维一体"：自评—互评—师评—校评—机构评

二、空间建设内容的具体阐释（见图1）

第一空间："善创号"飞船

以 VR 技术为载体，给学生提供"现实

表1 "适融·善创"未来国际空间站——盐道街小学通桂校区人文交流学习中心逻辑架构

情景创设	善创号飞船	传承舱	交融舱	创新舱
文化共情点	美美与共，天下大同	中华之美	各美其美	美人之美
知识递进线	人类命运共同体	中华	世界	创意表达
目标达成	视野与格局	中国心	世界眼	通未来
PBL 项目式实施路径	1.核心概念；2.驱动型问题；3.认知模型；4.项目实践；5.成果发布；6.评价量规			
评价	"五维一体"：自评—互评—师评—校评—机构评			

第四空间：
1. "创新"舱（情景创设）
2. 创意表达（知识递进线）
3. 美人之美（文化共情点）
4. 通未来（目标达成）

第三空间：
1. "交融"舱（情景创设）
2. 世界（知识递进线）
3. 各美其美（文化共情点）
4. 世界眼（目标达成）

第二空间：
1. "传承"舱（情景创设）
2. 中华（知识递进线）
3. 中华之美（文化共情点）
4. 中国心（目标达成）

第一空间：
1. "善创号"飞船（情景创设）
2. 人类命运共同体（知识递进线）
3. 美美与共，天下大同（文化共情点）
4. 视野与格局（目标达成）

图 1 空间结构图

— "适融·善创"未来国际空间站组图

"虚拟"的世界知识，基于人类命运共同体的四个价值维度，展示世界各地包括世界组织、环境、气候、动物、语言、城市等知识，旨在通过"美美与共，天下大同"的人文交流立场达成视野与格局的养成。

第二空间："传承"舱

以"中华之美"为主题，用 VR、5G 技术为学生呈现华夏五千年的伟大文明，中国探寻世界的足迹和成都三千多年建城史上与世界交往的精彩瞬间。学生在人文交流活动中创意表达，观看学校的宣传片，感受百年盐小的文化脉搏，体会盐道文化与中华文化的共同之处，在优秀的华夏文化"大美"的格局中培养爱国主义情怀。

第三空间："交融"舱

以 VR、5G 等技术让学生学习璀璨的世界文化，了解世界发展规律，关注全球问题。在虚拟空间中，学生可以领略世界艺术、科技、环境、体育等知识，感受各国的历史变迁，从各美其美的文化交流的立场观察世界，提升国际理解素养。

第四空间："创新"舱

"创意表达"板块以 VR、5G 等技术呈现学校的"山川情，世界眼"校本化人文交流课程体系以及课程实施路径。活动线：发现问题—提出计划—深度探索—创意表达；内容线：走进锦江—走进成都—走进四川—走进中国—走进亚洲—走进世界。"山川情 世界眼"国际理解教育课程通过"游江""览山"这样的沉浸式真实情景内的探究活动，对学生实施"熏陶和化育"，让学生在解决现实问题的同时感受"家乡美""祖国美""天下美"。

— "适融·善创"未来国际空间站组图

活动成果： 走进榫卯，感受先民智慧
案例学校： 重庆市沙坪坝区凤鸣山小学校

重庆市沙坪坝区凤鸣山小学校以培养面向世界的中国人为育人目标，开展一系列中外人文交流活动。本活动以"走进榫卯，感受先贤智慧"为主题，通过多维度的实践体验、实地考察、交流访谈、现场推广等形式，引导学生运用信息技术、数学、中文、美术等相关知识、以及小学学科知识以外的访谈、推广、力学运用、工程设计等多种能力，去了解、探究、实践、推广我国传统工艺—榫卯。

一、活动内容

活动由三个单元组成：启智识榫卯—巧手做榫卯—妙语话榫卯，这三个活动单元包括 7 个活动板块，其中包含任务驱动、实地探访、试验探究、实践操作、访谈交流、创意设计、文化推广等学习活动，引领学生走近我国传统榫卯，了解榫卯在家具、建筑中的运用，在自己尝试制作榫卯的过程中学会交流、合作、发现和探究（见表 1）。

二、活动实施过程

（一）启智识榫卯

教师创设教学情景，引导学生通过网络查阅资料，认识榫卯，了解榫卯的分类以及榫卯这项传统木工技艺在家具中的运用。学生将收集到的资料进行分类整理，制作一份有关榫卯的资料档案袋，为后续活动做准备。

纸上得来终觉浅，绝知此事要躬行。在第二次实地探访课上，教师带领学生走进科技馆榫卯特别展区，现场感受榫卯的魅力，了解榫卯的发展历史及其在建筑、家具、造船等不同领域中的运用。同学们通过实地探访活动，了解榫卯的运用，感受榫卯技艺的精妙与伟大，增强民族自豪感与自信心，激发学习与传承榫卯传统技艺的热情。

在试验探究活动中，学生通过搭建榫卯模型和探究鲁班锁，发现在榫卯结构中，凸出的榫头和凹进去的卯眼通过凹凸扣合，紧紧咬合在一起。为了保证接口不会在木头热胀冷缩的过程中松动，工匠们会从不同的角

表 1 "走进榫卯，感受先民智慧"的活动内容及目标

活动单元	活动时长	活动内容	活动目标
启智识榫卯——认识榫卯	40 分钟	情境创设，任务驱动：榫卯的资料查阅与交流	1. 了解榫卯的含义 2. 知道榫卯的种类 3. 初步了解榫卯的运用情况
	120 分钟	实地探访：参观科技馆榫卯特展，观察了解榫卯在建筑中的运用和历史发展。	1. 了解榫卯的历史发展 2. 知道榫卯在建筑、家具中的运用 3. 激发学生对榫卯的热爱，树立民族自豪感和自信心
	40 分钟	试验探究：了解榫卯力学原理	1. 观察通过观察了解榫卯相互契合、互相勾连的特点 2. 通过鲁班锁、榫卯模型搭建试验感和榫卯是运用力学中的平衡原理保持稳固的特点 3. 感知榫卯中包含的中华传统文化中和谐共生的文化理念
巧手做榫卯——制作榫卯	160 分钟	实践操作：榫卯的制作	1. 能制作直榫、燕尾榫 2. 通过制作榫卯感知木工劳动的不易，了解木艺工匠的精神
	40 分钟	创意设计：访谈木工艺人，进行榫卯物品设计	1. 能运用访谈记录表等工具开展对木工艺人的访谈，通过访谈了解榫卯物品制作要求 2. 小组合作设计榫卯物品，绘制富有创意的榫卯物品设计图，激发学生创新思维，促进学生提升合作能力
	160 分钟	实践操作：根据设计图制作榫卯物品	1. 根据设计图分工完成意见榫卯物品的制作 2. 通过绘画、黏土等对榫卯物品进行装饰

— 重庆市沙坪坝区凤鸣山小学学生制作榫卯和榫卯物品

度、方位让一根木头和其他木头通过榫卯结构相连接，这样接口处木头涨缩的作用力就会相互抵消。此外，一些家具的外部造型设计还会进一步保证它在使用中的力学合理性。例如板凳的凳面和凳腿的连接处并不是垂直的，而是向内有一定倾角，让凳脚形成一个等腰梯形，形状稳定，不易松散。人坐上去，四条蹬腿就将重力均匀地分散，所以平稳，牢固。许多家具的腿常常出现上小下大的情况，也是为了均匀地分散承重，让家具更稳定，这也体现了中国人崇尚的虚实相依、和谐共生的传统哲学思想。通过试验让学生感受作用力达到平衡，形成稳固状态的奇妙现象，进而感知榫卯中包含的和谐共生的文化理念。

（二）巧手做榫卯

学生进行基本木工操作，通过自己动手制作契合的榫卯，基本掌握锯、凿、锉刀等工具的使用，通过综合运用计算、测量等相关知识，以及锯、锉、打磨等技能，解决榫与卯的契合问题。在做好能够契合的榫卯以后，开展第二次创意设计活动，引导学生发挥创意，设计自己喜欢的榫卯物品。然后采访木工艺人，通过对木工艺人的采访，了解从简单的榫卯到榫卯物品的制作之间需要注意的问题，以及榫卯设计图绘制的方法和要点。最后小组合作完成设计图并绘好板块分割图。在第二次实践操作活动中分工完成榫卯物品的制作。学生运用锯、刻、锉等技能，结合数学、美术知识进行制作和装饰，做出完整的榫卯物品，提高审美情趣，感受工匠精神，从而珍惜、爱护工匠们的每一份劳动成果，进一步提高民族自豪感，成长为"新时代勤劳智慧的中国人"。

（三）妙语话榫卯

同学们以小组为单位开展榫卯推广活动，分工合作，撰写推广词，制作宣传小视频，向同学和老师进行榫卯文化的推广。通过活动板块的开展，提高学生的语言表达能力，让学生学会更好地与他人交流，增强学生团队协作的意识，锻炼团队协作能力，提高学生的综合素质。

生活即教育。榫卯是一项传统的木工工艺，是我国非物质文化遗产，也是我国传统建筑和传统家具的重要建构方式。作为中国人，我们有责任了解这一项传统技艺的来源和发展，并将传统文化推广到世界各地，践行学校培养"面向世界的中国人"的育人目标。

学生通过对榫卯的研究，有利于学习和传承我国优秀的传统文化，体验工匠精神，感受劳动的不易，树立劳动最伟大、劳动最崇高的价值观。在制作过程中调动学生综合运用数学、语文、美术、物理等学科知识，全方位、多角度用现代科学去理解榫卯，认识榫卯，创造榫卯，发挥学生的主观能动性，提升民族自豪感和自信心，促进中外交流，共建文化繁荣。

— 教师开展榫卯教学

活动成果：特色项目促进交流互鉴，多措并举激发青春力量
案例学校：西北师范大学附属中学

西北师范大学附属中学（以下简称"西北师大附中"）源于 1901 年创建的北平"五城学堂"，是一所历经 120 余年的省级示范性普通高中。长期以来，西北师大附中在国际理解教育方面"下篙试水"，创新敢为。

一、基本做法

近年来，西北师大附中积极参加多种中外青少年人文交流活动，积累了丰富的夏令营、海外师生来华短期交流、师生赴海外交流等活动的组织经验，具有一定的国际交流经验。学校在"百校结好"项目的引领下，主动承担理事长校的社会责任，精心组织"模拟联合国"社团、"English Corner"、"美式辩论社"、"国际嘉年华"、"飞天杯"英语大赛等活动，积极举办国际理解教育相关的优质论坛、沙龙、交流会、圆桌会议等，推动 AFS 项目、汉语国际推广项目落地培训，定期开展校际互动等，充分体现了中外文化互融互鉴、共进共生的育人理念。同时，学校积极联合外国师生，在活动筹划、组织、参与等过程中，充分构建大语境、大视野、大情怀的国际化育人格局。

学校立足长远，放眼全球，多措并举，积极开拓中外文化交流渠道，探索中外青少年人文交流工作新方式。学校积极举办"一带一路"中小学校长国际论坛暨"百校结好"项目学校交流会，积极扩大中外青少年交流朋友圈，将"引进来"与"走出去"相结合，广泛牵手"五大洲"，积极推动中外青少年人文交流与互访工作；与多国知名中小学举行云端交流活动，继续探讨新形势下中外青少年人文交流工作；围绕"国际交流与开放合作""人工智能与教学革新""跨文化交流""加强国际理解教育""中外青少年艺术交流与合作"等多个领域，积极开展多种形式的项目研究，深拓广研，精耕远谋，以线上线下相结合的方式综合开展中外青少年人文交流活动，为中外青少年人文交流与培养助力添彩，培养具有"科学精神、人文素养、中国情怀、国际视野"的国际化人才。

二、典型经验

（一）形成政府、学校、社会多方合力，积极推动甘肃省基础教育国际化进程

2016 年，甘肃省启动"百校结好"项目，西北师大附中牢牢抓住机遇，以"百校结好"项目为引领，主动承担理事长校的社会责任，与多国学校开展友好交流并签订合作协议，通过师生互访、

教学交流、科技文化体育活动交流、国际竞赛等形式，增进了解，形成常态化交流，并以"云交流"形式打造中外青少年文化交流新生态。同时，学校集合多方力量，积极承办"百校结好"相关的国际理解教育会议，多次举办国际理解教育相关的优质论坛、沙龙，积极拓展优质外方资源，扩大中外青少年交流渠道，增进中外青少年国际理解与友谊，落实"百校结好协作体""搭建平台、文化交流、国际理解、融合发展"职能，增进中外青少年国际理解。

（二）打造特色文化项目，走开放交流高质量发展之路

学校协助上级单位将"百校结好"项目打造成中外基础教育深化合作、高质量发展的惠民工程和样板工程。西北师大附中注重打造中外青少年文化交流特色项目，如中外中学生夏令营、国际嘉年华、中外青少年机器人大赛等，深耕国际合作与交流，不断健全对外开放办学体系，以高水平开放引领高质量发展。

（三）建立长效工作机制，促进中外合作交流可持续发展

学校作为"百校结好"项目的理事长校，积极推动甘肃省内部分中小学成立了"甘肃省中小学百校结好协作体"组织，建立了长效工作机制。通过定期召开会议、邮件沟通等方式，不断加深各校之间的联络。未来，学校将致力于深入促进"百校结好协作体"可持续发展，深研"一带一路"建设重点发展方向，精准对接，开展高效优质工作。

（四）加深国际教育理解，多途径打造教师国际教育核心驱动力

学校不断加强国际理解教育，着力打造一支适应和发展国际教育的高质量教师队伍。积极承办"百校结好"国际理解教育骨干培训会，组织教师赴美参加"美东学术交

流活动"，参加 AP、TOEFL、剑桥教师职业发展等培训，派教师赴境外交流学习，使教师的国际教育课程建设能力与跨文化教育能力快速提升。

（五）开展"云端"交流活动，持续推动中外人文交流工作

学校利用"百校结好协作体"平台，为成员学校建立海外友好关系牵线搭桥。同时利用现代信息技术，建立项目专题网站和交流平台，保持"云端"交流渠道畅通，为项目的长期交流和宣传做好保障工作。

活动成果： 共建共享，开启国际教育 e 时代
案例学校： 成都市海滨小学

2020 年，成都市海滨小学成为"成都市教育国际化窗口学校"。通过与不同国家的学校共同建设人文交流课程，既促进了学校之间的相互交流和合作发展，还开阔了小学生的国际视野，培养了学生的国际素养，提升了小学生的全球胜任能力。

一、顶层设计

办学理念：爱慧教育。

校训：爱于心，慧于行。

育人目标：培育"热心、善思、慧行、雅趣"且具有中国精神和世界眼光的现代儿童。

发展愿景：建设一所有爱心、有智慧、有文化的特色精品示范学校。

实施思路：秉承学校"爱慧教育"的办学理念，我们提出了"敢创新、慧创造"的创客交流课程理念，坚持"培根固本、放眼世界、大爱无疆，成人达己"的教育国际化工作思路，以素养培育为基本导向，以课程建设为核心抓手，以跨文化交流为实践动力，以制度创新为基本保障，以教师培训为有力支撑，依据对本校以及友好学校课程资源的分析，整体建构了主题课程和放眼世界课程的内容体系。

二、课程建设与实施

（一）中外教师合作共建共享课程

学校基于项目式学习的中外创客课程共建共享项目，包括图形化编程、开源硬件编程、创客制作等项目，与新加坡先锋小学就创客课程进行了深入交流，双方共同决定开展以"智能家居"为第一阶段主题的项目式编程学习活动。

（二）学生交流

2022 年 5 月，学校学生与新加坡先锋小学的同学以小组为单位，针对未来智能家居绘制出了惊艳的家居创意蓝图。此后，双方学生分别开始进行编程作品的制作。同年 7 月，两校学生分别对各小组的作品进行了沟通交流与完善，并于 7 月 7 日进行了作品展示。

分享结束后，双方教师共同投票，选出本次活动的各类奖项，双方校长对本学期的交流活动进行总结，对未来的合作进行了规划。

三、实施效果及经验

学校与新加坡先锋小学的创客交流活动，提升了学生的信息意识、计算思维、数字化学习和创新意识，以及问题解决能力、合作探究能力，坚定文化自信，帮助学生树立了远大理想。学校教师在教学实践中不断反思，大胆改革，敢于创新，成为实践的研究者，提升了自身职业素养。双方师生通过多次线上交流研讨，形成了许多优秀的校本课程资源，为后续更好地开展创客校本课程奠定了基础。

学校形成了"编程课程—开源硬件—创客制作"三种课程螺旋进阶的创客校本课程体系。在全体师生的不断努力下，学校逐步创建了科信、英语双课联动，"教—学—研"三位一体的中外人文交流体系。为保障双方师生顺利交流，学校构建了线上互动平台，制定了创客教室管理制度，为更好地进行中外交流提供保障。

教学成果： 基于 PBL 路径的"国际理解教育"校本教学模式研究——以《全球福祉的中国行动力：从丝绸之路到一带一路原创文化剧》为例

案例学校： 四川师范大学附属实验学校

本文节选了科研论文中的"基本做法""亮点"进行展示。

一、建构 PBL 路径的"国际理解教育"校本教学模式

（一）构建 PBL 路径的"六大维度"教学框架

课程组以 PBL 实践七大核心要素为依据，即"与课标对应、建立课堂文化、管理教学活动、搭建学习支架、评估学生的学习、参与和指导、设计与计划"，构建了基于 PBL 路径的校本"国际理解教育"六大维度的教学框架，即"核心素养、问题驱动、高阶思维、认知实践、作品展示和过程评价"。

（二）提出 PBL 课程实施的"五步进程"法

课程实施遵照"项目实施前—项目启动—项目实施中—成果展示—项目实施后"的时间序列，提出了"情境复现—问题导出—项目实施—作品展示—反思迁移"的五步进程。项目启动前，通过前置学习展现真实世界中的中外人文教育情境。项目过程中，借助高阶思维培养的 KWL 表格，引导学生提出问题；通过小组共学、Teamwork 等学习活动解决问题，明确目标，进行作品创作。实施阶段引导学生不断进行实践反思和论证，让成果展示、交流与多元过程性评价贯穿始终。项目结束后，再次反思、收获与迁移。

二、制定核心素养导向的 PBL 教学目标

本项目旨在通过了解"古丝绸之路""一带一路"沿线国家和地区的历史沿革、地域人文、交流互鉴等内容，了解人类文明发展演变，认识世界文化的多样性和差异性，增强学生的"人文底蕴"素养。通过对古今丝绸之路的深入认识，理解人类命运共同体的内涵与价值，领悟社会责任、国家认同和国际理解的重要性，培养学生的责任担当。通过项目化学习，以高阶思维的剧本创作为成果导向，促使学生主动探究，沟通合作，解决问题，培养学生"学会学习""科学精神""实践创新"的素养。

三、基于 PBL 路径的具体教学流程

（一）情境复现

情境复现是 PBL 教学的首要环节，通过搭建项目知识与生活实际的桥梁，激发学生的学习兴趣，引发学生共鸣，对于项目的推进和学生核心素养的培养起着重要作用。通过播放《大道之行》视频片段，介绍本土丝路文化，让学生感受到身边真实的中外人文交流，引入项目学习情境。

（二）问题导出

本阶段主要是导出项目问题，明确项目任务，并制订研究计划。

首先，借助 KWL 表（见表 1），引导学生提出问题。KWL 表格是为学生思考或讨论提供的一种思考范式，即"关于主题，我已经知道什么？我想知道什么？我已经学到了什么？"（本阶段学生只需完成前两个部分）其次，明确项目任务。即小组合作创作《丝行千年》文化剧，该剧由五部分内容构成，七年级各班负责其中一幕，最终从各班选取优秀的剧本组成完整的剧目。对于七年级学生而言，他们具有创作的兴趣，但缺乏剧作创作的专业知识和技巧。因此，在创作之前，本阶段围绕"剧作创作基础知识"的子任务进行了探究学习。最后，制订研究计划。先由小组自由讨论，制订初步的研究计划，教师给出合理建议，指导并帮助各小组确定合理可行的研究计划。

表 1 KWL Chart

Topic: _____the Ancient Silk Road & Belt and Road_____		
K=What I Know	W=What I Want to Know	L=What I Learned

（三）项目实施

本阶段主要进行剧本的构思、创作与实施。在构思阶段，教师为各班提供了一些参考主题，布置了"《丝行千年》文化剧创作任务卡"，帮助启发学生灵感。在创作与实施阶段，教师协助学生收集整理资料，解决

— 四川师范大学附属实验学校学生在校园艺术节演绎原创剧目《梦之桥》（上图）

— 四川师范大学附属实验学校学生熟悉剧本，揣摩角色（下图）

问题等，为学生持续创作提供条件。同时编写创作日志，记录各组实施项目过程，推进学生剧本创作进度。

（四）作品展示

作品是项目化学习区别于其他学习方式的一个典型特征，是 PBL 项目化学习的重要实施阶段。剧本创作完成后，通过项目成果公开展示、交流与评价等呈现小组的项目过程和成果。

（五）反思迁移

项目完成后，对项目进行整体的反思和迭代，吸取经验再成长。因此，结项后，课程组借鉴已有研究成果，从项目整体思路、投入度、结果达成度、项目价值和项目一致性等多个维度设置了项目总结复盘问题，让学生对过程中的问题进行反思，总结前期的失误、经验和教训，便于迁移到接下来的其他项目中。

四、典型经验

（一）厘清校本教学实践中的核心素养维度与标准

本案例深入挖掘教学知识背后的思想要素、智慧成分和道德涵养，通过丰富多彩的教学活动促进知识的拓展与迁移，实现了核心素养培育的真正落地。通过自主学习、小组讨论，学生比较全面地了解了"古丝绸之路""一带一路"沿线国家和地区的历史沿革、地域人文以及文明交流互鉴，亲身体会到世界的多样性和差异性，在拓宽视野的同时也增强了"人文底蕴"素养；通过探究丝路文明的兴衰，体会人类命运共同体的时代内涵与价值，领悟社会责任、国家认同和国际理解的重要性，培养"责任担当"的素养。在项目学习过程中，学生主动探究、小组协作解决问题，培养了学生"学会学习""科学精神"和"实践创新"的素养。

（二）构建新的教学样态，夯实中外人文交流育人的课程实施的有效方式

项目实施以来，以 PBL 为路径的"国际理解教育"教学模式已得到充分实践并获得广泛好评，突破了一直以来只重视讲授的课堂方式，它以核心任务群为驱动，在学习过程中将"学校—学生—家庭—社会"关联起来，有效促进"学"的高质量发展。

（三）带领学生对于"国际理解教育"从单一知识层面走向高阶思维层面

"国际理解教育"是关联多学科、多领域的综合性课程。课程以 PBL 大任务为依托，在教学过程中，一方面坚持以问题为导向，通过开展不同的教学实践活动扩展学生的国际视野，培养学生对不同文化的分析、比较和理解；另一方面以"剧本创作"为项目作品生成的成果导向，培养学生跨学科知识统整能力，培养学生的团结协作、想象力、创作等能力，从而发展学生的高阶思维。

活动成果： 云端博物之约，探寻文明印迹——中、法博物馆人文交流空中课堂

案例学校： 四川师范大学附属实验学校

四川师范大学附属实验学校是中外人文交流特色学校建设计划项目学校，也是"中法百校交流计划"第三批项目学校。2022年，学校充分挖掘成都人文资源，提炼校本特色，创新人文交流模式，协同国际友好学校法国勃艮第大区欧坦市瓦伦中学（Le Collège de Vallon）开发了"中法博物馆人文交流空中课堂"项目，将博物馆资源融入学校教育教学，培养精通中国文化、通晓国际文化的人文交流小使者。

一、构建中、法博物馆人文交流空中课堂

（一）确立育人理念，明确教学目标

基于国家教育政策精神，项目组以中国学生核心素养发展为育人理念，注重培养学生的"人文积淀、人文情怀、审美情趣"和"社会责任、国家认同、国际理解"等指标维度的素养。

项目组构建了中外人文交流课程"K—U—R"（Knowledge—Understanding—Responsibility，即认知—理解—责任）三级递进式教学目标体系：首先，认识、了解中、法两国博物馆文化基础；其次，理解与尊重不同国家文明成果；最后，培养文化担当、坚定文化自信，承担讲好中国故事的使命感和责任感（见图1）。

（二）确立教学组织形式

课时：12课时

授课语言：中文、法语、英语

课堂组织：小组合作制

教学方法：班级授课＋法语社团制＋PBL项目式学习

教学路径：立足博物馆（金沙遗址博物馆、罗兰博物馆），建设主题影视资源库，通过"博物馆—课堂—博物馆"教学，实现以多语种为媒介的中法博物馆人文交流

（三）组织教学

课堂教学与实践作业涵盖"项目实施前—项目实施中—项目实施后"完整的PBL学习流程。活动课程包括专题法语课程、两次中法云端课堂交流活动和线上博物馆或实地参观。

专题法语课程中，学生通过查阅资料了解金沙遗址博物馆和法国罗兰博物馆的历史沿革、建筑格局、场馆特色、馆藏文物等，初识中、法博物馆的特色，完成前期的跨文化比较学习，为项目后期的作品呈现和线上交流活动做铺垫。学生需要完成前置学习表格（见表1）。

学生初识金沙遗址博物馆后，教师以核心问题任务群的方式引导学生进入博物馆沉浸式深度学习中，学生完成关于成都传统文化和金沙遗址博物馆的中法双语文字介绍材料的学习，回答相关问题

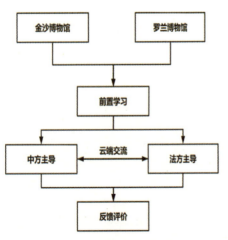

图1 课程实施思路

表1 中、法博物馆前置对比学习任务卡

博物馆	金沙遗址博物馆	法国罗兰博物馆
历史沿革		
建筑格局		
场馆特色		
馆藏文物		
评价		
博物馆之我见：经过以上对比学习后，你认为中西方博物馆的差异有哪些呢？		

（见表2）。

在互动性线上人文交流活动中，学生代表分享各自的本土文化。中国学生向法国友好学校学生介绍成都的历史文化、传统民俗，让法国中学生感受中华文明的博大精深，带领法国学生"走"进金沙遗址博物馆，深入了解古蜀先民的日常生活、生产劳动、祭祀活动、思想信仰，以及金沙遗址博物馆的三大镇馆之宝。法国学生向中国学生详细介绍了瓦伦中学和欧坦市的风貌，重点讲述了法国罗兰博物馆的特色馆藏作品。

活动结束后，教师引导学生实地参观或线上游览金沙遗址博物馆和法国罗兰博物馆，鼓励学生和家长利用周末和假期实地参观和学习，并反馈学习成果。中国学生把他们亲手书写的带有"成都特色"的明信片和学校的吉祥物"小狮子"寄往法国，为瓦伦中学的师生送上四川师范大学附属实验学校的温暖与祝福，让对方感受成都的传统文化魅力。

表2 "成都传统文化和金沙遗址博物馆"核心问题任务群

品天府之国	1. 你们了解成都吗？ Vous connaissez la ville Chengdu ? 2. 你们知道大熊猫吗？ Vous connaissez le panda géant ? 3. 你们知道火锅吗？ Vous connaissez la fondue chinoise ? 4. 你们知道诗人杜甫吗？ Vous connaissez le poète Dufu ? 5. 你们知道盖碗茶吗？ Vous connaissez le thé Gaiwan ? 6. 你们知道川剧吗？ Vous connaissez l'Opéra du Sichuan ? 7. 你们知道皮影戏吗？ Vous connaissez l'ombre chinoise ?
探寻古蜀金沙	1. 博物馆里藏了很多动物，都有哪些呢？ Est-ce que vous avez vu des animaux ? 2. 金沙人为什么喜欢鸟呢？ Pourquoi les habitants Jinsha aiment bien l'oiseau ? 3. 金沙人为什么喜欢鱼呢？ Pourquoi les habitants Jinsha aiment bien la poisson ? 4. 金沙人为什么喜欢青蛙呢？ Pourquoi les habitants Jinsha aiment bien la grenouille ? 5. 3000年前金沙人的房子是什么样子的？ Il ya 3000 ans, la maison des habitants Jinsha était comment ? 6. 3000年前金沙人使用什么工具进行农耕和种植呢？ Il ya 3000 ans, les habitants Jinsha utilisaient quel outil pour retourner la terre et cultiver ? 7. 3000年前金沙人的食物是什么呢？ Qu'est-ceque les habitants Jinsha mangeaient à l'époque ? 8. 博物馆中令你印象最深刻的一件物品是什么？ L'objet le plus impressionnant pour toi ?

二、主要成效

（一）学校层面

中法博物馆人文交流课程实行多元项目式学习，不仅提升了学校中外人文教育系列课程的教学质量，还推动了学校"融合教育"改革实践，发挥了学校作为"成都市教育国际化窗口学校""中外人文交流特色学校建设计划项目学校""中法百校交流计划第三批项目学校"在中外人文交流方面的引领作用。

（二）教师层面

本课程的实施拓宽了教师的视野，促进了教师教育认知的更新，以及教学能力、跨学科专业发展和国际人文交流能力的提升，使他们更愿意主动打破学科知识壁垒，推动了学科交叉和融合，有效拓展了教师的文化理解力、沟通力、思维力、领导力，从而引导学生形成跨学科融合的思维方式，实现教学相长。

通过实施系列课程，课题组积累了大量的作业成果，积极参加经验交流活动，项目案例被课题研究"PBL导向的中外人文教育融合作业设计"和"融合教育理念下提升学生中外人文素养的PBL教学实践"收录，"核心素养导向的中外人文教育PBL融合作业设计模式研究"获成都市锦江区"作业设计、实施与管理"优秀成果评选三等奖。

（三）学生层面

本课程大大拓宽了学生的国际视野，促进学生正确认识世界多元文化，理解人类命运共同体的内涵和价值。以PBL大任务为工具的课堂教学，培养了学生的创新能力、问题求解能力、批判性思维能力、团队合作能力、沟通以及口头表达能力等，为他们最终能成长为符合国家战略和社会需要的复合型人才打下坚实的基础。

教学成果： 云演中华，经典同行，悦美共生

案例学校： 成都市大邑县北街小学

自 2009 年开始，成都市大邑县北街小学每年寒暑假都会开展研学活动，先后组织师生到马来西亚、新加坡、韩国进行研学，并与当地的学校签订友好合作协议。为进一步开拓学生的国际视野，学校利用互联网的优势，与新加坡明智小学开展艺术课程共建。

一、云端连线，共迎未来

2020 年 1 月，学校研学团队出访新加坡明智小学，种下了"友谊之树"。2022年 3 月 11 日，学校与新加坡明智小学云端连线，拉开了共迎美好未来的帷幕。在交流的过程中，双方都感受到两校在办学特色、学生的培养等方面有很多共同之处，期望两校以友好交流活动为契机，实现资源共建共享，开阔学生的国际视野，提升学生的多元文化理解能力。

二、悦美艺术，与美同行

2022 年 4 月 22 日，双方以人文、艺术为主题，相聚云端，开展艺术课程共建的交流活动。

一是以美育人，共谋新篇。正如巴尔扎克所说：艺术乃德行的宝库。活动伊始，新加坡明智小学的校长回顾了两校友谊，介绍了本校的艺术教育课程，并与学校老师在线交流了学校的艺术教育理念。学校以"艺术，引领孩子美好成长"为题，从环境浸润、课程建设、活动展示、评价改革等四个方面介绍学校的艺术教育。

二是云端展演，艺美飞扬。"文明因交流而多彩，文明因互鉴而丰富。"两校学生依次进行了精彩的表演，学生的艺术学习成果精彩纷呈，展现出双方各具特色的艺术教育。

— 成都市大邑县北街小学开展"当西方餐桌礼仪遇到东方筷子文化"中外人文交流课程活动

三是同上一课，共享艺术。学校的梁韵佩老师为两校学生带来了一堂手工艺课"绒线花的编织"，传递和平、友好、共迎美好未来的冬奥精神。学生们同步观看视频，在梁老师的指导下，缠绕、编织、造型……很快，学生们纷纷完成了作品，进行展示并交流编织绒线花的心得体会。

三、实施效果

2023 年北京冬奥会采用非遗"海派绒线编结技艺"编织的颁奖花束为冬奥健儿传递了温暖，也让世界感到惊艳。两校师生利用信息技术，同上一堂课，创作绒线花，其乐融融。孩子们在学习手工艺的同时，加深了对中华传统文化的认识，更坚定了文化自信。这堂独具特色的手工艺课既传播了中华优秀传统文化，也获得了新加坡明智小学师生的高度评价。

世界文明因不同而异彩纷呈，因相互理解而源远流长。艺术作为文化和历史的纽带，是情感和价值的载体，帮助孩子们在感受艺术、体验艺术中，提升审美感知和艺术表现力；在艺术赏析、历史底蕴、文化特色中，品味"各美其美，美美与共"的精髓。学校与友好学校开展艺术课程的共建，让学生感受不一样的文化背景、不一样的艺术呈现、不一样的民族特色，在不一样的体验中感受到民族之美、艺术之美，美美与共。

活动成果： 国际友城文化节
案例学校： 成都七中万达学校

友好城市是以维护世界和平、增进相互友谊、促进共同发展为目的，在政治、经济、科技、教育、文化、卫生、体育、环境保护和青少年交流等各个领域开展交流合作，建立起来的正式、综合、长期友好关系。

自2019年起，成都七中万达学校每年开展国际友城文化节系列活动，从"成都之美""华夏之美""世界之美"三个维度，以丰富多彩的活动促进"文化解码"，鼓励学生认识故乡、放眼世界，培养学生的全球意识和开放心态，尊重世界文化多样性和差异性，理解人类命运共同体的内涵与价值。

一、基本做法

（一）宣讲国际友城文化知识

目前，成都市共有37个国际友好城市和67个国际友好合作关系城市。鉴于此，学校英语组在高中部，特别是在高一年级广泛宣讲成都友城的相关知识，激发学生进一步了解和参与活动的热情。

（二）开展国际友城文化节主题活动

国际友城文化节共设置两个阶段的主题活动，分别是"成都国际友城图鉴手册作品征集大赛"和"成都国际友城文化节主题活动"。活动以友城文化为主线，鼓励学生通过实践、绘制作品、参与问答等方式，全方位了解友城文化。

"成都国际友城图鉴手册作品征集大赛"面向师生征集友好城市的图文介绍创意设计稿，并将评选出的创意设计稿制作成《友城图鉴纪念手册》。各校学生可以个人或小组形式报名参赛，每人（每组）从37个成都国际友好城市中选择一个城市，了解其文化特色，挖掘其城市标签，并在教师的指导下进行设计。大赛评审委员会评选出最佳创意设计稿，进行实物纪念品（纪念手册和帆布袋）印刷和制作。征集活动共收到5所学校学生

的57件作品，取得了很好的效果。

"成都国际友城文化节主题活动"是在征集活动的基础上，进一步对友城文化的深化与检验。学校在春季开展"成都国际友城文化节嘉年华"活动。中外教师共同指导学生参与友城知识问答。嘉年华期间，师生们通过趣味答题，收集印章，换取奖品。活动在宣传友城概念的同时，增进了广大师生对国际友城历史、文化、特色等领域的知识储备，让学生更好地了解友城文化。

二、活动效果

国际友城文化节系列活动帮助学生了解国际友城文化，知晓国际友城的文化特点、特色标签，增加了关于国际友城的知识储备，引发学生思考中外文化的差异与特色，增强民族文化自信。活动还帮助教师建立起对国际理解教育的兴趣，让教师"学而有所获""做而有所得"，通过可视化的成果和奖励，激励教师的创新意识，让国际理解课程活动更有活力，提升国际理解教育的课程质量。

国际友城文化节是国际理解教育的重要组成部分，也是成都七中万达学校教育国际化的积极探索。活动立意新、有品质，是可持续开展的特色学生活动，是学校对外开放、文化输出和弘扬民族文化自信的重要途径。活动以创新的方式，促进学生跨文化素养提升，助力学校教育教学品质和社会口碑的全面提升。

— 成都国际友城文化节嘉年华活动"亚洲问答"活动现场

教学成果： 以项目式学习思维助推中外人文交流项目发展
案例学校： 重庆市第一中学校

随着"双减"政策的推进，越来越多的学校和家长关注教育给学生的现实生活带来的启示。PBL 项目式学习在国外学校适用范围广泛，锻炼了中小学生的创造力、团队合作和领导力、动手能力、计划及执行项目的能力。除此以外，对项目的选择也让中小学生更早和更深入地面对和解决现实生活中的问题。重庆市第一中学校坚持以学生为中心，秉持"尊重自由，激发自觉"的教学理念，开展以学生为中心的项目式学习。为了打造具有学校特色的中外人文交流体系，凸显中外人文交流特色学校建设，重庆市第一中学校在中外人文交流项目的人文素养提升项目中引入PBL 项目式学习，从"阅读与人文""体育与健康""科技与创新"三维路径出发，打造项目式学习体系。

一、以课程为抓手，提升学生的思考深度

重庆市第一中学校积极引进项目式学习相关课程，比如 AP Capstone 和 IB 的核心课程 EE 等，借助国外已经成熟的课程体系，指导项目式学习的开展。国际项目高一和高二的学生通过校园活动、国际比赛等方式，获得项目式学习的初步体验。在高三阶段，学生们会全面、系统地接触项目研究的相关知识和方法。

另外，为了减少快餐文化、信息爆炸给学生深入学习带来的影响，我们积极推进学生全员全科整本书阅读，以纸质书籍阅读的方式，通过展示书籍内容、讨论书籍中的问题和学生提出的问题，训练学生的思维整理能力、信息展示能力和问题分析能力。

二、以竞赛为推手，拓展学生的思维广度

如果说课程更多关注的是研究式学习的操作层面，那么让学生参与科研项目的竞赛，特别是国际竞赛，能够更好地帮助他们开阔视野，带着研究问题去看待国外相关问题的解决情况。比如重庆一中学生参加 CTB 项目时，他们讨论的问题是"家校合作中的学生话语权问题"。在这项研究中，学生觉得美国教育中家长和学校的权威性没有中国高，学生能够有更多的话语权。于是，他们通过查找文献、连线美国友好学校小伙伴，搜集关于美国学校开家长会的相关信息。调查发现，在美国家校合作中，私立学校家长对教师的尊重程度非常高，他们相信教师的专业程度，所以学生的话语权表达方式并不像大家所想的那样，能够"当场质疑"或者"想说什么就说什么"。同时，他们的研究也给我们的

家校沟通带来了新点子，比如建议学校设立学生信箱或者设置校长晚餐等。

三、以活动为助力，讲好中国故事

重庆市第一中学校通过线上支教、友好学校交流、校园演讲等方式，为学生的 PBL 项目式学习成果搭建展示平台。比如，在"一中少年说"校园演讲活动中，学生关注到传统文化、传统音乐、气候变化、地摊经济等话题，与当下的时事热点话题息息相关。其中有两项特色活动，一项是"一带一路"友好学校支教活动，学生利用寒暑假时间在柬埔寨友好学校进行支教活动。支教活动结束后，学生会提交调研报告，反馈他们在支教中发现的问题。另一项是用九国语言录制歌曲《少年》。最开始，学生们学习这首歌是为了准备学校的新年展示活动。在短短一周内，学生们分小组负责不同的句子和不同语言的学习。最后由学生们自发组织，完成了MV 的录制。通过这次活动，不少学生都表现出对第二门外语的学习兴趣。

四、项目推广建议

（一）借鉴已有经验，构建学校特色体系

PBL 项目式学习在中国还属于新领域的内容，很多教师在进行活动组织、备课、考核形式、课程设计等都存在一定的困难，而且 PBL 课程的打造是团队任务，也需要教师有较高的课程理论知识和专业基础知识的支持。因此，可以借用一些国际上已经成熟的PBL 课程体系。这些课程体系在课程考核、教师培养等方面已经走在前列，北京师范大学也推出了 PBL 项目式学习的相关指导，能够很好地帮助学校尽快搭建起课程体系。

（二）培育相关教师，打造专业教师团队

PBL 项目式教学将由教师教改为教师指导、学生主导的模式，这种方式其实对教师的能力要求更高，教师对课堂的预设和把握程度要更强，所以，师资的打造非常关键。另外，很多中小学教师没有形成项目式学习的概念，对于一些基本的研究方法还不熟悉，所以更加需要打造师资队伍。

活动成果： GOLD Science Fair 项目助力学生科学素养高质量发展
案例学校： 南京市第一中学

2017 年，南京市第一中学（以下简称"南京一中"）国际部与美国加州大学伯克利分校化学院（以下简称"伯克利化学院"）合作，开展高中生科学研究项目 GOLD Science Fair。项目课题涵盖生物工程、生物化学、计算机建模、生态及环境系统、无机化学、材料科学、机械工程、有机化学、物理化学等 9 个门类。该项目旨在让南京一中学生有机会熟悉和掌握严谨科学的实证研究，同时也向伯克利化学院的年轻学者提供完善和提升他们学术生涯所需技能的机会。

一、基本做法

近年来，学校响应"加快建设科技强国，实现高水平科技自立自强"国家战略，在创新人才早期培养上积极思考，主动作为，探索高中基础人才培养的新机制，为育人方式变革和高品质教育发展寻求务实之解。南京一中是江苏省科学教育示范学校，拥有物理、生物、地理 3 个省级课程基地，也是江苏省少年工程院发起者和秘书长单位，打造了"院士进课堂"项目。GOLD Science Fair 是伯克利化学院在中国大陆唯一的中学合作项目，该项目的主体参与者是南京一中国际部的学生。

每年四月，项目宣讲启动。高一、高二的学生线上报名参加伯克利化学院组织的面试，化学院为通过面试的学生匹配研究生导师。在接下来的 8 个月里，学生在导师的远程辅导下开展课题研究，撰写实验报告。在临近课题答辩时，学校组织他们飞赴伯克利，参加为期 2 周的导师面授学习。通过伯克利线上课程学习，以及 2 周的伯克利校园生活体验和实验室学习，学生提前了解了美国大学的环境、大学教授的教学理念和授课方式，以及美国师生待人接物的方式等，提升了自己的异域适应能力。在伯克利化学院校园内，学生们制作课题展板，进行宣讲，并完成答辩。

二、项目成效

在 GOLD Science Fair 项目中，学生在中方教师和伯克利导师的指导下，通过查资料、分析实验数据、整合利用资源等，找到克服困难的方法，提高了解决问题的能力，激发了创新能力。通过课题研究掌握实证研究的方法，激发了学生探索科学及工程领域的兴趣，让学生心怀科学梦想，树立创新志向，培养科学精神，增强科研能力。通过邮件、视频会议、微信、线下沟通等交流手段，有效提升了学生的英语水平、沟通技巧和探讨问题的能力，提升了学生学以致用的能力。

在合作交流的过程中，南京一中的教师们也在成长。他们通过校际互访和辅助教学，更新了教育理念，开阔了眼界，体验了不同文化，也提升了对国际理解教育的认识。此项活动完善了学校国际部课程体系建设，开辟了中外校际交流新路径，实现了教育资源供给多样化，满足了学生不出国门享受高质量国际化教育的需求，在推进国际理解教育的同时，推动学校的高质量发展。

目前，双方已连续进行了 5 年的交流合作，共有 61 位学生参与并完成了相关研究，其中有 56 位参与项目的毕业生被世界顶尖名校录取。该项目得到江苏省教育厅的大力支持，2022 年 5 月顺利通过了江苏省第二批基础教育职业教育对外合作交流重点建设项目申报答辩，获得立项资助。

科研成果："带着老外看川剧"项目式学习探究
案例学校：四川师范大学附属中学

　　项目式学习强调学生通过构建自己的知识体系去解决复杂且真实的问题，并最终形成实际作品。项目式学习就是让孩子去实践，去参与，去做事。为了实现文化传承、培养学生的文化自信，四川师范大学附属中学从天府戏剧文化出发，帮助孩子了解川剧，热爱川剧，传播川剧。学校从关注、开发地方戏剧文化课程价值的角度，将"川剧"主题项目式学习融入学校选修课程设置中，带领同学们走近本土非遗文化瑰宝——川剧，学会品鉴它，并力所能及地向同龄人介绍和推广川剧，特别是能够用英语对外宣传川剧，积极进行本土传统优秀艺术的文化输出。

　　"带着老外看川剧"项目式学习（见表1）通过多学科融合的

学校选修课程引导学生对川剧主题进行深度学习，主动开展合作探究，以本土文化传承滋养学生的家国情怀，增强学生的民族认同和国家认同。同时，培养学生用英语向世界介绍和推广川剧，积极进行地方传统文化输出的能力，促进学生核心素养的发展。利用地方戏剧文化促进学校课程体系的丰富和有效实施，凸显地方文化与学校课程之间的密切互动。

表1 "带着老外看川剧"项目教学设计

课程名称	教学内容	教学目标	课时
梨园瑰宝——川剧	对非遗瑰宝——川剧主题项目式学习的介绍	介绍项目式学习的概念、流程与意义；了解川剧的起源与发展，文化与艺术价值，传承、传播川剧的意义	两学时，90分钟
川剧的声与乐	1. "川剧中的声腔"教学 2. 视频观摩和学生现场器乐演奏	通过音乐教室的主题教学了解川剧的特色声腔艺术——"五腔同台"和一枝独秀——高腔；了解川剧的器乐：文、武锣鼓	两学时，90分钟
流光溢彩的川剧舞美	1. "川剧中的色彩"教学 2. 视频观摩	通过主题教学了解川剧的舞台美术：化妆脸谱、服装造型和道具场地设置	两学时，
自成一派的川剧	学生分组阅读分享"川剧与巴蜀民俗"相关主题章节	通过对书中相关主题章节阅读，了解川剧的角色行当：小生、旦角、花脸、生角、丑角；舞台表演："四功五法"；奇思妙想的表现手法：舞台延伸、虚实相生、心像外化；精绝独到的表演技艺：相随心变、火由情生、特技运用	两学时，90分钟
东西皆是戏如人生	1. 东西方戏剧比较主题教学：Book2 Unit4 When Hamlet Meets Peking Opera(外研社) 2. 英语群文阅读：中国的《哈姆雷特》——《赵氏孤儿》，《当东方遇上西方：莎士比亚与汤显祖》 3. 学生进行东西方经典戏剧比较，如川剧与莎士比亚的戏剧	通过中外文化对比主题群教学，进行东西方戏剧比较；通过英语分级群文阅读，了解外国人眼中的中国戏剧文化；通过学生自主比较东西方经典戏剧《乔太守乱点鸳鸯谱》和《皆大欢喜》，了解这两部喜剧类似的人文主义内核与不同的表演形式	两学时，90分钟

推出新的川剧	1. 指导学生阅读分享《川剧精粹》一书中相关主题章节 2. 视频观摩解读"西剧川渐"经典范例的片段:《四川好人》《欲海狂潮》《麦克白夫人》 3. 欣赏川剧微电影《醉隶》	通过对一书中相关主题章节阅读,了解川剧坚持兼容并包和推陈出新的特性;观看相关视频了解历来热爱川剧的人们坚持川剧创新和对外交流、传播的各种方式、途径和成果	两学时,90 分钟
川剧大 IP《白蛇传》	1. "品鉴·传承《白蛇传》" 2. 视频观摩	通过主题教学鉴赏、分析其中的典型人物形象:亦男亦女的小青;念白唱词鉴赏:方言俚语化;"金山寺"特色表演技艺赏析:三追三赶,三变化身,托举、站肩、挂颈,棱台口、踢慧眼、钻火圈、滚禅杖。反思中学生对本土戏剧文化瑰宝的了解、传承与传播	两学时,90 分钟
带着老外看川剧	1. 艺术团合唱《川剧传奇》,表演舞蹈《角儿》 2. 川剧主题英文海报精品展示 3. 国际理解课程 Welcome to meet with Sichuan Opera here	展示分享学生对川剧传承与传播的各种尝试与成果,引发学生的思考	两学时,90 分钟

活动成果: 友好学校互学互鉴,谱新时代青春之歌
案例学校: 烟台经济技术开发区耀华实验学校

烟台经济技术开发区耀华实验学校(以下简称"烟台耀华实验学校"),受烟台市人民对外友好协会邀请,与匈牙利松伯特海伊市的一所中学建立了友好关系,两国的中学生通过邮件、视频等方式互相介绍了自己家乡的名胜古迹、习俗、食物等。学生们不仅加深了对对方文化的了解,也加深了彼此间的友谊。

2022 年 3 月,烟台耀华实验学校选取八年级学生作为首批与匈牙利友好学校开展文化交流的学生。在教师的带领下,学生们以资料搜集、集体讨论、海报制作等方式,对匈牙利松伯特海伊市的地理位置、风土人情、名胜古迹等方面进行了深入学习。学校还专门为八年级学生组织了一次烟台黄渤海新区一日游,学生通过拍视频、制作旅游宣传片的方式记录了烟台市黄渤海新区的标志性景点,还采访了一些当地市民,介绍了烟台的水果、特色食物及民俗。同学们通过邮件,将视频发送给友好学校的同学们。两校学生通过视频进行交流,了解对方国家的文化特色、人民生活习惯、对方的学习内容和进度等。

未来,烟台耀华实验学校将坚持"全人教育""中西结合""光耀中华"的理念,继续保持与国外友好学校的交流,争取取得更丰富的交流成果。

— 烟台经济技术开发区耀华实验学校的学生参加"世界教室"主题活动

活动成果： 促进友校交流，突出全球胜任——中芬友好学校教育文化交流线上分享会

案例学校： 江苏省前黄高级中学

近年来，江苏省前黄高级中学与芬兰萨塔昆塔地区的 4 所中学结为友好学校，积极开展交流互访活动，建立了深厚的国际友谊。新形势下如何与国际友好学校开展常态化的文化交流？前黄高级中学与芬兰萨塔昆塔地区的友好学校积极尝试，开展了以"促进友校交流，突出全球胜任"为主题的中芬友好学校教育文化交流线上分享会。具体做法如下。

一、前期准备

（1）将中芬友好学校交流活动列入学期工作计划，向教育主管部门申请备案。

（2）积极联系芬兰萨塔昆塔地区驻本地工作人员和芬兰友好学校。

（3）做好在线视频联络测试等工作。

（4）共同商议活动主题、活动流程，并做好准备工作。

二、活动方案及实施

（1）活动名称：中芬友好学校教育文化交流分享会。

（2）活动主题：促进友好学校交流，突出全球胜任。

（3）活动方式：中芬两校通过网络视频连线一同开展。

（4）活动时间：2022 年 11 月。

（5）主办单位：中国和芬兰的地方教育行政部门、芬兰萨塔昆塔地区的 4 所中学、前黄高级中学。

（6）参加人员：芬兰萨塔昆塔地区 4 所友好中学，即埃乌拉约基高中（Eurajoki High School）、亚瓦尔塔高中（Harjavalta High School）、科凯迈基高中（Kokemaki High School）、波里里索高中，以及（Pori Lyseo High School）前黄高级中学的领导和师生。

（7）活动保障。①组织保障。由常州市和武进区教育局外事部门牵头，芬兰萨塔昆塔地区驻常州联络专员合作协调，前黄高级中学成立专门组织委员会，前黄高级中学国际教育处负责。②资金保障。江苏省教育厅重点资助对外合作项目提供经费保障。③专业保障。学校国际课程外方专家专门指导，确保活动顺利开展。

— 2016 年，前黄高级中学与芬兰萨塔昆塔地区高中的友好合作签约仪式（左图）

— 2018 年，前黄高级中学与芬兰萨塔昆塔地区高中师生交流书法（右图）

三、活动实施

（一）线上开幕式

中芬教育部门和友好学校领导参加开幕式并致辞，以促进中芬文化交流为主旨，积极探讨中芬基础教育的异同，开阔中芬青少年国际视野，培育人类命运共同体理念，促进中芬友谊长远发展。

（二）"中芬中学教育对青少年全球胜任力培养"线上教师论坛

围绕主题，双方师生深入探讨如何通过文化教育帮助青少年培养更强的国际理解和交流能力，以及未来开展高效的国际合作的能力，深度理解本土与全球文化，展示可爱、可信可为的青年形象，共同应对人类面临的各种风险和挑战，共同为推动构建人类命运共同体而努力，并设置了具有重要的现实意义和很强的针对性的分论点：①中芬中学基础教育的异同比较；②全球对未来青年人才的需求趋势；③如何在中学阶段培养学生国际视野和国际交流能力。

（三）中芬教师线上授课观摩交流

中芬教师各自安排一节物理或化学课，进行现场教学展示。通过在线真实课堂，双方教师相互听课，交流讨论中芬两国教育基本情况，理解教学理念和教学实践的差异，取长补短、相互学习。双方教师借鉴学习对教材的理解、教学过程实施、师生互动评价、教学管理等环节，并进行深入研讨。

（四）"美丽家乡"短视频活动

通过短视频介绍中芬学生各自的美好家乡，以各自家乡的"十个一"为主题创作内容，包括一句问候、一首歌曲、一段舞蹈、一份美食、一件服装、一个节日、一座建筑、一本著作、一部电影、一位英雄等。通过3分钟的短视频展示家乡的美，让双方了解真实的中芬风土人情和人文特色，特别是让芬兰学生感受中国的科技力量，体验中国传统文化，走进真实的中国生活。活动通过双方线上投票，评选出优秀的短视频作品。

（五）"新能源发展带来的机遇和挑战"模拟联合国主题活动

采用模拟联合国角色的方式，通过小组协作，明确各代表团的发言主题和内容，通过模拟联合国活动流程，充分表达各国意愿。在思辨交流中，培养学生的独立精神和分析解决问题的能力，促进国际视野的开拓和全球胜任力的提升。

（六）闭幕式

展示活动过程的记录和成果，颁发学生短视频评比奖项，表彰模拟联合国的优秀选手和合作小组，总结活动成效，放眼未来规划。

四、活动成效

活动中，通过线上面对面交流互动，不断丰富学生全球胜任力相关的知识与技能，帮助学生熟悉各种全球性议题，使他们能用恰当有效的语言进行交流，助力学生跨文化理解能力的养成，培养学生的全球胜任力。通过中芬教师间的直接对话，研讨分析不同国情下的教育实践的异同，提升了双方教师对国际理解教育的认识，促进基础教育领域跨文化的交流与合作，加深国际理解教育，促进教师开放格局和跨文化交流水平提升，进一步加深国际友好学校之间教学思想的碰撞，促进双方学校办学理念的提升。

教学成果： "五育并举"，掘能成己——多元化人才培养实践
案例学校： 成都市武侯高级中学

作为中外人文交流特色学校建设计划项目学校、全国中小学优秀传统文化传承学校、成都市教育国际化窗口学校，成都市武侯高级中学积极链接国际教育资源，拓宽学生成才路径。学校先后与圣彼得堡国立大学、莫斯科国立大学、俄罗斯国立师范大学、圣彼得堡国立体育大学等俄罗斯高等学府签订友好合作协议，不断深化合作。2016年9月，在成都市教育局考察团的见证下，圣彼得堡国立大学正式确认成都市武侯高级中学为指定生源基地学校。

武侯高级中学学校重视中俄人文交流工作，一是坚持"引进来"，先后接待了列宾美院、圣彼得堡大学联盟等学校的访问活动，承办了"列宾美院杯"（俄罗斯）国际

美术大赛、俄罗斯人民友谊大学综合能力竞赛，并通过组织学生视频主题演讲、英语教师视频交流、绘画作品比赛（展示）、优秀传统文化分享、城市知识问答竞赛等系列活动，与友好学校交流互动。二是坚持"走出去"，组织学生参与"海洋"全俄儿童中心主题活动、俄罗斯冬令营活动，让学校学生亲身体验俄罗斯浓郁的艺术氛围以及当地风土人情，增长见识，丰富人生经历。在"一带一路"背景下，学校还组建了击剑队，开设了击剑项目，为俄罗斯各类高校持续输送优秀人才。截至 2022 年，留学俄罗斯的武侯高级中学学生总数达 149 人。如 2020 级学生李思哲曾获"2015 年全国击剑俱乐部联赛个人冠军"，现就读于莫斯科谢东诺夫医学院。

2018 年 8 月，四川省委常委、成都市委书记率队访问白俄罗斯戈梅利市。在戈梅利市政府礼堂，成都市委书记与白俄罗斯戈梅利市市长签署成都市与戈梅利市建立友好城市协议，双方在

教育、医疗、经济等领域达成了诸多共识，见证了学校与白俄罗斯戈梅利市第 71 中学建立友好学校的签约仪式。结成友好学校后，学校与戈梅利市第 71 中学在学术交流、师生互访、人才联合培养等多方面积极开展合作。在戈梅利市第 71 中学校长以及师生代表一行到访学校时，学校为远道而来的客人们准备了热烈的欢迎仪式，开设了软笔书法、中华武术、剪纸艺术等特色课程。大家一起包饺子，开展乒乓球友谊赛，在丰富多彩的活动中增进对彼此的了解，结下了深厚的友谊。

活动成果："榜样的力量"青年榜样论坛
案例学校：成都市西北中学外国语学校

人的成长需要榜样的引领。成都市西北中学外国语学校从 2019 年开始举办"青年榜样论坛"活动，邀请国内外优秀青年或优秀毕业生来学校演讲，帮助正在关键阶段的学生们树立正确的目标，找准榜样，用榜样力量激发学子的奋斗热情。

从 2019 年至今，西北中学外国语学校"榜样的力量"青年榜样论坛活动已开展四期，每一期都邀请优秀青年为学生带来"精神食粮"。《不负少年强》一书是美国纽约哈佛俱乐部百年历史上首次接受的一部由少年作者创作的有关留学话题的作品。学校邀请作者王丰源来校做讲座，讲述自己的留学经历和成长故事，给予学生莫大的鼓舞。汪星宇是《中国青年》杂志封面人物、江苏卫视《一站到底》世界名校争霸赛冠军、2018 福布斯中国 30 岁以下精英榜入选人、2018 全美华人 30 位优秀创业者入选人物。学校邀请汪星宇向全校师生分享成长励志经历，并就生涯规划等问题给予在场学生宝贵意见。学校邀请美国新泽西州兰尼学校的九年级学生分享在美留学生真实的学习生活状况，以及归国的心路历程。当得知中国驻美国大使馆决定包机接在美留学生回国时，她非常激动，这让她再一次意识到，祖国始终不会忘记身在海外的同胞。她深情的讲述，令在场的同学无不动容。

"青年榜样论坛"中每位"青年榜样"的精彩演讲都给予学生们莫大的鼓舞。他们在演讲中不但分享了自己的成长经历，也分

— 成都市西北中学外国语学校学生参加第一期"青年榜样论坛"活动

享了国外的见闻，开阔了同学们的视野。在学生不能"走出去"时，我们就"请进来"，同样可以"海纳百川"，通过榜样引领学生成长，在学生心中种上理想的种子。在今后的活动中，西北中学外国语学校会进行有计划、有针对性的改良。针对七年级的学生，可以开展以"习惯"为主题的教育；针对八年级的学生，可以开展以"励志"为主题的教育；针对九年级的学生，可以开展以"职业规划"为主题的教育。

活动成果：依托孔院联盟平台，推动中华文化走出去

案例学校：广东外语外贸大学

2021 年 11 月，广东外语外贸大学与粤港澳大湾区设立了孔子学院（课堂）的 8 所高校共同成立了"粤港澳大湾区孔子学院合作大学联盟"（以下简称"孔院联盟"）。中外知识文化竞赛聚焦国际中文教育、中华文化走出去，以及新时代青年学子的使命与担当等主题，被打造为"广外孔子学院"的品牌活动。同时，依托孔院联盟的平台，将该赛事成为宣传岭南文化、港澳文化的品牌赛事。自 2020 年以来，赛事克服了疫情的影响，通过线上线下相结合的形式盘活了赛事设计，更加关注中外文化的交流及互动体验。赛事获得了教育部中外语言交流合作中心及中国国际中文教育基金会等上级单位的肯定。

一、项目特点

（1）依托孔院联盟，扩大赛事影响力。中外知识文化竞赛依托孔院联盟高校建设的 24 所孔子学院（课堂），具有很强的影响力。

（2）结合时事热点，提高赛事时效性及专业性。在组织、策划赛事过程中，将时事热点融入比赛试题中，选择如碳中和、碳排放、绿色发展、人类命运共同体建设等热点话题，让中外学生加强思想碰撞，在增强赛事趣味性的同时提高赛事的学术性及专业化程调。

（3）凸显岭南文化特色，推动中华文化走出去。孔院联盟的成员高校地处岭南，坐拥岭南大地丰厚的历史文化积淀。赛事聚焦岭南文化特点，通过演讲、问答、命题作文、才艺展示等形式，参赛者切身体会中华文化，尤其是岭南文化的独特魅力。

二、基本做法

该赛事每年 10 月至 11 月举行，分初赛和决赛两个环节，以线上线下相结合的形式开展。参赛范围为广东外语外贸大学学生、留学生以及孔院联盟其他成员高校的孔子学院学员。

（1）初赛为线上比赛，分境内组和境外组，参赛者均通过问卷星进行答题。题目主题为中外文化、时事热点等。赛事通过学校国际处的公众号和孔院联盟的公众号进行宣传。

（2）决赛总共分为四轮，分别为必答、抢答、境内选手演讲、境外选手演讲。以下为具体赛程细节。

①第一轮必答：四组轮流作答，每组作答一套题，每组选出代表抽取需答的一套题。每套题有 20 道题，总共 80 道题（另有 80 道题作为备用）。每题限时 15 秒作答，每组总时间为 5 分钟。必答题答对得 1 分，答错或不答不扣分。

②第二轮抢答：抢答题形式为两两 PK（通过抽签决定），一组对手抢答 100 道题，每题限时 15 秒作答，时间总共为 10 分钟。抢答题答对得 2 分，答错扣 1 分，不答不扣分。

③第三轮境外选手演讲：境外选手用中文进行主旨演讲（题目事先给出），每人有 5 分钟演讲时间。在比赛进程中分别穿插在必答题的前两组答题完后，必答题的后两组答题完后，抢答题第一组对手 PK 完后，抢答题第二组对手 PK 完后进行。

④第四轮境内选手演讲：国内选手用英文进行有关外国文化的主旨演讲，每人演讲时间为 3 分钟。

三、典型经验

以赛促学，关注时事热点及青年学子成长。赛事题目设计及演讲主题不局限于传统文化，关注时事热点、全人类共同探讨的话题是大势所趋。如 2021 年赛事主题除了涵盖中国及西方传统文学、建筑、饮食文化等主题外，还囊括了诸如环保、低碳经济等时事热点话题，通过赛事推动参赛学生思考社会关注的热点，培养学生的社会责任感和全球化思维。

有针对性地进行宣传，扩大赛事受众。随着孔院联盟的成立，赛事宣传也不局限于校内学生及学校的 7 所孔子学院。孔院联盟 9 所成员高校建设的 24 所孔子学院（课堂）为赛事提供了更大的舞台。

结合孔子学院教学和文化推广，弘扬优秀中华文化。目前，各孔子学院的汉语教学及文化推广均局限于本孔子学院中，较少与其他孔子学院互动。通过举办本赛事，可有效联动学校建设的 7 所孔子学院乃至孔院联盟建设的 24 所孔子学院。

活动成果：打造职业教育国际合作知名品牌，促进中国职业教育走出去

案例学校：广东机电职业技术学院

为主动服务国家外交大局和各国经济与社会发展，与东盟成员国开展特色职教合作项目，促进优质职业教育走出去，结合贯彻落实教育部《关于推进共建"一带一路"教育行动》等文件精神，广东机电职业技术学院积极与东盟国家的院校和工业园区沟通，逐步确定以马来西亚为切入点，建立海外职业教育中心的"职业教育走出去"发展规划。三年来，学院陆续开展集技术技能培养、中华文化传播、职业体验于一体的线上培训项目，培养熟悉中国技术、了解中国工艺、认同中国产品的当地技术人才，为合作国青年提供高水平就业服务，打造"中马华侨技术工匠联合培养"的职业教育国际合作知名品牌。

一、特色做法

共研专业教学标准。遴选当地产业需要的先进制造业、现代服务业等重点领域，共同梳理职业岗位核心技术技能，确立人才培养目标，共建真实任务驱动的专业课程体系，初步形成了与当地企业岗位需求相匹配，符合国际化技术技能人才培养需求的专业教学标准。

共筑工匠培养基地。根据国际化技术技能人才培养要求，与当地行业企业共同建设工程实践基地和评价体系。

共育优秀工匠之师。打造"双语、双师、双能"教学团队，对师资进行系统化、进阶式的培训，使他们掌握职教新理念、教学新模式、技术新应用和双语教学技能，具备实际操作能力，了解中国优秀文化。

共用优质教学资源。双方利用现有的教学资源进行本土化改造，开发出适合当地技术技能人才培养的教材、课件等资源，同时与北京奥鹏远程教育中心合作，丰富线上教学资源，赋能教学模式改革。

共育技术技能人才。共同培养促进当地产业发展的技术技能人才，助力中国"走出去"企业，为国际产能合作提供优质人力资源支持。

共享中华文明成果。结合岭南文化，加强华人华侨子弟文化认同。

二、项目成果

（一）国际化专业教学标准的建设得到认可

双方共同开发了"数控技术"等专业的教学标准和课程标准，经过本土化改造用于当地技术技能人才培养。专业教学标准还被柬埔寨暹粒东南亚大学等东盟院校和培训机构采纳。

（二）工匠培养基地建设取得突破

应东盟工业园区的建设与运营方的邀请，先后多次组织技术骨干与园区的制造业、服务业等相关企业进行磋商，编制出基地建设方案和工程训练设备清单，为建立起技术技能实践教学基地打下基础。

（三）国际化师资改造获得新成果

学院依托来华留学生的教育平台，推广"双语"教学改革，24位骨干教师获得国（境）外教学资质；15名专任教师在国（境）外组织担任"职业技能培训师"；同时，为马来西亚创世纪工业技术学院教师开展了700多人次的培训，帮助他们掌握相关技术技能，熟悉中华文化。

（四）优质教学资源释放强大动能

在疫情的背景下，合作双方积极开发线上教学资源。在不能出境互访的情况下，通过线上的形式，持续开展卓有成效的国际交流。

（五）技术技能人才培养开局起步

中马双方依托"鲁班工坊"建设，2020—2022年期间进行职业教育培训、职业教育宣传和教学标准输出，为合作院校、合作企业马来西亚分公司共开展了9次不同主题培训服务，培训院校师生5613人次，培训境外企业员工2064人次。以"数控技术""电气自动化""工业机器人技术""现代移动通信技术"等专业招收马来西亚华人华侨子弟开展学制教育，扎实推进中马华侨技术工匠联合培养行动。

（六）中马文化交流日益频繁

双方开展了各种文化交流活动，如举办"中马学生故事会"，让华人华侨子弟感受书法、汉服和中医等中华优秀传统文化；还推出了潮汕工夫茶艺讲座、舞龙醒狮、南拳

— 中马学子共同体验中华传统文化活动
（左图）

— 2022 年，广东机电职业技术学院－
槟城锺灵独立中学职业技能体验式国际
培训"书法临摹与创作"在线培训（右图）

等交流活动，前期培训的学员均为华人华侨子弟，借助这一平台，将大家的情感凝聚在一起，让他们有"根"的归属感。

三、经验总结

（一）建设标准化、规范化发展模式

专业强。鲁班工坊的国际影响力与外部效应的产生均来自卓越的办学质量。质量优先原则是项目建设的核心原则，合作专业均是中方合作院校的优势主干专业。这些专业在标准设计上对标行业的国际前沿技术标准，在教学组织实施上对标先进的教育理念与教学模式，因此项目团队合作开发的培养方案、专业标准得到合作国家的广泛认可。

师资优。师资培训先行，培训包括两个部分：外方教师在中国接受全面的专业培训，中国教师在合作学校进行相应的专业培训。中方专业教师团队根据合作专业需求、外方专业教师基础，制订培养培训方案，采用国内外多次轮训的方式逐步完成对外方教师从教学理念、教学模式、专业理论到实践能力的完整培训，取得了非常好的效果。

资源足。开发完成立体化与系列化的教学资源，既有专业课程标准，也有相应的中外文教材，以及课件、视频等信息化教学资源。同时，为了实现与合作方之间专业教学的同步同质，中方教师还开发了大量的信息化教学资源。这些资源通过空中课堂等信息手段，有效地实现了海外课程与国内课程相互连接，有力地保障和提升了鲁班工坊的教学质量。

（二）深入推进国际产教融合、校企合作

推进国际产教融合，为国际产能合作服务是鲁班工坊创立的重要任务。目前，项目在广东省贸促会等的支持下，与粤港澳大湾区以及澜湄五国等一批企业建立了合作关系，在人才培养及协同发展等方面开展了广泛合作。

（三）构建立体化、多元化人文交流体系

依托鲁班工坊开展多元化、立体化的人文交流，不仅提高了当地及周边国家青年人的就业技能，也增加了中国对该地区经济发展的贡献度，提升了在该地区的影响力，促进了双方的民心相通、相互理解。无论中外学生交流还是教师交流都取得了显著的成效。在互访过程中，双方都开展了丰富多彩的人文交流活动，比如参观、考察、体验学校，参观企业，文化、体育和艺术等展演交流等，有效地增进两国之间的友好关系。

（四）获得国际合作伙伴的认可和友谊

鲁班工坊的建立，标志着中马双方初步搭建了一条共享职业教育人才培养与培训成熟经验的"跨国桥梁"，基于这一平台开展的职教国际交流活动在华人华侨子弟中引起强烈反响，双方坚持开展线上的交流合作，更是得到对方的高度认可。在鲁班工坊这个平台上，学院把中国先进制造技术的培训理念和成熟经验引入马来西亚，惠及当地的企业及青少年，更好地促进了区域经济发展。双方也通过鲁班工坊，将"刻苦钻研、精益求精、追求卓越、敢于创新"的中国传统工匠精神注入华人华侨子弟的血液中。

活动成果：中瑞师生共同访校走企，深入感受中国文化魅力和经济多样性
案例学校：深圳技术大学

党的二十大报告提出要深入实施人才强国战略，完善人才战略布局，加快建设世界重要人才中心和创新高地，着力形成人才国际竞争的比较优势。深圳技术大学从建校之初就明确将国际合作与对外交流作为长期发展的核心战略和前进引擎，积极构建中外人文交流特色平台。瑞士西北应用科学与艺术大学于 2001 年成立"洞察中国"（Insight China）项目，每年组织有意愿的学生赴中国实地考察中国文化、商业环境及科技发展，以增进瑞士师生对中国的了解。2017 年，深圳技术大学与瑞士西北应用科学与艺术大学签署合作备忘录。此后，两校在信息共享、师生互访、发展教学合作项目、开展联合科研活动等方面推进深入合作。

一、瑞士师生首次来访

2018 年 4 月 10 日，由 3 名教授和 25 名学生组成的瑞士西北应用科学与艺术大学代表"洞察中国"项目团抵达深圳技术大学。50 余名深圳技术大学学子与远道而来的瑞士师生通过丰富多彩的交流活动拉近了彼此的距离。两校的学生代表分别介绍了各自的校园文化与国际交流项目，深圳技术大学的师生带领瑞士师生参观了学校的 3D 打印、机械设计、啤酒酿造过程控制等独立实验室。同时，还带领他们参观了腾讯、大族激光、大疆创新等当地知名企业，代表团成员们还体验了无人机航拍，观看了咏春拳表演，与深圳技术大学师生共同参与团体互动游戏，包括速运乒乓球、毽子接力等。

二、两国学子共访名企

2019 年 4 月，30 名深圳技术大学学子、国际合作与学生工作部带队老师和 29 名瑞士师生共同前往深圳大族创新大厦、大族激光科技中心和华为东莞松山湖基地开展参观学习和交流活动。在大族创新大厦实地探访大族激光 3D 打印中心，认识了大族 3D 打印的广泛用途和优势，了解了 3D 打印机的原理和操作过程。珠宝首饰、数字齿科倒模具、航空航天及汽车配件等各系列的 3D 打印产品，令师生们深刻体会到 3D 打印应用的无限空间。在大族机器人有限公司，中瑞师生共同观摩了 Elfin 系列协作机器人、HM 水平多关节机械手、Star 机器人、Cute 系列机械臂等产品和操作流程。通过实地观摩，那些曾经在书本、课堂上学过的专业知识变得不再抽象，同学们对机器人的应用有了更深的理解。中瑞师生在大族激光科技中心参观了激光打标馆、半导体及显示装备馆和精密焊接馆等，对激光应用有了更加深入的认识。在华为东莞

松山湖总部基地著名的"欧洲小镇"，大家乘坐华为电轨小火车穿梭在充满欧式风格的古堡。华为员工向师生们分享了华为公司的发展理念，并欢迎同学们有朝一日加入华为公司。中瑞师生们利用此次企业实践的宝贵机会，近距离感受中国制造，亲身体验中国领先科技公司独特的经营理念和文化精髓。两校学生在多元观点和不同文化的交流碰撞中深入了解，搭建起国际友谊的桥梁。瑞士师生们感受到深圳浓厚的现代商业气息和蓬勃的创新动力，捕捉到从"中国制造"到"中国智造"、从"深圳速度"到"深圳质量"的华丽转身。

三、线上研讨

疫情期间，深圳技术大学依然积极与瑞士西北应用科学与艺术大学组织开展线上研讨会。2021 年，"洞察中国"项目开展线上交流，并邀请了两国企业管理、国际关系、高等教育等领域的多名专家参与研讨，其中深圳技术大学国际合作与学生工作部老师受邀向中瑞师生线上介绍学校国际化实践成果。中瑞师生共聚"云端"，享受中西方思维和文化在思辨交流中的碰撞交融，新观点不断涌现。

— 中瑞师生参观深圳的知名企业

教学成果："亚洲校园计划"助力国际化人才培养
案例学校：广东外语外贸大学

"亚洲校园计划"全称为"亚洲大学学生交流集体行动计划"，是由中日韩三国首脑发起、政府主导的教育交流计划，旨在培养同时具有熟练的中日韩三国语言运用能力、高水平的人文素养以及东亚整体思维，可以站在东亚一体高度分析问题、解决问题，为国家治理建言献策的创新型精英管理人才。2009 年至 2021 年，学校先后多次成功申报并开展项目运营。

一、基本做法

"亚洲校园计划"采用中日韩三方联合培养模式，这种"流动校园"育人机制尚属国内首创，学期划分为三个阶段。第一阶段（1~3 学期）：学生在国内进行专业日语与韩语的学习，利用假期参加短期文化体验。第二阶段（4~7 学期）："流动校园"为本专业人才培养模式的核心内容，学校 20 名学生分别赴日本立命馆大学和韩国东西大学，与日韩学生合班学习。期间，除专业语言课程外，学校还设置了社会、经济、历史、国别地域研究等范畴的人文、社会科学科目，学生在日韩两国开展体验式文化交流。中日韩三国学生共同学习生活，共同开展文化体验，共同探究问题。第三阶段（8 学期）：为实现国际学习、国际就业的培养目标，中日韩三方大学将共同筹划国际就业所需的专业课程，并提供核心产业实习基地的就业培训机会，以此大幅提升学生在择业就业等方面的国际竞争力。

二、主要成效

（一）独立的学科建制，中日韩三国协同育人

广东外语外贸大学（以下简称"广外"）"亚洲校园"计划拥有独立的学科，具有明确的人才培养目标、完整的课程体系，以及深度融合式的联合培养教学模式。

在人才培养层面，中日韩三方大学注重协同育人、模式多元的人才培养体系，中日韩三方基于学分互认机制，通过核心课程对接、课程映射、学时换算、成绩评级换算、学分上限管理等方式，共同构建起实质等效的学分体系。

在课程体系上，中日韩三方大学共同建立核心课程和通识课程，突出了"亚洲校园"计划课程体系的独特性，并建设了以"东亚研究"为代表的专属亚洲校园的线上课程，面向中日韩三国学生讲授。通过翻转课堂、前沿系列讲座等远程线上课堂，实现国际优质教育资源共享。

在教学形式上，中日韩三方大学采用"多语种课堂 + 远程授课 + 集中授课"的形式，通过联合授课、分组讨论、实践调研活动，

开展深度融合的联合培养教学，引导学生深入探讨和学习东亚地区相关热点问题。远程授课和集中授课是"亚洲校园计划"的有机组成部分，是"流动校园"的必要补充。此外，在寒暑假，中日韩三所大学轮流举办为期一周的集中授课及文化考察活动，提升学生对中日韩文化的认识与理解，为学生出国留学打下良好的基础。

在实习就业方面，项目积极调动社会学术资源，共建共享实习基地，推进"就业支援项目"等，加强学生技能培养，开展学生职业生涯规划，组织学生进行企业访问、企业演讲、海外实习等，构建了产学研一体化的学生发展平台。同时，对接大湾区发展，引导学生参与资政服务、智库服务和社会联合活动。通过上述深度共融式的培养体系，实现培养方案、论文指导、实习就业一体化的国际协同。

（二）扶持东北亚区域研究，覆盖本硕博博后访学人员体系的独立专业建设

学校设立校级重点人文社科研究基地东方学研究中心、东北亚文化研究中心及院级研究机构中日韩合作研究中心，开展国别区域研究，成为项目的重要支撑。学生可以常态化参与国际研究会议与大型交流活动，在人才培养、科学研究和社会服务等领域，让学生产生更多的"附加值"。在学历学位层面，项目以培养符合东亚地区人才需求的本科生为主，同时推动硕士和博士培养，形成了覆盖本硕博博后访学人员的全体系育人模式。这是学校优化人才培养体系和整合教育资源的有效尝试，不仅为国家战略提供人才储备，还可以有效补充以东北亚研究为代表的国别区域研究。

作为中日韩"亚洲校园计划"全国首批团队中唯一一所外语学科团队，项目通过创新引入多边跨国联合办学模式，现已培育出一批服务于东亚地区的高素质人才，符合我国学科发展要求，得到了学校的高度重视，并获得了

中日韩三国相关部门的高度肯定。

（三）坚持内外联动的国际人才培养体系，强化教学团队的深层次建构

项目组建了一支高素质的国际化教师团队，其中以中国籍中青年教师为主，兼具深厚的学术学历背景（拥有博士学位教师达到100%），凸显出中日韩三国协同教育中的中国教育特色。此外，项目建立教师互访制度，每学期中日韩三方互派教师亲临实景课堂，为中日韩三方联合教学和科研交流打通了通道。

中日韩三方大学在教务管理、资源配置、教育技术及信息平台建设等方面建立了运营与管理共享机制，师生通过现代通信手段随时沟通，保障了各项工作顺利进行。项目每年定期召开"中日韩三国教职工联席会议"，对学科建设与人才培养等重大问题进行商讨，完善工作计划。

在项目中，中日韩三方共享教学数据，不定期组织行业专家"会诊"，并对人才培养质量进行动态监督、把控、评估，及时给出具体建议。同时，整理汇总工作资料、运营成果，形成系统性文献，备审备查，形成了独具特色的质量保障与评估体系。

三、典型经验及国内外推广应用效果

2015年1月13日，教育部高等教育教学评估中心副主任王占军在到学校考察时，评价广外的"亚洲校园""基础最扎实、领导最重视、组织最健全、运行最有效、教学最有创新、效果最显著，可持续、可复制"。2021年3月，日本文部省下属学术振兴委员会（JSPS）公布了针对2016年至2021年5年间日本开展的25个同亚洲各国进行的大学交流项目的评价结果，学校所在GRD亚洲校园团队获得S级评价，即最高评价。

本成果契合国家"一带一路"倡议，在复语人才培养机制创新方面做出了有益的尝试，在成果转化与推广方面取得了较好的效果。在校内，广外将人才培养机制延伸到研究生培养层次。同时，参考"亚洲校园"模式，建立了广外战略研究院"欧亚校园"，也已开始运营并取得了不错成效。在校外，目前成果已经扩大至基础教育阶段，如中山大学蓝山外国语学校等学校和机构。

中日韩三国媒体高度关注本项目。日本《朝日新闻》，中国《南方日报》《中国青年报》以及中华网、新浪网等媒体给予报道与宣传。本项目已经成为广外国际化办学的一道亮丽的风景线，同类院校来校参观访问时对本成果的运营模式、治理机制以及课程设置、人才培养方案等均予以高度的认可，纷纷向学校取经，希望在教育合作一体化的背景下，开展类似的人才培养工作。

教学成果： 国际治理创新硕士研究生项目，助力人才质量提升
案例学校： 广东外语外贸大学

国际治理创新硕士研究生项目是由广外语外贸大学国际治理创新研究院（以下简称"国创院"）与美国马里兰大学紧密合作，为中国参与国际规则制定和全球治理培养熟悉国际政治、经济、法律等理论知识，开展具有家国情怀和全球视野的综合型复合型高端专业人才的联合项目，是中美两国之间交流与合作的缩影，见证了中美两国教育合作交流的深入发展。近年来，更多的青年在两国高校的助力下实现自己的国际治理理想，为全人类文明事业、祖国和世界的和平发展进步做出贡献。

一、基本做法

广东外语外贸大学与美国马里兰大学在课程教学培养上密切合作、高度融合。广东外语外贸大学有28个专业，国创院招收来自经济、金融、管理、法律、国别研究、国际关系、国际政治等不同专业背景的学生，开设了针对性的课程，不断强化国际治理相关学科知识，包括中国政治经济体制、国际政治经济学、国际经济法、国际谈判与国际经济谈判、国际治理理论等课程，教授学生多样化专业学科知识，为他们在马里兰大学学习公共政策管理奠定扎实基础。

国创院还邀请各领域专家学者开设专题

讲座，如邀请澳大利亚格里菲斯大学教授 Larry Crump 讲授国际谈判专题，邀请广东省政府参事李惠武讲授"广东省情报告"专题，邀请杨洁勉教授讲授"学术二轨外交"，邀请储兰兰教授讲授"新京剧"等，拓展学生的专业素养，树立中国文化自信。此外，国创院提倡独立自主的学习模式，鼓励同学们在项目与课题研究实践中学习，有效锻炼了学生的综合能力，为未来的发展奠定坚实的基础。

经过两年综合培养之后，国创院选拔优秀学子前往美国马里兰大学攻读公共政策管理硕士学位，并鼓励他们申请国际组织实习工作岗位。马里兰大学公共政策管理专业的课程培养十分多样化。在课堂上，同学们可以根据自己的兴趣选择侧重的课程方向，不仅可以学习不同体制在面对危机时的政策措施，还可以学习公众参与的广泛性对于政策制定的重要意义，以及公共部门与多领域合作以实现资源高效配置的途径与策略等；在校外的课堂上，马里兰大学公共政策学院组织同学们前往美国各大政府机构实地学习，如美国国会、马里兰州议会、美国国防部等，使同学们更深入地了解美国的人文历史社会文化与治理结构。

二、主要成效

自 2016 年项目以来，中美两国高校合作交流进一步加深，取得了累累硕果，越来越多的中国学子走上国际舞台，为国际治理事业奉献更多的中国力量。

一是在实践中学习，提升才干谋略。来自不同学院不同专业背景的硕士研究生，突破原有专业背景与课堂界限，参与国创院提供的各类项目与课题研究工作，相关经历与国际组织的工作要求高度契合。同学们细致、认真且出色地完成每一项工作，在丰富的实践参与中使得个人的才干谋略都得到有效提升。目前在联合国环境规划署实习的 2018 级学子夏正源说："国创院的工作内容、工作方式，包括老师对我们的要求，都与国际组织高度契合，参与好工作，总结好工作，你就具备了相应的竞争力。"已正式入职国际货币基金组织的 2018 级学生华定曾提到，国创院举办的众多学术讲座、

— 马里兰大学老师与国际治理创新硕士研究
生项目学生共度美国感恩节

高端论坛、各种调查研究工作、文稿撰写工作，以及在马里兰大学学习的各种公共政策课程，都与联合国的工作内容和能力要求十分契合。正是这些丰富又具有针对性的学习与工作经验，成为华定在申请国际组织实习和求职时的利器，帮助他在众多竞争者中脱颖而出。

二是领略全球风采，拓宽国际视野。"双轨制"培养模式下，学生有更多机会与世界各国的专家学者进行学术探讨，参与各类国际化实践，领略全球风采，拓宽国际视野。2021 年 4 月，国创院为同学们提供了与联合国毒品和犯罪问题办公室交流合作的机会，同学们通过为联合国毒品和犯罪问题办公室的"教育促进公正"倡议提供翻译支持，对联合国的组织结构以及可持续发展目标有了更深刻的认识。目前正在联合国实习的 2018 级学生宋紫婷对此深有感触，她认为国创院不仅培养了她多种语言跨文化交际能力，更开阔了她的国际视野。每一次的交流活动都为中美师生之间的文化交流和互鉴搭建了一个平台。

三、留学美国的特色实践

在全球化的今天，最牢固的基础在于各国文明互鉴，最深厚的力量在于各国人民民心相通。在中外青年交流过程中，人文素养的培养具有更加重要的意义。

（一）共度两国佳节，感悟人文风情

每逢中秋佳节，马里兰大学公共政策学院的老师们都会为国创院留美学子举办隆重的欢庆会，一起聆听中华传统乐曲，品味中华传统文化，交流美国生活和学习的日常以及中美两国教育和文化的异同。此外，马里兰大学公共政策学院也邀请国创院学子参加感恩节晚宴，带领中国学子感受美国传统节日氛围。在诚挚的节日祝福中，中美两国师生间的文化交流得以进一步加深，为增进两国人民之间的文化互信和理解打开了一扇窗口。

（二）参访知名建筑，文明历史互鉴

在日常学习交流以外，马里兰大学公共政策学院还时常组织同学们前往美国知名建筑及机构参观学习，在实地游览中领悟美国历史文化，在与专家面对面交谈中感受美国社会文化。同学们走进了国会大厦，美国国会警察局代理局长尤加南达·皮特曼为大家介绍国会的功能与结构、国会警察局职责以

及公共部门领导力等；参观美国国防部总部时，同学们与监管国防部关键项目的主要领导人就组织构架、主要任务、优先事项和倡议，以及实际工作中的团队合作和领导力等展开为期半天的讨论。在游览国家建筑博物馆的过程中，克劳德博士带领同学们参观博物馆，详细介绍美国近代历史和社会变迁。

（三）海岸校友齐聚，携手并肩同行

与海外校友会的联系也是留美学子生活学习的重要部分，不仅可以促进海外人才与国内教育界之间的交流与合作，还有助于个人生活与事业的发展。广东外语外贸大学纽约校友会时常举办各种丰富的校友活动，2017年起，校友会每年都会举办主题迎新活动，对初到美国的国创院学子表示欢迎与鼓励。在每一次活动中，赴美学子与师兄师姐、各界前辈融洽交谈，学习各领域经验，收获友谊与感动。校友会不仅是在美求学的广东外语外贸大学学子与优秀前辈交流经验的重要平台，也是异乡学子们亲近与信赖的家。

"文明因交流而多彩，文明因互鉴而丰富。"广东外语外贸大学国际治理创新硕士研究生项目为增进中美两国人民之间的文化互信和理解提供契机，帮助更多中国青年走出去，弘扬中华传统文化，增进中美人民的情谊，促进了中美两国人民的人文交流。

一

教学成果： 小跳绳、大桥梁，深化国际理解教育
案例学校： 青岛西海岸新区弘德学校

六年芳华，岁月成歌。青岛西海岸新区弘德学校是一所九年一贯制学校，教师139名，在校生2160人。学校于2016年9月启用，已有六年时间。六年来，学校遵循"弘毅广才、崇文尚德"的校训，努力为每一个学生提供人生出彩的机会，致力培养有理想、有本领、有担当、有国际视野、适应未来发展的时代新人。

一、基本情况

2022年9月23日上午，青岛西海岸新区外国语学校教育集团、弘德学校和墨西哥中华人民共和国中学结为国际友好学校签约仪式在青岛西海岸新区奋进路中学校区举行。中墨双方使馆、青岛市教育局、青岛市外办及西海岸新区管委会领导出席签约仪式。

墨西哥中华人民共和国中学校长文森特·佩拉尔塔、外国语学校教育集团校长邢云飞、弘德学校校长徐全宝依次介绍了学校办学目标、课程建设、办学特色等情况，表达了对中墨学校友好合作的良好祝愿。三所学校缔结国际友好学校后，将共同开展学校管理、教师培训、学生成长、语言教学等方面的实践和学术研究，组织师生赴对方学校参加科学、艺术、体育、冬令营及夏令营活动，积极推动中墨学校之间的教育和人文交流。

二、主要做法

弘德学校通过合唱、剪纸、书画活动，表达了对中墨友谊的美好祝福。学生们学唱墨西哥民歌《快乐的农场》，用书信、手抄报的形式向墨西哥朋友介绍中国文化，介绍自己美丽的家乡。同时，

他们也收到了墨西哥中华人民共和国中学分享的学校特色活动视频、图片等资料，让学生了解墨西哥的传统节日及文化活动，开阔了国际视野。

在中墨建交50周年之际，学校向墨西哥中华人民共和国中学寄送500根跳绳，期待通过一根小跳绳，架起两校友谊大桥梁，相互学习先进的教育理念，深入促进国际理解教育，推动师生交流和人文交流行稳致远。

三、实践意义

青岛是中国第一个和墨西哥建立友好城市之约的城市，友好学校签约是青岛市进一步加强中墨友好城市合作、推动人文交流的重要举措，也是西海岸新区推进教育开放交流的珍贵机遇。以此为契机，双方师生搭建起了更为优质的交流平台，建立更加紧密的友好伙伴关系，相互借鉴先进的教学理念，共享优质教育资源，开阔师生视野，提升教育质量，更好地促进中外人文交流。

教学成果：CEAIE-AFS 项目助力学校搭建文明交流互鉴桥梁
案例学校：广东肇庆中学

广东肇庆中学从 2009 年起正式成为 CEAIE-AFS 国际文化交流项目（以下简称"AFS 项目"）学校，管理团队大力调动教师志愿者的积极性，努力做好交流生的日常教育教学和管理工作，成为 AFS 项目中派出和接待学生人数较多的学校。在来华学生的管理中，学校不断寻求进步与突破。

一、基本做法

（一）以中华优秀传统文化丰富课程内容

学校将弘扬中华优秀传统文化与 AFS 项目有机统一，开设了中文、书法、国画、民族舞蹈、音乐、科技等 10 门特色课程，取得了良好反响。

（二）整合资源，搭建中外文化交流平台

积极开展校内外活动。学校教师志愿者时常带领交流生参加学生社团活动、教职工活动，或走出校门感受人文风情和中华文化，帮助交流生提高中文表达水平。

积极开展文化研学活动。学校时常根据不同国家交流生的特点，结合区域特色，开展文化互动体验活动，如组织意大利交流生前往上清湾村开展"寻根"之旅等。

积极开展跨省活动、论坛活动。学校积极开展跨市跨省的文化交流活动，如组织云南之旅，组织来华交流生参加国际中学生论坛等。

二、主要成效

学生的人文交流素养得到提升。每届来华学生都能顺利通过 HSK 汉语水平考试三级或以上级别考试。选派的出国交流学生绝大部分能通过全国选拔考试。AFS 国际文化交流项目为我们的学生成长为国际化人才抢占了先机。

教师的国际视野得到拓展。AFS 项目开拓了学校国际交流项目教师团队的国际视野，提高了教师教育教学能力。教师团队结合学科优势、师生兴趣以及中华传统文化，开发了适合 AFS 项目交流生的课程内容。

国际理解教育融入了学校特色发展。2011 年 11 月，学校被评为 CEAIE-AFS 国际文化交流项目铜牌学校。2016 年 10 月，学校荣获"携手前行，共享蓝天"AFS 项目全国年度单项优秀组织奖。2017 年 10 月，学校荣获 CEAIE-AFS 国际文化交流项目银牌学校。AFS 国际文化交流项目为学生提供了成为国际人才的机会，为学校开展国际理解教育提供了契机。

三、典型经验

正式成为 CEAIE-AFS 国际文化交流项目学校后，学校专门成立了 AFS 国际文化交流项目办公室，健全组织结构，配置专人管理。职责分明，管理体系完善，有效地促进了 AFS 项目持续发展。学校设立 AFS 国际文化交流项目专用的学生活动室，供学生开展各项活动。同时，学校设置了 AFS 国际文化交流项目专项经费，用于 AFS 项目师生开展各项活动。学校多次派出教师独自前往或带领学生前往国外开展交流活动。通过出访，学校 AFS 项目师生进一步拓宽了国际视野，增强了文化自信，在不同文明间积极搭建起交流互鉴的平台。

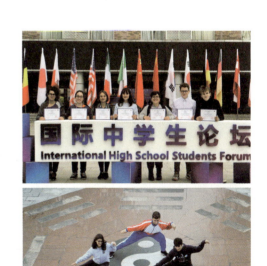

— CEAIE-AFS 项目的来华学生参加国际中学生论坛（上图）

— CEAIE-AFS 项目的来华学生与广东肇庆中学教师一起打太极拳（下图）

活动成果： 组建中国—老挝职业教育发展共同体
案例学校： 重庆城市职业学院

随着中国职业教育迈向高质量发展阶段，"双高"建设深入推进，加强国际交流合作，促使职业教育伴随企业共同"走出去"以服务"一带一路"发展，成为职业教育的一大使命和社会职能。老挝作为中国的好邻居、好伙伴、好同志，经济社会发展和职业教育水平的提升都需要中国的大力支持。

一、主要做法

（一）需求耦合，牵头搭建国际交流合作平台

在老挝国家工商总会和教育体育部、重庆市教委的大力支持下，重庆城市职业学院牵头组建了中国—老挝职业教育发展共同体（以下简称"共同体"），12 所老挝职业院校、27 所中方职业院校、14 家中方企业和驻老挝中资企业成为首批共同体建设单位，通过了共同体章程、共建倡议和三年建设发展规划，组建了建设理事会和秘书处，建立了工作推进机制。

围绕老挝产业发展和职业教育建设需求、中国职业教育国际交流合作建设目标和中老产能合作，共同体秘书处多次深入开展合作需求调研，将成员单位的"双高""双优"建设任务和老挝国际交流合作目标相融合，形成"需求耦合、资源共享、差异发展"的建设格局，成为面向老挝开展国际交流合作的重要平台。

（二）项目导向，建立了"1213"国际合作目标路径

共同体成立以来，确立了"1213"建设目标和路径，即服务中老"国际产能合作"1个发展目标；围绕"双高"建设任务、提质培优行动计划引进国外优质职业教育资源，以老挝为基础辐射"一带一路"南线国家"走出去"两条主线；围绕打造国际化特色项目形成了"搭建 1 个平台、组建 1 个中国—老挝职业教育研究中心、建设 1 个公共实训中心、建立 1 个海外职业教育学习中心、建设 1 个国际化教师发展中心、建设 1 个共享国际化人才培养资源库、培训一批国际化师资、改造提升一批国际化专业、开发一批国际化人才培训标准、培养培训一批国际技术技能人才"等 10 个国际化重点建设任务；形成了"借船出海""结伴同行""筑路奔跑"三步走策略，梯次推动共同体逐步向纵深发展。

共同体建立了以项目为导向的建设发展

— 中国—老挝职业教育
发展共同体成立仪式

模式，推动建设目标扎实落地。共同体先后组织多所中老职业院校申报澜湄合作基金项目、中文＋技能人才培训项目、外国留学生基金项目、师资培训项目等，协助完成了老挝万象省技术学院汽车公共实训中心、跨境电商实训中心、老挝理工学院水资源检测等6个澜湄合作基金项目申报工作。

（三）精细管理，形成了"1235"国际化工作模式

为将国际化项目做深做实，展示我国职业教育的良好形象和质量，学校建立了"1235"国际化人才培训工作模式，在开展国际化技术技能人才培训工作中开展精细化管理和高品质服务。"1"即建立党委领导下的专项工作小组；"2"即围绕学员需求、反馈设计和动态调整课程，采用线上线下相融合学习模式；"3"即组建3个境内外混合式团队（1个中老政校合作项目筹建团队、1个中老校际合作项目管理团队、1个中老校企合作服务支持团队）；"5"即确立"五个精心"服务标准：精心筛选团队、构建课程、组织资源、教学管理、交流服务。学校积极探索，形成了常态化的学校国际交流合作路径，极大地提升了学校国际交流合作能力。

二、亮点成效

（一）共享为基，创新探索建立国际产业学院

为将共同体建设为有效服务中老职业教育发展的优质平台，共同体申报并成功建立了"共享型老挝国际产业学院国际特色化项目"，获得财政支持资金260万元，整合各方资金共计2000万元。国际产业学院坚持以共享为基础，围绕老挝职业教育和产业发展，以人才培养培训为核心，通过资源共享、信息共享、目标共享、平台共享、成果共享等模式，组建"一院四中心"（中老职业教育研究院、公共实训中心、教育学习中心、教师发展中心、课程资源中心），由不同学校牵头落地，共同开展专业合作、人才培养、师资培训、课程建设等项目，共建共享发展成果，形成"一核多元、一体多翼"的建设模式。

（二）要素融入，"1+3"协同治理机制体制形成支撑

共同体充分调动各种要素参与共同体的建设工作，建立了"1+3"协同治理机制。一是确立1个宗旨，即学校将贯彻落实国家关于教育对外开放、教育"一带一路"行动计划作为"一把手"工程，建立了党委领导下的国际交流合作体制，把共同体作为服务"国际产能合作"实体化载体平台进行建设。二是坚持政校企三元主体共治，即在重庆市教委、老挝教育体育部的支持下开展工作，与共同体成员中国工程国际股份有限公司、老挝万象省技术学院等签订校企、校际合作协议，形成了政府主导、校企双主体共治的建设框架。三是建立校内校外协同的三大机制。校内确立了党委直接领导、专门职能部门统筹、二级学院具体实施、其他职能部门协同配合的管理运行机制，全面主导对共同体的资金、筹谋规划等工作。校外则遵循理事会牵头、秘书处运行、各个专门建设委员会参与的建设机制。四是形成了"三单"融合的工作模式。围绕顶层设计规划，

建立了目标清单、任务清单和责任清单相结合的工作模式，形成了上下统一、纵横协同的实践格局。共同体成立以来，成功协助成员单位申报重庆市人民政府外国留学生市长奖学金丝路基金项目3个，获得财政支持资金150万元。

（三）错位发展，形成了资源集成发展网络

为避免同质化竞争和资源争夺，共同体坚持差异发展、资源互补的原则，倡导共建共享建设方式开展项目和资源对接。以澜湄合作基金项目申报为例，秘书处针对不同学校的优势资源和核心需求进行院校匹配，形成多个专业错位发展、相互兼顾，多所院校相互协作、交叉互补的合作项目共计8个。如为西南大学畜牧学院对接了老挝东坎商农业技术学院，主要以西南大学的种猪养殖专业为主开展合作；重庆水利电力职业技术学院则对接了老挝理工学院和水利水务部门，共同开展水资源治理的国际合作；重庆城市职业学院则以国家级汽车维修技术技能大师工作室为载体，对接了老挝万象省技术学院的汽车专业，共建汽车技术公共实训基地；重庆财经职业学院则充分考虑乡村振兴中的电子商务专业优势，对接了老挝巴巴萨技术学院共建"一带一路"乡村振兴电子商务……错位发展既有利于整合优质资源开展高质量国际化交流合作，又能在较大程度上降低成本，实现资源互补，形成了多点、多面、多主体资源积聚，校企、校校、校地多层面合作态势。

自中国—老挝职业教育发展共同体成立以来，已经先后吸纳了中国和老挝共计14所职业院校加入共同体，先后开展了近20次工作调研，摸清成员单位合作需求；协助中老15所职业院校申报了6个澜湄合作基金项目；协助重庆三峡职业学院招收10名老挝留学生；为重庆幼儿师范高等专科学校对接了老挝国立艺术大学共同开展艺术技能人才培训和专业共建；协助山东商务职业学院在"东盟职教周"成功举办了世界粮食联盟职教论坛。目前，共同体在国内外的影响力得到快速提升，已成为重庆市国际交流合作的四大平台之一。

教学成果：中外合作办学，拓宽人才培养途径
案例学校：湖北美术学院

2005 年，湖北美术学院与韩国韩瑞大学建立了校际合作关系。2012 年 6 月，教育部正式批准"湖北美术学院与韩国韩瑞大学合作举办动画专业本科教育项目"。项目于 2013 年开始正式启动，招收第一届学生，截至 2021 年 12 月，该项目共招收 9 届学生，总计 1035 人，已毕业（含结业）540 人，动画（中外合作办学）专业现有在籍、在校学生 466 人。

在校期间，项目学生获奖颇多。2021—2022 年，项目学生获全国高校数字艺术设计大赛、大学生广告艺术大赛、中国好创意暨全国数字艺术设计大赛、全国"互联网 +"大学生创新创业大赛等省部级、国家级奖项 30 余项；项目学生苏梓凡主创动漫短片于东京奥运会开幕式当天在短视频平台发布，并被人民日报公众号转载，浏览量达 10 万以上。自项目启动以来，项目学生在创新意识、组织协调、知识运用和语言水平等方面有了很大提升，韩方教师对项目学生的培养质量和专业知识与能力给予高度评价。

目前，部分项目学生毕业后选择继续参与中韩"动画专业本硕连读"项目，该项目参加人数已达 219 人，其中获得韩方学校硕士学位的有 157 人，在韩瑞大学继续攻读博士学位的有 15 人。毕业生自主创业，创立了一些国内优秀品牌公司，如武汉怡龙谷数字科技有限公司、武汉镱可思多媒体科技有限公司、

— 中韩合作开展动画专业的教学活动

薇拉摄影、火烈鸟影视传媒等公司，还举办了"怡龙谷杯"动画与数字学院 2022 年"互联网 +"大学生创新创业大赛等。校友还参与了《沉默的真相》《极地追击》《狄仁杰之神都龙王》《海贼王》《龙珠超》《数码宝贝》等影视制作。

— 湖北美术学院学术交流合作团出访韩国韩瑞大学

— 湖北美术学院学术交流合作团出访韩国韩瑞大学

一

活动成果： "优秀大学生海外游学计划"项目，助力学生开拓视野
案例学校： 湖北美术学院

2018 年，湖北美术学院开展"优秀大学生海外游学计划"项目，先后组织 38 名学生赴英国、意大利和法国开展游学活动，通过专业课程交流，游历文化名胜，走访、考察艺术史迹等方式，全面体验独特的异国文化，切实提升游学成效。

在英国，同学们在伦敦艺术大学切尔西艺术学院交流学习，参观了美术馆、博物馆等艺术机构，游历了牛津大学城、曼彻斯特大教堂、爱丁城堡、温德米尔湖区、剑桥大学城等艺术文化名胜，在英国国家美术馆中欣赏达·芬奇、拉斐尔、伦勃朗、凡·高、扬·凡·艾克等大师的精湛技艺，在泰特现代美术馆中体会当代艺术的深远意蕴，在日常生活交流中感受英伦文化的独特意蕴……启发着同学们对艺术的思考。

在为期两周的意大利游学期间，师生们受邀赴马切拉塔美术学院和那不勒斯美术学院进行交流学习，参观了学校的教学空间、雕塑工作室等设施，了解学校的课程，并与师生展开热烈的交流。他们还参观了梵蒂冈圣彼得大教堂，在庞贝古城遗址聆听庞贝古城的马蹄声，感受古罗马文化艺术的魅力；游历了斯波莱托小城、锡耶纳、佛罗伦萨等城市，欣赏了文艺复兴时期艺术家们的杰作；在被誉为"欧洲绘画艺术的集成之地"的威尼斯学院美术馆，欣赏了 14 世纪到 18 世纪的威尼斯画派、托斯卡纳画派画家的杰出作品，收获颇丰。

在法国巴黎游学期间，同学们则主要在法国高等设计学院视觉传达艺术学院开展主题创作。在结课仪式上，学校负责人给每一位同学颁发了结业证书并举办了小型结课作品展览。10 位同学创作的 10 幅主题性丝网印作品受邀在法国高等设计学院的公共空间进行长期展示，并被学校收藏。期间，师生们共同游历了蒙马特高地、圣心大教堂、马黑街区、巴黎市政厅、埃菲尔铁塔、法国历史自然博物馆、卢浮宫、奥赛博物馆、凡尔赛宫、蓬皮杜艺术中心等文化名胜，与当地华裔学者进行了深度交流；近距离地观赏了莫奈花园、橘园、凡·高星空展、巴黎当代艺术博览会等，还参观了知名高校法国艺术文化管理学院和法国国家高等宝石学院，并得到校方热情的接待。

为了让所有学生都能够扩展国际艺术视野，领略世界艺术历史文化的深厚底蕴，探索国外最前沿的艺术领域，树立远大而坚实的艺术学习旨趣和目标，游学活动结束后，学校组织游学队员面向全校开展海外游学系列专题汇报活动。通过游学讲座、游学心得分享会、展板展示、提交论文，以及游学作品展等形式，与全校师生分享本次海外游学精彩成果，传递开放的艺术态度、包容的艺术欣赏、广泛的艺术表达、新鲜的艺术创作，帮助同学们打开艺术思维与视野，及早做好未来学习规划，为未来的发展奠定坚实的基础。

活动成果：深化澜湄教育与产能合作，共建"一带一路"电商乡村振兴学院
案例学校：重庆财经职业学院

为深化澜湄教育与产能合作，促进老挝农产业转型升级，重庆财经职业学院与老挝巴巴萨技术学院缔结友好合作关系，在老挝共建"一带一路"电商乡村振兴学院，开展"国际学历教育＋技能"培训，聚焦老挝特色产业，深化中老校企合作，把电商开办到乡村一线，培养一批老挝特色产业所需的乡村振兴人才。

一、搭建合作平台

2022年2月至3月，双方学校筹建了项目团队，开展项目洽谈，共同制订了项目方案；4月，双方签订合作协议，挂牌成立"一带一路"电商乡村振兴学院。4月29日，两校分别设置会场，通过国际在线视频会议平台，举行"一带一路"电商乡村振兴学院签约揭牌仪式。仪式上，重庆财经职业学院秀山产业学院学生通过抖音为中老双方在线展示农副产品直播带货。

二、学历教育项目

重庆财经职业学院计划在老挝招收30名以上的来华留学生，通过"2+1"人才培养模式，即前2年在老挝进行专业学习与汉语学习，第3年赴中国进行实习实训与汉语学习，联合培养既通晓中国行业标准，又熟悉老挝国情的国际化高素质电子商务技术技能人才，反哺老挝农产业，丰富老挝农产销售人才储备。

为提高留学生教育教学质量，学院选送20名专业教师参加TESOL培训，优化对外教育教学方式方法。不断完善实习实训条件，建设"O2O电商孵化实训中心""电商双基地实训室""电子商务综合实训室"，提升留学生在华期间的移动商务、电商直播带货一体化实践教学体验。目前双方已初步商定人才培养教学计划，启动首批招生工作。

三、技能培训项目

项目借鉴重庆财经职业学院在秀山等地开办电商产业学院、乡村振兴学院的经验与模式，借助重庆直播电商行业联盟、重庆互联网产业园等行业平台，引入企业力量开展培训，将企业运营实战经验融入学校教育教学，打造老挝从业人员"感兴趣、听得懂、用得上、有效果"的新零售培训包，分享中国成熟的行业经验，传授针对农产品的新媒体营销策略和跨境电商直播带货营销模式。

项目面向老挝政府及企业管理人员、行业从业人员，开展两期"新媒体直播电子商务"培训。项目已开发电商直播技术教学案例及实训项目9项；新建、优化"直播带货""互联网商业模式""市场营销策划""现代推销技术"等8个直播带货培训包；通过线上汉语公益培训完善2套"对外汉语"的教学资源包。项目还获得重庆市人民政府外国留学生市长奖学金丝路项目立项，获得财政支持50万元。

老挝巴巴萨技术学院"一带一路"电商乡村振兴学院通过推广中国较为成熟的现代产业学院模式，利用职业教育深度服务老挝农产业振兴，深入推进国际产教融合，进一步丰富中老人文交流内涵，为澜湄流域经济发展培养一批技术技能人才，从而促进中老民心相通，共建澜湄国家命运共同体。

— 重庆财经职业学院与老挝巴巴萨技术学院"一带一路"电商乡村振兴学院的合作签约揭牌仪式

一

活动成果： 人文交流系牢情感纽带，守正创新培养国际人才——中新人文交流与联合教学项目

案例学校： 武汉职业技术学院

在新形势下，武汉职业技术学院（以下简称"武职"）与新加坡义安理工学院（以下简称"义安理工"）联合创新性开展"中新人文交流与联合教学项目"，为"一带一路"建设提供了有力的人才支撑，为"推进共建'一带一路'教育行动"提供了合作典范。

一、合作模式

双方采用校际合作模式，以培养国际人才为目标，以人文交流为纽带，以文化育人为特色，积极探索"中文＋职业技能"国际化发展模式，打造高水平国际化职业学校，努力构建完备的"文化＋技能"国际人才培养体系。

为保障项目可持续开展，两校建立了长效沟通机制、管理运营机制、教育开放机制和资金保障机制。双方定期开展互访和项目质量评估，加快和扩大教育对外开放，并专门设立"学生海外发展助学金""教师海外研修专项资金"，为项目可持续开展提供了资金保障。

二、具体做法

自 2008 年以来，义安理工每年组织 2 批师生分别于 3 月和 9 月来武职进行为期 5 周的交流学习。学习期间，武职组织安排课程教学、技能培训、企业实践、交流联谊、技能竞赛和文化体验等活动。武职也选派学生前往义安理工交流学习，进行短期游学、交流交换、学历提升、实习就业等活动。此外，两校教师开展常态化学术交流，共同开发专业标准和课程标准，提升教学能力，服务企业产品研发和技术升级。

一是文化育人。武职开设了传统礼仪、书法国画、剪纸艺术、茶艺赏析、荆楚文化、中国概况、哲学思想、古典文学等 8 门特色文化课程，传播中国的传统之美、变革之美和发展之美；组织义安理工学生赴辛亥革命纪念馆、湖北省博物馆、襄阳古隆中景区、黄冈东坡赤壁等文化景点参观体验；搭建跨文化交流平台，定期举办中新歌会、体育竞赛、文化沙龙等联谊活动。

二是教学育人。两校教师联合开展专业教学，武职教师讲授"集成电路应用技术""5G 概述""光纤熔接施工实训""移动基站运维"等工科课程，义安理工教师讲授"经商环境与成功策略""亚太商业分析""高端品牌设计"等商科课程，帮助学生开阔国际视野，提升职业发展创新力，增强全球竞争力和国际胜任力。双方教师

定期举办"教学工作坊"，研讨课程教学，共同开展教学科研活动。

三是服务育人。两校不断扩大开放、深化资源共享，为对方师生来校学习交流提供优质的教学资源、生活条件和外事服务，共同打造了"国际视野工程""留学武职""魅力狮城、学在义安"等国际教育项目品牌，并将合作领域拓宽至合作办学、师资培训、海外实习就业、智力引进与输出、来华留学生教育等方面。

四是实践育人。武职组织新加坡学生赴武汉联想、华中数控、武商集团、洲际酒店、武汉电信等企业开展实习实训，让学生走进企业。体验职业，培养学生的职业理想、职业情怀和职业素质。项目还设计了社会公益实践，两校学生走进中小学校，参与职业启蒙教育和英语教学，走进养老机构参加志愿服务等。

三、成果成效

项目自开展以来，取得了许多标志性成果。

一是打造了一个中新职业教育国际合作与交流的平台，构建了完备的"文化＋技能"国际人才培养体系，培育了一批国际教育品牌项目，培养了一批知华友华爱华，满足"一带一路"建设需要，具有国际素养、职业素养和人文素养的高素质技术技能人才，为"一带一路"政策沟通、设施联通、贸易畅通、货币融通提供了人才支撑，增进了两地两校民心相通，为"一带一路"建设营造了良好的环境。

二是交流人群扩大，合作内容丰富。项目开展以来，义安理工共派出 17 批师生408 人来武职交流学习，武职共派出师生 14批 150 人赴新加坡交流学习，其中 20 名学生在新加坡升学和就业。两校共开发了 20

门课程，形成了较为完备的联合培养课程体系，联合教学时长超过3000学时，开展了20项职业教育国际化研究，发表相关论文50余篇。

三是项目示范效应引领两地职业教育合作与交流。项目期间，武职先后组织省内15所高职院校师生3000余人次参与项目活动，分3批组织了30所湖北高职院校的90余名教师赴义安理工交流学习。同时，项目在"一带一路"沿线产生了广泛影响，吸引来自马来西亚、缅甸、新加坡、也门、美国、德国、芬兰等国

— 武汉职业技术学院学生参加新加坡义安理工学院举办的线上"双创特训营"项目

的600余名长、短期留学生来武职就读。马来西亚国际文化交流中心、印尼三宝垄计算机科技大学、老挝汉澜管理学院等国外教育机构及院校积极联系武职，希望在创办海外分校、举办"中文＋职业技能"培训、留学生培养等方面开展合作。本项目正逐步在上述国家推广复制，为当地社会经济发展提供人才支撑。

四是武职守正创新，持续增强项目活力。基于项目合作成果，武职先后获2018世界职教院校联盟卓越奖、中国高等职业院校国际影响"50强"、2020亚太职业院校影响力"50强"，并在2020华人华侨创业发展洽谈会国际教育合作专场上作主题报告。2021年，项目成功入选"中国—东盟高职院校特色合作项目"，两校入选由教育部、外交部亚洲区域合作专项支持的"中国—东盟双百职校强强合作旗舰计划"，武职应邀参加了2021年中国—东盟职业国际论坛并作典型发言和成果展示，为"推进共建'一带一路'教育行动"提供了合作典范。

活动成果："三全育人"体系下留学生"感知中国"活动的构建
案例学校：宁夏医科大学

宁夏医科大学基于留学生的发展需求，根据多年开展"感知中国"活动的实践经验，探索出"三全育人"体系下留学生"感知中国"活动的实施路径，让留学生在中国既有所学，又有所获，更有所悟，成为讲述中国故事的友好使者。

一、总体思路

宁夏医科大学构建"三全育人"体系下的留学生"感知中国"活动，从全员、全过程、全方位三个维度打造"感知中国"活动特色，培养留学生"知华、友华"的情感和情怀。

二、具体做法

（一）人员路径：创建活动导师制，打造全员育人氛围

根据教育目标的不同，学校为每个活动配备活动导师。如在开展剪纸文化体验时，导师会讲授剪纸的发展历史，让留学生在参与活动的过程中，获得更加系统全面的认知和体验。

（二）目标路径：分阶段建立育人目标，构建全过程育人路径

宁夏医科大学根据不同年级留学生的需求和特点，分阶段建立育人目标。面向一、二年级学生，主要开展认知教育。通过组织开展各类"感知中国"活动，留学生对中国的国情、经济、文化、社会生活等方面有基

本的了解和认知。面向三、四年级学生，主要开展沉浸式感知教育，让留学生沉浸式参与其中，将所见所闻转化为自身的体会、感悟，对中国的制度、价值、文化等有自己的认识。面向五年级学生，主要引导留学生结合自己的亲身经历、亲身感悟，向亲朋好友、向世界讲好自己的中国故事。

（三）方法路径："六位一体"，建立全方位育人格局

1. 建立留学生"感知中国"基地

学校选择具有地域特色的，具有历史文化代表性或展现中国发展成果的乡镇、文化古迹等，建立闽宁镇国情教育基地，如贺兰山岩画、西夏陵、伏兆娥剪纸文化体验基地，有效拓宽了留学生感知中国的途径，让留学生既能感知多彩文化，也能了解中国脱贫攻坚、美丽乡村建设等社会发展成果。

2. 开展国情认知类"感知中国"活动

学校学校结合时政热点，让学生畅谈感想、体会，共诉中国日新月异的发展变化，参加庆祝中国共产党成立一百周年文艺会演，开展"助力北京冬奥"冰雪运动，让他们了解中国，读懂中国。

3. 开展文化体验类"感知中国"活动

学校以中国传统节日为契机，开展春节贴春联、窗花，观看联欢晚会，包饺子，元宵节做元宵、猜灯谜，端午节包粽子，中秋节做月饼等丰富多彩的文化体验活动，让留学生感知中国传统文化的魅力。组织留学生参观贺兰山岩画等文化古迹，学习剪纸、书法、砖雕制作等，举办文化大课堂、经典诵读比赛、汉语挑战赛、征文演讲比赛等活动，让留学生了解中华文化。

4. 开展社会实践类"感知中国"活动

学校鼓励留学生走出校门，用脚步丈量中国。开展"感知宁夏"系列社会实践活动，让留学生了解闽宁镇、龙王坝美丽乡村建设和脱贫攻坚的故事，感受黄河流域生态保护和高质量发展先行区、六盘山地区"绿水青山就是金山银山"的生动实践，了解宁夏云计算中心等科技发展状况……留学生对中国的认识更加全面、生动、具体。

5. 开展志愿服务类"感知中国"活动

学校引导留学生发挥专业所长，在银川市、固原市的社区开展健康知识宣讲、健康咨询、义诊等志愿服务活动，让留学生了解社会民生。组织留学生在盐池县高沙窝中心小学进行教学活动，增强留学生的服务奉献精神。

6. 引导留学生主动讲好中国故事

学校引导留学生在寒暑假回国期间，给亲朋好友介绍自己在中国的见闻，给家人制作一道中国菜，讲讲自己在中国学习生活的感受，引导留学生拍摄《我用镜头看中国》《我的中国学医梦》《我眼中的中国和中国共产党》《宁医情 中国心》等视频短片，讲述自己在中国学习、生活的故事，让更多的外国友人了解中国，为促进民心相通发挥积极作用。

三、主要成效

（一）学生的教育培养实效逐步凸显

— 新华社国际版报道宁夏医科大学留学生眼中的闽宁新农村建设

学校将"感知中国"活动作为留学生教育的重要载体，引导留学生全面了解中国，增强留学生生活适应性、专业归属感、能力成就感，让留学生更加主动、自信地交流和实践。学校留学生获得全区中华经典诵写讲大赛经典诵读大赛一等奖，全国留学生主题征文、摄影和短视频大奖赛短视频类三等奖，第二届来华留学生临床思维与技能竞赛优异团体奖、最佳团队合作奖。

（二）学校对外开放的知名度逐步提升

在学校教育培养留学生的过程中，涌现出一批主动讲好中国故事的留学生。他们主动向世界讲述精彩的中国故事，展现宁医留学生的风采，提升学校的国际影响力。已毕业的留学生在各国的医疗卫生、经贸交流、文化传播等领域发挥着重要作用，为母校赢得了良好声誉。

四、典型经验

（一）形成"感知中国"的品牌特色

学校不断打造"感知中国"品牌，开展目标导向、全员助力、内涵丰富、形式多样的活动，让"感知中国"活动真正成为留学生了解读懂中国的重要载体，发挥留学生作为中外交流交往的桥梁纽带的积极作用。

（二）以点带面，扩大实效

培养、选树留学生优秀典型人物，用他们的生动故事、典型事迹触碰心灵，产生共鸣，引导留学生在中国有所获、有所感，为促进各国人民民心相通贡献智慧和力量。

教学成果："公共艺术中的沉浸式设计"主题工作坊课程
案例学校： 山东工艺美术学院

2008年，山东工艺美术学院与澳大利亚格里菲斯大学昆士兰艺术学院签署学术交流的初步合作框架协议，后陆续签署学术交流、师生互访、课程交流等合作协议。自合作协议签订以来，两校友好往来频繁，合作成果丰硕，特别是在师生交流领域，双方持续组织各类师生代表团互访，在两校师生心中播下友谊的种子。

2021年11月11日至12月9日，山东工艺美术学院与澳大利亚格里菲斯大学昆士兰艺术学院再次合作，共同举办的合作课程——"公共艺术中的沉浸式设计"主题工作坊，同济大学也参与此课程。来自山东工艺美术学院的34名学生代表与昆士兰艺术学院的10余名学生代表及同济大学师生代表等60余人齐聚"云端"，交流互鉴。

一、校际合作

三所院校师生围绕"公共艺术中的沉浸式设计"这一主题，同课异构，在各自主导部分的课程中分别立足自身专业特色，融合实践教学，就公共艺术沉浸式设计的设计案例、互动技术、设计实践等课题开展了跨度5周，11场共计60学时的线上课程交流。

昆士兰艺术学院教师为大家做了"技术对公共艺术的使用和启示"的讲座，Supernature的首席程序员开设了沉浸式系统工作坊，讲解了适合沉浸式体验的软件平台。山东工艺美术学院学生远程在线参与，与澳洲师生交流互动。此外，课程还安排了实地考察，通过视频连线，带领师生参观位于澳大利亚布里斯班北门的尤艾普（UAP，全称为 Urban Art Projects）设施，开设声音与互动的专题讲座，举办了声音与互动工作坊等。

同济大学举办了城市自然协同效应工作坊，让学生探索和绘制他们所居住城市的环境，通过更深层次的方式寻找自然的表现，探索、测绘和思考生态城市化；同时，举办电子与环境互动工作坊，为学生提供零件组装和测试，让他们设计一个 PCB 印制电路板，用于测量环境。

山东工艺美术学院教师以"有温度的公共艺术"为题，讲解了公共艺术在中国作为一个新兴产业的蓬勃发展前景和服务国家经济发展的重要作用，同时全面介绍了学校公共艺术专业的建设和发展；举办了以"手作剧场"为主题的工作坊，共创作了50多个方案、21件作品，聚焦沉浸式设计，将多文化、多视角、多观点思维引入教学与创作中，在三校师生中引发了强烈反响。

二、校企合作

活动还邀请了上海"超自然设计"工作室及在公共艺术领域国际领先的尤艾普（上海）艺术设计咨询有限公司公司作了专业讲座。"超自然设计"工作室展示他们成功的设计案例，尤艾普（上海）艺术设计咨询有限公司举办公共艺术讲座，讨论 UAP 及其在公共艺术领域、策展、设计、制造、调试中的功能和作用。

三、课程实施效果

昆士兰艺术学院和同济大学在艺术与科技相结合等方面的先进公共艺术理念，让山东工艺美术学院师生受益匪浅。许多同学表示，通过这次学习交流，更深刻地认识到这个专业在不同方向的精彩之处，看到了中澳两国文化的差异以及在公共艺术方面的不同理念，更加明确了自己今后的学习发展方向。2022年7月，山东工艺美术学院公共艺术专业师生携此次交流课程成果作品参加了由法国设计业联合会、国际前沿创新设计大赛组织委员会主办的2020FA 国际前沿艺术创新设计大赛，斩获中国赛区银奖4项、铜奖6项，另有入选奖8项。

四、典型经验

此次课程旨在为中澳师生搭建跨文化交流的渠道，彰显中国传统文化的传承与创新，加深中澳师生对中国传统文化和传统手工艺的认知。同时，此次课程也是中澳公共艺术领域不同理念的碰撞和交融，鼓励师生以友好开放的态度拥抱文化的差异之美。另外，邀请业内知名企业交流，对三校公共艺术专业师生在创作理念及作品材质和展陈方式等方面都有新的启发。校企之间在课程教学、课题研究和企业应用相结合方面的探索和经验，为推动山东工艺美术学院公共艺术专业教学和产业融合开阔了视野，拓展了思路。同时，山东工艺美术学院师生的艺术作品在本次合作项目平台也得到充分展示，让更多的院校和企业了解本校公共艺术专业，感受传统手工艺术魅力。山东工艺美术学院也以此为契机，寻求与更多优秀企业合作，产教融合，协同育人，创新人才培养模式。

教学成果： 诵读中华经典，书香浸润校园
案例学校： 青岛耀中外籍人员子女学校

经典诗文是中国古人智慧的结晶。青岛耀中外籍人员子女学校开展中华经典5分钟活动，旨在陶冶学生高雅情趣，影响学生的思想与品格，让学生从经典中汲取力量，养成良好的行为习惯、开朗豁达的性情、自信自强的人格、诚信和善的品质，让学生得到全面发展。具体做法如下。

一、营造良好的诵读氛围

学校将经典诵读作为常态化的教学活动，如早晨上课前10分钟的班级准备时间，教师会花5分钟，让学生诵读《百家姓》《三字经》《千字文》等经典作品，并为学生播放适宜的背景音乐，营造良好氛围。

学校市场部将学生的所学所感进行拍摄记录，定期发布在学校微信、抖音等平台。例如，将学生学习《论语》的情况演绎成一系列论语小故事，在社区媒体定期更新，引起了学生的热烈讨论，也获得了社区成员的肯定与支持。

二、采取多样化学习方式

在小学低年级阶段，教师采用唱诵方式提高学生的学习兴趣，有些班级加入了乐器辅助唱诵，还有外籍教师用英文帮助学生理解。中外合作的模式，让学生们汲取了东西方文化，为他们成为具有国际情怀的世界公民打下坚实的基础。

在小学高年级阶段，教师主要采用诵读的方式带领学生走近经典。教师在选择经典诵读的内容时，更侧重联系学生的实际生活，让学生有更深刻的感悟，帮助他们解决现实生活中遇到的问题。

在中学阶段，除了诵读经典、解释经典以外，教师结合现代生活及不同的文化背景开展"辩经典"的活动。通过不同文化之间的对比与分析，学生们更深入地了解到不同文化的差异及其背后的原因，促进了交流与分享。

三、结合实际情况开展活动

学习中华经典是非常有意义的项目，需持之以恒。在小学部，各班可以根据学生情况安排经典学习的内容与时间。如有的班级会利用晨读时间，有的班级会将学习中华经典与德育课、主题课程相结合，也有的班级会与研习课、中文课程相结合。

四、多视角理解中华经典

学校以经典金句的英语翻译作为媒介，让学生在中外教师的带领下学习中华经典，感受中外文化的差异。通过多视角的解读，学生可以从古今中外优秀文化与教育理念中汲取营养和智慧，做到真正地尊重欣赏各国文化。

中华经典5分钟学习项目与本校课程相互促进，相辅相成，对于学生的学习和成长有着积极的意义。每一位学生在加入中华经典5分钟的学习后，都能受益匪浅。

活动成果：缘聚千里云结友谊金桥，共享多元文明互通互融——记国际大学生云上文化体验交流活动

案例学校：江苏师范大学

2021年5月至8月，国际大学生云上文化系列体验活动通过ZOOM平台依次展示。活动由马来西亚拉曼大学发出倡议，德国多特蒙德科技大学、泰国北曼谷先皇技术学院、肯尼亚梅鲁科技大学、爱尔兰利默里克大学、希腊西阿提卡大学和中国江苏师范大学、贵州师范大学、弘光科技大学等全球9所伙伴高校共同参与，旨在引导大学生充分利用线上交流渠道，放眼世界，拓宽视野，促进大学生之间的国际合作与人文交流，加强世界大学生之间的团结和友谊。所有参与高校自行设计文化交流内容，形式不限，主要包括各校学生介绍本国国情、当地文化传统和所在学校的特色等。

江苏师范大学是本次体验活动的第二站，以"理解中国：来自江苏师范大学的故事"为主题，按照"速览当代中国""领略楚风汉韵""认识我的大学"和"欢迎国际学生"四个章节进行了展示。这是学校首次承办面向国际传播中国文化、展示中国大学生风采的线上活动，来自境内外高校的400余名师生通过线上交流平台参加了此次活动。

一、活动紧紧围绕三个"有"，增强文化认同与共荣

（一）活动设计有滋有味，促进文化认同入脑入心

学校本次活动环节设计和节目展演环环相扣，引人入胜。以中国古代四大发明开篇，引入第一章"速览当代中国"，通过图文、视频等形象生动地展示了日新月异的中国新面貌；第二章聚焦徐州汉文化的溯源和彭城的由来，展示汉服的风采以及汉文化的历史和思想底蕴；第三章集中展示剪纸、编织、二胡、古筝、茶艺等中国传统文化；第四章由国际学生分享个人在校生活、表演中华五禽操、演唱中文歌曲，展现多元文化的和谐交融，将活动现场气氛推向高潮。

（二）活动统筹有抓有放，充分调动学生积极性和主动性

在整个活动筹办过程中，"放"的是学生团队自由思考和发挥的空间，不同学院的学生根据自身专业和爱好自发认领四个篇章，活动内容由学生自主搜集、自行设计、自我讲解、自我展演，通过视频展示、课件播放、现场演示和直播等方式呈现；"抓"的是外围保障团队建设，相关部门做好统筹沟通，保证各项时间节点、节目整合和彩排质量，重点做好对外宣传、场地协调、节目彩排和技术支持等服务保障，完全从学生的视角去呈现和讲好江苏师范大学故事，讲好中国故事，传播中华文化，增强受众的直观感和亲切感，增强参与学生的集体荣誉感。

（三）活动产出有质有效，文化交流成果硕果累累

40余名学生参加现场展示，其他学生通过线上观看和交流，活动的参与面和受益面广，突破了时空距离对学生面对面交流的限制和阻碍。各高校大学生通过线上交流增进了解，结下友谊，对优秀中国传统文化和丰富校园文化生活产生憧憬；参与学生全程使用英文讲解，锻炼了学生的国际交流和传播能力，展现了中国大学生文化自信风貌。详细丰富的内容展示，向境外高校呈现了现代、立体、开放和多彩的中国，搭建了双向实质合作的桥梁，在学生交换、教师交流和国际招生等方面与多所境外高校达成友好合作意向，扩大人文交流圈的规模和对外开放的办学空间。

二、把握对外交流开放的三个坚持，推进多维互动

（一）坚持和而不同，文化共荣是文化交流的主旋律

突如其来的新冠疫情阻断了面对面的直接交流，但也为开辟更加多样的交流平台提供了机遇。本次活动在发起之际就收到了境内外9所大学的积极响应，彰显了大家继续加强交流的共同愿望。处在不同民族和文明交流碰撞的变革之际，需要广泛达成人类命运共同体的共识，要在尊重不同民族多样文明的前提下，保证声音在场，主动讲述和传递自身声音，在增强文化交流中实现互相认

同与共同繁荣。

（二）坚持以学生为中心，以学生视角传递真切感受

高校大学生处于文化吸收和交流的最活跃时期，传统文化和现代文化能在他们身上得到集中体现。他们是最具有代表性的讲述主体之一，从他们的视角选择、展示和讲述中华优秀传统文化，尤其是从留学生的视角分享中国校园生活和中国传统文化，更具有吸引力、影响力和说服力，能产生事半功倍的效果。习近平总书记在给北京大学留学生们的回信中，希望留学生们"多到中国各地走走看看，更加深入地了解真实的中国，同时把你们的想法和体会介绍给更多的人，为促进各国人民民心相通发挥积极作用"。

（三）坚持融合现代、优秀的真实元素，增强文化自信

融入现代、优秀的真实元素的中国故事，具有强大的内在号召力、凝聚力和外在吸引力、传播力。传统优秀文化是一笔丰富的精神财富，在对外文化交流中，我们要在继承和发扬传统优秀文化的基础上，吸收现代文化的元素，利用科学的传播规律和多样的传播渠道，主动发声，让外界更新对中国的认知，展示中国在应对危机和困难时的担当，不断提升自身能力，加强自身的话语权的建构。

活动成果： 中外双向流动，多元文化互鉴互学
案例学校： 广东省外语艺术职业学院

广东省外语艺术职业学院是一所以外语和艺术为特色的职业学院，学校积极开展国际交流合作，与 24 所境外大学和教育单位建立合作关系，获"广东省高等院校对外交流与合作先进集体"荣誉称号。此外，学校还是广东省"一带一路"职业教育联盟理事单位。学校从 2000 年开始推进的国内国外学生双向交流项目初见成效，与日本、韩国、新加坡、马来西亚、英国等国外合作院校及教育单位逐步建立了学生双向交流渠道。在此期间，学校承办了 6 期海外华文幼儿师资培训班，共计为 11 个国家和地区培训华文幼师 183 名；学校开展了海外华裔青少年"中国寻根之旅"冬令营，共有来自智利、缅甸、斐济的 70 名学员参加了项目；学校还与国外友好院校共办学生短期及长期的研修项目以及其他形式的学习交流活动，从 2015 年至今，参与的学生共计 1300 多人次。

下面以学校与日本高校的合作为例进行介绍。目前与学校合作的日本高校共有 8 所，与学校达成双向交换交流的高校共有 2 所，分别是日本筑紫女学院大学和德岛文理大学。经对这两所合作学校的充分调研，学校根据两所院校日本来华交换生的整体情况，创新设计制定了为期 10 天的"汉语语言及岭南文化交流"国际研修课程。课程基于中日两校学生的需求，融合了双方的学科优势，通过中日教师共同备课、共同授课的形式增进中日青年的交流与理解，同时促进学校的教、学、研的改革。目前该项目已持续开展 5 年。

一、主要做法

每年 9 月，学校组织日本来华交换生开

— 日本来华交换生参加中国传统文化课程学习

— 赴日交换生项目活动闭幕式

展主题为"汉语语言及岭南文化交流"的国际研修项目。项目课程内容包括汉语课程、日语教育教学交流、日语教学实践、日语教学课堂观摩、文化地域考察（岭南文化体验与实践）、中国茶艺插花舞蹈、中日青年文化交流等，受到学生的欢迎。

项目开展前，中日师生在线上进行商讨，设计项目课程，明确以下内容：①每个项目的活动主题，活动导向清晰，以成果作品的形式展示。②每个项目活动模块，指定相关教师和学生志愿者组成交流研学互助小组，负责跟进和沟通联系。交流研学互助小组由学校1名指导教师带队，根据项目课程需要给成员分配事项。每个小组成员一般由5名商务日语专业学生以及两三名筑紫女学园大学或德岛文理大学的学生组成。

项目以中日青年师生之间的语言教学实践、文化角、地域文化实践、中国传统文化体验、企业走访等形式展开，组织日本留学生与本校不同专业的师生交流，到广东其他院校、企业考察交流。在项目结束后，学校为日本来华交换生颁发研修证书。来华交换生凭借研修证书在本国兑换学分。

二、特色与成效

（一）中日师生共同参与项目活动设计，交流成效突出

国际化交流贵在双方的合作共赢。双方共同商量制订交流计划，改变了过去单方主导、成效单一的局面，使实施过程的组织、沟通变得更顺畅，国际交流更具有针对性和实效性。

（二）帮助学生开阔视野，助力国际化人才培养交流

学校在国际交流过程中，立足中华优秀传统文化，讲好中国故事，帮助中日师生从语言、饮食、艺术等各个方面了解对方的文化，助力双方的语言及文化的学习。中日学子在交流研学互助小组中互帮互助，互促成长。学校学生在交换生来访期间以主人翁的姿态，担负起课堂翻译、交换生交流协助等工作；交换生也

担任日语助教，帮助学校学生学习日语。

（三）双方互鉴人才培养模式，培育拥有国际视野的新时代青年

双方相互参考对方的人才培养体系和评价标准，采用作品成果导向的教学模式，以产出活动作品册、活动纪念视频、手工艺品、舞蹈表演等作为成果，在学分互认、课程构建等方面进行有益的尝试和探索，为两国的人才培养提供了经验。例如，在学分互认方面，学校给日本来华交换生颁发研修证书，日本来华交换生凭学校研修证书回国进行学分认定；在课程建设方面，中日双方教师选取学校"商务日语视听说"这门专业核心课程进行共同备课与讲授，给学生带来了全新的体验，推动两国教师在教学内容和教学方式上不断创新。

（四）提高学校知名度和影响力，增进中外友好交流

通过该项目的国际双向交流，学校在日本的知名度大大提升，为中日友好交往贡献力量。日本筑紫女学园大学在校报上刊登了学生在广东省外语艺术职业学院进行研修活动的报道，高度肯定广东省外语艺术职业学院在国际交流活动中所作的努力和贡献。广东省外语艺术职业学院赴日本筑紫女学园大学参加半年研修的学生赖丽莎得到了日本校方的称赞，获得了日本国家资助奖金。

活动成果： 深化新时代国际化教育，促进中美高等教育新发展
案例学校： 华南理工大学

华南理工大学坚持教育服务国家战略和外交大局，充分利用粤港澳大湾区的地缘优势和制度条件，优化教育开放全球布局，稳固对美教育交流，聚焦可为和有为合作，努力探索新时代中美高等教育发展新模式。2020年，学校与美国罗格斯大学互建海外交流基地，开展罗格斯大学海外学习经历ROSE（Rutgers Overseas Semester Experience）项目。项目分别于2020年秋季、2021年春秋两季、2022年春季接收了来自罗格斯大学的中国籍学生共341人次在校学习，进一步加深了合作情谊，彰显了中美民间教育交流的韧性和活力，也为学校开展国际化办学提供了新的启发和思考。

一、携手共进、厚植基础，打造教育对外开放"新高地"

搭建合作平台。自2010年开启友好合作关系以来，学校与罗格斯大学在交流互访、师资互派、学生联合培养、科研合作、海外教学基地建设等方面开展了全方位、多领域、卓有成效的合作。两校通过"中美创新学院"人才培养平台，开展了"2+2""3+2"等多种类型的成建制学生项目，优势互补，强强联合，培养了一批优秀本、硕学生。截至2022年9月，学校共派出247名学生赴罗格斯大学交流学习，一批学生获得罗格斯优秀毕业生、George Hook学者奖等荣誉。

强化师资队伍。长期以来，两校环境、食品、电信等学科领域的教师交流合作非常紧密，并逐步延伸到文理、经济、商科和多个新工科领域。通过"海外名师讲授学分课程"等项目，学校每年邀请罗格斯大学各对口合作学院的教授来校讲课或联合科研，并先后派出15位骨干教师前往罗格斯大学做访问学者，安排了一批青年管理干部赴罗格斯大学挂职锻炼或培训学习。

深化交流合作。2020年秋季，罗格斯大学在中国招收的476名中国籍学生中，有112人进入学校ROSE项目。学校以此为抓手，对标一流国际化人才培养体系，向美国高校和国际社会输出高质量的中国教育。通过教学和管理团队的深度融合，在合作中讲好中国故事，形成中国经验，既为当时去美国学习的罗格斯大学中国籍新生提供与海外同质等效的学习体验，又提升和检验了学校本地国际化办学实践的成效。

二、创新实践、交流交融，引领中美教育合作"新范式"

教学团队深度合作。学校遴选广州国际校区的优秀国际化师资，将罗格斯大学的先进教学资源和教学理念融入教育教学各环节中，每学期为借读学生提供七八门线下全英文面授课程。罗格斯大学对教师进行美式教务体系培训，并依据其教学及考核标准开发网络学习、混合式学习、翻转课堂等全英文创新型教学模式。两校教学互动频繁，共同制定和推进ROSE项目教学大纲，开展专题教学分享，在探究教学方法上互学互鉴，取长补短，逐步完善合作融合机制。

育人理念深度融合。参加ROSE项目的学生英语水平高、国际化能力强、批判性思维活跃。学校教师科学施教，基于国家级线下一流本科课程的施教理念，坚持以学生为中心的教学方法，采用知识—能力—素质"三位一体"结合的方式育人，在打牢课程的原理知识基础上，培养学生自主学习能力、批判性思考能力、运用所学知识解决复杂问题的综合能力。通过探究式与个性化教学，激活课堂，提高学生的学习投入度，以闭环的教学活动贯穿课前、课堂和课后教学环节，充分激发学生的求知欲和创新意识。经过一个完整周期的运行，ROSE项目教学效果显著，学生整体满意度高达98%。学校教师承担的计算机、物理、微观经济学等课程的学生满意度甚至高出罗格斯大学教师讲授的平行课程，成绩高于罗格斯大学本地校园就读学生的成绩，也高于北京、上海地区参加ROSE项目的学生的成绩。

管理模式深度协同。ROSE项目采用"独立配置，联合管理，无缝对接"的中美融合管理模式。独立配置，即由罗格斯大学配备独立的5人管理支持团队，设立在美教学总顾问，统筹管理ROSE项目学生日常事务和本地教学协调事务。联合管理，即两校协作，定期沟通，形成沟通机制和联合紧急处理机制，对学生实行日常双重管理。学生管理方面采用"华南理工与罗格斯联合学生管理制度"，学生以罗格斯的学生管理规定为基本行为指南，并参照本地学生管理规定，开展校园生活和学习；罗格斯大学在校园内举办的所有活动均须履行校内活动审查和报批制度，确保政治安全和意识形态安全。无缝对接，即学校与 ROSE 项目广州管理团队每周举行例会，并与罗格斯大学本土管理团队保持线上密切沟通，形成多部门联动的无缝对接、长效沟通的管理模式。

三、面向未来、不断深化，推动国际交流合作"新发展"

华南理工大学将坚持"以我为主，国际协同；服务国家，臻至一流"的国际化办学新路径，以广州国际校区建设为抓手，以 ROSE 项目为契机，继续深化中美高等教育交流与合作，努力以高水平教育对外开放助推世界一流大学建设。

共建一流课程。加强与罗格斯大学文理学院的合作，结合两校优势师资和教材，在华南理工大学广州国际校区打造"学术英

语与科技交流"等课程，构建国际化的课程、教学、教材及评价体系，不断完善国际化人才培养模式，把广州国际校区建设成为新工科拔尖创新人才培养的"新标杆"。

推动师生交流。通过两校互设的教育交流基地，开展各类专项学分或学位项目，加强师生的双向往来，尤其是加大对美国本土学生来华交流学习的宣传和接收力度，进一步发挥基地的辐射作用。

深化办学合作。积极探索两校在食品科学和管理领域开展中外合作办学的可行性，适时申报中外合作办学项目，并在条件成熟时进行中外合作办学机构的建设。

教学成果：从"天津实践"到"国家名片"的鲁班工坊
案例学校：天津渤海职业技术学院

泰国鲁班工坊是天津渤海职业技术学院和泰国大城技术学院合作创建的全球首家鲁班工坊，2016 年 3 月 8 日揭牌运营，随后，天津铁道职业技术学院加盟，共同完成了三期建设。鲁班工坊揭牌运营以来，持续在技术技能人才培养培训、国际专业教学资源开发、国际产教合作协同育人、中外人文交流培训、国际技能赛项资源开发、国际产教融合校企合作、中泰师生交流互访、增进中泰两国人民友谊等方面做出了卓越贡献，呈现了与众不同的特色，取得了令人瞩目的成就。

一、建设模式

泰国鲁班工坊从管理评价、质量控制和建设保障等方面建立了创新性、高质量、标准化建设体系，为中国职业教育国际合作发展的途径和模式提供了参考。

二、具体做法

（一）深耕国际专业教学资源开发建设，推动职业教育国际标准走出去

目前，鲁班工坊已完成国际化课题研究 4 项，参编出版了《鲁班工坊》《鲁班工坊核心要义》等著作，编印教材 26 种，制作课

件 232 个，视频资源 600 多分钟，训练题库 16 套（包含 1.6 万道训练题）。鲁班工坊开设了 6 个专业，均已通过泰国国家职业教育委员会的认证，为中国职教标准服务泰国社会经济发展，服务"走出去"中国企业奠定了基础。

（二）开展系统化标准化国际师资培训，为鲁班工坊日常运营提供坚强保障

泰国鲁班工坊的师资以泰国大城技术学院的专业教师为主。项目建设前期，由天津渤海职业院校开展专门的师资培训。项目中期，天津选派教师赴泰国开展培训。目前，已累计培训泰国大城技术学院教师 100 多人次。

（三）积极开展中外人文交流培训项目，孵化外国留学生实习实践基地

天津渤海职业技术学院是首批天津市外国留学生实习实践基地建设单位之一，一直秉持"技术创新＋人文交流"的理念，以提

高外国留学生综合文化素质，提升外国留学生专业和综合技能，提升外国教师理论和实践教学能力为主导，建有 30 余个校级外国留学生实习实训基地，6 个校内外国留学生文化体验基地。与山东省滕州市鲁班纪念馆、宁河区兴家民俗博物馆共建校外留学生文化体验基地 2 个。这些实训基地每年承担天津市 300 人次外国留学生的实习实训任务。

（四）开发职业教育国际技能赛项资源，举办多个高水平国际技能比赛

泰国鲁班工坊不仅是当地开展职业教育教学活动的场所，也是中国每年一度的职业院校技能大赛的延伸场馆。泰国鲁班工坊承办了中泰鲁班锁大赛，承担了泰国"汉语＋职业技能"宝石王杯大赛 4 个专业赛项的命题工作，举办了 5 届 IEEE 电脑鼠走迷宫国际邀请赛暨世界 APEC 电脑鼠大赛中国选拔赛等赛事活动。

三、工作成效

一是通过技能人才培养，实现规模质量双高。泰国鲁班工坊通过学历教育累计培养了 1125 人，除为泰国师生提供学习训练外，鲁班工坊还对东盟国家职业院校师生开放，目前已累计交流培训学生 8000 余人次，其中 9 人次荣获所在国技能大赛奖牌。天津渤海职业技术学院通过鲁班工坊项目共招收留学生 200 多人，66 名泰国留学生已毕业，其中 27 人到本科院校深造，其余均已就业，就业率达 100%，留学生参加中国技能比赛 16 人次获奖。

二是借助泰国鲁班工坊平台，助推优质教学装备和产品技术走出国门，实现国际产教深度融合。渤化集团 729 国球装备落户泰国大城技术学院，天津圣纳科技有限公司成为泰国大城新能源汽车改造指定商。

三是获得政府支持，打造中国职教品牌。2016 年 3 月，天津市人民政府确定将在境外建立 10 个鲁班工坊。2017 年 12 月，鲁班工坊被列为具有中国特色、国际影响的人文交流品牌。2018 年 3 月，天津市支持渤海职业技术学院做实做强泰国鲁班工坊，全方位探索鲁班工坊发展模式、路径，切实发挥其标杆作用。2020 年，天津市教委正式提出"打造鲁班工坊名片，制定鲁班工坊建设的规范和标准"的任务要求。2021 年，鲁班工坊被写入教育部、天津市共建国家职业教育创新发展标杆的协议。

四是鲁班工坊的社会认可度、世界美誉度不断提升。目前，天津已有 20 家鲁班工坊在亚、非、欧三大洲的 19 个国家落地，得到了当地政府的高度赞誉，其中 4 个项目正在筹建中。天津渤海职业技术学院被评为 2016、2018 年高等职业院校国际影响力 50 强，2018、2020 亚太职业教育影响力 50 强，2020 中国职业教育世界竞争力 50 强，天津市首批外国留学生实习实践基地，学校入选 2020 年教育部中外人文交流中心智能制造领域中外人文交流人才培养基地筹建合作院校。泰国向学院颁发了"诗琳通公主奖"，泰国大城技术学院因为与学院国际合作项目而荣获最高国家办学奖——国王奖，泰国大城技术学院校长荣获 2020 年天津市人民政府"海河友谊奖章"。

经过 6 年的发展，泰国鲁班工坊建设取得了巨大的成就，积累了丰富的国际合作交流经验，形成了鲜明的特色与优势，为中国职业教育国际合作发展的途径和模式提供了参考，为可持续发展奠定了坚实的基础。

— 2016 年 3 月，中泰合办的鲁班工坊在泰国揭牌（左图）

— 2019 年，泰国鲁班工坊留学生参加泰国首届"职业教育宝石王杯"大赛，荣获诗琳通公主奖（右图）

教学成果：创新教学模式，培养国际人才
案例学校：杨凌职业技术学院

杨凌职业技术学院自 2018 年开始招收培养国际学生。截至 2019 年，学校共招收来自俄罗斯、乌兹别克斯坦等国家的 41 名国际学生。在实践中，学校从三个方面创新对国际学生的教学模式，即"1+1.5+0.5"学制模式、"中文 + 职业技能 + 文化"培养模式、线上线下相结合的教学模式。

一、"1+1.5+0.5"学制模式

学校在国际学生的培养中，采用"1+1.5+0.5"的学制模式，第一年在校进行中文和中国文化学习，接下来的 1.5 年进行专业课程学习，0.5 年进行专业实习。针对这一模式，学校制定了物流管理、室内设计、计算机应用技术、生物工程技术、石油化工等 5 个专业人才培养方案。

二、"中文 + 职业技能 + 文化"培养模式

在中文培养方面，学校订了中文课程体系，完成课程后，学生须通过 HSK4 水平考试，为后续专业课程学习奠定语言基础。除了中文课，学校在国际学生第一年的汉语教学中还融合了中国概况、剪纸、中国书法、茶艺等课程和活动内容。此外，学校还组织国际学生开展庆端午节、迎新年元旦晚会、汉语技能晚会等文化活动。

在学生的职业技能培养方面，学校在国际学生人才培养方案中设置了明确的职业能力培养目标，要求学生在毕业前掌握专业核心技能并获得相关职业技能证书。2020 年，学校牵头组织了首届全国涉农高职院校国际学生职业技能作品竞赛。

三、线上线下相结合的教学模式

2021 年，学校与几内亚和乌兹别克斯坦开展专业教育合作项目，建立了"杨凌职业技术学院—几内亚水利工程学院""杨凌职业技术学院—古利斯坦国立大学现代农学院"，与 2 所海外分校分别分享了"水利工程技术专业"和"现代园艺专业"的 2 个专业标准、13 门专业课程标准和课程内容，两所海外分校已顺利完成所有课程本土化建设。目前，两所分校已完成 100 名国际学生的招生工作。

截至目前，学校已招收培养国际学生 179 名（含 2 个海外分校国际学生 100 名），对国际学生开展"发展汉语·综合"等课程教学，制订并修订了物流管理、计算机技术、室内设计等 5 个专业的人才培养方案，构建了国际学生专业教学课程体系，开展了端午节、冬至节、汉语演讲比赛等近 10 项文化活动，多名学生顺利通过了 HSK4 考试。在 2018 级、2019 级国际学生中，有 10 多名学生顺利毕业并在其国家从事相关工作。

— 杨凌职业技术学院的国际学生展示书法作品（左图）

— 杨凌职业技术学院的国际学生学下围棋（右图）

课题研修的实践与探索

第八章

Chapter 8

科研成果：以茶之美，拥抱世界
案例学校：成都市五块石小学校

　　"茶文化育人"是成都市五块石小学落实立德树人、弘扬社会主义核心价值观、传承中华优秀传统文化的教育实践。学校以茶为载体，在对茶的认知、研究和探索中进行以"知、行、创"为特色的课程开发，培养学生的国际公民观念。经课题组的不断优化，目前学校已初步形成国际理解视域下的茶文化活动课程体系见图1。

一、国际理解视域下的茶文化活动课程建设体系

　　经过一年的实践与探索，课题组对茶文化活动课程的体系进行不断打磨和优化，初步形成了国际理解视域下的茶文化活动课程体系。

　　结合学校实际情况以及学生的发展需要，学校在开发的过程中将课程划分为显性课程和隐性课程两部分。在隐性课程部分，学校重点打造学校的茶文化育人环境，完善学校的各项规章制度，创建具有茶文化特色的校园文化氛围。在显性课程方面，学校将课程内容划分为茶事体验课、茶文化课程、茶文化创编课。

　　在茶事体验课中，学生身处于茶园之中，体验采茶、制茶的过程；邀请专业的茶艺师，向学生展示中国传统茶艺、讲解茶的历史等。

　　按照学生身心发展阶段，将茶文化课程分为"低段的传统茶育""中段的茶与世界""高段的茶走世界"三级课程。低段课程主要讲授中国茶文化的基本知识，包括茶史、茶文、茶经三个方面，创编了校本读本《菱角湾·爱陪伴》。中段课程重点了解世界茶文化。通过国际理解课程了解外国茶文化，并通过小组合作、自主探究等形式，对比、分析、梳理中国的茶文化与外国的茶文化的渊源与异同。高段课程重点分享中国茶文化，讲好中国茶故事，即通过学生共同探讨，自主探究出向世界分享中国茶文化、讲好中国茶故事的方式方法，并通过一定的途径实践。

　　茶文化创编课包含茶文化鉴赏、茶器制作、茶文化教育戏剧创编，以及茶文化STEAM课程。

二、部分具体实施情况

　　2020年底，学校和泰国瓦湄加内学校

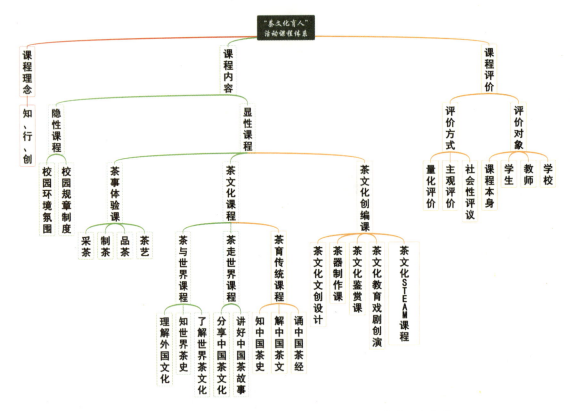

图1 成都市五块石小学校"以茶之美，拥抱世界"特色课程架构

签订了友好合作协议，并在线上开展了专题研讨会。2021年10月，学校和泰国瓦湄加内学校进行了外语教学研讨活动。此次交流以"交流互鉴、合作共赢"为主题，双方行政团队、中文教研团队、英语教研团队围绕中、泰、英三国语言特点，两国教材特点，教学方式，学生特点进行了深入交流。在中国中秋节和泰国水灯节期间，双方师生通过线上方式，生动展示了彼此的传统节日文化。此外，学校专门建设了校内直播系统，每周二播放名为《中外人文·午间书韵》的双语直播节目。目前已经播出39期，内容涉及中西"茶"的差异、中外文化中的人性光辉等。节目极大地拓宽了孩子们的视野，得到了友好学校的高度评价。

三、取得的成果

通过几年实践，学校已初步形成茶文化活动课程教学范式框架，开发了基于学生生活实际的茶文化活动课例集，形成了国际理解视域下茶文化活动课程教师培训模式。学校多次举办各类国际活动，成立了较有影响力的学生茶艺拓展营，成功举办两次市级"茶香"读书沙龙，开展了30多期"午间书韵"茶文化特色活动等，同时积极组织学生参加2022年中外人文交流活动、"未来精英"英语阅读大会暨"国际小公民"英语阅读漂流活动等丰富多彩的人文交流活动并取得优异的成绩，其中两名学生在2022年中外人文交流活动中分别获得全国一等奖和三等奖，数十名学生获得"中外人文使者"称号。学校还积极创建优秀中外小使者组织单位、成渝双地国际理解交流特色学校、中外人文交流特色学

校建设计划项目学校等。随着茶文化活动课程的推进，学校10余名教师被评为中级茶艺师，项目组核心成员撰写的多篇论文和优秀教案等在各级各类比赛中获奖，成功申报市级课题"国际理解视域下茶文化活动课程的实践研究"。

从了解茶饮的世界发展动态，到尊重世界多元茶文化，再到跨文化交流，五块石小学的茶文化活动课程不仅培养了孩子开放的心态和全球意识，还提升了孩子的国际理解素养。

— "同饮一杯茶，天涯若比邻"中泰线上活动

科研成果： 小学英语绘本的戏剧教学模式研究
案例学校： 都江堰市光明团结小学

绘本不仅能讲述故事、传授知识，还可以引导学生深度探索语言的内在联系，培养学生的积极探究习惯、创造性思维和批判精神。都江堰市光明团结小学以儿童绘本的戏剧教学为研究对象，创新性地提出了将绘本阅读与戏剧表演相结合的体验式教育，即以想象力和童趣为主导，让学生在绘本阅读中放松身心，为戏剧教学做准备，以开放互助式戏剧、阅读和展演方式，有效检验和反馈的教学模式。

一、以绘本为载体，奠定阅读之基

2017年9月以来，学校戏剧社开设了每两周一次的英语绘本课，指导学生进行绘本的分析、理解和跟读，引导学生进行戏剧表演。每读完一册，教师利用早读课等时间，指导学生自主阅读和默读，持续内化和巩固绘本的单词和句型，反复揣摩角色。对于表演性较强的绘本，教师则额外安排时间，组织学生排练与表演。之后，根据学生需求的变化，绘本课调整为一周一次，不断拓展授课内容。学校组建了大猫戏剧社，由课题组教师联合瑞美森戏剧学校外籍教师对学生进行专门的指导与训练。

二、英语戏剧教学模式的构建

戏剧教学模式是指运用戏剧训练技巧，将戏剧与舞台剧创作相结合，开展以教育而非戏剧艺术为目标的教学模式。中外教师联合指导戏剧社的学生进行戏剧表演训练。以原创戏剧《A tale of the mysterious planet》的创作展演过程为例，教师先提出星球的主题，同学们围绕主题设定相关话题，并完成情境创设。随后，教师根据学生的意愿、年龄特点、认知水平、兴趣点等创编原始剧本。待剧本确定后，同学们通过表演测试，竞选并确定角色，进行排练和公开演出。在剧本解读与排演过程中，教师指导学生分析剧本人物之间的冲突及故事的背景等，进而发现故事背后的真理。整个教学过程中，同学们自己塑造角色，自己创设故事情节，具有极强的代入感，对人物冲突的思考与表演也十分到位。此外，课题组结合天府文化特色与学校优势，创作了颇具地方色彩的戏剧剧本《Dujiangyan irrigation system》，引导学生们"穿越"到两千多年前的秦朝，体会水利工程的伟大。

三、构建小学英语故事教学模式

教材故事教学与绘本教学同步进行。课题组经过对比研究，总结了小学英语故事教学模式的要点：一是学生通过读图，猜测并交流信息。二是通过观看视频，解决学生在读图过程中产生的信息差，

— 都江堰市光明团结小学英语绘本戏剧课

激发学生对故事的兴趣。三是精读故事，结合图文展开分析讨论，适当补充旁白和主人公的语言，逐步丰满故事内容。四是熟读故事，对教材内容和补充内容进行朗读，加深印象，然后挑选自己喜欢的角色自由组队，开始排练。五是成果展示环节。指导教师对补充的内容和表演的优缺点逐一点评，让小演员在每一次表演中都能有所收获。经过几年的实践，同学们阅读了《大猫英语分级阅读》《丽声小剧场》《多维阅读》及一些澳大利亚的原版绘本等，提升了阅读量。同学们通过观察图片、解读文字，让人物更加立体、故事更加丰满。同时，通过学习戏剧表演，将故事内容转化成肢体的、可对话的语言，让故事蕴含的真善美浸润每一位学生的心灵，由内而外地促进学生综合素养的发展，达到戏剧教学育人的目的。

课题组教师通过读书分享活动、教材教法研究等方式，提升课堂教学水平。他们还结合学校的桃花校本课程，研发了国际理解校本课程"世界芬芳"，对中国传统节气进行深入解读，向世界介绍中国的优秀传统文化。此外，作为成都市"国际理解教育研究课程实验校"，光明团结小学积极开展英语故事创编表演比赛等活动，与多所国外学校建立了友好学校关系。

教学成果： 中马国际理解教育共建共享课堂
案例学校： 重庆市沙坪坝区第一实验小学校

为充分发挥沙坪区中外人文交流教育实验的示范与引领作用，重庆市沙坪坝区第一实验小学校（以下简称"沙区实验一小"）大力推进共建"一带一路"教育活动，以中马国际理解教育共建共享课堂项目搭建合作平台，实现优质教育资源共享，致力于培养德智体美劳全面发展且有国际视野、全球胜任力的新时代青少年。

一、中马国际理解教育共建共享课程

2021年，沙区实验一小开设"中马国际理解教育共建共享课程"，与"一带一路"沿线国家马来西亚宽柔二小结为国际友好学校，开展每周一次的国际理解教育课程，师生在云端一起学习。由双方教师带领四五年级的学生，利用每周四下午第二节社团活动时间连线，根据两国特色文化背景共同确定交流主题，围绕不同主题开展了10余次跨学科云端课程，主题包括新年习俗、制作川剧脸谱、马来编织、海外内地传统故事、民间音乐、学习重庆话和马来语、实景导览土耳其等"一带一路"国家，学生们在跨文化的知识海洋中徜徉。

课程以两校学生为主体，每次课堂40~60分钟。在这个过程中，学生采用PBL项目式学习方式，由教师分配好小组，学生自己建立团队，经过"明确任务—制订方案—自主实施—教师引导—展示分享—评估升华"6个阶段。每一次主题课程由展示团队自主解决准备过程中出现的所有问题，其他同学围绕本周主题进行前置学习。在整个过程中，教师的角色从教授变成了支持、建议和鼓励，虽然每节课只有短短几十分钟，但两校学生要花一周甚至更长时间做准备。

二、中马国际交流月

2022年，两校共同开展"国际交流月"项目课程（见表1），针对不同学段学生的年龄特点，设计不同的学习主题，以实景导览第三国的形式展开主题式学习。在低段，通过手工艺课，以动画、手工、绘本等作为教学媒介，具有趣味性；中高段则以PBL教学法引导学生进行主题学习，以团队合作的形式完成任务，并形成汇报总结。课程每周一次，每次45分钟，各年级学生与马来西亚学生同上3节课，从不同层面提升学生世界观，让学生了解文化差异，把自己国家的文化带给世界。

三、开展的效果

两年来，两校师生拥有多元的教学和学习体验，在双方交流过程中深入感受马来西亚、新加坡、土耳其等多国文化。了解"一带一路"建设情况，开展文化交流和文明对话，既是各国对丝绸之路历史文化遗产的重视和继承，重温古老梦想和重振人类历史文化辉煌的需要，又是新的历史条件下中国与

表1 "国际交流月"项目课程教学设计

年级	导览国家	主题	要求	备注
一年级	新加坡	神秘的热带雨林	选取视野开阔、生动形象、能引起学生兴趣的课程主题，采用直观的教学方式，以动画、手工、绘本等作为教学媒介	课程均在汉语、马来语、英语等多语种环境下进行，安排相应语种的教师在课堂上翻译课程内容
二年级	泰国	奇妙的动物世界		
三年级	中国	惊叹的文化遗址		
四年级	日本	交通工具的变迁		
五年级	英国	文学世界的盛宴		
六年级	土耳其	山川地理的探索		

世界发展的客观要求。

（一）课题引领，提升学校国际交流水平

沙区实验一小敢于尝试，理论先行，课题导向，探索小学国际交流的长效模式和常态化交流策略，提高学校国际交流能力和办学水平，助力创建区域教育国际化窗口学校。2020 年学校入选中外人文交流特色学校建设计划项目学校。2021 年学校"中外人文交流特色学校建设计划项目学校建设实践研究"申请为重庆市教育科学规划课题，顺利立项为沙坪坝区"教师成长课题"。2021 年 10 月，学校"'童行世界'国际理解教育课程构建与实施研究"成功申报沙坪坝区"中外人文交流实验区"建设项目。

（二）线上交流，实现跨学科务实深度合作

沙区实验一小开设云端课堂，有效丰富了学生中外人文交流的途径，通过跨学科开展新年习俗、制作川剧脸谱、马来编织、传统故事、民间音乐、语言交流、剪纸、中外服饰等不同主题的中外课程共建，利用和开发慕课、微课和网络课程资源等方式，为学校开展国际理解教育开辟出新的途径。同时，研发实景导览教学，以特色地标导游词为蓝本，组织学生开展线上旅游，通过 5G 网络与实景导览深度融合，有力提升了学生的语言交流能力和表达能力。

（三）构建平台，增强学校的区域影响力

以开展中马国际理解教育共建课堂为契机，在中央团校、成都市教育对外交流中心、重庆教育国际交流协会、中外人文交流联盟学校等单位的专家指导下，学校构建国际交流平台，形成国际理解教育校本课程，提升学生对不同国家文化的理解与学习，促进学生的综合发展，成为具有国际视野的新时代公民。项目共建以来，沙区实验一小黄玲校长应邀多次参加中澳、中加三地校长云论坛、"全球素养框架下的学校探索"校长云对话会议，并作"世界美好我在中央"主题发言。学校先后与英国、马来西亚、日本、韩国等国的学校建立友好合作关系，持续开展系列人文交流活动。

活动成果： 课题引领特色课程建设，彰显融汇"世界眼光、中国情怀"

案例学校： 重庆市沙坪坝区融汇沙坪坝小学

重庆市沙坪坝区融汇沙坪坝小学以"建构小学人文交流校本课程体系的实践研究"和"中外人文交流蚕桑课程实践基地建设研究"两项区级课题研究为契机，研发了适合城市小学生的特色劳动实践课程，开展形式多样的人文交流课程实践活动，推动学校中外人文交流的深入开展。

一、基本做法

（一）建构小学人文交流校本课程体系的实践研究课题

课题组结合中外人文交流的内容和学校大融合特色课程，根据学校实际，梳理出适合本校的人文交流特色课程。课程涵盖语文、英语、美术、音乐、科学、劳动等学科，包含趣味英语、融译儿童英语绘本阅读、环球视野、经典咏流传、融熠装饰画、融熠硬笔书法、融熠古典舞、融熠创意泥塑、剪纸艺术等。学校课程中

心与德育中心牵头，经过反复评估与学科融合，形成了"融创国际理解课程""融创国际交流课程""融创国际体验课程""融创出国研学课程"等人文交流校本课程体系。此外，学校采用馆点嵌入、城野结合的总体设计布局，着力打造班级、教室书吧、楼层书吧、阅览室、驿站等场域，建设中英文阅读文化涵养园，发挥书香浸润效能，为人文交流课程建设提供更多的可能。

（二）中外人文交流蚕桑课程实践基地建设研究课题

学校结合学校的特殊地理位置与校内空间，建成了 2 万平方米的特色基因桑树种植

园、实体家蚕饲养室、蚕桑艺术博物馆等实践场所。课题组与西南大学家蚕基因组生物学国家级重点实验室、重庆市蚕科院等研究机构合作，构建了覆盖低中高三个学段的特色基因家蚕养殖、特色基因桑树种植和特色蚕桑衍生产品开发三大类蚕桑课程体系，包含《世界蚕桑史话》《蚕桑诗文诵读》《蚕桑种植工具使用安全规范手册》《家蚕养殖技法》《蚕桑衍生产品》等教材的蚕桑劳动课程资源包、劳动导学案等。

学校实行"蚕桑小院士"进阶升级模式，开展家蚕养殖实践。课程建立了"尝试学习—见习试养—实习喂养—独立领养"的家蚕养殖进阶流程，将世界桑蚕文化故事、蚕桑基本常识、蚕桑劳动习惯养成等知识嵌入其中，帮助学生在实践中经历"发放蚕卵—饲养家蚕—收获蚕茧—挥别蚕蛾"的过程。此外，学校还设计了采桑叶、摘桑果、制桑叶茶、缫丝、制作丝巾等蚕桑衍生产品的开发活动，让同学们通过实践活动交流，加强对中外蚕桑文化的体验、探究、比较，互学互鉴。

（三）实施机制建设

学校坚持"专有课时"与"全学科融合"的课程实施路径，保障中外人文交流落到实处，将蚕桑劳动课程融入学科教学，开展自主探究式学习。语文学科开展学生收集、诵读古人咏蚕诗词活动；英语学科开展世界优秀蚕桑文化介绍比赛；信息技术学科开展关于蚕宝宝的一生或桑树的四季的图片、视频作品征集活动；艺术学科开展蚕桑歌曲编唱、舞蹈表演和美术作品创作，等等。学生在活动与实践中与亲友和外国友人分享蚕桑趣事。借助人工智能课程基地优势，学校开发积累了大量的蚕桑微课资源；成功开发特色蚕桑养殖与种植 App，开展线上线下"双线互嵌"的示范养殖和种植，学生可以随时通过 App 和学校楼道的智能终端观看学校示范性蚕室的直播，通过线上线下的专家指导，让蚕桑劳动教育的学习实效与专业引领都得到保障。

同时，学校以学年为单位，有目标、有主题、有规划地嵌入开展"中外人文交流小使者"活动、"用英语讲好中国故事"比赛、英语绘本制作比赛和英语绘本演讲比赛等，提升学生的英语交流能力。

二、主要成效

重庆市沙坪坝区融汇沙坪坝小学以课题建设为契机，结合学情、师资、时空资源、校本课程资源等，凸显学校教育特色，引领学校的课程建设，为学校推进中外人文交流特色学校建设计划项目学校提供了宝贵的实践经验。独树一帜的人文交流课程体系和蚕桑实践课程，已成为具有融汇特色的代言品牌，彰显学校"世界眼光、中国情怀；知行合一、雅正创新"的课程理念，传递着融汇师生对人文交流建设的追求，对中外优秀文化的热爱。

课题研修也为教师提供了成长平台，唤醒教师的专业自觉，助力教师科研能力、课程建设力、教学能力的提升，促进教师专业成长。课题建设为学生提供了丰富的学习资源和学习契机，通过对传统文化和外来文化的体验与探究，激发学生对不同文化的热爱，促进学生对中华优秀传统文化的认同和对外来文化的理解，助力培养"世界眼光、中国情怀"的融汇学子。

活动成果： 以课题科研活动为载体，提升国际理解教育成效
案例学校： 四川省成都市西北中学

2020 年，四川省成都市西北中学以国际理解教育为特色项目，申报成为中外人文交流特色学校建设计划项目学校。按照建设计划的要求，学校多渠道、多途径加强对外交流，积极开展各类活动，努力将学生培养成具有国际视野的人才，取得了丰硕的阶段性成果。

学校把"国际理解"理念融入教材教学，创新开展以"文化意识"为主题的课堂教学活动。学校组织国际理解意识培养相关的教学活动，并进行课例研究。通过多平台教研，收集优秀教学案例，分析提炼其他教师培养

— 成都市西北中学组织丰富多彩的交流活动（左图）

— 成都市西北中学参加中外人文交流英语演讲展评活动（右图）

学生国际理解意识的教学途径，进行反思和总结，为打造深度课程体系奠定基础。教师根据"确立课题—选定课例—独立备课—教师试教—课堂观摩—聚焦研讨—修正教案—二次试教—同行议课—再次修改—三次试教—再次研讨—形成成果"的课例研究流程，开展合作式探究，通过反复打磨，最终形成教学课例。

多位教师在校内"转转课"赛课活动中呈现出优秀的课例，如罗霞老师的"李子柒文化现象探讨"课例不仅倡导拓宽学生国际视野，还强调培养学生的文化意识，弘扬中华优秀传统文化，坚定文化自信。此外，在成都市市级菜单培训中，多位外语教师开展以人文交流为背景的系列专题讲座，获得一致好评。其中"李子柒的造梦人生"与"Chinese and Western Tea Culture"课例分别获得成都市"一师一优课"二等奖和全国优质课一等奖。

一、以课题科研活动为引领，助力国际理解教育走深走实

外语组教师牵头组成课题组，开展区级课题"基于国际理解教育的高中英语文化品格构建研究"，促进文化间的理解、尊重及合作，培养学生的跨文化意识与品格，促进学生终身发展。目前，课题已取得中期成果。在市级菜单培训中，课题主研人员以国际理解教育为主题开展了多次讲座，带动其他学校开展同类研究与教学，初步形成了"基于教材内容整合的英语课堂文化意识渗透策略"与"基于不同课型的英语文化意识渗透策略"等经验，多位教师的论文在省市级论文评比中获奖。

二、以教研活动为推手，完善国际理解校本课程

自 2015 年起，英语组教师持续开展高中国际理解校本课程教研，经过精心打磨，自主研发了基于教材选材的 The Greetings（中西礼仪文化）、基于教材内容的 Carnival（狂欢节）等系列教学课例，形成了一套以国际理解课程为核心的校本教材，如 School Bullying 报刊材料课例，What Is Beauty 媒体材料课例（中西方审美文化），Her Handmade Life–Li Ziqi 校本教材课例（中国

文化输出），Mulan Spirit、Ne Zha 电影欣赏课例（中国传统文化）等，并将课程列入选修课表，在高中阶段开展国际理解教育选修课程。

三、以活动为纽带，积极参加各类国际理解活动

每年，学校组织师生参加形式多样的国际理解活动，如 2020 中外人文交流小使者云交流书画展示活动、中外青少年人文交流活动暨第二届中外人文交流小使者展示活动、第三届中外人文小使者云交流活动、2021 TEDx 演讲比赛等。同时，学校还开展了系列国际理解教育活动，如"各美其美，美美与共"的各国民族舞蹈展示活动、英语演讲比赛等，为学校师生提供人文交流展示的平台，拓宽学生的国际视野，提升学生的人文素养和交流能力。

— 成都市西北中学在 2021 年中外人文交流"小使者云交流"全球青少年艺术作品展览中荣获优秀组织奖

活动成果： 坚持开放的理念，推进教育国际化
案例学校： 青岛弘毅中学（青岛第二实验初级中学分校）

《国家中长期教育改革与发展规划纲要》要求进一步提高学生的跨文化比较能力，让学生在热爱中华优秀文化传统的基础上能够以"世界公民"的胸怀来尊重、包容别国的文化传统，学习和借鉴世界各民族文化的精华，推动中华文明的进步和发展。鉴于此，青岛弘毅中学在办学之初便提出了"激发潜能，成就梦想"的办学理念，激活学生的内生动力。自开展国际理解教育以来，学校先后与新西兰、日本等国的多所学校建立国际友好学校合作关系，开展交流互访和国际理解教育实践活动。同时，学校积极申报教育部中外人文交流中心研究课题，进行人文交流方面的课题研究，组织"体验别样文化，拓宽交流视野"等人文素养提升活动，取得了一系列成果。

一、基本做法

一是加强课程研究，学科教学凸显国际理解教育。组建以学科课程为主，校本社团课程、综合实践活动为辅的课程结构，以各学科教材体系为主线，抓住国际理解教育生发点，在完成教学目标的同时，融入和教学内容相关的国际理解教育的知识。

二是充分利用学校宣传栏、展板、文化墙等，通过文字、图画营造国际理解教育氛围，让每个班级、每个学生都行动起来，让学生运用不同国家、不同风格的装饰创设班级的环境，增强学生对民族文化和传统文化的了解。充分发挥黑板报、校园广播、电子屏幕等公众平台的作用，巧妙地渗透国际理解教育。

三是积极发挥家长、社区、地域的优势，开展国际理解教育相关的主题活动，及时宣传项目实施取得的阶段性成果。同时，结合中国传统节日，对学生进行民族文化与各国风俗相结合的教育，让他们在活动中实践、体验、感悟、收获。

此外，为顺利推进人文交流工作，学校成立了专项小组，协调技术、团队、课堂、科研等资源，从管理、宣传等多方面保障活动的顺利实施。同时，采用国际理解教育学科优先发展制度，争取家长和社区共同参与项目建设；充分利用和整合区域教育宣传资源，建立国际理解教育宣传保障机制，及时宣传项目实施取得的阶段性成果。

二、工作亮点

为推进学校国际交流活动的顺利开展，学校采用多角度宣传、多学科渗透、多渠道交流和多形式活动，潜移默化地引导和影响学生。

一是多角度宣传。通过校园环境布置、文化展板、校园广播、校刊校报等，创设多

— 学校运动会上，同学们身穿世界各国的民族服饰，展示多国文化风采（左图）

— 学生绘制的国际理解教育之世界遗产的绘画作品（右图）

元文化环境，介绍各国文化，让学生感受其他国家的文化魅力。帮助学生拓展了视野，提高了学生对中外文化差异的敏感度和鉴别力。

二是多学科渗透。挖掘学科的文化内涵，梳理学科文化教育功能，整合学科教学内容，引导广大教师将国际理解教育渗透到学科教学实践中。学校组建了以学科课程为主，校本社团课程、综合实践活动为辅的课程结构，以学科教材为主线，抓住国际理解教育的生发点，将国际理解教育融入日常教学实践中。

三是多渠道交流。组织学生进行研学旅行，如学校联合青岛市外事学校，组织开展了"体验别样文化，拓宽交流视野"的日韩文化体验行活动，让学生切身体验国外的教育与文化。同时，加强与区域内友好人士的联系与交往，积极联系外籍教师、外国人士走进校园，走进课堂，开展国外教育理念、交际文化、语言习惯等文化交流，增进学生对国外文化的理解。

四是多形式活动。围绕中外节日等文化元素，挖掘国际理解教育资源，研发特色活动课程，组织开展丰富多彩的课外活动，帮助学生了解博大精深的中华优秀传统文化和异彩纷呈的世界文化，拓展学生国际视野，培养学生对多元文化的认识，提升跨文化交流能力。在校运动会上，创新运动会开幕式形式，组织开展了"悦动弘毅，畅想未来"的世界各国民族风采运动会、"读书观世界，少年志未来"国际理解教育手绘大赛、"体验别样文化，拓宽交流视野"日韩文化体验行、"畅享冬奥，逐梦未来"冬奥梦·中国梦海报设计大赛等丰富多彩的国际理解教育活动，取得良好的效果。

展望未来，青岛弘毅中学将继续"扎根本土，放眼世界"，扎实推进中外人文交流的各项工作，不断开阔学生的视野，培育具有家国情怀、国际视野的小公民。

科研成果：中韩大学生重走明末朝鲜使行路
案例学校：潍坊学院

韩国学孵化型项目是韩国教育部为推动海外高校及研究机构的韩国学教育研究发展而面向全球发布的政府主导型研究项目。该项目于 2009 年正式启动，每年在全世界资助 8~10 项研究项目（中国每年有两项左右），在全球范围内的韩国学领域有着广泛而深刻的影响。本案例作为潍坊学院"中·韩文化交流研究所的设立及地域特色型韩国学教育环境的构建和朝鲜使臣的中国文化空间研究"课题的研究成果，展示了中韩大学生重现明朝末年朝鲜使行路的情况。

2017 年 10 月，课题组先后举办了以"地域特色型韩国学及韩语人才培养"为主题的学术研讨会及中韩大学生历史实地考察交流沙龙。在研讨会期间，来自中韩两国的课题组成员首先为潍坊学院朝鲜语系和韩国建国大学中文系的学生简单地讲述了明末朝鲜使臣的使行时间、缘由、路线、山东境内的途经地及沿途的人文及自然景观，明确了接下来要进行实地学习的场所，即烟台市蓬莱区和龙口市。蓬莱区原为明末登州府蓬莱县，是朝鲜使臣海路使行中国的登陆门户，蓬莱阁、登州水城、田横山等历史悠久的名胜古迹亦多次出现在使行文献中。龙口为明末登州府之黄县，亦有三山岛等诸多名胜。

来自北京大学的老师为中韩两国学生布置了拍摄纪录片的学习任务，中韩大学生需要依据自己对使行文献及相关名胜古迹的理解，从跨文化角度合作创作纪录片。中韩大学生在朝鲜使臣曾经到访之处，吟诵朝鲜使臣遗留的诗作，欣赏自然风景，领略山东深厚的历史文化，并进行拍摄。纪录片作品中饱含着对他们中国传统文化的仰慕、对朝鲜使臣的追思、对小组成员的不舍等情感。韩国学生表示，在实地考察后，自己对曾在图片上见过的中国名胜古迹有了更深入的了解，对中国传统文化产生了更浓厚的兴趣。

本课题的研究较为全面、准确地还原了明代末期山东地区特别是登青莱驿道沿途的历史文化空间，为山东传统文化的传承及中国优秀传统文化的国际传播提供了一个崭新的视角，为后续相关文化产业的发展提供先行研究基础。通过实地考察，中韩大学生增强了身份认同，向以韩国为代表的东亚国家大学生宣传了中国文化，促进了中韩两国大学生的交流与合作，搭建了中韩两国大学长期交流的桥梁。

活动成果： 以课题研究为载体，用文化架起命运与共的桥梁
案例学校： 成都市礼仪职业中学

20 年来，成都市礼仪职业中学围绕国际理解教育、国际交流与合作、国际化成长三个方面，推进职业教育国际化，培养具有国际视野、国际语言能力、国际胸怀，尊重不同国家、民族的文明，具有国际交往能力的实用技能人才。

一、整体统筹推进

学校成立"中职校现代服务类专业国际交往与理能教育研究"课题组，以课题研究为载体，从构建国际课程体系、国际交流、队伍建设、学生活动四个方面开展系列国际化推进工作，培养师生的国际理解能力。

学校先后与新加坡博伟国际教育学院、新加坡智源教育学院、韩国永进专门大学、韩国金泉大学、韩国斗源工科大学签订合作协议，在酒店管理专业、商务管理专业以及学前教育专业实行学分互认，全力构建国际化课程体系。

开办国际班，除引进教材，共同制定入学标准、授课模式、教学要求，互派师资，还向合作协议学校推荐优秀毕业生，为学生打通海外留学的通道。

二、着力课程建设

2012 年，学校民航专业部自主开发的茶艺特色课程作为国际交流课程，被推荐给加拿大和新加坡的相关学校。该课程包括游茶园、赏茶具、习茶艺三个板块。其中，茶艺板块精选了四川盖碗茶茶艺、工夫茶茶艺、绿茶玻璃杯茶艺、长嘴壶茶艺等特色内容。

在武侯区教育局对外交流科和区教科院的指导下，学校组织骨干教师从国际理解教育、职业成长和国际礼仪的角度开发了《礼行天下》国际理解读本，并将其融入学生的课程学习中，拓宽学生的国际视野，增强学生的国际理解能力。

学校挖掘课程特色，以涉外礼仪课程为突破口，引入国际化元素，制定涉外礼仪培训方案，并在武侯区推广该课程。

三、强化师资建设

学校遵循"走出去，请进来"的原则，先后组织 15 名教师赴美国、德国、英国、新加坡等国家参加国际理解培训；部分教职员工先后参与 17 个项目的国际理解教育培训，拓宽了国际视野，更新了教育理念。

四、开展国际理解教育专项活动

2013 年 4 月，学校与新加坡博伟国际教育学院合作，举办中新职业教育海外课程衔接与开发研讨周活动。双方教师通过讲座、示范课等形式交流教学经验，分享教学资源。学校礼仪教研组和英语教研组通力合作，在每周一下午的全校礼仪站位训练中开展中英文口语训练，让学生用英语进行礼仪服务。学校成立英语交流专业队，聘请外籍助教帮助学生提升英语表达能力和理解能力，专业队学生在全国、省、区各级中职英语口语比赛中均获得奖项。2020 年，学校举办"用文化架起命运与共的桥梁主题活动"，通过"音乐无国界，歌曲暖人心""心手相连，美丽如画""以书香为伴，与世界同行""情暖世界，礼行天下——世界各国礼仪的学习与掌握"等活动，帮助学生理解人类命运共同体的内涵与价值。

— 成都礼仪职业中学汇报教育部中外人文交流中心 A 类课题"基于国际理解教育的'熊猫走世界'境外师生人文交流课程建设研究——以武侯祠三国文化研学游为例"成果

教师培养的实践与探索

第九章

Chapter 9

一

科研成果： 两全其美——麓湖小学教师专业素养提升计划
案例学校： 四川天府新区麓湖小学

在友城合作背景下，2019年9月1日，四川天府新区麓湖小学以下简称"麓湖小学"与新西兰怀卡托大学签订了《教师专业素养提升与课程顾问协议》，随后，双方共同制订了"两全其美：结合中国课程纲要与有效教学法发展全球教师专业素养提升计划"。几年来，双方保持良好沟通，双方专家和管理团队运用教育理论与前沿研究成果，对教师发展素养提升进行顶层设计，全程参与教师培训、协同备课和课程实施等环节，通过工作坊、驻校指导等方式支持教师职业发展和学校教师队伍建设，积极推进教师专业素养提升。

此外，学校立足中国国情，结合学校校情和育人目标，与新西兰怀卡托大学共同为教师专业素养提升搭建框架，成立麓湖小学教师发展中心系统，打造数据驱动的教师成长体系，多渠道促进教师内驱力、领导力的提升及教学法的优化，创建具有协作精神的专业学习社区。同时，麓湖小学制订了"70—20—10"教师职业发展原则，即70％的职业发展是在教学实践中完成，20％的职业发展是通过专业教学指导完成，10％的职业发展是通过参加培训活动实现。合作至今，双方校长6次互访，教师互访累计时长超过3个月。2019年，怀卡托大学教师发展中心导师3次到校，开展了为期4周的驻校指导，累计听课304多节，举办8次主题工作坊。同时，麓湖小学运用线上交流机会讲好中国故事，将国家级新区公

园城市——天府新区的发展理念、人文底蕴和学校长期打造的羌绣文化等根植于中华传统文化而萌生的校园文化传递给新西兰的师生。双方通过线上线下的互学互鉴，拓展人文交流新路径。

2020年，麓湖小学被确定为中外人文交流特色学校建设计划项目学校。2021年5月，麓湖小学申报了教育部中外人文交流中心课题"中外共建共享公园城市探究课程实践研究"。学校成立了课题小组，制订了定期研讨、教师培训、中外人文交流等教育对外开放工作管理制度，为项目提供了管理保障和制度保障。天府新区社区治理和社会事业局为项目建设拨付了专项资金，学校每年设立教育国际化专项经费，委托管理企业每年投入专项经费，从学校建设、课程开发、活动开展三个方面进行资金分配，稳中求新，持续进行，最大限度地为学校国际理解教育和中外人文交流工作提供资金保障。

在研究过程中，麓湖小学与新西兰友好学校成立教师专业发展共同体，通过中外合作教研，以主题探究的方式开展课题研究。在教研活动中，双方教师共同确定探究主题，通过跨学科主题教研、集体备课等方式开展活动，研究确定课程的目标、内容和评估方式等；校领导通过听课等方式收集课题信息，组织主题式工作坊等，支持教师开展探究式学习；共同体还为校领导和种子教师提供线上支持，监督、评估教师专业素养提升计划、实施情况，以提升需求等。学校通过合作教研实践发现，新西兰的友好学校拥有大量的国际理解教育资源和素材，且与我方的素材资源有一定的差别。因此，在实际教学中，应先全面梳理友好学校教育教学资源，再结合中国国家课程标准和本土化教育资源，整合后找到最优实践路径，最后应用到课堂实践中。

在中外共建共享公园城市探究课程和中外联合教师专业素养提升项目的共同作用下，麓湖小学的育人效果显著提升，学生在国内国际美术、体育、科创、英语、数学类竞赛中多次获奖，学校教育教学成果多次获得国家级、省区市级和行业类奖项，学校在课程开发和教学改进方面取得良好成效，受到了《人民日报》和"天府教育发布""成都商报教育发布"等主流媒体的报道，获得了家长和同行的高度肯定，产生了良好的社会影响和示范效应。

教学成果： 多举措赋能教师国际理解教育素养提升

案例学校： 成都市金沙小学

成都市金沙小学利用金沙文化资源服务教育，围绕立德树人和中外人文交流的需要，以馆校互动合作为基本方式，从教育的视角开发博物馆资源、社区资源，筑牢学生人文素养的根基，培养学生放眼全球的国际视野，开展国际理解教育的研究与实践。

一、打造精品好课，赋能教师成长

学校的教学设计优秀案例"丝路漫谈"荣获成都市 2020 年国际理解教育课堂教学设计优秀案例评选的一等奖。该案例通过"重走丝绸之路"、绘制地图、丝路贸易实践等活动，让学生知道丝绸之路的作用不仅是物品的交易，更是文化的交流交融，"一带一路"既是古代丝绸之路的延续，又是新的文化交流融合之路。课程"茶与咖啡"荣获 2021 年成都市青羊区国际理解教育精品课程评比的特等奖。该课引导学生从日常事物中比较、探究不同文化的内涵，体会茶与咖啡蕴含的苦尽甘来、包容百味的共同价值。"博物馆中的成都话"课程则让学生比较四川话和英语，直观地感受中外语言的共同特点，拉近了孩子们和世界的距离。

2021 年 11 月，成都市青羊区教育局联合重庆市南岸区教委开展青羊—南岸国际理解教育专项培训。成都市金沙小学作为青羊区教育代表，就国际理解教育课程建设作交流发言。

二、立足课题研究，强化教师的国际理解教育理论学习

金沙小学积极参与国家、省市课题研究，完成国家级课题"基于学校文化建设的馆校文化互动策略研究"、省级课题"基于博物馆教育资源的学校校本课程开发研究"，深度挖掘博物馆资源在中外人文交流中的多种形式和内在价值，搭建课程操作模式。

三、优化课程实施，研讨攻克中外人文交流难题

课程实施需要充分发挥教师的积极性、主动性和创造性。学校课程中心从国际理解课程开发的背景、内容、意义、课例分享等方面，为教师们执教国际理解课程提供教学方向和思路。学校定期开展教学研讨，课程中心集体研讨课程资源的采用、讲述、归纳和总结，通过入职培训、实地考察、传帮带等方式，引导教师合理开发利用课程资源，积极开展有效的课堂互动。

四、抓信息化建设，建立课程资源库

学校为教师搭建展示平台，推出国际理解教育课程的特色课直播汇报活动。为增强教师的成果转化意识，建设覆盖国际理解教育课程一线教学的问题库、案例库、素材库和示范课程库等资源库。

教学成果：共建共享，助力教师素养全面提升
案例学校：重庆市沙坪坝区第一实验小学校

作为中外人文交流特色学校建设计划项目学校，重庆市沙坪坝区第一实验小学校（以下简称"沙区实验一小"）着力打造和实施"中外人文交流种子教师培养""共享课程资源开发""外交体系构建""线上双师研学课程"等项目，全面助力教师素养提升。

一、领导重视高位推动，加强共建项目工作保障

为建立稳定、长期的两校友好合作关系，沙区实验一小与马来西亚宽柔二小主要领导签订友好学校协议书。两校定期组织开展线上互访活动，就交流成果和共建项目的计划进行讨论商议，并深入体验双方本土化生活和教学活动。同时，双方领导高度重视线上硬件设施保障，合理整合现有硬件资源，投入经费购买或租赁多媒体教学设备，建成以互联网为载体，集科技、语言、文化、学习于一体的中马人文教育交流平台，助力教师全面使用现代化教学手段，提高课堂效率。

二、加强涉外理论学习，注重对接教育发展需要

沙区实验一小以中马国际理解教育共建课堂为契机，先后组织教师在线学习中央团校原党委书记、常务副院长陆士桢教授的"适应新时代，加强中外人文交流素养教育"专题讲座以及2021年中小学国际友好学校年会等。作为沙坪坝区中外人文交流联盟学校的组长学校，学校在中马国际理解教育共建课程初步构建和实施的基础上，先后邀请知名专家学者，重庆教育国际交流协会秘书长乐勇教授以及成都市教育对外交流中心主任李全来学校讲学、指导，开阔教师的文化视野，拓展教师的文化结构，促进教师的全方位发展，引领沙区实验一小以及联盟校的学子走向世界，攻克中马国际理解教育共建课程项目建设的关键难题。

三、突出师生双向交流，开展人才培养培训合作

学校还围绕传统文化、语言交流、国家科技等重点领域开展"一对一"星星影子伙伴活动，打破时空局限的互动空间建设，以及践行"知行合一"的游学研学等。两校教师多次通过ZOOM等线上平台与对方教师和学生群体沟通，共同设计课堂，在线上课程研讨会等教学活动中汲取经验，提出宝贵意见和建议，同时积极参与友好学校以本国文化为主题的交流活动。双方教师在线上授课的过程中加入富有异域特色的教学内容元素，丰富了教育素材和方式。

四、聚焦区域国别研究，助推构建教育外交体系

一是细处着手促交流。"外交无小事"，懂得换位思考，提前收集对方国家、学校元素，赠送本校文创周边纪念品，捐赠汉语相关教材教具等，强化我校与国际友好学校的双边合作关系。二是求同存异促沟通。双方国家文化差异大，政治结构各不相同，强化求同存异思维，培养多元文化意识，消除单一文化观念。三是多元评价促发展。以自评、多方共同参评的多元评价方式，及时发现学校对外交流工作短板，形成不断优化的人文交流评价机制。

五、人才研修，提升教师国际教育理解力

自2021年起，沙区实验一小不断开创多层次、有实效的教师培训新局面，为本校教师和从事国际化业务的教师提供优质教育资源，成立"中外人文交流种子教师"团队，并与四川外国语大学建立外语教师交流协作教学机制，提升人才培养能力，助力教师观念更新，培养符合时代发展需求的国际化教育先行者。中马国际理解教育共建课堂项目进一步集中双方优势，整合双方资源，吸纳双方智慧，促使双方教师紧跟国际学术前沿，进一步提升了沙区实验一小教师自身的国际交流能力、国际视野及学术水平。

— 重庆市沙坪坝区第一实验小学校和马来西亚柔佛州新山县宽柔第二小学校结为友好学校

教学成果："语言＋职业技能"教育提升中俄青少年人文交流水平

案例学校： 淄博职业学院

淄博职业学院吸收借鉴国内外成功经验，发挥优势，建设境外教育中心，构建"课程·教师·学生·机构"四维联动的境外办学校企合作新模式。

一、求同存异，联合制定境外教育中心建设方案

经过多次探讨交流，淄博职业学院与俄罗斯康德波罗的海联邦大学、山东炫熠教育咨询有限公司最终形成三方认可、共同投资、共享收益的《淄博职业学院、康德波罗的海联邦大学境外教育中心建设方案》。

二、扬长避短，共同投资建设境外教育中心

康德波罗的海联邦大学提供该校文学院的两层楼作为境外教育中心场地，负责保障教学、协调活动；山东炫熠教育咨询有限公司负责购买境外教育中心所需的电脑、桌椅、图书等；淄博职业学院则提供师资队伍和汉语教学资源。

三、强强联合，携手打造国际化师资队伍

境外教育中心的师资队伍包含管理团队和教学团队两部分。管理团队由学校派出1名校长、康德波罗的海联邦大学和山东炫熠教育咨询有限公司各派1名副校长组成，教学团队以学校教师为主。为加强师资队伍建设，学校与"一带一路"沿线国家院校和企业交流协会中方理事会、国际汉语考教结合研究中心联合，建立山东省唯一的"国际汉语师资培训基地"，培养来自省内外的国际汉语教师34名，为境外办学储备师资。

四、因地制宜，共建共享结构化课程和颗粒化教学资源

三方联合制定俄语国家学生国际汉语学习调研问卷，了解学生汉语水平、学习习惯和思维特点，构建"课程整体设计—教学模块—教学单元—知识＋能力＋文化"四梯次课程框架，形成"成体系、可拆分"的结构化课程，创建结构化资源库，搭建交互式课程平台。

五、典型经验

学校与企业深度合作，建设境外教育中心的探索实践，对新时代职业院校境外办学和青少年人文交流具有借鉴意义。

建成集人才培养、语言教学、文化交流"三位一体"的境外教育中心。境外教育中心占地面积近1000平方米，包括图书馆、教室、办公室等功能区域，拥有现代化的多媒体教室，便于线下授课和国际远程授课，能实现每年160人次的本科层次专业人才培养和500人次的语言培训。

联合培养一批"懂语言＋精专业"的复合型人才。境外教育中心招收2019级、2020级汉语本科专业学生33人。学校共开设综合汉语等6门课程，线上授课384节，2019级学生考试通过率达95%，形成了对外汉语线上教学的新模式。

合作建设一批适合俄语生源的国际汉语教学资源。学校编写了《汉语量词图解词典》教材和HSK考试辅导书，并配上俄语翻译和注释，深受俄语生源学生的欢迎。

携手开展"民心相通"系列人文交流活动。境外教育中心先后开展了"云游学"冬令营、"包饺子，共度春节"等活动5场，有200名俄罗斯青少年和汉语爱好者参加，促进了中俄青少年人文交流。

— 淄博职业学院与康德波罗的海联邦大学共同举行国际交流中心成立仪式

教学成果：新工科一流人才培养机制的探索与实践

案例学校：华南理工大学

华南理工大学先进材料国际化示范学院面向世界科技前沿、国家重大需求，以及国家战略发展对新材料领域核心技术的需求，积极探索材料类新工科一流专业人才培养机制。

一、基本做法和主要成效

（一）制度建设

学院建立了"国际顾问理事会、中外教学指导委员会和国际化管理委员会"的现代学院管理结构体系。学院不断优化人员管理制度，制定了《国际顾问理事会章程》《外教薪酬管理办法》《外籍教师考核管理办法》等一系列与国际接轨的师资管理文件，通过全球公开招聘、线上线下面试、教学试讲和背景调查的方式广揽优质教师。同时，创新教学管理制度，制定《学生境外交流资助方案》《本科生出国（境）学习交流及学分、学位管理办法》等相关管理文件，定期召开教学研讨会，提高学院教育质量和办学水平。学校给予学院特殊管理政策、资金和人员等支持。

（二）师资队伍建设

学院实施人才强院战略，不断优化师资队伍引进机制和培养环境。近5年，学院引进45名院士、学科领域权威学者等一批高层次人才为学院客座、顾问、兼职教授，培养了一批高层次人才，促进了教师科研水平的大幅度提升。

借助中外师资融合带动校内师资队伍建设。通过教学研讨、教学合作等形式，在外籍教师的带动和协助下，学院多名教师积极申请省级、校级教研项目，获得12项教学成果奖等奖励，发表7篇教研论文。外籍教师也积极参与学院国家级实验教学示范中心工作，与实验系列教师深度合作，在全英文实验课程、实验教材建设等方面积极建言献策。

发挥外籍院长的重要作用。学院外籍院长对师资招聘、科学研究、学生培养等工作亲力亲为，坚持"国际化、高水平、创新型"的发展定位。一是在人才引进方面，成立了由相关学科领域国际知名专家组成的国际学术委员会，负责学院人才引进、评估晋升、审议学院年度工作报告等事务。二是在人才队伍建设方面，引进了30余名来自美国哈佛大学、麻省理工学院、橡树岭国家实验室等顶尖研究机构的青年学者，组成了引领高分子学科方向发展的国际一流团队。三是在国际化师资队伍建设方面，通过推荐海外著名专家学者来学院参与教学工作，为学院成功招聘了若干资深外籍专家，已有美国凯斯西储大学、阿克伦大学等知名教授（院士）40余人参与学院的长期、短期课程教学。同时，院长也积极

鼓励年轻海归教师承担核心课程教学，为学院培养了一批具有国际化教育意识、能够独自承担全英文课程主讲任务的优秀青年教师队伍。四是在课程体系建设方面，亲自为学生制定和修订课程建设方案，并多次主持学院教学研讨会和工作交流会，制定出既兼顾材料领域主流学科的专业课程，又结合我国对材料学科的人才需求，同时强调数理化基础的培养方案。五是在招生与教学方面，院长全程参与招生宣传和学生选拔工作，为学生上专业课，作为学业导师，与每一位本科生进行谈话，积极为学生的学习和生活答疑解惑。

（三）教育教学

学院以培养具有大湾区特色，家国情怀和国际竞争力兼备，学习力、思想力、行动力卓越的"三创型"材料类新工科人才为目标。

全过程精英化培养模式：在招生过程中实施入学二次选拔制，在培养过程中实施阶段分流遴选制，保证生源精英化；实施名师班主任制、学业导师制和小班教学制，加强学生的思想政治、科研能力和理论知识，进行精英化培养；因材施教，保护兴趣，实施本一硕一博衔接培养方式，为学生成长、成才提供通畅途径。

"强基础，重实践"课程体系：参考牛津大学等国际名校培养方案，增设数理化和材料理论基础课程门数，增加学时数和教学内容深度；设立与世界前沿和高端材料相关的课程设计、探索性综合实验和虚拟仿真实验项目。

开展具有大湾区特色的政校企协同育人：充分利用大湾区企业资源、政府部门主导设立的教研项目及国家级科研平台等资源，由中外学业导师引领，学生担当重大科研项目科研助手，以研究计划和学科竞赛等方式，分年级递进式开展科研训练。

工程国际视野培养体系：与牛津大学、帝国理工学院等国外知名大学合作开展暑期研修项目、科研工程海外实习、"3+2""4+N"本硕／本博联合培养等多种培养模式，开阔学生的国际视野，提升学生的国际交流能力。

本地国际化教学模式：灵活引进具有国际教学理念的国内外优秀师资；建成全英文专业教学体系，采用英文原版教材的课程占所开设全英文课程的80%；让外教承担实验课程，摆脱教材束缚，探索科学创造；改革教学形式和考核方式，在教学过程中添加生动的课程设计，更加强调学生间的团队合作；建设智慧课室、外文图书资料室、公共交流空间等软硬件设施，让学生沉浸在"本地国际化"的教学模式当中。

（四）国际交流

学院通过集聚全球顶尖人才资源，加强与世界一流大学的实质性合作，培养具有国际视野的拔尖创新人才，打造国内顶尖、世界一流的国际化示范区。

国际化学术队伍逐渐壮大。学院专业教师面向全球招聘，外籍教师规模稳步增长。现有外籍长聘教师10人，几乎全部拥有海外名校博士学位。学院还聘请了40余名包括英国皇家学会院士在内的国际知名学者、外籍专家担任名誉教授、客座教授，每年来校讲授全英文课程，举办讲座，科研合作等，学院国际化氛围日渐浓厚。

国际化人才培养创造佳绩。学院探索改革培养方法，改进教学理念，从单纯的课程讲授转变为教与学互动。鼓励学生到国外知名大学参观访学，开阔国际视野，共联合培养本科生20余人，联合培养硕士研究生、博士研究生10余人，联合培养在站的留学归国及外籍博士后研究人员10余人（其中外籍博士后4人），中外学者在国际重要期刊合作发表了一批高水平研究论文。

国际合作向深层次高质量发展。近5年，学院积极开拓与海外高水平大学学生交流和交换项目近20项，与牛津大学、帝国理工学院等多所高校签订学生联合培养协议，派出学生参与短期交流、出国实习和本硕／本博联合培养项目；与美国加州大学圣塔芭芭拉分校共建"先进功能材料国际合作联合实验室"，取得了一批具有国际水平的创新型科研成果。

（五）人才培养

专业水平：经过全英文的专业教学，学生学习主动性和交流能力得到明显提高，课堂上可以流利地与外籍教师进行互动，在小组讨论中用英语准确表达自己的观点，在国际学术比赛中用专业知识、演讲技能获得国际评委的高度认可，学院毕业生升学率高达90%。

学术成果：近5年，学生发表学术论文132篇，在国际高水平期刊发表学术论文44篇，申请发明专利60余项。

学科竞赛：近5年，学生获国际、国家及省学术竞赛奖励94项。学生在2020年中国国际"互联网+"大赛获金奖（全国第四名），由中外教师联合指导的国际项目获该赛事主赛道两项金奖和两项银奖。

实践成果：学生积极参加专业实践，参与教育部、广东省等一批产学研项目。学院约60%本科生提前进入实验室进行科学研究，并参与国创、省创、SRP等学生创新项目。

国际视野：与牛津大学等高校达成暑期研修、科研实习合作，已累计派出200余名学生参与各类国际交流项目，有21名毕业

— 华南理工大学学生在国际学术比赛（马来西亚第32届国际发明、创新和技术博览会）中获金奖

生借助学院海外项目的优势成功拿到了剑桥大学、牛津大学、苏黎世联邦理工学院等名校录取通知。

二、典型经验

管理机制创新是引领国际化发展的必要条件。学院建设了一系列与国际接轨的师资管理与教学管理制度，完善学术治理结构，促进学术权力的规范运行。各项机制创新举措相辅相成，形成了清晰的国际化战略框架和成熟的发展模式。

师资国际化是学院国际化的重要保障。为推动学院教学和科研向国际化方向发展，学院组建了一支具有国际知识和经验的师资队伍，聘请了 40 余名来自欧洲、美洲、澳洲等地区的知名专家学者担任专兼职教师，不仅注重师资队伍的背景多元化，同时注重师资队伍的知识结构多元化，在院内营造了良好的国际化氛围和环境。

国际化教学体系是学院国际化的主要举措。国际化教学重点不在于灌输知识，而在于激发学生的潜能，启发科研创造思维，培养学习兴趣和解决实际问题的能力。学院将发展国际化教学体系作为学院国际化的重要部署，通过探索和改革培养模式、课程体系，创新实践和教学方法，推动教材国际化、师资国际化和教务国际化，建立起独具特色、与国际接轨的国际化教学体系。

师生国际化交流是学院国际化的推进力量。学院始终积极鼓励和资助优秀青年教师与学生参与国际交流与合作，通过多种形式扩大国际交流，在跨国科研合作、学生联合培养、举办国际会议、创办学术期刊、教师互访等方面开展大量工作。

服务科技创新是学院国际化的终极目标。培养拔尖人才、提高教育质量的最终目的是培养材料学科的学术大师，满足国家重大战略需求。因此，学院始终坚持科教协同育人机制，促进科研资源向教学资源转化，培养服务国家科技创新驱动的高层次人才，提升学院科研水平和质量。

教学成果： 多方面配置教师队伍，促进国际理解教育教师成长
案例学校： 成都外国语学校

成都外国语学校是成都市教育局直属直管学校，创办于 1989 年，是四川省第一所具有外语特色的高完中，是教育部批准的具有保送资格的外国语学校（全国仅 16 所）、国家拔尖创新人才培养试点学校（全省仅 6 所）、全国安全教育先进单位、四川省普通高中课程改革样本学校、四川省校风示范学校、四川省民办教育先进集体、四川省阳光体育示范校、成都市校园文化建设示范校、成都市高中教育教学质量优秀学校，引领四川民办教育。为保障学校开展国际理解教育，成都外国语学校从多方面配置国际理解教师队伍。

学校首先建立起以日语、德语、法语、西班牙语等四门语言为主的优秀教师团队，配备一定比例的优秀初高中英语教师。在承担部分课题和项目时，吸纳政治、地理等其他学科教师，协助进行研究。

作为成都市首批教育国际化窗口示范学校、中外人文交流特色学校建设计划项目学校，成都外国语学校经常组织教师参加各级各类国际理解教育相关会议和培训，推荐教师参与中外人文交流课程建设与课题实践。目前，学校已有数十名教师获得了国际汉语教师资格证，学校初中教师郑惠文老师被选为成都市教育局国际理解教育种子教师。学校还组织在国际理解教育方面有经验的老教师开展传帮带活动，帮助更多教师成长。

第十章

中文教学的实践与探索

Chapter 10

一

活动成果： 新春嘉年华
案例学校： 香港耀中国际学校小学部

香港耀中国际学校是一所中、英文教育并重的国际学校。农历新年是中国人最隆重的节日，学校以农历新年这一特色主题，开设了常规的"中国研习课"，将课程与"新春嘉年华"系列节日活动有机连接，让中华优秀传统文化自然流淌在国际学校师生的日常生活与学习中。多年来，"新春文化周"活动广受师生、家长的喜爱，已逐渐发展为学校的传统优势项目。

一、中国研习课

"中国研习课"是香港耀中国际学校开设的常规双语文化课。课程以中华文化为基础，师生通过特定的文化主题，展开交流讨论，发现各国文化的不同，促进多元文化的交流。在常规的"中国研习课"上，学生们一起学唱新年歌，讲十二生肖的故事，了解春节的着装、春节的由来，以及与春节有关的古诗等，学舞龙、舞狮、踢毽子，学习相声、中国舞和中国武术等，学生在文化研习中潜移默化地感受中华文化的美好。而现场包汤圆、包饺子，品尝自己制作的成果，又让师生在美食中感受到中华文化的温暖意蕴。

学校也在"玩乐"上下了功夫。封红包、写春联、做灯笼、剪窗花、猜灯谜、写福字、玩套圈、解孔明锁、做折扇、做中国伞、玩铁环、转手帕、抖空竹……师生在玩乐中认知文化，体验文化，渐渐爱上中国传统艺术与游戏，自然而然地感受中国传统文化的乐趣与智慧。

二、新春嘉年华

在农历春节的前一周，校园里会举办隆重的"新春周活动"。师生们在一系列的准备活动中忙得不亦乐乎：大扫除、写福字、写对联、剪窗花、做灯笼、包饺子、吃汤圆……装饰一新的校园处处洋溢着浓浓的年味儿。在新春嘉年华当天，师生穿上各式各样的中国传统服装团聚在一起，在年俗活动中感受

— 香港耀中国际学校小学部举办新春嘉年华系列活动

过年的快乐与喜庆。在课室活动中，学生在装饰一新的传统手工作坊里，设计新式挥春、手工剪纸等。摊位游戏更是多姿多彩，踢毽子、滚铁圈、抛手帕、杂技转碟等，特别受学生的欢迎，吸引了大批的学生排队。最隆重的要数逛花市了，家长也穿上中国特色的华服，与学生一起逛花市，买年花，办年货，花市里人山人海，好不热闹！看！这家人手捧着一大堆鲜花，那一家子手拿着干果礼品，叫人目不暇接。

为了让全体师生更加深切地感受中国农历新年的欢乐氛围，在新年假期前，学校每年会举办全校"新年周会"，通过一系列丰富多彩的节目，如播放学生自制的新春习俗的影片、录制新春祝福语、舞龙、武术表演等，让来自世界各地的师生一起感受过年的魅力，共同欢庆新年的到来。

将中国农历的新春文化演变成可以"吃"的文化、"做"的文化、"玩"的文化，让师生触手可及，已经日渐成为耀中国际学校全体师生人文素养的有机组成部分。学校通过不同形式的表演与观摩实践，让中华优秀传统文化从笼统而模糊的概念中走出来，转化成看得见、摸得着、学得到的文化具象。学生通过日常的交流与分享，实现了中华优秀传统文化的融会贯通。

活动成果： 云端相约，课程共建
案例学校： 成都市青白江区华严小学

成都市青白江区华严小学创建于 1941 年，以国学经典为办学特色。2019 年，学校与波兰华沙国际三语学校结为友好学校，确定以中文课程共建为两校合作的重要内容。2020 年 10 月，学校被确定为中外人文交流特色学校建设计划项目学校，继续推进与波兰华沙国际三语学校的中文课程共建项目，传播中华优秀传统文化，提升学校教育国际化水平和师生的国际交往能力。

波兰华沙国际三语学校的中文项目开设于 2013 年，学生年龄范围为 1~9 岁，从托儿班一直到小学，以国家汉办中小学生汉语考试（YCT）级别为课程内容，以《朗朗中文》为教材。青白江区华严小学与波兰华沙国际三语学校实施中文课程共建，成立课程共建工作小组，组织开展课程教研、交流活动。波兰华沙国际三语学校中文项目教师与学校国际理解教育骨干教师组成中文项目教师联盟，每月开展一次线上研讨，围绕波兰华沙国际三语学校每周6课时的中文课程展开，涉及的议题包括如何进行婴幼儿浸润式母语化语言学习环境的建设，混龄儿童中文学习内容的选择，如何进行中文诗歌启蒙教育，中国传统文化节日活动的策划与实施等。

中文项目教师联盟经研讨决定，在中小学生汉语考试级别及《朗朗中文》教材的基础上，根据学校的国学教育办学特色，增加诗歌启蒙的课程内容，结合学校"班班有读"少儿特色阅读活动，精选《爸妈带我去旅行——我爱中国》等适合国外儿童学习中文、了解中国的图书推荐给波兰华沙国际三语学校。两校每学期开展一次线上共学活动，借助学校课程和师资资源，开设川剧、吟诵、传统剪纸等中国特色文化课程，激发学生学习中文的兴趣。两校

中文课程共建成效显著，波兰华沙国际三语学校中文班在2020年中秋、2021年春节、2022年春节等中国传统节日分别开展了主题文化活动，孩子们能较流利地用中文对话，表演中国寓言故事，背诵中文儿歌。

通过实施中文课程共建项目，支持友好学校的中文教学，学校培养了师生的家国情怀，开拓了国际视野，为学生的全面发展打下良好基础。学校还将深入探寻对外汉语教学方式，促进国际理解教育教师的专业化成长。

教学成果： 国际友好学校建设的实践
案例学校： 青岛西海岸新区太行山路小学

青岛西海岸新区太行山路小学自2012年起就确立了"太行养中华正气，书香育世界情怀"的发展纲领。学校先后与俄罗斯普希金俄语学院、俄罗斯彼尔姆市第二中学、俄罗斯彼尔姆市奥运足球后备学校、俄罗斯哈巴罗夫斯克东方语言第四中学、韩国群山市龟岩小学、韩国大田加午小学、澳大利亚阿德莱德市普尔特尼文法学校等建立友好关系，开设"国际同步课堂"并进行互访交流，开阔学生们的国际视野，增强他们的自信，提升学生们的多元文化理解能力，以适应新时代对人才培养的要求。

一、建立国际友好学校关系

（一）借助外力，争取外事部门的支持

山东省青岛市与俄罗斯彼尔姆市是友好城市。2016年，太行山路小学入选了教育部的青少年足球特色学校，在青岛市外事办的支持下，学校组队赴俄罗斯参加了彼尔姆市奥运足球后备学校组织的国际足球夏令营活动，正式开启了以足球为媒介的友好交流。

（二）主动作为，在交流中深化友好合作

2014年，学校接待来访的俄罗斯彼尔姆市第二中学师生。

以此为契机，双方建立了联系，此后两校继续深化交流，共同组织了"欧亚之声"国际互动艺术节，同庆六一国际儿童节，开展"我的视野"第三届国际中小学电脑技术竞赛等系列活动，在活动中加深友谊，增进了解。2016年，两校正式签约成为友好学校。

（三）善用资源，拓展建立友好学校途径

在一名俄罗斯籍学生家长的牵线搭桥下，学校与俄罗斯哈巴罗夫斯克东方语言第四中学建立了合作关系。双方通过开设网络同步课堂，开展对外汉语教学和文化交流活动。同时，学校与俄罗斯普希金俄语学院建立了友好联系。两校于2017年起开启了俄语国际同步课堂，并为太行山路小学四年级的学生们开设了为期一年的俄语课程，为他们今后学习俄语奠定基础。2015年，学校与澳大利亚的阿德莱德市建立了友好

联系，并实现了市长、议员、校长、教师、学生的多层次交流互访。

二、国际友好学校的维护与发展

（一）交流互访，创造机会多组织

交流互访对于加深国际友好学校间的合作具有立竿见影的效果。自与俄罗斯彼尔姆市第二中学建立友好联系以来，学校共接待7批次俄方师生代表团来访，并设计不同的主题活动增进彼此的了解。在互访中，双方的友谊在你来我往中愈加深厚。

（二）同步课堂，具备条件常组织

依托"互联网＋"技术，学校与俄罗斯彼尔姆市第二中学、普希金俄语学院等4所学校分别开设"国际同步课堂"，设置了语言、文化、艺术、综合实践4个课程模块，开展对外汉语教学、节日联合庆祝、艺术比赛等多种文化艺术活动，增进国际理解，致力于语言、文化等课程学习。国外教师为太行山路小学的同学们讲授俄语、英语，组织国际普希金竞赛等，中国教师为中外学生介绍"十二生肖""中国传统节日""中国美食"等独具中国元素的文化，实现了实时优质的教育资源跨国传播。

（三）挖掘特色，建立共同爱好

2018年5月12日，俄罗斯彼尔姆市奥运足球后备学校师生代表团对太行山路小学校进行了为期一周的访问，深度体验了中国文化。正是足球这一共同的爱好，让两校的学生从陌生变得熟悉，更增进了两校的相互理解。

（四）寻找契机，建立情感纽带

除了合作协议规定的常态化的合作项目，学校积极利用节日、纪念日等各种契机，加强互动，增进双方的感情。每年的12月，太行山路小学都会联合俄罗斯彼尔姆市第二中学举行"欧亚之声"国际互动艺术节。来自英国、日本、俄罗斯的多所学校的学生在艺术节上表演文艺节目。"欧亚之声"国际互动艺术节是一场跨文化盛会，使用汉语、俄语、英语、日语四种语言播报，多所学校以直播连线形式参与演出，通过校园录播系统进行实况转播。截至目前，太行山路小学已连续四年举办"欧亚之声"国际互动艺术节。"欧亚之声"国际互动艺术节的成功举办，为世界各国的语言对话和文化交流创造了良好的条件，也是太行山路小学国际友好学校建设的又一成功实践。

三、实践意义

建设国际友好学校，推动中外人文交流，助力师生发展成效显著。师生的视野开阔了，对于习近平总书记提出的"一带一路"倡议、人类命运共同体思想等有了更深刻的理解。学校的办学特色更加鲜明，在当地乃至更大社会范围具有了一定的影响力，成了老百姓公认的家门口的好学校。学校承担的山东省教育科学规划课题"小学教育国际化的校本课程建构研究"、青岛市"十三五"教育科学规划课题"小学国际化人才核心素养培养路径的研究"顺利结题。中央电视台中文国际频道、人民日报、新华社、中国教育报、青岛日报等多家媒体报道了学校的中外人文交流工作。学校还受邀参加第十九届中国国际教育年会、中外人文交流与基础教育创新发展中小学校长大会、青岛友好城市教育国际研讨会并作经验介绍。

— 太行山路小学与俄罗斯彼尔姆市第二中学结为友好学校（左图）

— 太行山路小学与澳大利亚的学校结为友好学校（右图）

活动成果： 友好学校同携手，国际交流促发展
案例学校： 成都石室锦城外国语学校

2018 年 10 月，成都石室锦城外国语学校与泰国乌汶易三仓学校结为友好学校，双方积极开展语言共学、教研共商、课程共建等实践。

一、文化交流，在传统中探寻文化共生点

乌汶易三仓学校从小学一年级到高中三年级均开设了汉语课，但没有设置专门的中国文化科目，基于此，双方合作开展中国文化课程建设，通过双方师生共建课程来提高学生中文素养。目前，学校与乌汶易三仓学校已经开展多场以"传统文化"为主题的网络视频交流会，开启了学校国际交流的新篇章。

以 2020 年 9 月 30 日上午的云端连线课程为例。泰方教师为中方学生精心准备了一堂泰国口语课，介绍了泼水节、水灯节等泰国传统节日，增进了学生对泰国文化的了解。随后，锦城外国语学校的陈老师通过汉字故事引入字形教学，运用拆分和组合笔画的练习，更好地帮助泰国学生牢记汉字的结构。陈老师的课受到泰国师生的好评。

2021 年农历新年，中泰两校互送祝福，开展牛年迎新线上活动。锦城外国语学校的刘老师通过远程视频为学生上了一堂书法课。他首先为泰方学生讲解了象形文字"和""乐""人"的由来，介绍了宣纸、墨水、砚台、毛笔的作用，讲解书法的坐姿要求，如头正、身直、臂开、足安等。泰国学生在泰国中文老师的帮助下调整好坐姿和握笔姿势，认真地书写"和"字。锦城中学的师生们也通过书

写春联的方式，为泰国师生送去新年祝福。书写春联、福字，不仅仅是传递一份新春祝福，更是弘扬书法艺术。这堂书法交流课让学生们感知了中国文化的博大精深。

二、课题引领，在探寻中传承历史文化

2019 年，学校和简阳五合初级中学结为友好发展学校。为进一步促进中外人文交流向农村薄弱学校的纵深发展，学校与五合初级中学、乌汶易三仓学校开展了校际连线活动。

街巷在城市生活中扮演着重要的角色，它不只是一处公共场所，有着特定的文化功能属性。街巷不仅是地理标志，更是真正意义上的地标文化，记录着历史、文化和人文。三所学校从 2021 年 4 月开展了"基于项目式学习的街道文化活动课实践研究"课题共建项目，组织学生探究那些具有特别历史意义、人文特色的街道，包括它们的名称由来、历史沿袭、人文记忆等。不同的街巷承载着不同的历史文化，三所学校的师生以街巷文

— 泰国学生展示书写的汉字（右图）
— 泰国学生手工制作的中泰新年祝福卡片（左图）

— 中国和泰国师生
线上见面

化为契合点，在教师的带领下，以"我为特色街巷代言"为主要问题情境，基于 PBL 教学法，开展"历史中的街巷""发展中的街巷""生活中的街巷"相关的研究，从而理解文化差异，分析形成文化差异的原因。这也是传承历史文化应有的一种精神和态度。

此外，三所学校的部分师生围绕"我与我的城市（乡村）"开展线上主题交流活动，创作三地城市 Vlog 短视频，分别选定学生作为城市街道（景点）代言人，通过现场直播，向对方介绍自己生活的城市（乡村）及街道历史文化等。学生代表围绕各自地方的文化、风景名胜、美食、日常生活变化等进行交流，展示三所学校的课题研究成果，增进对不同文化的了解。

通过项目制的课程设计和实施，学生完成项目任务，获得地方文化知识，逐步培养文化意识，建立起对本民族文化的认同，增强文化自信自强。未来，学校将继续探寻课程的共生点，向世界讲好中国故事，传递中国声音。

活动成果： "中泰语言学习伙伴"，培养学生跨文化交际能力
案例学校： 成都市双流区实验小学

成都市双流区实验小学始建于 1936 年，先后获得国家语文特色示范学校、成都市首批国际理解窗口学校、成都市未来学校试点学校等荣誉。为支持泰国清迈王子学校的中文教学，双方坚持以线上交流的方式保持教学互通，为培养学生跨文化交际能力搭建国际交流平台。

2020 年 12 月，双流区实验小学和泰国清迈王子学校协商确定合作开展"中泰语言学习伙伴"项目，该项目得到两校师生的热烈响应。在项目中，46 名学生结成 23 个一对一学习小组。学习小伙伴们利用钉钉软件进行交流与视频教学。

为了更好地与异国小伙伴进行交流，双流区实验小学的教师对学生进行了泰国历史、泰国礼仪与文化方面的培训，泰国清迈王子学校的老师也对该校学生开展了相关培训。双流区实验小学招募了一批优秀的语文、英语老师编写对外汉语教材。为了让泰国学生学好中文，了解中国文化和学校生活，教材最终确定了 5 个话题、20 节课的教学内容。每一节课的教学内容都是从拼音开始，包含标准句、伙伴对话、词汇、文化介绍板块。

2021 年 3 月底，泰国学生要接受"中泰语言学习伙伴"中文检测。双流区实验小学的老师鼓励学生积极帮助泰国小伙伴做好考前准备。大家纷纷帮结对的泰国学生准备自我介绍，并通过视频与小伙伴一句句地进行练习。"中泰语言学习伙伴"项目，不仅让两国的学生学习了新的语言、了解了其他国家的文化，更收获了一份沉甸甸的友谊。

活动成果： 弘扬中华传统文化，拓展学生全球视野

案例学校： 重庆市第一中学校

一、工作背景

为响应"一带一路"倡议，重庆市第一中学校希望通过与国际友好学校深入交流的契机，让世界了解中国、亲近中国。柬埔寨作为我国的邻国，在地理位置上具有先天的优势，再加上重庆市第一中学校曾多次在云南西双版纳开展支教项目，学生对于柬埔寨的历史、文化和生活都十分好奇。基于此，在国际课程中心的推动下，重庆市第一中学校与柬埔寨教育文化部建立了联系，确定了每年开展一次支教活动。

二、具体实践

自 2019 年开始，学校便通过学生交流的方式，搭建起中柬友谊之桥。2021 年，学校与柬埔寨教育文化部沟通，确定了 2021 年 8 月线上中文课程的主题为"中国"，学生们通过汉字、剪纸、奥运会、中国古典乐器、武术、民族舞蹈等内容，向柬埔寨学生全面展示了丰富多彩的中国文化。

三、主要成效

（一）弘扬中国传统文化

学校的支教活动，通过学生口口相传的方式，一方面加深了青少年学生对中国传统文化、本地文化的了解；另一方面，以青少年的视角，更便于传播中国文化。

（二）拓展学生全球视野

在活动之前，学校进行了背景调查，让学生了解世界各国的实际情况；在支教活动、线上交流等活动后，为增进学生对世界局势的了解，发起了图书捐赠等公益活动。参加活动的学生把自己了解到的信息分享给更多的学生，号召大家通过公益的方式加入助推中柬友谊的队伍中来。另外，学校开展的图书捐赠、设计宿舍等活动也给对方学校带来了长期的支持和积极影响。

（三）教育学生尊重不同国家的文化

在交流的过程中，学校认为学生不仅要会讲中国故事，还需要用别人能够理解的方式讲好中国故事。基于这个理念，在 2021 年开展线上教学之前，学校通过联系柬埔寨教育文化部，帮助学生了解柬埔寨的相关情况、风土民情以及对方学校的情况。

四、经验与总结

（一）充足的前期准备

为了让学生更好地准备支教内容，学校每年开展活动都会确定一个主题，让学生围绕这个主题进行准备。在准备的过程中，学校也非常关注柬埔寨地区学生的实际情况，因此，带队教师会和对方的授课教师进行沟通，了解当地学生的实际情况、英语水平、家庭情况等，对方教师将学校的情况以照片、视频等形式回传，增加中国师生对柬埔寨学校的了解。

（二）语言人才的培养非常重要

虽然前期有充足的准备，但是在交流过程中，我们还是发现语言制约了交流。支教学校都在偏远地区，学生英语水平不高，虽然柬埔寨的学校和中方学校都把英文作为通用语言，但还是无法有效传达中国文化中的一些专业术语。柬埔寨学校为了保证授课和交流效果，还得派一名当地教师用柬埔寨语辅助学生理解。因此，培养熟悉各国语言的教师在人文交流中至关重要。

（三）长期的友谊比一次性的支持更宝贵

重庆市第一中学校确定了每年 8 月为柬埔寨对话月，让高一的学生通过简单的语言传递中国文化，也让学生了解亚洲地区的国家也有着丰富的文化，值得学生多去了解和关注。

— 中国学生和柬埔寨学生参加户外劳作

活动成果： 志合者，不以山海为远——山东省济宁学院附属中学中外教育、文化合作交流活动纪实

案例学校： 济宁学院附属中学

— 2013 年，美国康州康顿中学访问团来到济宁学院附属中学（左图）

— 2016 年，孔庆民老师在加拿大埃德蒙顿孔子学院教授中文（右图）

济宁学院附属中学在立足"坚守中华文化立场，传承中华文化基因"的同时，将"培养全球公民"的育人理念纳入学校发展的中长期目标和整体规划，以"开放办学，对外交流"为学校的主要办学特色，注重在开放办学中融入宏观的国际视野，积极致力于开展多国别、多层次的中外教育文化交流，取得了丰硕的成果。2007 年 7 月，学校被孔子学院总部确定为全国第一批"中小学国家汉语国际推广基地"；2009 年 5 月，学校被山东省教育厅确定为"山东省教育国际交流与合作基地"。

一、通过孔子学院进行友好交流活动

（一）与美国俄亥俄州马瑞恩学区共建孔子课堂

2009 年 8 月，学校获得孔子学院总部批准，与马瑞恩学区合作建立了孔子课堂。学校外派教师围绕不同内容设计了丰富多彩的教学活动，让外国学生在活动中学习汉语，感受中国文化，在当地产生了积极的影响。学校分别于 2008 年和 2010 年组织师生交流团赴马瑞恩学区进行交流访问。

（二）与加拿大埃德蒙顿孔子学院及奥华中学孔子课堂进行互动交流

2010 年 5 月，李汝敏校长随同校长团赴埃德蒙顿孔子学院和奥华中学访问交流，与奥华中学确定了孔子课堂合作伙伴关系。学校极为重视与埃德蒙顿孔子学院和奥华中学孔子课堂的交流合作，

先后派出王楠楠、孔庆民两位老师赴埃德蒙顿孔子学院任教。

随着友谊的不断加深，学校与奥华中学于 2014 年 10 月签订师生定期互访协议。2015 年至 2019 年，双方每年都组织师生交流团进行交流访问。互访期间，双方均提供了丰富的语言课程和文化实践、社区体验等活动，师生们真诚相待、热情交流，留下了美好的回忆。

（三）通过"汉语桥"活动和外派汉语教师项目等进行友好交流

学校积极配合孔子学院总部和山东省教育厅国际处的安排，开展对外交流活动，切实履行了学校作为中小学汉语国际推广基地和山东省教育国际交流与合作基地的职责。

学校圆满地完成了孔子学院总部组织的"汉语桥——美国中小学校长访华之旅""汉语桥——英国学生金秋营""汉语桥——英美学生夏令营"等交流活动，获得孔子学院总部、山东省教育厅国际处的高度肯定。此外，学校还先后派出邵静静、蒋谦、侯媛媛等 6

位教师，赴美国、加拿大、英国、黎巴嫩等国家的孔子学院（课堂）任教。教师们不负使命，成为汉语国际推广和中华优秀文化海外传播的优秀使者。

二、活动成效

十余年来，山东省济宁学院附属中学通过一系列"请进来"与"走出去"对外交流活动，促进了学校与美国、加拿大等友好学校间的友谊，对学校素质教育的实施和教育教学的良性发展产生了积极的推动作用。教师通过在国外任教和访问，学习借鉴国外先进的教育教学理念和经验，教学能力得到了明显提升；学生则通过修学和交流，开阔了眼界，促进了综合素质的提高。

教学成果： 巴拉克明中学孔子课堂，增进理解和信任之桥
案例学校： 浏阳市第一中学

孔子及其创立的儒家学派，是中华传统文化的重要组成部分。在新时代，随着中外人文交流的深入开展，越来越多的孔子学院在世界各地建立。浏阳市第一中学的孔子课堂开展得有声有色，越来越多的中外学生受益，为传播中华文化，建设社会主义文化强国打下坚实基础。

为了进一步加深两校的交流合作，架设友谊桥梁，推进文化经贸交流，英国马恩岛巴拉克明中学于2013年初提出开办孔子课堂的设想，并为开办孔子课堂做了充分的前期准备。该项目得到了马恩岛教育部门和政府的全力支持。2013年11月，由浏阳市第一中学为主要申请人向主管部门进行申报，在国家汉办、湖南省教育厅等部门的大力支持下，巴拉克明中学孔子课堂于2015年7月13日正式挂牌成立。

— 浏阳市第一中学的刘丽萍老师给孔子课堂的学生上中文课

一、孔子课堂项目

巴拉克明中学的孔子课堂是以浏阳市第一中学与巴拉克明中学的交流合作为基石，为双方师生提供多元发展机会，以提升其文化理解力与全球意识为共同宗旨。孔子课堂的具体工作方法如下：

（1）外派教师。拓展姊妹学校师生互访方式，深化两校师生国际交流体验。

（2）全岛教学。以巴拉克明中学孔子课堂为中心，增设中文教学点，服务更多社区学校学生。此外，学校还组织了形式多样、丰富多彩的语言活动项目，包括巴拉克明中学中文教学、华人协会周日中文班、小学文化意识计划、全岛高中汉语教学等。

（3）考试中心。申请成为汉语等级考试认证的考试中心，将中文教学与中文等级考试及英制中文考试挂钩。

（4）姊妹学校笔友计划。为了加强两校学生的语言和文化体验，浏阳市第一中学发起了笔友计划，让马恩岛中文学习班的学生与浏阳市第一中学英语为高考语种的学生结为笔友，用信件进行交流，有60多名学生报名参加了笔友计划。

（5）成人中文夜校。目前，孔子课堂的负责人正在与马恩岛大学进行商讨，开设中文夜校，为马恩岛大学学生提供中文语言和

文化学习课程，为学生提供多元文化、多元语言学习机会。

二、项目成效

通过孔子课堂项目，马恩岛的学生有机会学习汉语，了解中国文化，甚至到中国的姊妹学校进行交流。自姊妹学校关系建立至今，累计 2000 多名学生从各个项目中受益，而这都得益于姊妹学校紧密的合作关系。

两校师生互访，极大地丰富了师生的跨文化体验。通过互访交流项目，两校直接获得跨文化体验的学生人数超过 600 人。巴拉克明中学孔子课堂的中文课程广受好评，中文等级考试证书广受认可。自巴拉克明中学孔子课堂成为中文等级考试认证中心以来，通过 HSK1 的学生超过 125 人，通过 HSK2 的学生超过 25 人，而 HSK3 则达到 61 人。巴拉克明中学的毕业生赴浏阳市第一中学任外教，形成姊妹学校合作新方式。一位毕业于利物浦大学的巴拉克明中学学生，目前正在申请签证，准备来浏阳市第一中学担任外教，教授英语和法语。中文班课程对巴拉克明中学学生在大学申请、大学专业方向上产生了积极的影响。

活动成果："茶香墨语"传递中国文化
案例学校：日照职业技术学院

日照职业技术学院历来重视国际中文教育，自 2004 年开始招收国际学生以来，至今已培养了包括学历生、语言生及文化交流生在内的 13 个国家的 1000 余名国际学生，并成功举办 12 届国际汉语夏令营、两届中国—东盟留学生交流营、海洋国际夏令营等。

2021 年，教育部中外语言交流与合作中心"汉语桥"线上团组交流项目首次推出"中文＋职业技能"专项。日照职业技术学院结合日照地区的文化特色，确定了以茶文化为主题，以中文教学为依托，传播中国茶文化，将项目命名为"茶香墨语"，面向老挝、孟加拉国、印度尼西亚、韩国等国家招收了 297 名青少年学员，开展线上中文与茶文化交流。

一、项目简介

"茶香墨语"项目于 2021 年 2 月 19 日开营，28 日闭营，为期十天，采用课程录播与现场直播相结合的方式，以中国茶文化为主题，采用"中文＋"的理念，开展"中文语言＋茶文化体验"的课程学习。内容主要分为三个部分：第一部分为交际中文与职业中文。依据"中文＋职业"的理念，以茶场、茶室等茶文化相关实景为背景，编写教学材料，既涵盖日常交际中的基础中文，又包括茶专业中文，帮助国际学生进一步了解中国语言和文化。第二部分为主题讲座和"云端"参访。主题讲座包括中国的茶、绿茶采摘和炒制、茶与生活、茶艺等，云端参访包括日照职业技术学院校园参观、茶博物馆参观等。第三部分为中外学生线上交流。包括现场交流、知识问答、在线活动、茶艺展示等。

二、项目经验

（1）从"中文＋职业技能"理念出发，以国际中文教学为载体，着眼于一项特色文化，充分挖掘该文化的特色，寻找国际中文教学与该文化的契合点，通过短期的线上交流激发海外学员对中文学习和中国文化探究的浓厚兴趣。因此无论是直播课还是录播课，抑或是采用其他交流形式，在注重中文教学的严谨性和科学性的同时，要兼顾多样性和趣味性。

（2）充分了解海外学员的基本情况和需求，确保项目实效。学校在招生的同时，通过简单的问卷调查，以及与外方学员管理人员的交流，对学员的文化背景、语言水平和需求有了基本的了解，在课程设计和直播过程中才能根据学员基本情况及时调整授课内容、授课方式，确保大多数学员能够顺利参与到交流活动中并学有所获。

（3）严格分工，多方合作，保证项目的顺利实施。"汉语桥"线上项目的实施需要多方合作，加强彼此间的沟通交流。

三、项目特色

（一）学校茶文化"产学研"一体化发展

日照职业技术学院引进台湾高山茶制作工艺，开发多品种红茶、绿茶制作工艺，进行了"日照市茶产业人才队伍需求状况与培养对策研究""不同采摘方式加工的海青绿茶生化与香气成分研究"等多项课题研究，取得了丰富的研究成果。

（二）茶文化凸显中国文化特色

本项目以中国茶文化为主题，开设"中文＋茶文化"体验课程，让学员们在学习中文的基础上了解茶叶的分类、历史、诗歌，体验采茶、炒茶、烘茶等工序，以茶为媒，激发海外青少年了解中国文化、学习中文的热情。

（三）嵌入"中文＋"理念

随着教育对外开放的不断深入，"一带一路"倡议正引领着新一轮全球化，加强中国与"一带一路"沿线国家的职业教育交流与合作将成为未来教育交流的重要方向，中国将以更加开放、包容的姿态走向国际舞台，在促进人类命运共同体建设中发挥越来越重要的作用。"中文＋"理念侧重在语言学习的基础上进行其他专业的学习，有助于实现海外人才市场需求与国际中文教育人才培养的无缝衔接，进而满足当地社会经济发展的需要，满足"一带一路"建设的需求。因此，语言学习与技能培训相融合，开展更多创新和实践，能够不断推进文化交流，将中文教育事业提升到新的高度。

学校在实施"茶香墨语"项目的过程中坚持"中文＋"理念，围绕茶文化主题，开设中国的茶、茶博物馆、绿茶采摘及炒制、茶与生活等文化课程，从茶叶的起源与历史、茶叶的分类与识别、茶具的介绍与展示、饮茶的功效及意境4个方面系统地讲解了中国茶文化的基本知识，让学生了解茶叶的制作过程，掌握茶艺的基本知识，体会茶的文化内涵。学员们与教师积极交流，认真学习冲泡技巧，尝试用中文介绍自己国家的饮品文化。日照职业学院的"茶香墨语"展现了中国传统文化的魅力，培养了学员们对中华文化及汉语学习的兴趣，促进了中外学生的交流，深受学员们的喜欢，为中外学员学习中国文化、提升汉语水平搭建了良好的平台。

活动成果： 聚彭城云赏楚汉风情，溯根源厚植民族情怀——2022 年线上中华文化大乐园欧洲园第四期活动纪实

案例学校： 江苏师范大学

华文教育对于海外侨胞学习和传承中华语言文化，促进中外民心相通、文明互鉴具有重要意义。2022 年 7 月，由国务院侨办主办，江苏省侨办承办，徐州市侨办协办，江苏师范大学负责执行的 2022 年线上中华文化大乐园欧洲园第四期活动在江苏师范大学举行。活动为期 15 天，聚焦中华文化传承和中外文明交流互鉴，开设了中华礼仪和节庆、中华五禽操、读诗作画、云游徐州等 20 门课程，8 所西班牙华文学校和 1 所斯洛伐克华文学校的 711 名华裔青少年，以 97 课时"云课堂"的形式，穿越时空、赏楚汉风光、听中国故事、探中华文化。这次活动获得西班牙和斯洛伐克两国华裔青少年和家长的高度评价。

一、强化"留根工程"的目标导向

活动课程紧紧围绕华文教育的目标，打造中华传统文化在海外的"希望工程"，即学中文，以学会讲中国话为要；学中华文化，以不忘民族文化根脉为宗旨。江苏师范大学共开设 20 门中国传统文化课程，润物无声地融入文化认同教育，讲好新时代中国故事。通过课堂讲授，学员们萌发了学习祖国文化的兴趣，课后积极拓展学习，线上和老师热烈讨论。"此次活动内容丰富有趣，增强了我们学好中文和中华文化的决心。作为海外华裔子女，我特别为祖国的优秀传统文化而骄傲，希望将祖国的优秀传统文化传递给西班牙的朋友们。"西班牙马德里哆来咪文化学校的张嘉扬与其他学员分享自己的自豪以及对中华文化的热爱。

— 海外华裔学子展示学习中华优秀传统文化的成果

二、强化"以生为本"的教育导向

江苏师范大学在强化华文教育要"走出去"的同时，更要关注"走进去"，避免简单地把国内的教学方式和思维模式搬到国外，通过调研学员情况，根据海外华校需求，适时调整教法，开发订单式课程，让中华文化在华裔青少年心中扎根生长。西班牙爱华中文学校执行校长陈坤表示："中华文化大乐园突破了时间和空间的限制，完成了充满中华文化气息的相逢。颇具中华文化特色的课程系统地展现给了海外华裔青少年，同学们因中华文化大乐园而爱上了中华文化，会在传承中华文化的道路上继续探索和求知。"

三、强化"因地制宜"的特色导向

江苏师范大学创新性地向海外华裔青少年介绍了融合徐州特色的汉文化，通过汉服、汉字、汉舞、汉乐、建筑、汉画像石、汉兵马俑、饮食、历史人物等串起海外华裔青少年对汉文化的了解和认知，透过汉文化发源地——徐州的城市风貌感受新时代中国的繁荣富强。

此外，江苏师范大学结合青少年身心特点，历时7年，编创了一套"中华五禽操"，被教育部列为全民健身运动的推荐项目之一。五禽操以虎、鹿、熊、猿、鸟的经典形态特征和行为特点为素材，每一套动作配以音乐诗词吟诵，每一个动作均有匹配的故事元素。配乐诗诵，文熏乐染，增强了师生对传统文化的认知和喜爱，实现了从西式运动到传统科学健身的回归，培养了学生的民族文化自信，增强了他们对传统文化的认知和喜爱。多所海外华校对此课程产生了浓厚兴趣，向学校谋求合作，将中华五禽操作为特色课程长期开设。

四、加强三项"建设"，续写华文教育新篇章

习近平总书记指出："团结统一的中华民族是海内外中华儿女共同的根，博大精深的中华文化是海内外中华儿女共同的魂，实现中华民族伟大复兴是海内外中华儿女共同的梦。"中华民族的传统文化已在全球海外学子的心灵打上了深深的烙印，华侨华人本身就是中华文化的载体，对于传承和弘扬中华文化，促进中外人文交流具有深厚潜力。

加强平台建设。持续发挥好中华文化大乐园的平台优势，探索更多海外华文教育的方式、渠道和品牌，全国一盘棋，科学统筹各类海外华文教育健康、同步、高效开展，扎实打造海外的"希望工程""留根工程""民心工程"，让广大华裔青少年成为在海外传递中国声音和讲述中国故事的友好使者。

加强合作建设。海外华校是华文教育的重要抓手，作为华文教育的实施者和组织者，是国内华文教育机构与海外华裔联通的纽带，在华文教育体系中发挥着重要的作用。国内华文教育机构应和海外华校互通、互信和互动，不断增进共识，在项目申报、师资培训、课程开发等方面开展深度合作，共同致力于弘扬和传播中华传统文化。

加强内涵建设。内涵建设是华文教育的翅膀。中华文化大乐园在课程设置、教学教法方面，要不断与时俱进，加强内涵建设，要讲好中国话，讲好深厚中国传统文化，讲好秀美的山川国土，更要讲好中国智慧、中国方案、中国智造等中国好声音，筑牢新一代海外华裔青少年的民族和文化同心圆，切实承担起中外友好交流使者的崇高使命。

教学成果：高标准培养"中文＋技能"国际化技术技能人才
案例学校：重庆城市职业学院

为积极响应"一带一路"倡议，贯彻落实《推进共建"一带一路"教育行动》《关于加快和扩大教育对外开放合作的若干意见》等政策精神，重庆城市职业学院利用承办"2021年重庆市人民政府外国留学生市长奖学金丝路项目——基于大数据应用的电子商务培训"的契机，提前谋划，精心筹备，高效组织，构建"1235"工作模式，高质量完成了服务老挝电子商务产业技术技能人才培训教学工作，并获得老挝教育体育部、参培学员及用人单位的高度赞许，助力中国和老挝的商贸往来。

丝路项目是重庆城市职业学院承接的第一个国际化技术技能人才培训项目，学校党委高度重视，将国际开放合作视为学校的社会职能，确立了"国际能合作"的发展目标，将该项目作为开启"国际能合作"的重要起点。

一、准备工作

（一）依托老挝官方渠道，搭建教学平台

重庆城市职业学院与老挝方积极对接，依托老挝教育体育部、老挝国家工商会、老挝电信技术司等官方渠道，结合老挝产业和社会经济发展实际，高标准设计项目实施方案。学校通过与老挝国家工商会重庆代表处、中老贸易促进会的多方联系，获得老挝国家工商会、老挝教育体育部的大力支持，对接了老挝万象国鼎开泰矿业投资有限公司等老挝本地企业和老德职业技术学院等老挝职业院校等资源，为后续工作开展搭建了资源平台。

成立由学校和老挝国家工商会、老挝教育体育部技术与职业教育司相关人员组成的在线留学生短期培训招生录取委员会，共同设计招生录取程序，联合进行资格审核和录取工作。利用老挝国家工商会、老挝共青团青年企业家协会等官方渠道，以及老挝国家认可的公众网络开展招生宣传工作，得到了老挝各界的积极响应。

（二）打通校企合作渠道，制订教学方案

为了使线上教学形式更加多样，内容更加丰富，学校整合校企合作资源，邀请阿里巴巴、科大讯飞股份有限公司等校企合作单位的专家参与项目，组建项目设计团队。根据招生宣传收集到的政府、学员、企业、行业组织反馈的培训需求和建议，多次修订和调整教学方案、课程内容和实施方式，确保教学方案既能最大限度地满足学员要求，又能保证培训内容与前沿技术及最新产业发展应用保持同步。

二、项目实施

（一）精心设计，多形式构建教学内容

学校充分运用学校在线教学资源，结合

— 重庆城市职业学院老挝中高级管理人员"基于大数据应用的电子商务"培训开班典礼

— 重庆城市职业学院老挝中高级管理人员"基于大数据应用的电子商务"培训开班典礼

电子商务的特点，精心设计教学内容，合理安排课程，并根据学员学习需求和工作需要，多次调整学习内容和教学安排，形成了制度与国情介绍、电商平台、电商技术、大数据应用、企业交流五大模块教学内容，确立了多种内容结合、理论与实践融合、学习与交流并行的教学安排。

（二）精心打磨，多途径建设教学资源

为了高质量完成此次培训工作，向老挝展现中国职业教育的水准和质量，学校从 2021 年 6 月着手准备教学资源。一是组建教学资源团队，系统设计和统筹安排教学资源的制作。二是授课团队多次讨论和研究教学内容的组成，对课件制作提出明确要求，根据老挝国情、授课对象以及专业知识进行备课，编写适合此次培训的教学课件和教学讲稿。三是聘请具有国际化培训经验的专家对项目团队进行培训，打好"提前量"。四是聘请具有国际化培训和教学经验的老挝专家团队共同参与课件制作、资料撰写、教学资料翻译等工作。

（三）精心组织，多层面保障教学质量

教学开始前，学校邀请了老挝国家工商会重庆代表处首席代表、重庆市教育国际交流协会秘书长等专业人士进行培训，讲解老挝国情、国际交流中的外事工作礼仪和原则、国际化教学方法、国际化教学中的礼仪和注意事项等内容。

上课的过程中，学校安排两名教学管理人员担任班主任，全程跟随学习，负责组织教学、记录教学情况、保障教学实施、监控教学过程，确保教学质量；老挝方全程派驻一名班主任负责组织参培学员学习、考勤管理、保障教学信号，派驻 2 名翻译人员提供全程教学翻译。

三、项目亮点

（一）把握契机，破冰启航开新局

项目顺利完成，学校的国际化技术技能人才培训工作不仅破

冰，探索形成了有效的国际化人才培训路径和方法，更重要的是学校得到了老挝国家工商会、老挝教育体育部、老挝共青团青年企业家协会以及一些职业院校和企业的支持。借此契机，学校抓住机遇，大胆尝试，在重庆市教育委员会、老挝教育体育部和永川高新区管委会的共同指导和大力支持下，由学校牵头，联合中国、老挝的 40 多个职业院校、企业组建"中国—老挝职业教育发展共同体"。

（二）服务产能，助力商贸谱新篇

开展"中文 + 技能"国际化人才培训的目的是在响应"一带一路"倡议的框架下，服务国际产能合作。学校紧扣老挝产业发展实际，对接老挝企业发展需求，致力于在开展好教学的同时，为老挝培养一批懂得大数据技术和电子商务的技术人才，以此促进中国与老挝的商贸往来。

项目结束后，学校收到老挝万象国鼎开泰矿业投资有限公司推荐培训的一名学员的感谢信。这名学生在信中表示，通过培训课程看到了企业发展突破的方向，通过"互联网 + 直播"的方式，继续将产品和项目向中国和泰国的客户输送。公司在 2021 年 12 月新增了网络销售部，将之前的市场营销模式转化为多元化营销模式，如电子商务平台，通过 Lazada 平台探索新的营销渠道，相比培训前，公司新增 4 条营销渠道，营销额提升了 11.6%，突破三个月无销售额的困境。

活动成果：书信架桥梁，共绘同心圆
案例学校：三峡大学

2019 年，位于湖北省宜昌市的三峡大学获批与乍得恩贾梅纳大学共建孔子学院，2021 年，三峡大学派遣第一批汉语教师，启动建设工作。乍得位于非洲中部地区，官方语言为法语和阿拉伯语，是世界最不发达的国家之一，也是非洲最晚建设孔子学院的国家之一。恩贾梅纳大学于 2013 年在语言文学与交流学院成立了中文系，由国家公派汉语教师承担中文教学任务。

三峡大学与恩贾梅纳大学开展"笔友结对"项目的初衷是培养中乍友好的使者，促进两国语言文化互通互融，并响应我国"中非命运共同体"的主张。参与该项目的双方学生自愿结成笔友，通过书信、电子邮件、网络即时通信工具等方式就感兴趣的话题进行沟通，展现两国良好的语言文化习俗及精神风貌。

一、项目简介

三峡大学以"笔友结对"项目为抓手，辐射孔子学院学生的听力、口语、书写等课程。项目以中国传统节日及孔子学院活动为契机，联合两校共同举办活动，组织学生通过书信、电子邮件或网络即时通信工具进行交流，一方面宣传推广中华文化，另一方面探索国际中文教育的有效方式。

2022 年 9 月，两校学生通过腾讯会议在云端相聚，共庆中国传统中秋佳节。三峡大学学生朗诵了以月亮为主题的法语诗歌，展示了相关的书法作品。恩贾梅纳大学学生齐声朗诵苏轼词作《水调歌头·明月几时有》，并展示了中秋节祝福和月亮主题相关的书法作品。双方隔着大屏幕挥手共同演唱了歌曲《明月几时有》，活动现场气氛温馨而热闹，每个人脸上都洋溢着幸福的微笑。娟秀工整

的书法、清晰流畅的发音、饱满的热情给学生们留下了深刻的印象，月亮团圆的意象跨越文化差异，深入人心。恩贾梅纳大学的两名即将赴华留学的学生解释了月亮在乍得文化中的象征，表达了他们对中国的感谢："只有中国是真心地帮助其他国家。"两校学生选举学生代表，还就语言文化习俗等感兴趣的方面提问。此次活动为"笔友结对"项目的实施打下了良好的基础。

二、主要成效与经验

复杂的汉字书写是中文学习者的一大痛点。"笔友结对"项目的主要成效在于让中文系学生就某一主题有针对性地进行中文表达练习，在自然语境下，通过书信、电子邮件或者网络即时通信工具与母语者沟通交流，快速将所学的课本知识转化为真实语料，强化了语言输入和输出，能帮助学习者提高语言表达能力。文字交流让学生提高了汉字书写效率，了解汉字的结构，从文字中感受中国文化，增进中乍情谊；面对面沟通则使笔友交流有温度、有人情、场景化、生活化，激发学习者的学习兴趣与热情，实现共赢。

— 乍得学生通过"笔友结对"项目展示硬笔书法作品

附录一：
中外人文交流政策文件

习近平：文明交流互鉴是推动人类文明进步和世界和平发展的重要动力

2019 年 5 月 1 日 来源：《求是》

　　有机会来到联合国教科文组织总部，感到十分高兴。首先，我谨对博科娃女士再次当选教科文组织总干事，表示衷心的祝贺！对教科文组织为推动人类文明交流互鉴作出的卓越贡献，表示诚挚的敬意！

　　教科文组织诞生于 69 年前，那时世界反法西斯战争硝烟刚刚散去。面对战争给人类带来的惨烈后果，人类又一次反思战争与和平的真谛。千百年来，人类都梦想着持久和平，但战争始终像一个幽灵一样伴随着人类发展历程。此时此刻，世界上很多孩子正生活在战乱的惊恐之中。我们必须作出努力，让战争远离人类，让全世界的孩子们都在和平的阳光下幸福成长。

　　在教科文组织总部大楼前的石碑上，用多种语言镌刻着这样一句话："战争起源于人之思想，故务需于人之思想中筑起保卫和平之屏障。"

　　只要世界人民在心灵中坚定了和平理念、扬起了和平风帆，就能形成防止和反对战争的强大力量。人们希望通过文明交流、平等教育、普及科学，消除隔阂、偏见、仇视，播撒和平理念的种子。这就是教科文组织成立的初衷。

　　这样一种期待，这样一种憧憬，是我们今天依然要坚守的。不仅要坚守，而且要通过跨国界、跨时空、跨文明的教育、科技、文化活动，让和平理念的种子在世界人民心中生根发芽，让我们共同生活的这个星球生长出一片又一片和平的森林。

　　自 1945 年成立以来，教科文组织忠实履行使命，在增进世界人民相互了解和信任、推动不同文明交流互鉴方面进行了不懈努力。中国高度重视同教科文组织的合作，愿意加大参与教科文组织的各项活动。为体现对非洲的支持和帮助，我们决定把通过教科文组织向包括非洲国家在内的发展中国家提供的长城奖学金名额由每年 25 人扩大为 75 人，我们还将同教科文组织一道把援助非洲信托基金的活动继续开展下去。

　　文明因交流而多彩，文明因互鉴而丰富。文明交流互鉴，是推动人类文明进步和世界和平发展的重要动力。

　　推动文明交流互鉴，需要秉持正确的态度和原则。我认为，最重要的是坚持以下几点。

　　第一，文明是多彩的，人类文明因多样

才有交流互鉴的价值。阳光有七种颜色，世界也是多彩的。一个国家和民族的文明是一个国家和民族的集体记忆。人类在漫长的历史长河中，创造和发展了多姿多彩的文明。从茹毛饮血到田园农耕，从工业革命到信息社会，构成了波澜壮阔的文明图谱，书写了激荡人心的文明华章。

"一花独放不是春，百花齐放春满园。"如果世界上只有一种花朵，就算这种花朵再美，那也是单调的。不论是中华文明，还是世界上存在的其他文明，都是人类文明创造的成果。

我参观过法国卢浮宫，也参观过中国故宫博物院，它们珍藏着千万件艺术珍品，吸引人们眼球的正是其展现的多样文明成果。文明交流互鉴不应该以独尊某一种文明或者贬损某一种文明为前提。中国人在 2000 多年前就认识到了"物之不齐，物之情也"的道理。推动文明交流互鉴，可以丰富人类文明的色彩，让各国人民享受更富内涵的精神生活、开创更有选择的未来。

第二，文明是平等的，人类文明因平等才有交流互鉴的前提。各种人类文明在价值上是平等的，都各有千秋，也各有不足。世界上不存在十全十美的文明，也不存在一无是处的文明，文明没有高低、优劣之分。

我访问过世界上许多地方，最喜欢做的一件事情就是了解五大洲的不同文明，了解这些文明与其他文明的不同之处、独到之处，了解在这些文明中生活的人们的世界观、人生观、价值观。我到过代表古玛雅文明的奇琴伊察，也到过带有浓厚伊斯兰文明色彩的中亚古城撒马尔罕。我深深感到，要了解各种文明的真谛，必须秉持平等、谦虚的态度。如果居高临下对待一种文明，不仅不能参透这种文明的奥妙，而且会与之格格不入。历史和现实都表明，傲慢和偏见是文明交流互鉴的最大障碍。

第三，文明是包容的，人类文明因包容才有交流互鉴的动力。海纳百川，有容乃大。人类创造的各种文明都是劳动和智慧的结晶。每一种文明都是独特的。在文明问题上，生搬硬套、削足适履不仅是不可能的，而且是十分有害的。一切文明成果都值得尊重，一切文明成果都要珍惜。

历史告诉我们，只有交流互鉴，一种文明才能充满生命力。只要秉持包容精神，就不存在什么"文明冲突"，就可以实现文明和谐。这就是中国人常说的："萝卜青菜，各有所爱。"

中华文明经历了 5000 多年的历史变迁，但始终一脉相承，积淀着中华民族最深层的精神追求，代表着中华民族独特的精神标识，为中华民族生生不息、发展壮大提供了丰厚滋养。中华文明是在中国大地上产生的文明，也是同其他文明不断交流互鉴而形成的文明。

公元前 100 多年，中国就开始开辟通往西域的丝绸之路。汉代张骞于公元前 138 年和 119 年两次出使西域，向西域传播了中华文化，也引进了葡萄、苜蓿、石榴、胡麻、芝麻等西域文化成果。

西汉时期，中国的船队就到达了印度和斯里兰卡，用中国的丝绸换取了琉璃、珍珠等物品。中国唐代是中国历史上对外交流的活跃期。据史料记载，唐代中国通使交好的国家多达 70 多个，那时候的首都长安里来自各国的使臣、商人、留学生云集成群。这个大交流促进了中华文化远播世界，也促进了各国文化和物产传入中国。15 世纪初，中国明代著名航海家郑和七次远洋航海，到了东南亚很多国家，一直抵达非洲东海岸的肯尼亚，留下了中国同沿途各国人民友好交往的佳话。明末清初，中国人积极学习现代科技知识，欧洲的天文学、医学、数学、几何学、地理学知识纷纷传入中国，开阔中国人的知识视野。之后，中外文明交流互鉴更是频繁展开，这其中有冲突、矛盾、疑惑、拒绝，但更多是学习、消化、融合、创新。

佛教产生于古代印度，但传入中国后，经过长期演化，佛教同中国儒家文化和道家文化融合发展，最终形成了具有中国特色的佛教文化，给中国人的宗教信仰、哲学观念、文学艺术、礼仪习俗等留下了深刻影响。中国唐代玄奘西行取经，历尽磨难，体现的是中国人学习域外文化的坚韧精神。根据他的故事演绎的神话小说《西游记》，我想大家都知道。中国人根据中华文化发展了佛教思想，形成了独特的佛教理论，而且使佛教从中国传播到了日本、韩国、东南亚等地。

2000 多年来，佛教、伊斯兰教、基督教等先后传入中国，中国音乐、绘画、文学等也不断吸纳外来文明的优长。中国传统画法同西方油画融合创新，形成了独具魅力的中国写意油画，徐悲鸿等大师的作品受到广泛赞赏。中国的造纸术、火药、印刷术、指南针四大发明带动了世界变革，推动了欧洲文艺复兴。中国哲学、文学、医药、丝绸、瓷器、茶叶等传入西方，渗入西方民众日常生活之中。《马可·波罗游记》令无数人对中国心向往之。

大家都知道，中国有秦俑，人们称之为"地下的军团"。法国总统希拉克参观之后说："不看金字塔，不算真正到过埃及。不看秦俑，不算真正到过中国。"1987 年，这一尘封了 2000 多年的中华文化珍品被列入世界文化遗产。中国还有大量文明成果被教科文组织列入世界文化遗产、世界非物质文化遗产、世界记忆遗产名录。这里，我要对教科文组织为保存和传播中华文明作出的贡献，表示衷心的感谢！

当今世界，人类生活在不同文化、种族、肤色、宗教和不同社会制度所组成的世界里，各国人民形成了你中有我、我中有你的命运共同体。

中国人早就懂得了"和而不同"的道理。生活在 2500 年前的中国史学家左丘明在《左传》中记录了齐国上大夫晏子关于"和"的一段话："和如羹焉，水、火、醯、醢、盐、梅，以烹鱼肉。""声亦如味，一气，二体，三类，四物，五声，六律，七音，八风，九歌，以相成也。""若以水济水，谁能食之？若琴瑟之专壹，谁能听之？"

世界上有 200 多个国家和地区，2500 多个民族和多种宗教。如果只有一种生活方式，只有一种语言，只有一种音乐，只有一种服饰，那是不可想象的。

雨果说，世界上最宽阔的是海洋，比海洋更宽阔的是天空，比天空更宽阔的是人的胸怀。对待不同文明，我们需要比天空更宽阔的胸怀。文明如水，润物无声。我们应该推动不同文明相互尊重、和谐共处，让文明交流互鉴成为增进各国人民友谊的桥梁、推动人类社会进步的动力、维护世界和平的纽带。我们应该从不同文明中寻求智慧、汲取营养，为人们提供精神支撑和心灵慰藉，携手解决人类共同面临的各种挑战。

1987 年，在中国陕西的法门寺，地宫中出土了 20 件美轮美奂的琉璃器，这是唐代传入中国的东罗马和伊斯兰的琉璃器。我在欣赏这些域外文物时，一直在思考一个问题，就是对待不同文明，不能只满足于欣赏它们产生的精美物件，更应该去领略其中包含的人文精神；不能只满足于领略它们对以往人们生活的艺术表现，更应该让其中蕴藏的精神鲜活起来。

拿破仑曾经说过，世上有两种力量：利剑和思想；从长而论，利剑总是败在思想手下。我们要积极发展教育事业，通过普及教育，启迪心智，传承知识，陶冶情操，使人们在持续的格物致知中更好认识各种文明的价值，让教育为文明传承和创造服务。我们要大力发展科技事业，通过科技进步和创新，认识自我，认识世界，改造社会，使人们在持续的天工开物中更好掌握科技知识和技能，让科技为人类造福。我们要大力推动文化事业发展，通过文化交流，沟通心灵，开阔眼界，增进共识，让人们在持续的以文化人中提升素养，让文化为人类进步助力。

中国人民正在为实现中华民族伟大复兴的中国梦而奋斗。实现中华民族伟大复兴的中国梦，就是要实现国家富强、民族振兴、人民幸福，既深深体现了今天中国人的理想，也深深反映了中国人自古以来不懈追求进步的光荣传统。

实现中国梦，是物质文明和精神文明均衡发展、相互促进的结果。没有文明的继承和发展，没有文化的弘扬和繁荣，就没有中国梦的实现。中华民族的先人们早就向往人们的物质生活充实无忧、道德境界充分升华的大同世界。中华文明历来把人的精神生活纳入人生和社会理想之中。所以，实现中国梦，是物质文明和精神文明比翼双飞的发展过程。随着中国经济社会不断发展，中华文明也必将顺应时代发展焕发出更加蓬勃的生命力。

每一种文明都延续着一个国家和民族的精神血脉，既需要薪火相传、代代守护，更需要与时俱进、勇于创新。中国人民在实现中国梦的进程中，将按照时代的新进步，推动中华文明创造性转化和创新性发展，激活其生命力，把跨越时空、超越国度、富有永恒魅力、具有当代价值的文化精神弘扬起来，让收藏在博物馆里的文物、陈列在广阔大地上的遗产、书写在古籍里的文字都活起来，让中华文明同世界各国人民创造的丰富多彩的文明一道，为人类提供正确的精神指引和强大的精神动力。

"等闲识得东风面，万紫千红总是春。"明年是教科文组织成立 70 周年，我相信，在博科娃总干事领导下，教科文组织一定能为推动人类文明交流互鉴、促进世界和平谱写新的篇章。

（这是习近平主席 2014 年 3 月 27 日在联合国教科文组织总部的演讲）

《关于做好新时期教育对外开放工作的若干意见》

2016 年 4 月 29 日 来源：新华社

近日，中共中央办公厅、国务院办公厅印发了《关于做好新时期教育对外开放工作的若干意见》（以下简称《意见》），并发出通知，要求各地区各部门结合实际认真贯彻执行。

《意见》强调，要全面贯彻党的十八大和十八届三中、四中、五中全会精神，以邓小平理论、"三个代表"重要思想、科学发展观为指导，深入贯彻习近平总书记系列重要讲话精神，坚持"四个全面"战略布局，全面贯彻党的教育方针，以服务党和国家工作大局为宗旨，统筹国内国际两个大局、发展安全两件大事，坚持扩大开放，做强中国教育，推进人文交流，不断提升我国教育质量、国家软实力和国际影响力，为实现"两个一百年"奋斗目标和中华民族伟大复兴的中国梦提供有力支撑。

《意见》提出，要坚持"围绕中心、服务大局，以我为主、兼容并蓄，提升水平、内涵发展，平等合作、保障安全"的工作原则。工作目标是：到 2020 年，我国出国留学服务体系基本健全，来华留学质量显著提高，涉外办学效益明显提升，双边多边教育合作广度和深度有效拓展，参与教育领域国际规则制定能力大幅提升，教育对外开放规范化、法治化水平显著提高，更好满足人民群众多样化、高质量教育需求，更好服务经济社会发展全局。

《意见》对做好新时期教育对外开放工作进行了重点部署。一是加快留学事业发展，提高留学教育质量。通过完善"选、派、管、回、用"工作机制，规范留学服务市场，完善全链条留学人员管理服务体系，优化出国留学服务。通过优化来华留学生源国别、专业布局，加大品牌专业和品牌课程建设力度，构建来华留学社会化、专业化服务体系，打造"留学中国"品牌。通过加大留学工作行动计划实施力度，加快培养拔尖创新人才、非通用语种人才、国际组织人才、国别和区域研究人才、来华杰出人才等五类人才。二是完善体制机制，提升涉外办学水平。通过完善准入制度，改革审批制度，开展评估认证，强化退出机制，加强信息公开，建立成功经验共享机制，重点围绕国家急需的自然科学与工程科学类专业建设，引进国外优质资源，全面提升合作办学质量。通过鼓励高等学校和职业院校配合企业走出去，鼓励社会力量参与境外办学，稳妥推进境外办学。三是加强高端引领，提升我国教育实力和创新能力。通过引进世界一流大学和特色学科，开展高水平人才联合培养和科学联合攻关，加强国际前沿和薄弱学科建设，借鉴世界名校先进管理经验，完善内部治理结构，加快建设具有中国特色的现代大学制度，助推一流大学和一流学科建设。通过支持高等学校参与国际重大科学计划和科学工程，建设一批高水平国际合作联合实验室、国际联合研究中心，面向全球引进高层次科技创新人才，促进高校科技国际协同创新。通过选派高等学校优秀青年教师、学术带头人等

赴国外高水平机构访学交流，加快引进世界名校师资，完善教师专业标准体系，推进外籍教师资格认证，加快高水平师资队伍建设。四是丰富中外人文交流，促进民心相通。通过整合搭建政府间教育高层磋商、教育领域专业人士务实合作、教师学生友好往来平台，完善中外人文交流机制相关制度，打造一批中外人文交流品牌项目，积极开展国际理解教育，加强人文交流机制建设。通过深化与世界各国语言合作交流，加强在汉语推广和非通用语种学习中的互帮互助，推进与世界各国语言互通，拓展政府间语言学习交换项目，联合更多国家开发语言互通共享课程，促进中外语言互通。通过把讲好中国故事、传播好中国声音作为教育对外开放的重要内容，聚集广大海外留学人员爱国能量，主动宣传祖国发展成就，积极发挥来华留学人员和外籍教师的宣介作用，积极传播中国理念。五是促进教育领域合作共赢。通过加强与国际组织的合作，建立和完善双边多边教育部长会议机制，增进次区域教育合作交流，推动大学联盟建设，深入推进友好城市、友好学校教育深度合作，深化双边多边教育合作。通过提升发展中国家在全球教育治理中的发言权和代表性，选拔推荐优秀人才到国际组织任职，完善金砖国家教育合作机制，拓展有关国际组织的教育合作空间，积极参与全球教育治理。通过发挥教育援助在"南南合作"中的重要作用，加大对发展中国家尤其是最不发达国家的支持力度，加快对外教育培训中心和教育援外基地建设，积极开展优质教学仪器设备、整体教学方案、配套师资培训一体化援助，开展教育国际援助，重点投资于人、援助于人、惠及于人。六是实施"一带一路"教育行动，促进沿线国家教育合作。加强教育互联互通、人才培养培训等工作，对接沿线各国发展需求，倡议沿线各国共同行动，实现合作共赢。扩大中国政府奖学金资助规模，设立"丝绸之路"中国政府奖学金，

每年资助 1 万名沿线国家新生来华学习或研修。对在"一带一路"教育合作交流和区域教育共同发展中作出杰出贡献、产生重要影响的国际人士、团队和组织给予表彰。

《意见》提出，要大力提升教育对外开放治理水平。一是完善教育对外开放布局。加强与大国、周边国家、发展中国家、多边组织的务实合作，充分发挥教育在"一带一路"建设中的重要作用，形成重点推进、合作共赢的教育对外开放局面。支持东部地区整体提升教育对外开放水平，率先办出中国特色、世界水平的现代教育，支持中西部地区不断扩大教育对外开放的广度和深度，引导沿边地区利用地缘优势，推进与周边国家教育合作交流，形成因地制宜、特色发展的教育对外开放格局。二是健全质量保障。推动亚太区域内双边多边学历学位互认，支持联合国教科文组织建立世界范围学历互认机制。加强与国际组织合作，积极参与国际教育质量标准研究制定。紧密对接《中国制造 2025》，开发与国际先进标准相对接的职业教育课程体系，积极参与制定职业教育国际标准。参与国际学生评估测试，提高我国教育质量评估监测能力。深入推进管办评分离，形成以政府监管、学校自律、社会评价为一体的质量保障体系。三是加强理论支撑。完善国别和区域研究基地布局，加强国际问题研究。支持高等学校、科研机构、社会力量开展教育对外开放战略研究。支持大学智库合作。健全教育对外开放事业发展数据统计和发布机制。建立教育对外开放专家咨询组织，建设研究数据平台，健全决策机制。四是强化监督管理。加强监管体系建设，健全监管制度，形成高效可靠的综合监管体系和监督合力。明确留学中介服务机构的行业监管要求，健全行业评价、投诉处理、信息公开、退出禁入机制，形成健康有序的留学市场。

《意见》要求，加强对教育对外开放工作的组织领导。一是

加强和改进党对教育对外开放工作的领导。健全教育对外开放的领导体制和工作机制，充分发挥各级党委在教育对外开放战略目标制定、人才培养、干部管理等各项工作中的领导作用。创新工作方式，加强和改进中外合作办学机构党建工作，加快培养一批优秀涉外办学管理人才。加强教育外事干部队伍建设。二是健全工作机制。建立健全政府、学校、社会力量权责明确、分工协作、高效有序的教育对外开放运行架构。各级党委和政府要充分发挥统筹协调作用，把教育对外开放工作纳入议事日程。完善部际协调机制，强化省级政府教育统筹、监管和管理职能，发挥学校主体作用，鼓励成立区域性、行业性校际联盟，加强教育涉外行业组织建设。三是完善保障措施。加大经费投入，在经费使用及管理上，更多向支持人才倾斜，赋予学校更多自主权，按规定统筹安排相关资金用于支持师生赴国外实习、开展教学实验。完善来华留学、中外合作办学等政策制度。四是营造良好氛围。加大教育对外开放政策的宣传解读力度。丰富宣传形式，充分发挥新兴媒体和主流媒体的对外宣传作用。驻外使领馆要主动加强与当地媒体沟通联系，着力营造有利于教育对外开放的舆论氛围。

《推进共建"一带一路"教育行动》

2016 年 7 月 13 日 来源：教育部

推进共建"丝绸之路经济带"和"21 世纪海上丝绸之路"（以下简称"一带一路"），为推动区域教育大开放、大交流、大融合提供了大契机。"一带一路"沿线国家教育加强合作、共同行动，既是共建"一带一路"的重要组成部分，又为共建"一带一路"提供人才支撑。中国愿与沿线国家一道，扩大人文交流，加强人才培养，共同开创教育美好明天。

一、教育使命

教育为国家富强、民族繁荣、人民幸福之本，在共建"一带一路"中具有基础性和先导性作用。教育交流为沿线各国民心相通架设桥梁，人才培养为沿线各国政策沟通、设施联通、贸易畅通、资金融通提供支撑。

沿线各国唇齿相依，教育交流源远流长，教育合作前景广阔，大家携手发展教育，合力推进共建"一带一路"，是造福沿线各国人民的伟大事业。

中国将一以贯之地坚持教育对外开放，深度融入世界教育改革发展潮流。推进"一带一路"教育共同繁荣，既是加强与沿线各国教育互利合作的需要，也是推进中国教育改革发展的需要，中国愿意在力所能及的范围内承担更多责任义务，为区域教育大发展做出更大的贡献。

二、合作愿景

沿线各国携起手来，增进理解、扩大开放、加强合作、互学互鉴，谋求共同利益、直面共同命运、勇担共同责任，聚力构建"一带一路"教育共同体，形成平等、包容、互惠、活跃的教育合作态势，促进区域教育发展，全面支撑共建"一带一路"，共同致力于：

推进民心相通。开展更大范围、更高水平、更深层次的人文交流，不断推进沿线各国人民相知相亲。

提供人才支撑。培养大批共建"一带一路"急需人才，支持沿线各国实现政策互通、设施联通、贸易畅通、资金融通。

实现共同发展。推动教育深度合作、互学互鉴，携手促进沿线各国教育发展，全面提升区域教育影响力。

三、合作原则

育人为本，人文先行。加强合作育人，提高区域人口素质，为共建"一带一路"提供人才支撑。坚持人文交流先行，建立区域人文交流机制，搭建民心相通桥梁。

政府引导，民间主体。沿线国家政府加强沟通协调，整合多种资源，引导教育融合发展。发挥学校、企业及其他社会力量的主体作用，活跃教育合作局面，丰富教育交流内涵。

共商共建，开放合作。坚持沿线国家共商、共建、共享，推进各国教育发展规划相互衔接，实现沿线各国教育融通发展、互动发展。

和谐包容，互利共赢。加强不同文明之间的对话，寻求教育发展最佳契合点和教育合作最大公约数，促进沿线各国在教育领域互利互惠。

四、合作重点

沿线各国教育特色鲜明、资源丰富、互补性强、合作空间巨大。中国将以基础性、支撑性、引领性三方面举措为建议框架，开展三方面重点合作，对接沿线各国意愿，互鉴先进教育经验，共享

优质教育资源，全面推动各国教育提速发展。

（一）开展教育互联互通合作

加强教育政策沟通。开展"一带一路"教育法律、政策协同研究，构建沿线各国教育政策信息交流通报机制，为沿线各国政府推进教育政策互通提供决策建议，为沿线各国学校和社会力量开展教育合作交流提供政策咨询。积极签署双边、多边和次区域教育合作框架协议，制定沿线各国教育合作交流国际公约，逐步疏通教育合作交流政策性瓶颈，实现学分互认、学位互授联授，协力推进教育共同体建设。

助力教育合作渠道畅通。推进"一带一路"国家间签证便利化，扩大教育领域合作交流，形成往来频繁、合作众多、交流活跃、关系密切的携手发展局面。鼓励有合作基础、相同研究课题和发展目标的学校缔结姊妹关系，逐步深化拓展教育合作交流。举办沿线国家校长论坛，推进学校间开展多层次多领域的务实合作。支持高等学校依托学科优势专业，建立产学研用结合的国际合作联合实验室（研究中心）、国际技术转移中心，共同应对经济发展、资源利用、生态保护等沿线各国面临的重大挑战与机遇。打造"一带一路"学术交流平台，吸引各国专家学者、青年学生开展研究和学术交流。推进"一带一路"优质教育资源共享。

促进沿线国家语言互通。研究构建语言互通协调机制，共同开发语言互通开放课程，逐步将沿线国家语言课程纳入各国学校教育课程体系。拓展政府间语言学习交换项目，联合培养、相互培养高层次语言人才。发挥外国语院校人才培养优势，推进基础教育多语种师资队伍建设和外语教育教学工作。扩大语言学习国家公派留学人员规模，倡导沿线各国与中国院校合作在华开办本国语言专业。支持更多社会力量助力孔子学院和孔子课堂建设，加强汉语教师和汉语教学志愿者队伍建设，全力满足沿线国家汉语学习需求。

推进沿线国家民心相通。鼓励沿线国家学者开展或合作开展中国课题研究，增进沿

线各国对中国发展模式、国家政策、教育文化等各方面的理解。建设国别和区域研究基地，与对象国合作开展经济、政治、教育、文化等领域研究。逐步将理解教育课程、丝路文化遗产保护纳入沿线各国中小学教育课程体系，加强青少年对不同国家文化的理解。加强"丝绸之路"青少年交流，注重利用社会实践和志愿服务、文化体验、体育竞赛、创新创业活动和新媒体社交等途径，增进不同国家青少年对其他国家文化的理解。

推动学历学位认证标准连通。推动落实联合国教科文组织《亚太地区承认高等教育资历公约》，支持教科文组织建立世界范围学历互认机制，实现区域内双边多边学历学位关联互认。呼吁各国完善教育质量保障体系和认证机制，加快推进本国教育资历框架开发，助力各国学习者在不同种类和不同阶段教育之间进行转换，促进终身学习社会建设。共商共建区域性职业教育资历框架，逐步实现就业市场的从业标准一体化。探索建立沿线各国教师专业发展标准，促进教师流动。

（二）开展人才培养培训合作

实施"丝绸之路"留学推进计划。设立"丝绸之路"中国政府奖学金，为沿线各国专项培养行业领军人才和优秀技能人才。全面提升来华留学人才培养质量，把中国打造成为深受沿线各国学子欢迎的留学目的地国。以国家公派留学为引领，推动更多中国学生到沿线国家留学。坚持"出国留学和来华留学并重、公费留学和自费留学并重、扩大规模和提高质量并重、依法管理和完善服务并重、人才培养和发挥作用并重"，完善全链条的留学人员管理服务体系，保障平安留学、健康留学、成功留学。

实施"丝绸之路"合作办学推进计划。有条件的中国高等学校开展境外办学要集中优势学科，选好合作契合点，做好前期论证工作，构建人才培养模式、运行管理模式、服务当地模式、公共关系模式，使学校顺利落地生根、开花结果。发挥政府引领、行业主导作用，促进高等学校、职业院校与行业企业深化产教融合。鼓励中国优质职业教育配合高铁、电信运营等行业企业走出去，探索开展多种形式的境外合作办学，合作设立职业院校、培训中心，合作开发教学资源和项目，开展多层次职业教育和培训，培养当地急需的各类"一带一路"建设者。整合资源，积极推进与沿线各国在青年就业培训等共同关心领域的务实合作。倡议沿线国家之间开展高水平合作办学。

实施"丝绸之路"师资培训推进计划。开展"丝绸之路"教师培训，加强先进教育经验交流，提升区域教育质量。加强"丝绸之路"教师交流，推动沿线各国校长交流访问、教师及管理人员交流研修，推进优质教育模式在沿线各国互学互鉴。大力推进沿线各国优质教学仪器设备、教材课件和整体教学解决方案输出，跟进教师培训工作，促进沿线各国教育资源和教学水平均衡发展。

实施"丝绸之路"人才联合培养推进计划。推进沿线国家间的研修访学活动。鼓励沿线各国高等学校在语言、交通运输、建筑、医学、能源、环境工程、水利工程、生物科学、海洋科学、生态保护、文化遗产保护等沿线国家发展急需的专业领域联合培养学生，推动联盟内或校际间教育资源共享。

（三）共建丝路合作机制

加强"丝绸之路"人文交流高层磋商。开展沿线国家双边多边人文交流高层磋商，商定"一带一路"教育合作交流总体布局，协调推动沿线各国建立教育双边多边合作机制、教育质量保障协作机制和跨境教育市场监管协作机制，统筹推进"一带一路"教育共同行动。

充分发挥国际合作平台作用。发挥上海合作组织、东亚峰会、亚太经合组织、亚欧会议、亚洲相互协作与信任措施会议、中阿合作论坛、东南亚教育部长组织、中非合作论坛、中巴经济走廊、孟中印缅经济走廊、中蒙俄经济走廊等现有双边多边合作机制作用，增加教育合作的新内涵。借助联合国教科文组织等国际组织力量，推动沿线各国围绕实现世界教育发展目标形成协作机制。充分利用中国–东盟教育交流周、中日韩大学交流合作促进委员会、中阿大学校长论坛、中非高校20+20合作计划、中日大学校长论坛、中韩大学校长论坛、中俄大学联盟等已有平台，开展务实教育合作交流。支持在共同区域、有合作基础、具备相同专业背景的学校组建联盟，不断延展教育务实合作平台。

实施"丝绸之路"教育援助计划。发挥教育援助在"一带一路"教育共同行动中的重要作用，逐步加大教育援助力度，重点投资于人、援助于人、惠及于人。发挥教育援助在"南南合作"中的重要作用，加大对沿线国家尤其是最不发达国家的支持力度。统筹利用国家、教育系统和民间资源，为沿线国家培养培训教师、学者和各类技能人才。积极开展优质教学仪器设备、整体教学方案、配套师资培训一体化援助。加强中国教育培训中心和教育援外基地建设。倡议各国建立政府引导、社会参与的多元化经费筹措机制，通过国家资助、社会融资、民间捐赠等渠道，拓宽教育经费来源，做大教育援助格局，实现教育共同发展。

开展"丝路金驼金帆"表彰工作。对于在"一带一路"教育合作交流和区域教育共同发展中做出杰出贡献、产生重要影响的国际人士、团队和组织给予表彰。

五、中国教育行动起来

中国倡导沿线各国建立教育共同体，聚力推进共建"一带一路"，首先需要中国教育领域和社会各界率先垂范、积极行动。

加强协调推动。加强国内各部门各地方的统筹协调工作，有序开展"一带一路"教育合作交流。推动中国教育治理体系完善、相关法律法规修订和教育综合改革，提升中国开展"一带一路"教育行动的质量和水平。教育部与国家发展改革委、外交部、商务部等部门和全国性行业组织紧密配合，围绕共建"一带一路"大局，寻找合作重点、建立运行保障机制，畅通教育国际合作交流渠道，对接沿线各国教育发展战略规划。

地方重点推进。突出地方推进共建"一带一路"的主体性、支撑性和落地性，要求各地发挥区位优势和地方特色，抓紧制定本地教育和经济携手走出去行动计划，紧密对接国家总体布局。有序与沿线国家地方政府建立"友好省州""姊妹城市"关系，做好做实彼此间人文交流。充分利用地方调配资源优势，积极搭建海内外平台，促进校企优势互补、良性合作、共同发展。多措并举，支持指导本地教育系统与"一带一路"沿线国家广泛开展合作交流，打造教育合作交流区域高地，助力做强本地教育。

各级学校有序前行。各级各类学校秉承"己欲立而立人"的中国传统，有序与沿线各国学校扩大合作交流，整合优质资源走出去，选择优质资源引进来，兼容并包、互学互鉴，共同提升教育国际化水平和服务共建"一带一路"能力。中小学校要广泛建立校际合作交流关系，重点开展师生交流、教师培训和国际理解教育。高等学校、职业院校要立足各自发展战略和本地区参与共建"一带一路"规划，与沿线各国开展形式多样的合作交流，重点做好完善现代大学制度、创新人才培养模式、提升来华留学质量、优化境外合作办学、助推企业成长等各项工作的协同发展。

社会力量顺势而行。开展更大范围、更深层次、更高水平的"一带一路"教育民间合作交流，吸纳更多民间智慧、民间力量、民间方案、民间行动。大力培育和发展我国非营利组织，通过购买服务、市场调配等举措，大力支持社会机构和专业组织投身教育对外开放事业，活跃民间教育国际合作交流。加快推动教学仪器和中医诊疗服务走出去步伐，支持企业和个人按照市场规则依法参与中外合作办学、合作科研、涉外服务等教育对外开放活动。企业要积极与学校合作走出去，联合开展人才培养、科技创新和

成果转化，积极服务"一带一路"国家经贸发展。

助力形成早期成果。实施高度灵活、富有弹性的合作机制，优先启动各方认可度高、条件成熟的项目，明确时间节点，争取短期内开花结果。2016年，各省市制定并呈报本地"一带一路"教育行动计划，有序推进教育互联互通、人才培养培训及丝路合作机制建设。2017年，基于三方面重点合作的沿线各国教育共同行动深入开展。未来3年，中国每年面向沿线国家公派留学生2500人；未来5年，建成10个海外科教基地，每年资助1万名沿线国家新生来华学习或研修。

六、共创教育美好明天

独行快，众行远。合作交流是沿线各国共建"一带一路"教育共同体的主要方式。通过教育合作交流，培养高素质人才，推进经济社会发展，提高沿线各国人民生活福祉，是我们共同的愿望。通过教育合作交流，扩大人文往来，筑牢地区和平基础，是我们共同的责任。

中国愿与沿线各国一道，秉持开放合作、互利共赢理念，共同构建多元化教育合作机制，制订时间表和路线图，推动弹性化合作进程，打造示范性合作项目，满足各方发展需要，促进共同发展。

中国教育部倡议沿线各国积极行动起来，加强战略规划对接和政策磋商，探索教育合作交流的机制与模式，增进教育合作交流的广度和深度，追求教育合作交流的质量和效益，互知互信、互帮互助、互学互鉴，携手推动教育发展，促进民心相通，构建"一带一路"教育共同体，共创人类美好生活新篇章。

《文化部"一带一路"文化发展行动计划（2016—2020 年）》

2017 年 11 月 9 日 来源：文化部

为深入贯彻十八大和十八届三中、四中、五中、六中全会精神，深入贯彻习近平总书记系列重要讲话精神，落实经国务院授权，由国家发展改革委、外交部、商务部联合发布的《推动共建丝绸之路经济带和 21 世纪海上丝绸之路的愿景与行动》（以下简称《愿景与行动》），加强与"一带一路"沿线国家和地区的文明互鉴与民心相通，切实推动文化交流、文化传播、文化贸易创新发展，特制定本行动计划。

一、指导思想与基本原则

（一）指导思想

高举中国特色社会主义伟大旗帜，以邓小平理论、"三个代表"重要思想和科学发展观为指导，深入贯彻落实习近平总书记系列重要讲话精神，坚持社会主义先进文化前进方向，认真贯彻落实《愿景与行动》的整体部署，助推"一带一路"沿线国家和地区积极参与文化交流与合作，传承丝路精神，促进文明互鉴，实现亲诚惠容、民心相通，推动中华文化"走出去"，扩大中华文化的国际影响力，为实现《愿景与行动》总体目标和全面推进"一带一路"建设，夯实民意基础。

（二）基本原则

政府主导，开放包容。坚持文化对外开放战略布局，发挥政府引领统筹作用，加强与"一带一路"沿线国家和地区政府间文化交流，着力建立长效合作机制，充分发挥国内各省区市优势，鼓励社会力量积极参与、共同建设。

交融互鉴，创新发展。秉承和而不同、互鉴互惠的理念，尊重"一带一路"沿线国家和地区人民的精神创造和文化传统，以创新为动力，充分运用互联网思维和新科技手段，推动"一带一路"多元文化深度融合。

市场引导，互利共赢。兼顾各方利益和关切，遵循国际规则和市场规律，充分发挥市场在资源配置中的重要作用，调动各方积极性，将文化与外交、经贸密切结合，形成文化交流、文化传播、文化贸易协调发展态势，实现互利共赢。

二、发展目标

准确把握"一带一路"倡议精神，全方位提升我国文化领域开放水平，秉承立足周边、辐射"一带一路"、面向全球的合作理念，构建文化交融的命运共同体。着力实现以下目标：

——文化交流合作机制逐步完善。与"一带一路"沿线国家和地区政府、民间文化交流合作机制进一步健全，部际、部省等工作机制进一步完善。形成政府统筹、社会参与、市场运作的整体发展机制和跨地区、跨部门、跨行业的文化交流合作协调发展态势。

——文化交流合作平台基本形成。加快在"一带一路"沿线国家和地区设立中国文化中心，形成布局合理、功能完备的设施网络。以"一带一路"为主题的各类艺术节、博览会、交易会、论坛、公共信息服务等平台建设逐步实现规范化和常态化。

——文化交流合作品牌效应充分显现。打造文化交流合作知名品牌，继续扩大"欢乐春节"品牌在沿线国家的影响，充分发挥"丝绸之路文化之旅""丝绸之路文化使者"等重大文化交流品牌活动的载体作用。

——文化产业及对外文化贸易渐成规模。面向"一带一路"国际文化市场的文化产业发展格局初步形成，文化企业规模不断壮大，文化贸易渠道持续拓展，服务体系建设初见成效。

三、重点任务

（一）健全"一带一路"文化交流合作机制

积极与"一带一路"沿线国家和地区签署政府间文件，深化人文合作委员会、文化联委会等合作机制，为"一带一路"文化发展提供有效保障。加强上海合作组织成员国文化部长会晤、中国—中东欧国家文化部长会议、中阿文化部长论坛、中国与东盟"10＋1"文化部长会议等高级别文化磋商。推动与沿线国家和地区建立非物质文化遗产交流与合作机制。与沿线国家和地区建立文化遗产保护和世界遗产申报等方面的长效合作机制。支持国家艺术基金与沿线国家和地区的同类机构建立合作机制。

完善部省合作机制，鼓励各省区市在文化交流、遗产保护、文艺创作、文化旅游等领域开展区域性合作。发挥海外侨胞以及港澳台地区的独特优势，积极搭建港澳台与"一带一路"沿线国家和地区文化交流平台。充分考虑和包含以妈祖文化为代表的海洋文化，构建21世纪海上丝绸之路文化纽带。引导和扶持社会力量参与"一带一路"文化交流与合作。

专栏1 "一带一路"文化交流合作机制建设

1."一带一路"国际交流机制建设计划

积极贯彻落实我国与"一带一路"沿线国家和地区签订的文化合作（含文化遗产保护）协定、年度执行计划、谅解备忘录等政府间文件，加强我国与"一带一路"沿线国家和地区文化交流与合作机制化发展，推动成立"丝绸之路国际剧院联盟""丝绸之路国际图书馆联盟""丝绸之路国际博物馆联盟""丝绸之路国际美术馆联盟""丝绸之路国际艺术节联盟""丝绸之路国际艺术院校联盟"等，与"一带一路"沿线地区组织和重点国家逐步建立城际文化交流合作机制。

2."一带一路"国内合作机制建设计划

建立"一带一路"部省对口合作机制，共同研究制定中长期合作规划，在项目审批、资金、人才、技术等方面予以支持，建立对口项目合作机制和目标任务考核机制，研究提出绩效评估办法。

（二）完善"一带一路"文化交流合作平台

优先推动"一带一路"沿线国家和地区的中国文化中心建设，完善沿线国家和地区的中心布局。着力打造以"一带一路"为主题的国际艺术节、博览会、艺术公园等国际交流合作平台。鼓励和支持各类综合性国际论坛、交易会等设立"一带一路"文化交流板块。逐步建立"丝绸之路"文化数据库，打造公共数字文化支撑平台。

专栏2 "一带一路"文化交流合作平台建设

3."一带一路"沿线国家中国文化中心建设计划

落实《海外中国文化中心发展规划（2012—2020年）》，优先在缅甸、马来西亚、印度尼西亚、越南、匈牙利、罗马尼亚、保加利亚、哈萨克斯坦、白俄罗斯、塞尔维亚、拉脱维亚、土库曼斯坦、以色列等"一带一路"沿线国家设立中国文化中心。

4."一带一路"文化交流合作平台建设计划

将"中国新疆国际民族舞蹈节""丝绸之路国际艺术节""海上丝绸之路国际艺术节""丝绸之路（敦煌）国际文化博览会""厦门国际海洋周""中国海洋文化节"等活动打造成国际交流合作平台，建设"海上丝绸之路（泉州）艺术公园"和"中阿友谊雕塑园"等重点项目平台。

鼓励中国—亚欧博览会、中国—阿拉伯国家博览会、中国—东盟博览会、中国西部国际博览会、中国（深圳）国际文化产业博览交易会、中国西部文化产业博览会等综合性平台设立"一带一路"文化交流板块。

（三）打造"一带一路"文化交流品牌

在"一带一路"沿线国家和地区打造"欢乐春节""丝绸之路文化之旅"等重点交流品牌以及互办文化节(年、季、周、日)等活动，扩大文化交流规模。

与"一带一路"沿线国家和地区共同遴选"丝绸之路文化使者"，通过智库学者、汉学家、翻译家交流对话和青年人才培养，促进思想文化交流。推动中外文化经典作品互译和推广。

积极探索与"一带一路"沿线国家和地区开展同源共享的非物质文化遗产的联合保护、研究、人员培训、项目交流和联合申报。加大"一带一路"文化遗产保护力度，促进与沿线国家和地区在考古研究、文物修复、文物展览、人员培训、博物馆交流、世界遗产申报与管理等方面开展国际合作。鼓励地方和社会力量参与文化遗产领域的对外交流与合作。

繁荣"一带一路"主题文化艺术生产，倡导与沿线国家和地区的艺术人才和文化机构联合创作、共同推介，搭建展示平台，提升艺术人才的专业水准和综合素质，为丝路主题艺术创作储备人才资源。

专栏3 "一带一路"文化交流品牌建设

5."丝绸之路文化之旅"计划

打造"丝绸之路文化之旅"品牌，到2020年，实现与"一带一路"沿线国家和地区文化交流规模达3万人次、1000家中外文化机构、200名专家和100项大型文化年(节、季、周、日)活动。联合沿线国家和地区共同开发丝绸之路文化旅游精品线路及相关文创产品。邀请"一带一路"沿线国家和地区知名艺术家来华举行"意会中国"采风创作活动，推动沿线国家的国家级艺术院团及代表性舞台艺术作品开展交流互访，形成品牌活动。

6. "丝绸之路文化使者"计划

开展与"一带一路"沿线国家和地区的智库交流与合作，举办青年汉学家、翻译家研修活动，邀请800名著名智库学者、汉学家、翻译家来华交流、研修。实施"一带一路"中国文化译介人才发展计划。与周边国家举办文化论坛。与沿线国家和地区合办代表国家水准和民族特色的优秀艺术家互访、文化艺术人才培训和青少年交流活动。培养150名国际青年文物修复和博物馆管理人才。

7. "一带一路"艺术创作扶持计划

支持与"一带一路"沿线国家和地区文化机构在戏剧、音乐、舞蹈、美术等领域开展联合创作，在国内"一带一路"沿线区域实施"中华优秀传统艺术传承发展计划"，通过国家艺术基金对"一带一路"主题艺术创作优秀项目予以支持。

8. "一带一路"文化遗产长廊建设计划

与"一带一路"沿线国家和地区共同实施考古合作、文物科技保护与修复、人员培训等项目，实施文物保护援助工程。举办以"丝绸之路文化遗产"为主题的研讨交流活动。推进海上丝绸之路申遗以及世界文化遗产"丝绸之路：长安—天山廊道的路网"扩展项目。

（四）推动"一带一路"文化产业繁荣发展

建立和完善文化产业国际合作机制，加快国内"丝绸之路文化产业带"建设。以文化旅游、演艺娱乐、工艺美术、创意设计、数字文化为重点领域，支持"一带一路"沿线地区根据地域特色和民族特点实施特色文化产业项目，加强与"一带一路"国家在文化资源数字化保护与开发中的合作，积极利用"一带一路"文化交流合作平台推介文化创意产品，推动动漫游戏产业面向"一带一路"国家发展。顺应"互联网+"发展趋势，推进互联网与文化产业融合发展，鼓励和引导社会资本投入"丝绸之路文化产业带"建设。持续推进藏羌彝文化产业走廊建设。

专栏 4 "一带一路"文化产业发展

9. "丝绸之路文化产业带"建设计划

鼓励国内"一带一路"沿线文化企业跨区域经营，实现文化旅游互为目的地和客源地，建设具有代表性的特色文化产品生产和销售基地。运用文化产业项目服务平台，加强对丝绸之路文化产业重点项目征集发布、宣传推介、融资洽谈、对接落地等全方位服务。将国内"一带一路"沿线区域符合条件的城市纳入扩大文化消费试点范围，逐步建立促进文化消费的长效机制。

10. 动漫游戏产业"一带一路"国际合作行动计划

发挥动漫游戏产业在文化产业国际合作中的先导作用，面向"一带一路"各国，聚焦重点，广泛开展。搭建交流合作平台、开展交流推广活动，促进互联互通，构建产业生态体系。发挥中国动漫游戏产业创新能力强、产业规模大的优势，培育重点企业，实施重点项目，开展国际产能合作，实现中国动漫游戏产业与沿线国家合作规模显著扩展、水平显著提升，为青少年民心相通发挥独特作用。

11. "一带一路"文博产业繁荣计划

推进"互联网+中华文明"及"文物带你看中国"项目，提高"一带一路"文化遗产与旅游、影视、出版、动漫、游戏、建筑、设计等产业结合度，促进文物资源、新技术和创意人才等产业要素的国际流通。

（五）促进"一带一路"文化贸易合作

围绕演艺、电影、电视、广播、音乐、动漫、游戏、游艺、数字文化、创意设计、文化科技装备、艺术品及授权产品等领域，开辟完善国际合作渠道。推广民族文化品牌，鼓励文化企业在"一带一路"沿线国家和地区投资。鼓励国有企业及社会资本参与"一带一路"文化贸易，依托国家对外文化贸易基地，推动骨干和中小文化企业的联动整合、融合创新，带动文化生产与消费良性互动。

专栏 5 "一带一路"文化贸易合作

12. "一带一路"文化贸易拓展计划

扶持外向型骨干文化企业与"一带一路"沿线国家和地区文化企业围绕重点领域开展项目合作。开展1000人次文化贸易职业经理人、创意策划人和经营管理人才的交流互访。在国内举办的国际文化会展推出"一带一路"专馆或专区，支持国内文化企业到"一带一路"沿线国家和地区参加知名文化会展。

四、保障措施

（一）组织保障

运用好对外文化工作部际联席会议机制，

在文化部"一带一路"工作领导小组指导下，根据本规划明确职责分工，制定实施方案，强化督促检查，形成工作合力。

（二）政策法规保障

签署和落实国际间政府文化合作协定，全面落实国家文化、外交和贸易政策，加强文化领域知识产权保护。建立和完善文化事业、文化产业和对外文化贸易的相关法律法规体系，引导企业自觉遵守国际法律和贸易规则。

（三）资金保障

完善财政投入机制，设立文化部"一带一路"文化交流专项资金。鼓励社会力量参与，引导社会资本投入"一带一路"文化发展建设。鼓励政策性、商业性金融机构发挥优势，探索支持"一带一路"文化发展建设的有效模式，为"一带一路"文化项目提供多元化金融服务。

（四）人才保障

培养一支政治坚定、业务精通、外语娴熟、纪律严明、作风过硬的文化外交人才队伍。加大非通用语人才储备，引导文化艺术专业技术人才和复合型经营管理人才投身于"一带一路"文化工作。有针对性地开展"一带一路"文化交流培训工作，加强"一带一路"文化人才队伍建设，提升人才队伍的素质和能力。

（五）评估落实

建立"一带一路"文化发展重点项目库，定期对落实情况进行检查、评估、总结，宣传推广先进经验和有效做法。

《关于实施中华优秀传统文化传承发展工程的意见》（节选）

2017 年 1 月 25 日 来源：新华社

14. 推动中外文化交流互鉴。加强对外文化交流合作，创新人文交流方式，丰富文化交流内容，不断提高文化交流水平。充分运用海外中国文化中心、孔子学院，文化节展、文物展览、博览会、书展、电影节、体育活动、旅游推介和各类品牌活动，助推中华优秀传统文化的国际传播。支持中华医药、中华烹饪、中华武术、中华典籍、中国文物、中国园林、中国节日等中华传统文化代表性项目走出去。积极宣传推介戏曲、民乐、书法、国画等我国优秀传统文化艺术，让国外民众在审美过程中获得愉悦、感受魅力。加强"一带一路"沿线国家文化交流合作。鼓励发展对外文化贸易，让更多体现中华文化特色、具有较强竞争力的文化产品走向国际市场。探索中华文化国际传播与交流新模式，综合运用大众传播、群体传播、人际传播等方式，构建全方位、多层次、宽领域的中华文化传播格局。推进国际汉学交流和中外智库合作，加强中国出版物国际推广与传播，扶持汉学家和海外出版机构翻译出版中国图书，通过华侨华人、文化体育名人、各方面出境人员，依托我国驻外机构、中资企业、与我友好合作机构和世界各地的中餐馆等，讲好中国故事、传播好中国声音、阐释好中国特色、展示好中国形象。

《关于加强和改进中外人文交流工作的若干意见》

2017 年 12 月 21 日 来源：新华社

2017 年 7 月，中共中央总书记、国家主席、中央军委主席习近平主持中央全面深化改革领导小组会议审议通过了《关于加强和改进中外人文交流工作的若干意见》（以下简称《意见》）。之后，中共中央办公厅、国务院办公厅印发了文件，并发出通知，要求各地区各部门结合实际认真贯彻落实。

《意见》指出，中外人文交流是党和国家对外工作的重要组成部分，是夯实中外关系社会民意基础、提高我国对外开放水平的重要途径。党的十八大以来，以习近平同志为核心的党中央高度重视人文交流工作，中外人文交流事业蓬勃发展，谱写了新的宏伟篇章，为我国对外开放事业的推进作出了重要贡献，有力推动了全球范围内的人文交流与文明互鉴。

《意见》指出，加强和改进中外人文交流工作要以服务国家改革发展和对外战略为根本，以促进中外民心相通和文明互鉴为宗旨，创新高级别人文交流机制，改革各领域人文交流内容、形式、工作机制，将人文交流与合作理念融入对外交往各个领域。

《意见》强调，加强和改进中外人文交流工作要坚持以人为本、平等互鉴、开放包容、机制示范、多方参与、以我为主、改革创新等原则，着力推动人文交流理念更加深入人心，各地区各部门以及全社会开展人文交流与合作的能力进一步增强，各负其责、协同联动的工作机制基本形成；着力推动中外人文交流渠道更加畅通，平台更加多元，形式内容更加丰富，形成一批具有中国特色、国际影响的人文交流品牌；着力推动我国吸收借鉴国外先进文明成果取得更大进展。

《意见》指出，要创新高级别人文交流机制，充分发挥元首外交和首脑外交的引领作用，充分发挥高级别人文交流机制的示范带动作用，巩固深化我国同有关国家的人文合作。通过集成整合和改革创新，进一步汇聚资源、丰富内容，重心下沉、贴近民众，探索新的交流形式和合作领域。依托高级别人文交流机制推动区域人文交流，扩大参与国家范围，进一步发挥机制在区域人文交流中的辐射和带动作用。

《意见》指出，要丰富和拓展人文交流的内涵和领域，打造人文交流国际知名品牌。坚持走出去和引进来双向发力，重点支持汉语、中医药、武术、美食、节日民俗以及其他非物质文化遗产等代表性项目走出去，深化中外留学与合作办学，高校和科研机构国际协同创新，文物、美术和音乐展演，大型体育赛事举办和重点体育项目发展等方面的合作。在人文交流各领域形成一批

有国际影响力的品牌项目，进一步丰富中外人文交流年度主题。

《意见》指出，要健全全社会广泛参与的体制机制，充分调动中央与地方、政府与社会的积极性，进一步挖掘各地方、各部门、各类组织和群体在中外人文交流中的潜力和资源。加强人文交流相关知识和理念的教育、传播、实践，引导海外华侨华人、留学人员、志愿者以及在海外投资的中资企业积极参与人文交流，将人文交流寓于中外民众日常交往中。鼓励专业化、国际化的社会组织和民间力量参与人文交流具体项目运作。

《意见》指出，要构建语言互通工作机制，推动我国与世界各国语言互通，开辟多种层次语言文化交流渠道。着力加大汉语国际推广力度，支持更多国家将汉语教学纳入国民教育体系，努力将孔子学院打造成国际一流的语言推广机构。健全国内高校外语学科体系，加快培养非通用语人才，不断提升广大民众的语言交流能力。

《意见》指出，要加强中外人文交流综合传播能力建设，推动中外广播影视、出版机构、新闻媒体开展联合制作、联合采访、合作出版，促进中外影视节目互播交流，实施图书、影视、文艺演出等领域的专项交流项目和计划，丰富人文交流的文学艺术内容和载体；做大做强"互联网 + 人文交流"，实现实体与虚拟交流平台的相互补充和良性互动。通过丰富媒体交流形式、打造具有国际影响力的全媒体和文化传播机构等举措，讲好中国故事，传播中国声音，阐释中国道路，增强中国文化形象的亲近感。

《意见》指出，要深化我国与有关国际组织和机构的交流合作，积极参与人文领域全球治理，积极向国际社会提供人文公共产品，分享我国在扶贫、教育、卫生等领域的

经验做法，加大对广大发展中国家的援助。不断创新和丰富多边人文平台的内容形式，深入推进不同国家、不同地区、不同文明之间的交流互鉴。

党的十九大强调，加强中外人文交流，以我为主、兼收并蓄。各地区各部门要结合深入学习贯彻党的十九大精神和习近平新时代中国特色社会主义思想，加强党对中外人文交流工作的领导，坚持正确政治方向，立足党和国家工作大局加强统筹部署，确保中外人文交流工作稳中求进。各级领导干部要高度重视、主动参与人文交流工作，切实把党的领导贯穿于人文交流工作全过程。

《中国教育现代化 2035》（节选）

2019 年 2 月 23 日　来源：新华网

《中国教育现代化 2035》聚焦教育发展的突出问题和薄弱环节，立足当前，着眼长远，重点部署了面向教育现代化的十大战略任务：

九是开创教育对外开放新格局。全面提升国际交流合作水平，推动我国同其他国家学历学位互认、标准互通、经验互鉴。扎实推进"一带一路"教育行动。加强与联合国教科文组织等国际组织和多边组织的合作。提升中外合作办学质量。优化出国留学服务。实施留学中国计划，建立并完善来华留学教育质量保障机制，全面提升来华留学质量。推进中外高级别人文交流机制建设，拓展人文交流领域，促进中外民心相通和文明交流互鉴。促进孔子学院和孔子课堂特色发展。加快建设中国特色海外国际学校。鼓励有条件的职业院校在海外建设"鲁班工坊"。积极参与全球教育治理，深度参与国际教育规则、标准、评价体系的研究制定。推进与国际组织及专业机构的教育交流合作。健全对外教育援助机制。

第二十一次中国—欧盟领导人会晤联合声明（二〇一九年四月九日于比利时布鲁塞尔）（节选）

2019 年 4 月 10 日　来源：《人民日报》

12. 双方欢迎成功举行第四次中欧创新合作对话。双方确认展期《中欧科技合作协定》的意愿。

双方致力于通过中欧高级别人文交流对话机制加强在教育、旅游、研究人员往来、文化、媒体、青年、体育领域的交流与合作。双方期待中欧高级别人文交流对话机制第五次会议在布鲁塞尔举行。双方欢迎 2018 年中欧旅游年取得积极成果，承诺继续就旅游产业和人员交流领域加强合作。

中共教育部党组关于学习贯彻习近平总书记给北京科技大学全体巴基斯坦留学生重要回信精神的通知

2020 年 5 月 28 日 来源：教育部

部属各高等学校党委：

2020 年 5 月 17 日，习近平总书记给北京科技大学全体巴基斯坦留学生回信。认真学习领会、全面贯彻落实习近平总书记重要回信精神，对全面提升来华留学发展水平、扩大教育对外开放、推动构建人类命运共同体具有十分重要的意义。现就学习贯彻习近平总书记重要回信精神有关要求通知如下。

一、 充分认识习近平总书记重要回信的深刻内涵和重大意义

习近平总书记的重要回信，对来华留学生到中国留学以来取得的成绩、新冠肺炎疫情期间通过各种方式为中国人民加油鼓劲予以充分肯定，对各国优秀青年来华学习深造表示欢迎，对来华留学生提出了殷切期望。习近平总书记指出，新冠肺炎疫情发生后，中国政府和学校始终关心在华外国留学生生命安全和身体健康，为大家提供了全方位的帮助；不管是中国人还是在华外国人员，中国政府和中国人民都一视同仁予以关心和爱护。习近平总书记强调，在抗击疫情期间，很多留学生通过各种方式为中国人民加油鼓劲；中国将继续为所有在华外国留学生提供各种帮助；中国欢迎各国优秀青年来华学习深造。习近平总书记亲切勉励留学生们多了解中国、多向世界讲讲他们所看到的中国，多同中国青年交流，同世界各国青年一道，携手为促进民心相通、推动构建人类命运共同体贡献力量。

习近平总书记的重要回信内涵丰富、情真意切、催人奋进，是专门给来华留学生群体的回信，意义重大而深远，充分体现了以习近平同志为核心的党中央对新时代教育对外开放工作的高度重视和对广大来华留学生的亲切关怀，为下一步发展来华留学事业、加强优秀国际人才培养、加快和扩大新时代教育对外开放、提高我国教育国际影响力，指明了前进方向，提供了根本遵循。

二、全面贯彻落实习近平总书记重要回信精神

各单位要认真组织学习，深刻领会习近平总书记回信的重大意义和精神实质，自觉把思想和行动统一到回信精神上来，把回信精神转化为进一步发展来华留学事业、扩大教育对外开放的强大动力。

（一）坚持以人为本，进一步做好来华留学生新冠肺炎疫情防控管理和人文关怀工作。疫情发生以来，各单位按照"属地化管理、一体化推进"原则，将包括来华留学生在内的全体师生的生命安全和身体健康放在第一位，全力以赴做好校园疫情防控工作。目前，国内疫情防控形势持续向好，经济社会正常秩序正在逐步恢复，教育领域复学复课工作有序推进。各单位要以习近平总书记重要回信精神为引领，继续做好来华留学生健康管理服务工作，及时关注并妥善解决境内外留学生的合理诉求和实际困难。加强与来华留学生的沟通联系，鼓励他们主动对外宣介疫情期间中国政府和中国人民所做的努力以及为全球抗击疫情作出的积极贡献。

（二）坚持提质增效，不断吸引各国优秀青年来华学习深造。各单位要强化主体责任，把来华留学纳入学校总体发展战略中进行统筹谋划。严格执行《学校招收和培养国际学生管理办法》《来华留学生高等教育质量规范（试行）》的各项要求，不盲目追求国际化指标和来华留学生规模。不断完善规章制度及管理办法，严格招生审核、过程管理和评审制度，建立规范的管理体系和工作流程。加强教学资源配给和师资管理队伍建设，积极打造来华留学重点项目和精品工程。不断加强对来华留学生中国法律法规、国情校情和文化风俗等方面的教育，增进中外学生的交流和友谊，增强来华留学生对中国发展的理解和认同，讲好中国故事，传播好中国声音。推动来华留学生正面典型事迹报道，传递来华留学正能量。

（三）坚持对外开放，坚定不移推动教育国际交流与合作。各单位要进一步提高政治站位，从国家发展和外交大局高度坚定不移地推动教育对外开放事业。着力破除体制机制障碍，积极打造国际知名的人文交流、科研合作和来华留学中心。创造条件实施教育对外开放重点项目，加快科研、人才培养等方面的国际合作交流，积极探索教育对外

开放新路径、新形式。不断提升中国教育国际影响力，推动教育对外开放更好服务党和国家外交工作大局，更好服务加快推进教育现代化、建设教育强国，更好服务人民群众的美好生活需要。

三、迅速掀起学习宣传贯彻习近平总书记重要回信精神热潮

各单位要把深入学习、深刻领会、全面贯彻习近平总书记重要回信精神作为当前和今后一个时期的一项重要政治任务，与学习贯彻习近平新时代中国特色社会主义思想和党的十九届四中全会精神紧密结合起来，与贯彻落实习近平总书记关于坚决打赢疫情防控阻击战的重要指示精神和党中央、国务院决策部署紧密结合起来。要加强组织领导，专题部署传达回信精神，利用网络视频会议、线上线下集体学习等多种方式，在做好疫情防控的同时，迅速掀起学习贯彻习近平总书记重要回信精神的热潮，把回信精神转化为推动来华留学事业、扩大教育对外开放的实际行动，转化为推动高等教育改革发展的不竭动力，为服务"一带一路"建设和构建人类命运共同体作出新的更大贡献。

各单位学习贯彻习近平总书记重要回信精神的有关情况，请及时报告我部。

中共教育部党组

2020 年 5 月 21 日

《关于加快和扩大新时代教育对外开放的意见》

2020 年 6 月 23 日 来源:《人民日报》

"教育对外开放是教育现代化的鲜明特征和重要推动力。要坚持教育对外开放不动摇，主动加强同世界各国的互鉴、互容、互通，形成更全方位、更宽领域、更多层次、更加主动的教育对外开放局面。"教育部国际司负责人说。

日前，《教育部等八部门关于加快和扩大新时代教育对外开放的意见》（以下简称《意见》）印发。《意见》坚持内外统筹、提质增效、主动引领、有序开放，对新时代教育对外开放进行了重点部署。

支持打造教育对外开放新高地

"加快和扩大新时代教育对外开放，是教育发展的需要，是国家建设的需要，是新时代发展的需要，既迫在眉睫，又恰逢其时。中国始终高举合作共赢旗帜，致力于深化拓展与世界各国在教育领域的互利合作和交流互鉴，为推动构建人类命运共同体贡献力量。"教育部国际司负责人说。

党的十八大以来，教育对外开放的蓝图更清晰、布局更宽广、助力更显著、品牌更鲜明、影响更深远。我国已成为世界最大的国际学生生源国和亚洲最大的留学目的地国。中外合作办学作为教育对外开放的重要载体实现了蓬勃发展。此外，国际中文教育方兴未艾，孔子学院（孔子课堂）及其在线平台为各国各界人士学习汉语、了解中国文化创造了有利条件。

"对照新时代新形势新要求，我们感到，教育对外开放的作用有待进一步发挥，质量效益有待进一步改进，治理能力和水平有待进一步提升。新冠肺炎疫情也暴露出工作中的一些短板和弱项。"教育部国际司负责人介绍，《意见》提出着力破除体制机制障碍，加大中外合作办学改革力度，改进高校境外办学，改革学校外事审批政策，持续推进涉及出国留学人员、来华留学生、外国专家和外籍教师的改革，着力推进相关领域法律制度更加成熟定型。

海南自由贸易港、雄安新区、粤港澳大湾区、长三角区域一体化……聚焦服务国家重大发展战略，教育部将支持打造教育对外开放新高地，支持粤港澳大湾区建设国际教育示范区，支持长三角地区率先开放、先行

先试，支持雄安新区打造教育开放新标杆，支持海南建设国际教育创新岛。同时，教育部将提供智力、人力、技术、文化、情感等多方面的支持，打造"一带一路"教育行动升级版。

为全球教育治理贡献中国方案

近年来，中国在联合国、二十国集团、亚太经合组织、上海合作组织、金砖国家等多边机制下的教育合作中发挥了积极的建设性作用，是全球教育治理的重要参与者和推动者。如今，新冠肺炎疫情给各国教育造成不同程度的冲击，实现联合国《2030年可持续发展议程》教育目标面临更大挑战。

"新形势下，中国将打造'一带一路'教育行动升级版，扩大教育国际公共产品供给，积极分享在'停课不停学'、有序复学复课等方面的经验做法，向国际社会特别是广大发展中国家提供力所能及的帮助。中国还将深化与联合国教科文组织等多边机构的合作，为全球教育发展贡献中国力量，为全球教育治理贡献中国方案。"教育部国际司负责人说。

该负责人表示，做强"留学中国"品牌，归根到底要靠提高来华留学教育的质量和管理水平。接下来将按照《意见》的部署和要求，打造来华留学重点项目和精品工程，多措并举推动来华留学实现内涵式发展。下一步，教育部将推动出台来华留学质量认证的标准、预科教育标准以及各类专业教育标准，在鼓励第三方行业组织对来华留学开展质量认证的基础上，建立健全质量保障机制，加强监督，严格问责，切实保障来华留学教育健康有序发展。

"《意见》着眼加快推进我国教育现代化和培养更具全球竞争力的人才。"教育部国际司负责人介绍，在高等教育领域，将支持高校加强与世界一流大学和学术机构的合作，完善高校对外开放评价指标，授予"双一流"建设高校一定外事审批权；在职业教育领域，将在借鉴"双元制"等办学模式、引进国外优质职业教育资源方面取得政策突破，鼓励有条件的国内职业院校与企业携手参与国际产能合作，着手打造"一带一路"国际技能大赛等品牌赛事；在基础教育领域，将加强中小学国际理解教育，帮助学生树立人类命运共同体意识，培养德智体美劳全面发展且具有国际视野的新时代青少年。

疫情对出国留学的影响是暂时的

为了不出国门也能"留学"，过去一个时期，我国通过中外合作办学引进了一批境外优质教育资源。目前，经教育部批准和备案的各层次中外合作办学机构和项目近2300个，其中本科以上机构和项目近1200个。

教育部国际司负责人介绍，《意见》将加大中外合作办学改革力度。一是完善法律制度，推进《中外合作办学条例》及其实施办法修订工作，为开放办学、规范办学、高水平办学提供制度保障；二是创新工作机制，通过"项目备案制""部省联合审批"等改进审批方式，完善评估和退出机制；三是鼓励先行先试，配合国家新一轮改革开放，探索适当放宽合作办学主体和办学模式的限制，给予相应的鼓励引导政策或实行准入特别管理措施。

随着中国与世界的联系日益紧密和共建"一带一路"持续深入推进，"走出去"办学日益成为我国教育对外开放的重要内容。目前，我国高校在近50个国家举办了100多个不同类型和层次的境外办学机构和项目。

据介绍，为引导学校自主、高效、有序赴境外办学，《意见》明确了量力而行、依法办学、质量优先、稳步发展的基本思路。"我们将积极推动应用型本科、职业院校配合我国企业'走出去'，开展协同办学，实现共同发展。我们还将扩大在线教育国际辐射力，支持各级各类学校和机构开发具有中国特色和国际竞争优势的专业课程、教学管理模式和评价工具。借力'中国教育云'，建立中国特色国际课程推广平台。"教育部国际司负责人说。

"疫情对出国留学的影响是暂时的。《意见》重申将继续通过出国留学渠道培养我国现代化建设需要的各类人才。"教育部国际司负责人表示，将积极开拓优质教育资源合作渠道，拓展出国留学空间。同时，下大力气完善"平安留学"机制，将应对疫情过程中摸索出的行之有效的做法进一步制度化、常态化，为广大学子实现留学梦保驾护航。

《意见》强调，在党委统一领导下，推动政府充分发挥统筹协调作用，把教育对外开放纳入重要议事日程。同时，建立健全多部门协调联动机制，加大保障力度，加强智力支撑，有效防范化解风险，广泛调动社会力量支持教育对外开放工作。

教育部关于规范我高等学校接受国际学生有关工作的通知

2020 年 6 月 11 日 来源：教育部

各省、自治区、直辖市教育厅（教委），新疆生产建设兵团教育局，部属各高等学校、部省合建各高等学校：

依据《中华人民共和国教育法》《中华人民共和国高等教育法》和《中华人民共和国国籍法》，为维护我国高等教育公平，按照《学校招收和培养国际学生管理办法》的要求，现对高等学校接受国际学生申请进入我高等学校本专科阶段学习作出如下补充规定：

一、依据《中华人民共和国国籍法》第五条，父母双方或一方为中国公民并定居在外国，本人出生时即具有外国国籍的，不具有中国国籍。自 2021 年起，其申请作为国际学生进入我高等学校本专科阶段学习，除符合学校的其他报名资格外，还应持有有效的外国护照或国籍证明文件 4 年（含）以上，且最近 4 年（截至入学年度的 4 月 30 日前）之内有在外国实际居住 2 年以上的记录（一年中实际在外国居住满 9 个月可按一年计算，以入境和出境签章为准）。

二、祖国大陆（内地）、香港、澳门和台湾居民在移民并获得外国国籍后申请作为国际学生进入我高等学校本专科阶段学习的，应满足本通知第一项要求。

三、高等学校应当严格依法审查国际学生申请入学的国籍身份和报考资格，对于国籍身份存疑的，应主动向当地设区市以上公安机关出入境管理部门核查确认申请人的国籍身份情况。

高等学校可在本通知的基础上，制定本校的规定，对国际学生申请入学的身份资格作出进一步要求。

四、请各省级教育行政部门将本通知转发至本行政区域内所有招收国际学生的高等学校。

五、本通知自 2021 年 1 月 1 日起施行。2009 年 11 月 16 日发布的《教育部关于规范我高等学校接受外国留学生有关工作的通知》（教外来〔2009〕83 号）同时废止。

六、本通知最终解释权归教育部所有。

教育部

2020 年 5 月 28 日

《"十四五"文化发展规划》（节选）

2022 年 8 月 16 日 来源：新华社

十二、扩大中华文化国际影响力

统筹推进对外宣传、对外文化交流和文化贸易，增强国际传播影响力、中华文化感召力、中国形象亲和力、中国话语说服力、国际舆论引导力，促进民心相通，构建人文共同体。

（一）深化中外文明交流互鉴

坚定中华文化立场和文化自信，深入开展各种形式的人文交流活动，以文载道、以文传声、以文化人。面向不同国家和区域，搭建开放包容的文明对话平台，促进文明互学互鉴、共同发展。深化政府和民间对外交流。加强与共建"一带一路"国家文化交流合作。深化旅游交流，实施"美丽中国"旅游全球推广计划，建设一批国际旅游枢纽城市和重点旅游城市，培育一批入境旅游品牌和国际旅游精品产品。

（二）提升文化贸易国际竞争力

突出思想内核和文化内涵，提高核心文化产品和服务出口在文化贸易中的份额。鼓励有国际竞争力的文化企业稳步提高境外文化领域投资合作规模和质量，推动文化技术标准、装备制造走出去，创新对外合作方式，优化资源、品牌和营销渠道。鼓励设立海外文化贸易促进平台。大力发展数字文化贸易。促进艺术品展示交易、内容加工创作等领域进出口创新发展，加快形成区域性国际市场。

十大中外高级别人文交流机制

2022 年 5 月 17 日 来源：中国教育新闻网

中俄人文合作委员会

2000 年 11 月，中俄教文卫体合作委员会成立，2007 年 7 月更名为中俄人文合作委员会。委员会下设教育、文化、卫生、体育、旅游、媒体、电影、档案、青年等领域的合作分委会。人才联合培养、高校联盟、卫生防疫、旅游投资、媒体交流工作，以及青少年运动会、文化节、电影节、档案展、青年代表团互访等各项活动有序推进。

中美高级别人文交流机制

2010 年 5 月建立。从 2010 年到 2016 年间分别在北京和华盛顿举办七轮磋商，达成 500 多项合作成果，为增进两国人民的相互了解和友谊发挥了重要作用。2017 年 4 月，习近平主席与特朗普总统在海湖庄园会晤，确立了中美社会和人文对话等对话机制，同年 9 月，首轮中美社会和人文对话在华盛顿举行。该对话机制合作领域涵盖教育、科技、环保、文化、卫生、社会发展和地方合作等。

中英高级别人文交流机制

2012 年 4 月建立。机制建立以来，合作领域涵盖教育、科技、文化、卫生、媒体、旅游、体育、青年、地方合作、社会平等和妇女等。

中欧高级别人文交流对话机制

2012 年 4 月建立，与中欧高级别战略对话、中欧经贸高层对话一道，形成中欧关系的三大支柱。机制建立以来，中欧形成了多层次、全方位的人文交流局面，取得了丰硕成果，为深化中欧全面战略伙伴关系发挥了重要作用，涉及的合作领域包括教育、科研人员交流、文化、媒体、体育、青年、妇女等。

中法高级别人文交流机制

2014 年 9 月建立。机制建立以来，合作领域涵盖教育、科技、文化、卫生、媒体、旅游、体育、妇女、青年、地方合作等。双方在互派留学人员、联合开展抗击埃博拉，以及第三方合作等方面迈出实质性步伐。

中印尼副总理级人文交流机制

2015 年 5 月建立，是中国与发展中国家建立的首个高级别人文交流机制，合作领域涵盖教育、科技、文化、卫生、媒体、青年、旅游和体育等，对推进中国与东盟国家，乃至"一带一路"沿线国家和地区的人文交流起到了示范和引领作用。

中德高级别人文交流对话机制

2017 年 5 月建立，与中德高级别财金对话、中德高级别安全对话机制地位平等，职能互补，是中德政府磋商的有益补充。机制建立以来，合作领域涵盖教育、文化、媒体、体育、青年等。

中南高级别人文交流机制

2017 年 4 月建立，是中国与非洲国家建立的首个高级别人文交流机制，旨在为发展和丰富现有的双边、多边合作交流机制与项目而创造新的机遇。合作领域涵盖教育、科技、文化、卫生、青年、妇女、体育、智库、媒体、旅游等。

中印高级别人文交流机制

2018 年 12 月建立。这是习近平主席和莫迪总理达成的重要共识，体现了两国领导人对中印人文交流的高度重视和深切期许，为推动中印关系全面发展搭建了新的重要平台。合作领域涵盖文化、体育、传统医药、博物馆等。

中日高级别人文交流磋商机制

2019 年 11 月建立。首次会议达成 8 项重要共识，包括推进影视、音乐、动漫、出版等文化产业合作及高水平艺术团交流互访；以奥运合作为纽带提升两国体育领域交流合作水平；支持新闻界开展互访和交流合作；共享推进妇女事业的经验，促进男女共同参与发展的合作等。

附录二：
中外人文交流教育实验区
及有关单位经验分享

深化人文交流育人机制，稳妥推进基础教育对外开放
——重庆市沙坪坝区推进中外人文交流教育实验区建设经验

重庆市沙坪坝区深入学习领会习近平总书记关于教育和人文交流的重要论述，以中外人文交流教育实验区建设为抓手，不断深化人文交流育人机制改革，加强国际理解教育，培养学生国际视野，提高区域基础教育对外开放水平和培养中外人文交流使者。

一、抓顶层设计，激发人文交流育人活力

一是加强思想引领。紧扣"一带一路"倡议和西部大开发、长江经济带等重大战略，深度融入国内国际双循环新发展格局，利用校级干部中心组学习、教育工作大会、专题研讨活动和专家辅导报告等机会，把中外人文交流育人理念内化于心。二是加强制度统领。多次组织专家研讨，制定《沙坪坝区中外人文交流教育实验区建设规划（2020—2025）》，将加强国际理解教育和深化中外人文交流作为"十四五"教育事业发展规划的重要内容；出台《沙坪坝区中外人文交流教育实验区专家组任务与分工》《沙坪坝区中外人文交流教育实验区建设管理办法》《沙坪坝区中外人文交流特色学校评估指标（试行）》，进一步发挥专家在中外人文交流教育实验区建设中的重要作用，规范和引导学校人文交流工作，构建实验区建设的长效机制。三是加强研究指导。与教育部中外人文交流中心共建全市首个基础教育人文交流研究中心，组建沙坪坝区中外人文交流教育实验区专家组，牵头开展沙坪坝区中外人文交流研究工作，促进中外人文交流特色学校发展。

二、抓集群发展，整合人文交流育人资源

一是推进集群办学。结合沙坪坝区发展总体规划，组建校际合作联盟，探索共建、共生、共享的集群化办学模式，发挥优质教育资源的辐射、引领作用，推进新时代优质学校集群化发展。5个中外人文交流联盟牵头学校发挥引领作用，推动联盟合作共赢、协同并进。二是推进专家服务。9位指导专家对应服务5个特色学校联盟，开展线上线下指导工作，为学校国际友好学校建设、多语种教学等提供优质资源，对学校课题研究、国际理解课程体系构建、师资培训、校园环境打造等方面提供咨询指导，全方位助力中外人文交流特色学校建设。三是推进城乡一体化建设。指导学校实施教育助力乡村振兴行动，分享学校建设和管理过程中的方法与

策略；送课到校，共同研讨新课程新理念并进行实践；共同开展线上诵读活动，全面助力乡村学校提升素质教育和中外人文交流教育水平。

三、抓特色项目，提升人文交流育人水平

一是开展课题研究。建立"研究中心—特色学校联盟—中外人文交流特色学校建设计划项目学校"三级联动工作体系，以教育部中外人文交流中心的 5 个课题和特色学校的 27 个区级课题为驱动，持续深入地开展课题研究活动，举行项目集中开题论证会、中期论证会，强化过程监管及反馈督导，为形成可借鉴、可复制、可推广的沙区经验奠定基础。二是完善课程实践。大力支持各学校通过区域联动、校级共建、自主研发等多种方式，探索构建中外人文交流课程体系，以开放的教育奠定相互欣赏、相互理解、相互尊重的人文格局。两所中学国际课程中心按照培养国际化人才的标准，有机融合自身优质教育资源和国际理解教育特点，形成了完备的国际理解教育课程体系，示范引领全区国际理解教育课程建设。目前全区共有 11 所特色学校开展国际理解教育的课程实践。三是加强教师培训。聘请 35 名海外专家学者来校开展教学科研活动，提升学校管理能力、师资教学水平，派遣 9 名校长到南洋理工大学等名校学习锻炼，遴选孔子学院汉语志愿者、西部人才计划研修教师、美国关键语言教师等共 13 人，加强国际交流，进一步培养国际化人才。遴选"中外人文交流"

种子教师 70 人，协助一线教师深刻把握新人文教育的特点，分类分层开展中外人文交流专题培训、专题讲座 20 余次，实现特色学校、种子教师全覆盖，有效发挥引领、示范和辐射作用。

四、抓活动交流，拓展人文交流育人渠道

一是开展国际友好学校交流。现有 17 所学校与 18 个国家的 39 所中小学保持国际友好关系，采用"互联网 +"方式开展交流活动。支持学校自主开展中外人文交流活动，丰富活动内涵，创新活动载体，打造特色活动品牌。二是承办中外人文交流活动。连续承办第二届及第三届"中外人文交流小使者"中外经典诵读集体总展示活动，累计组织和参加中外人文交流活动 50 余次，惠及全区学生 6 万人次。三是促进职教中外校企合作。支持中职学校通过引进国外优质教育资源，服务"一带一路"建设，两所中职学校与德国、日本合作开设校企合作班，共同培养高技能人才。

守正创新，共赢未来
——重庆市南岸区中外人文交流教育实验区案例

重庆市南岸区立足区域教育基础良好的优势，聚焦"书香南岸，幸福教育"愿景，积极改革创新，坚持成渝地区共建共享，有效拓展了区域学校视野，推动了教育高质量发展。

一、新理念，注重"三个引领"

南岸区注重引领学校准确认识中外人文交流的重要意义，确保工作方向不偏航。一是引领学校用"中国灵魂"去谋划。强化学校抓好文化自信的培育，组织各级各类学校强化传统文化的学习。高规格开展"书香南岸大阅读"活动，引领 17 万学子在读书中增强文化自信。如重庆第二外国语学校举办四国青少年线上文化论坛，各国学生当轮值主席，探讨全球性的议题，充分沟通，

思维碰撞，并组建了基于国际理解的戏剧课程团队，逐步实施双语戏剧课。

二是引领学校用世界眼光去审视。持续强化立足南岸、面向世界的办学理念，引导学校将人类命运共同体理念融入学校教育中。如重庆第二外国语学校秉持"走进二外，走向世界"的教育理念，开发双语国学课程，进行跨语种批判性阅读，以项目制学习为载体，以小课题研讨为动力，师生充分互动，学生深入参与，取得了良好效果。南坪实验小学以立德树人为教育的根本任务，秉承"没

有爱就没有教育，没有兴趣就没有学习"的办学价值追求，形成了"责任教育"与"英语教学"两大特色。以"责立南小，任当世界"办学理念为引领，探索既有"中国灵魂"，又有"世界眼光"的教育价值取向，确立了"孕育中国灵魂，开启世界眼光"的学生培养目标，努力成就学生的中华文化底蕴与国际视野等。

三是引领学校用幸福理念去落实。聚焦"书香南岸、幸福教育"愿景，将中外人文交流工作有机融入幸福之中，通过系统设计，整体提升师生和群众对教育的获得感和幸福感，让师生感受多元文化魅力，感知文化冲突，在潜移默化中形成跨文化交际和国际理解能力。

二、新举措，培育"四个特色"

南岸区紧扣协议内容，立足区域实际，有序推进共建工作。一是特色试点。按学校申报、教委把关、市教委审定的"三级评选"办法，先后两批次确定 16 所试点学校。各试点校的遴选注重学段、地区的分布，确保以点带面，将工作落到实处。

二是特色项目活动。组织全区师生参加中外青少年人文交流成果案例征集活动、中外青少年绿色创新活动、讲好中国故事创意传播大赛"一带一路"主题赛等各类活动。

三是特色智慧教育。以全国教育信息化实验区为载体，对试点学校加大信息技术装备投入，千兆网全覆盖，并建成全国钉钉未来学校标杆校 1 所，有力保障了中外人文交流的线上互动活动实施。

四是特色专题培训。选派中外人文交流特色学校建设计划项目学校管理干部参加"2022 中国—新西兰学前教育研讨会"、"夯实中外人文交流项目的研究之基"线上交流研讨、"国际理解教育"、"开拓国际视野，做中外人文交流的使者"等 4 项专题研讨活动；试点学校的 67 名教师先后参加了"成都市国际理解教育种子教师"等培训会，5 万多名学生深度参与国际理解教育等项目学习，拓展了学生的国际视野，培养了学生跨文化理解和交流能力。

五是特色专项研讨。向实验区学校转发中外人文交流教育实验区 5 个项目实施指南征求意见，收集实验区学校的意见及建议，形成项目征求意见书面报告，呈上级部门审阅。

六是特色对外交流活动。以成渝地区双城经济圈建设为载体，与成都市青羊区教育局成立"中日青少年人文交流联盟"，推进两地教育国际化进程，促进三地教育共同发展。

三、新机制，力求"三个到位"

南岸区持续创新机制，不断加大实验区建设保障力度。一是人员优先配置。南岸区教委和学校安排专人负责中外人文交流工作，各部门协同，流程清晰，人员到位。

二是工作运行有序规范。第一，建立审核报备。学校申报，教委审批，先后确定中外人文交流特色学校建设计划项目学校 16 所。建立意识形态专家双重审核机制，借助中外人文交流中心平台，先由教育部审核，再由南岸区教委审核后，面向学校宣讲，参与 10 次专题讲座。第二，分类试点。统筹学段布局，分类设置国家级试点学校，最终确定 8 所试点中学、8 所试点小学。实施项目管理，分类设置国际理解教育、人文素养提升等 7 大类项目。第三，成渝共建。规范工作运行机制，确保工作规范、高效、有序。与成都市建立优质教育联盟 23 个，开展合作交流 46 次；共承办 3 届全国中外人文交流小使者活动，来自全国 23 个城市 400 多支学生团队线下活动。先后在重庆十一中学、施光南大剧院、南岸区文化艺术中心等地，举办面向全球全程直播，累计 100 多万人在线观看。这些活动拓宽了学生的视野，激发了他们学习的热情。

三是经费投入持续加大。为高质量推进实验区项目提供支持和保障，将中外人文交流教育实验区建设经费纳入年度预算。3 年来，实验区累计投入 200 万元以上，用于整合学校文化项目，16 所试点校累计投入 300 多万元，用于推进中外人文交流项目。

架起一座连接山城与世界的桥梁
湖南省浏阳市教育局

浏阳市地处华中大三角经济腹地，位于丘陵地带，是一座典型的"山城"，面积5007平方千米，人口149万，属于教育大县。浏阳市现有各级各类学校395所，师生27.7万人。一直以来，我们全面贯彻党的教育方针，架起一座连接山城与世界的桥梁，让青少年从浏阳走向世界，也让世界了解浏阳，努力培养具有中国情怀、国际视野和跨文化沟通能力的社会主义建设者和接班人。

一、以需求为基础，高位统筹谋划

2003年，浏阳市委市政府在前期充分的调研和广泛征求师生、家长和社会各界意见后，推动浏阳市田家炳实验中学与英国的King Alfred School及美国的Liberty High School结成国际姊妹学校。2004年，组建分管副市长任团长的浏阳市教育访问团，出国交流访问，开启了浏阳教育对外交流的大门。其中，浏阳一中课程体系丰富，学生活动平台多样，国际交流成果突出，已在全球建立了6所国际姊妹学校：英国1所，美国2所，法国1所，新西兰1所，韩国1所。与英国马恩岛巴拉克明中学从2006年起几乎每年都有师生团互访交流活动（浏阳一中的师生团每年暑假去英国交流访问，英国师生团每年十月来中国交流访问），并于2015年经国家汉办批准在巴拉克明中学建立孔子学堂，由浏阳一中为其派中文老师。至今已有20多位英语老师通过学校的国际互访项目出国交流学习，大大地拓宽了老师们的国际视野，提高了他们的专业素养和教学能力。自2017以来，浏阳一中相继开设了日语、法语班，外语课程趋于多样化。

二、以视频为媒介，高效推进课程

2020年，浏阳所有实地国际交流项目（如聘请外教、中外姊妹学校师生互访等）均暂时停止，与此同时，在新教材和新高考背景下，《普通高中英语课程标准》将培养学生国际视野和跨文化沟通能力列为英语课程总目标的内容，倡导应用信息技术来促进学科教学发展。浏阳市王玲高中英语名师工作室顺应新形势的要求，创立"跨国视频双语课"项目，通过Zoom连线，padlet课堂反馈，突破时间和空间限制，融合外语教学和现代信息技术，为学生提供真实的语言环境，提高学生语言综合能力和跨文化沟通能力，促进教学教研工作融通。中美视频双语课、中法视频双语课等也相继按照该模式创新实施，成为集目的语运用、文化互鉴、批判文化思维为一体的选修课。项目成果荣获2021年度全国名师工作室创新发展成果特等奖。

三、以育人为导向，高质交流文化

我们充分发挥人文交流育人功能，将人文交流理念融入学校教育教学和人才培养的全过程，落实立德树人的根本任务。《一堂特殊的"历史课"》记录了浏阳学子和法国蒙达尔纪森林中学举行的线上"追寻赴法红色足迹"交流活动，同学们探讨和学习邓小平、蔡和森等赴法勤工俭学历史，真正把爱国之志变成报国之举。外国学生打卡浏阳红色景点、"中、美、英校园生活""School life in Liuyang，China(中国浏阳的校园生活)"、共绘"中国龙"等活动，让双方学生在互动中了解不同国家人民的行为方式、文化习俗、价值观念，提高对语言本质及文化本质的认知水平，理解并尊重文化差异，并基于对文化差异的了解，运用恰当的跨文化交际策略进行有效沟通互动。课堂真正达到涵养学生文化品格并培养其跨文化交际能力的教学目的。

正如浏阳特级英语教师潘明所说，教育的目的一个是"为人"，另一个还是"为人"，前者是指"to be a human"，后者则是"for human beings"。浏阳不断发挥学校的积极性、主动性和创造性，《基于"核心素养"和"5C"标准的中英双语网络教学》《用语言架起友谊和文化交流的桥梁——"跨国视频双语课"授课模式小记》《高中跨国视频双语课教学设计探究》等多篇文章获省级一等奖，"高中英语教学中跨文化沟通能力培养的策略研究"等省级课题顺利立项开题。党的二十大报告强调要"推进文化自信自强"，我们将进一步丰富人文交流与合作理念内涵，在人文交流的大道上阔步前进。

附录三：
校长、教师代表分享

山东女子学院与韩国韩信大学自 2015 年建立友好合作关系以来，两校在教育学术交流、学生交流的合作框架下保持频繁交流，成为中外高校合作交流的典范。一是开展多层面的交流。教师学术合作、学生交换、暑期研学等项目不断丰富。山东女子学院每年有交换生到韩信大学免学费学习，韩信大学每年派出中国文化与汉语研修团来山东女子学院研学。二是建立牢固的友好合作关系。我们两校彼此信任，携手发展，互相把对方作为优先合作的对象，给予尽可能多的优惠，让师生得实惠。因此，两校呈现了良好稳定的合作关系，给两校师生带来益处。

——山东女子学院国际处 李云鹏

高中阶段的学习非常紧张，如何拓展高中学生的国际视野、培养全球胜任力，最重要的就是平衡时间。因此，我们教师应当关注日常教学活动，提升自身的综合素养，增强教研备课，设计科学合理的课堂活动和社团活动。同时，多学习、了解中外人文交流的知识，在备课活动中多讨论一点国际理解的内容，在教学活动中多设计一点实践探索和交流体验，学校的平台资源普及更广一点，中外人文交流项目就可以在日常教学活动中开展起来。

——重庆市第一中学校 陈婧潇

在普通高中开展人文交流活动，是中国情怀、世界眼光和全球竞争力的另一种诗意表达。从探究校史文化入手，普通高中国际理解教育课程的设计就有了可以让学生了解本土文化、感悟中国精神、深化国际理解的楔子。通过校史初探、校史竞讲、校史对照和校史创演四个呈逻辑递进关系的活动单元，通过各活动单元中指向高阶思维能力发展的学习理解、应用实践、迁移创新这三类层层深入的活动（如专题课堂、主题比赛、跨学科项目等），构建以学生为主体的活动课程，引导学生结合学校的发展历程回顾社会环境的变迁史，在中外人文交流的过程中关注特定的社会问题，在文化理解和文明互鉴的理念下促进文明对话，强化构建人类命运共同体的意识，为培养"爱家乡、知世界、创未来"的具有中国情怀、世界眼光和全球竞争力的新时代中国青年贡献应有的力量。

——四川省新津中学 刘静

自 2012 年开展中外青少年人文交流工作以来，我从最初的参与者到现在的活动策划者，其中有泪有笑，收获颇丰。当然，也有过疑惑，有过误解，但总会迎来柳暗花明的那一刻。这个过程是不断学习的过程，也是不断成长、自我丰富的过程，让我零距离地感受到了世界不同文化的魅力，同时又不断地增强了我对中华优秀传统文化的认同和自信。

我们认为"每一位学生都是整个学校"，青少年是未来世界的希望，他们在多姿多彩的人文交流活动中汲取养分、滋养心灵，用知识不断地武装自己，学习用批判的思维力看待文化，用包容的钝感力感知文化，用积极的心智力践行文化，让国际理解教育在青少年内心生根、发芽，不断地促进他们成长为未来世界舞台的舞者，国际理解教育也在这一次次人文交流中得到拓展和沉淀。

——江苏省常州市第一中学 钱震宇

面向未来全球化人才需求，探索既立足本国实际，又兼具国际视野和能力的人才培养路径，是中国教育未来发展趋势。教育工作者既要认识到全球胜任力的重要意义，也要批判地思考全球胜任力与民族文化身份认同和中国价值立场的关系。只有充分认同本民族文化，并清晰地了解本民族的文化特质和精髓，才能与其他文化实现交流碰撞，为培养学生的全球意识打好坚实基础。

未来的高素质人才需要加强全球胜任力培养，树立人类命运共同体的意识，深度理解本土与全球文化，展示可爱、可信、可为的青年形象，使青年学子具备"我将无我"的家国情怀、兼济天下的全球视野，尊重世界多样性的包容心态，成为全面发展的复合型国际化人才。

——江苏省优秀教育工作者、前黄高级中学校长 黄惠涛

在义务教育阶段普及国际理解教育，开展中外人文交流活动的目的就是培养现代学生的全球胜任力。四川师范大学附属中学外国语学校基于联合国 17 个可持续发展目标，以项目式学习开展国际理解教育及中外人文交流活动，在着眼全球可持续发展、关注人类面临的实际问题的同时，培养学生与时代同呼吸、与地球共命运的担当精神。

伴随着学生的国际理解教育与中外人文交流活动的开展，我也收获颇多。跟着学生进行每一个主题的探究学习，从最开始的不了解到现在觉得国际理解教育及中外人文交流活动迫在眉睫。互联网将全球不断缩小，形成一个地球村。全球的共同性问题必须由所有国家一起解决。真心希望国际理解教育能不断扩大教育范围，让更多传道授业解惑的教师和地球未来主人的学生参与进来，通过我们的力量去扭转我们应该扭转的局面。

——四川师范大学附属中学外国语学校 罗金凤

杨凌职业技术学院以中文为桥梁，以技能为根本，搭建国际职业通道。学校高度重视中外青少年人文交流工作。基于多年国际交流工作经验和对国际学生的教学实践，我和教师团队在国际学生培养方面以"趋同管理、严格要求、关心帮助、提升技能"为原则，坚持"以中文学习为桥梁，以技能提高为根本，为学生搭建国际职业通道"的理念，按照"中文 + 职业技能 + 文化活动"的教学模式，在实践中通过"线上线下"相结合的方式，教授学生中文的同时，关心每位国际学生的成长，帮助学生了解中国文化，树立学习信心，解决学生专业学习困惑，提升他们的专业技术应用能力，最终使他们成为中文运用熟练、专业技能精湛的知华、友华、爱华的国际型技术技能人才。至今，学校多名国际学生已顺利毕业，并在其本国国际型企业就业，服务当地经济发展和"一带一路"沿线国家建设。

——陕西省杨凌职业技术学院国际学院副院长 杨雪霁

"白日依山尽，黄河入海流。欲穷千里目，更上一层楼。"这是唐代诗人王之焕的《登鹳雀楼》，几乎每位同学都能倒背如流，这首诗歌也是对"善、雅、志"最好的诠释。如果真的要想看到千里之遥的事物，究竟应该登上多少层楼呢？从这首古诗开始到写出论文《唐诗·数学·编程》，这一路走来，我不禁思索：如何将计算机编程与人文、数学、英语有效结合，培养出应用与应试"双高"，兼具领导力和社会责任心的青年。

我曾尝试根据学生的水平，采用双语或全英文教学，整合数学知识，融入文学和绘画艺术；同时尝试将多学科知识融入英语教学中，带领学生一起了解地理、科学、历史、自然等知识。我也特别喜欢和他们一起欣赏杂志封面，这些照片往往需要拍摄者亲自前往常人难以达到的环境，通过特殊手法才能拍到，以此启发学生勇于探索的精神品质。在教学过程中，我根据学生的兴趣爱好、个性发展特征等，开展分组教学、讨论、陈述、展示等，通过项目制学习培养学生的领导力和交流能力。目前，有的学生通过自己的努力已成为海外名校的学生，成为跨学科复合型人才。他们利用自己的专长，有的组织了专业演员在戏剧"荒漠"的重庆开出了一朵小花；有的在斩获多项计算机大奖的同时，成功入围斯坦福人文夏令营、耶鲁全球领袖营，同时成立了计算机俱乐部，传授编程知识；有的同学被数学金融双专业录取，同时又出版自己的个人诗集，还自己作曲并担任乐团主唱……

正如白玉兰纪念奖获得者暨上海耀中高中国际部英语组组长 Mark 老师所言："科学、数学、艺术都需要语言的理解和归纳才得以条理清晰地表达，而把它们拆解成几个部分来理解，再重新组合起来以一种新的方式来看待，关乎着学生的创造力和想象力。不管世界会如何变化，创造力、想象力、适应新事物的能力、以新的方式看待事物则是永不过时的。"在课程中，我也尝试在学生中开展文学作品的精读，不仅仅是读"懂"长难句和读"完"故事情节，我们该更多地去追问，我们的孩子们从这些精读中共情哪个人物，认同什么样的价值观，进而开始认识自己。在课程中，我们注重引领同学们通过作品背景拓展研究，联系现实生活，分析现实意义，鼓励学生参与课堂讨论，培养学生的创造力和想象力，增加学生对于原版文学的阅读兴趣。同时通过一对一个性化反馈，帮助学生提升听说读写综合能力，夯实国际化考试（SSAT/SAT/AP）核心读写技能。

时光不语，每个孩子都是一朵花，纵然花期有所不同，我们只需耐心浇灌，静静等待每一朵花盛开。

——香港中文大学翻译系计算机辅助翻译硕士 赵致敏

中外青少年人文交流是一个非常宝贵的平台，可以促进各国的语言、文化、历史和社会交流。在人文交流的过程中，青少年可以了解不同的文化背景，学习不同的价值观和习惯。这股文化交流的潮流不仅可以帮助青少年建立更广泛的视野，还可以促进世界和平与合作。

为了促进这种交流，我们需要创新教育理念和教学方法，比如将文化交流融入课程：学校可以通过开设课程或课外活动来融入文化交流，为学生们提供多元文化交流的机会，国际社区周、文化节、国际艺术展、多语言整本书阅读等，让他们在学习实践中了解不同的文化和语言背景。我们还需要培养学生的跨文化意识和沟通技能，让他们能够在全球化的世界中更好地适应和融入，鼓励学生参与服务性学习和志愿者服务活动，让他们能够更深入地了解不同国家和地区的社会和文化问题。在这个过程中，除了宣传益处之外，也希望相关部门能提供一些社会资源对接、奖学金项目、设立奖项等表彰积极参与文化建设的学生。

总之，在中外青少年人文交流中，学校应当保持开放的心态，尊重不同的文化和价值观，建立学习共同体。鼓励学生们学会欣赏不同的文化，理解不同国家和地区的历史和社会发展背景，从而为促进世界和平与共同发展做出一份贡献。

——上海耀中外籍人员子女学校浦东校区中方助理校长 沈茜

在中外人文交流中，交流互访的形式具有其独特的价值，但受家庭物质条件、出国办理程序等诸多条件的限制，能够参与其中的学生非常少。在实践中，我们欣喜地发现，利用互联网开展同步课堂或实践活动，能够突破时间、空间的限制，让更多的师生能够参与其中，为不同国家的师生架起课堂互动与知识传递的桥梁，有效满足了中外不同学校间的教学需求，体现了先进性、即时性、同步性、便捷性、经济性、创新性等特点，也让学校教育具备了现代化与国际化的鲜明特征。可以说，我们见证了"互联网＋"给中外人文交流工作带来的神奇催化作用，选择"互联网＋"的方式开展中外人文交流，是由实践中得来的成功经验，"互联网＋"也已成为学校开展中外人文交流的新常态。

——山东省青岛西海岸新区太行山路小学校长 肖焕盛

成都市实验小学西区分校一直坚持"以文化为载体，培养既有中国灵魂又有世界眼光的现代公民"的国际理解教育理念。为切实达成这样的教育目标，我们一直在探索如何基于真实的校情、学情来树立学生的民族自信，培养他们的世界眼光。

在与友好学校持续、深入的人文交流中，我们发现学生视角、时代需求是关键。因此，我们通过问卷调查、友好访谈等方式定位交流内容；通过开展喜闻乐见、迎合时代的活动选择交流类型；通过数据分析、结果反馈实施交流评价。在多年的实践过程中，我们逐步形成了根植于中华优秀传统文化，开展多元文化理解课程的人文交流校本特色路径。

进入新时代，我们深刻感受到中外人文交流不只拓宽了少年儿童的全球视野，提升国际理解能力，更让我们从中树立文化自信，担负起弘扬中华优秀传统文化的历史使命。

——四川省成都市实验小学西区分校校长 向尧

中外青少年人文交流的目的是什么？从小处说，是让我们的孩子了解世界，激发学习世界知识的热情，从而更好地融入世界舞台；往大处讲，是增加不同国家的相互了解，面向世界，讲好中国故事。

那么，我们的教育理念应该有什么不同？

我认为，是立足世界，放眼未来。面向整个世界舞台，尽快尽早地向我们的孩子传播世界不同文化和风土人情，培养他们与时俱进、开放包容的心态；着眼于未来，搭建交流平台，加强国际青少年的交流对话，把我国的文化引向世界。

这样从点到面，由青少年到国与国之间的友谊。从而让孩子们共同担起责任，担负全球挑战使命，在充满不确定性和机遇的未来，共同构建人类命运共同体。

——山东省胶州市瑞华实验初级中学 刘文美

"民相亲在于心相通"（化用自《韩非子·说林上》），心相通的深层基础是文化认同，是教育和交流的关键。在中外青少年人文交流中，应紧紧围绕"青少年"这一核心，在如何增强文化认同上沉下心来做文章。具体原则表现在以下八个"度"：一是明确目标群体，活动设计有精度和梯度，坚持目的导向，有的放矢；二是内容丰富，活动开展有温度和厚度，贴心走心入脑，润物无声；三是做好事后跟踪，活动反馈保效度和真度，常思常改常新，精益求精；四是保证持续开展，活动规划有广度和力度，全篇谋划统筹，持之以恒。因此要广结友好青年，厚植文化平等、文化互鉴的种子，通过数字化影像和实地走访体验，借助中外青少年之口，走近和走进中国文化，真实立体全面展示现代中国。

——江苏师范大学国际合作交流处 马志波

中外青少年人文交流是中国青少年放眼看世界的重要平台，也是世界了解中国青少年的重要窗口。凤鸣山小学的中外人文交流活动在学校全科美育统领下开展，以儿童中国画为引领，开展体、艺、劳多元交流实践活动，以体培本元，中国青少年站得直、走得稳、跑得快。以艺养个性，让正在成长中的青少年发挥各自特长，实现个性化发展。以劳塑人格，引导青少年继承中华民族传统美德，有扎根祖国的情怀，更有放眼世界的格局。

学校啦啦操参加中外人文交流杭州迎亚运活动，得到专家领导和在场观众的一致好评。在2022北京冬奥会期间，学校学生的28幅儿童画作品被作为国礼赠送给世界各国的奥运健儿，培养了学生的国际化视野，促进了学生传统文化素养的提升。

中外人文交流不仅是学生交流的平台，也是我们教育人交流的平台，我们能看到全国各地乃至世界各地青少年在不同文化浸润下，在不同教育理念、教育模式的引领下散发出的蓬勃生机，展现出的创意创想。作为陪伴这群孩子成长的老师来说，我深感幸福和自豪，我幸福于我们正处于一个兼容并包的时代，我们能接受、能欣赏不同的个性恣意生长；我自豪于孩子们在我们的陪伴下能如此的优秀。在这里，所有的文化在交流；在这里，所有的教育理念在碰撞；在这里，所有的自由的生命在成长。古有百家争鸣历史佳话，今有人文交流百花齐放！

——重庆市沙坪坝区凤鸣山小学 黄芳

日照职业技术学院从"中文＋职业技能"理念出发，以国际中文教学为载体，着眼于一项特色文化，充分挖掘该文化的特色，寻找国际中文教学与该文化的契合点，旨在通过短期的线上交流激发海外学员对中文学习和中国文化探究的浓厚兴趣，在注重中文教学的严谨性和科学性的同时，兼顾多样性和趣味性。

学校充分了解海外学员的基本情况和需求，以确保项目实效。在每次文化交流活动前，学校都会通过简单的问卷调查或其他方式，对学员的文化背景、语言水平和需求进行基本的了解，确保多数学员能够顺利参与到交流活动中并学有所获。

在参与人文交流的过程中，我把国际汉语教师资格培训中学到的知识和技能充分运用到实践工作中，极大地提高了工作的质量和水平，对学校国际汉语教学工作的开展也起到了一定的促进作用。

——山东省日照职业技术学院 董敏

每年六一国际儿童节期间，学校会以"中国心、世界人"为主题，以"世界文化嘉年华"的形式，开展国际理解教育文化周活动。秉持"以人为本、开放平等、尊重包容、理解欣赏、交流互鉴、合作共赢，秉持正确义利观、实现可持续发展"的人文交流理念，在文化周开始前，同学们会以班级为单位，从"历史发展、风土人情、美食文化"等主题出发，选取所在班级感兴趣的国家，共同探讨不同国家不同民族的文化差异，以"聚焦汲取世界优秀文化之所长"的立意，形成自己班级文化周的展示主题。每年的启动仪式上，同学们身着不同国家的民族服饰"环游世界"，用欢快多姿的舞步，诠释自己对不同国家不同文化的理解，用昂扬向上向善的精神和力量，向大家展现一个文化灿烂的世界、开放包容的世界、和平进步的世界。文化周里丰富多彩的系列活动，成为滨海六月一道亮丽的人文风景。同学们在参与活动中感知与理解多元世界，提升与增强文化自信，厚植"爱我中华"的家国情怀。

——山东省青岛滨海学校校长 赵春燕

"语通世界，文润童心"外语教育理念是指：语，即语言，以语言作为宣传的工具，坚定文化自信，促进文化互鉴互通；文，基于主题的语篇；润，即浸润、滋养。通过循序渐进、润物无声的教学活动，发展语言能力，培育文化意识，促进品格养成。

成都市锦江区外国语小学校秉承"融·和"的教育思想，践行"情系中华魂，融汇四海心"的办学理念，提出"语通世界，文润童心"的外语教育理念，将外语的工具性和人文性统一，把语言学习与中外人文交流活动相融合，在全校开展英语、法语、俄语、西班牙语、德语、日语等外语学习，从小培养学生国际视野和世界胸怀、人文素养和跨文化交流沟通能力以及语言运用能力，为培养具有国际视野的德智体美劳全面发展的新时代青少年奠定扎实基础。

——四川省成都市锦江区外国语小学校 刘建彬

四川省彭州中学是成都市第三批国际化窗口学校，同时被教育部中外人文交流中心确定为第一批中外人文交流特色学校建设计划项目学校。学校深入开展国际理解教育和教育国际化工作，营造了浓厚的国际化教学氛围，与国外友好学校开展共建共享课程。通过实施课程计划，传播优秀中华文化，增进国际友好学校师生对中国传统文化的了解，提高师生对英语文化的理解和应用能力，提升学校教师的教育教学水平。落实立德树人根本任务，将人文交流理念融入学校教育教学和人才培养全过程，拓展学生国际视野，发挥人文交流育人功能，提升学生的人文素养、人文交流意识和能力，发挥学校在促进教育对外开放和中外人文交流中的引领、带动和示范作用。

——四川省彭州中学校长 刘聪

在教育行政部门的指导下，学校秉持开拓创新精神，持续推动中外人文交流创新与发展，不断加快教育国际化建设步伐，丰富中外人文交流的平台、模式、机制，在实践中培养学生深厚的家国情怀与开放的国际视野，促进中外人文交流成为推动基础教育创新发展的重要动力。

学校依托"互联网＋教育"，完善课程体系建设，积极开发特色课程，推进课程实施最优化并实现区域课程资源共享。深化教育科研，助推质量品牌，提升学校内涵，为开展中外人文交流活动打下良好基础。同时注重宣传和推广中外人文交流的理念，让更多的人了解中外人文交流的重要性和好处。同时，学校也应该争取更多的资源来支持中外人文交流活动。

——宁夏固原市实验小学 薛东

不忘初心，携手前行。希望中外青年坚定友好信念，不断播撒友谊的种子，让中外友谊长成茂盛的苍天巨木。真心希望同学们通过活动交流思想、收获友情，增强作为文化交流使者的自觉，日后在各自领域为促进中外合作做出积极贡献。新时代的中国青少年，处在中华民族发展的最好时期，是生逢盛世、肩负重任的"强国一代"。在这个新的时代，青少年们更应积极主动为中国智慧发声，讲好中国故事，架设中外友好桥梁需要探索尝试新的方法。深圳市第二高级中学积极贡献自己的热与光，为青少年表达意愿、施展才华提供了广阔的舞台。相信通过这些活动后，会有越来越多的青少年敢于发声、善于发声，用思想的力量、用积极的行动，讲好中国故事，做中外友好文明交流使者，明确新时代青少年的责任与担当。

——广东省深圳市第二高级中学党委委员、副校长 德尔根曼伴随着经济与信息技术的迅猛发展，偌大的世界逐渐变成一个小小的"地球村"，我们教育人所承担的使命是培养有着全球视野、国家精神并懂得相互尊重与合作的学生。为此，后标营小学一直在坚持，在努力。我们不断扩大"国际朋友圈"，与芬兰、英国、爱尔兰、德国、伊拉克、加拿大、澳大利亚、文莱、马来西亚等国家和地区的学校结成友好学校。我们随时欢迎，并愿意与我们一起交流的学校共同努力，培养未来世界所需要的学生。

后标营小学充分挖掘这一国际教育资源，以中国传统节日为抓手，积极开展以"天涯共此时"为主题的文化交流活动，通过网络跨境课堂的形式，向国外友好学校的师生们宣传中国优秀传统文化，促进世界儿童间的伙伴对话。在讲好中国故事的同时，增进学生对多元文化的理解，同时提升学生的语言运用与交流能力，拓宽学生的全球化视野。

——江苏省南京市后标营小学校长 杨毅静

香港耀中国际学校兼容东西方文化，以"勤、俭、谦、信"四字为校训，结合"与科技结盟，与文艺结盟，与仁爱结盟"的使命，践行让学生真诚地尊重和理解世界各地文化，精通中英双语以及其他现代语言，并能以坚定的态度迎接时代的挑战的教育理念。

在香港耀中国际学校小学部，我们提供优质的国际双语教育，并开设中国研习、品德教育、"中华经典五分钟"等课程，为来自不同文化与背景的学生提供多元的文化学习与交流机会。同时，学校积极开展各类中华文化庆典与体验活动，如"新春庆典""新年周会""世界教室"等，给予中外师生了解、体验、交流中国文化的机会。

——香港耀中国际学校小学部

2020年是我教西语的第13个年头。当时我眼里的多语"牛娃"，是跨越单纯的语言技能，透过语言去看别人所看不到的世界，吸收多元文化的氧气，富于故事创作与故事讲述的丰富想象，守得一方自由的悦读天地。

2023年是我创业的第4个年头。而在大国文化自信昂扬的今天，优秀的孩子不仅说得好外语，更能用外语讲好中国故事，为华夏文明发声。我称之为"融"，如同在上外读书时的校训，意为"学贯中外"。

南方周末2022年新年献词写道："抉择是责任担当，是纵然身在沙漠，也要变身骆驼，不为鸵鸟。"这些年，我视培养立足中国视野的多语人才为己任，带孩子们到墨西哥驻沪总领事馆研学，深度参与中国（上海）西班牙文化周，看山看海看世界。上下千年，自知才是自信，加油吧，意气少年！

——上海星芽教育校长 董云琪

为了提升中外青少年人文交流的品质，我们要更加注重创新创造与实践层面。交流活动应聚焦于培养青少年的创新创造精神和实践能力，鼓励他们在实际问题中进行探究、解决问题和实践创新。此外，在交流方式上，教育者需要突破传统的交流模式，整合线上和线下的方式来进行人文交流。例如，学校可充分将"互联网+"应用到文化交流中，利用在线交流平台、移动学习等方式，突破交流的空间局限，实现泛在的"云交流"，让青少年人文交流更加个性化、多样化、连续化和移动化。人文交流最终应当指向培养青少年的社会参与意识和公益精神，鼓励他们参与社会实践和公益活动，培养社会责任感和公民意识。

——四川省成都天鹅湖小学校长 周学静

从国际学校教育的角度，让学生以全新的视野和格局"重新审视自己、重新发现世界、重新眺望未来"，是青岛第一国际学校的重要目标。这意味着学校不仅要带领学生了解表层的文化现象，更要深挖文化内涵，从而提高学生的文化理解力。例如当我们在提及中国古代各种制度时，不仅要了解其内容规范，更要结合时代背景探讨其为何如此，在当时的历史环境下是否有更优解。须知审视过去，既不能以当代人的认知、经验对过去粗暴地横加批判，亦不可迷失在故纸堆里因那些"首创""领先千百年"而沾沾自喜。

同时，我们希望引导学生通过观察、思考，发现沉淀千百年的文化基因在人们身上留下的隐形烙印，发现传统文化对人们言行、情感、观念施加的无形影响。很多时候，我们不能理解某种现象，可能只是还不够了解其孕育生长的土壤。

青岛第一国际学校期望通过一系列让学生不自觉带入其中、感知中国文化的教学活动，逐渐提高其文化的理解能力，从而更全面地从文化历史的角度解释当今世界的现实现象，破除刻板印象和偏见。

如果历史是一堆灰烬，在这堆灰烬的深处，仍有余温。充分认知过去、了解当前，才能带着求同存异的眼光眺望世界的未来。

——山东省青岛第一国际学校 刘帅

"周而不比，和而不同。"汉语中"理解"的意思，即顺着脉理和条理进行剖析，从道理上了解。因此，我认为国际理解就应是顺着国家间相互友好交往的脉理，促进国际和谐发展的道理进行的双向互动行为。

因为如果没有双向互动，就没有相互的了解；缺乏相互理解的基础，这样的行为只会是一种宣传、一种展示和一种介绍。

因此，国际理解教育不是国际教育，不是本国认同教育，也不是国外文化知识学习教育，而是通过相同事物或现象在不同种类文化背景下的不同表现的比较，去理解世界的多样性和差异化，从而认识到人类之间，人与自然之间，共存于这个世界，文化有差异，但没有优劣的道理。只有相互尊重，相互包容，才是世界和谐共生的相处模式。

在中学阶段，国际理解教育应从培养国际理解教育教师队伍的建设开始，通过专题通识性培训，唤醒部分教师的自我提升，自觉进行学科渗透；开展工作坊研训，建设专业的课程体系；营造校园氛围，尊重世界文化的多样性和差异性；积极参与跨文化交流，培养学生具有全球意识和开放的心态，真正理解人类命运共同体的内涵与价值。

——重庆凤鸣山中学 廖成群

附录四:
行业专家、学者代表访谈

加强青少年人文交流,促进国际理解教育
甘肃省西北师范大学附属中学　荆孝民

　　青少年是未来中国与世界对话沟通的生力军。培养熟悉中华优秀传统文化、通晓国际规则、具有国际理解和跨文化能力的人才,对于新时代背景下教育面向世界、面向未来意义深远。中外青少年人文交流,是推动全球文明倡议、加强国际人文交流与合作的基础性内容和渠道。各国青少年相知相亲、包容理解,能够为未来超越文明隔阂、文明冲突、文明优越提供中国经验,共同繁荣世界文明的百花园。下面,我从四方面谈谈我对"如何加强中外青少年人文交流"的一些看法。

　　首先,中外青少年人文交流的基础要源于传承与发展中华优秀传统文化。

　　文明因多元而交流,因互鉴而发展。当今世界正处于百年未有之大变局,不同国度只有树立符合人类发展潮流的文明观,并积极互学互鉴,才能促进人类文明不断向前;"一带一路"以及区域经济一体化推动的全球联动,也在不断推动基础教育国际化的新发展。青少年正面临着世界多极化发展、多种意识形态、多元价值观的冲击与洗礼。青少年人文交流是培养青少年成长的教育实践活动,要立足"教育性"这一基本属性,要始终围绕"为谁培养人"这一核心,牢记"立德树人"使命,以中华优秀传统文化为根,厚植家国情怀,增强文化自信。例如甘肃省中小学百校结好活动将 2019 年以来每两年举行一次的国际校长论坛的主题分别定为"开放合作、成就未来(2019 年)""凝聚互动、携手同行(2021 年)""交流互鉴、传承发展(2023 年)",这充分体现了人文交流源于传承与发展优秀传统文化的宗旨。

　　其次,青少年人文交流的过程要着眼于实施国际理解教育。

　　时代变革下,合作与矛盾是常态,但教育国际化、教育人文交流的落脚点始终不能偏离"人

类命运共同体"的价值理念。中外青少年人文交流要充分彰显大语境、大视野、大情怀下的育人格局，要与世界教育积极接轨，尝试参与多边机制下的教育合作，从而促进全球教育共同发展。自联合国教科文组织提出"国际理解教育"的理念以来，培养"全球化时代共生之人"的目标得到各国的认同。2016年，我国发布的《中国学生发展核心素养》对于"国际理解教育"的本土化定义，也体现了中国在构建人类命运共同体和全球化背景下对于青少年全球共生力培养的总体构想。2021年，甘肃省友协、甘肃省中小学百校结好协作体举办的全省国际理解教育骨干教师网络培训，就是一次跨越时空，传递"开放心态、开拓视野，培养全球意识和批判精神"的教育实践活动。虽然目前国际理解教育和相关课程还需不断丰富完善，结合地方文化、结合学生发展实际、借鉴国际先进理念尚且任重道远，但只要各方共同参与，不断创新方法与途径，学校积极研究、落实育人过程，一定能促进国际理解教育发展，提升青少年人文交流质量。

再次，青少年人文交流框架设计要基于层次性和阶段性。

基础教育阶段国际交流的发展定位，从"三个面向"到进一步扩大教育对外开放，加强国际教育交流与合作，再到重在培养学生的全球意识及对多元文化的理解力，是循序渐进且不断扩大、深化的。社会经济发展、区域文化背景、学校交流基础等存在差异性，因此中外青少年人文交流无论是区域还是学校的框架设计，不能生搬硬套，简单复制，一定要符合实际，因地制宜，注意层次性和阶段性，制订好合作交流框架与指导措施，指导不同类型的学校在教育国际交流中明确自我发展规划、实施策略、基本规则。如文化交流阶段主要推动师生交流互访、建立姊妹学校、学生海外游学等活动；国际理解阶段则重点通过活动和相关课程，让孩子们理解世界各地文化、制度、价值观的差异性，并明白未来世界需要在差异性下共同发展。在国际人文交流中，学校不仅要全面参与、积极推动，还要发挥引领和示范作用；不仅要加强地方文化特色的传承与发展，更要培养学生的全球视野与家国意识；不仅要宏观上推进与提高国际人文交流，还要微观上重视对起步阶段学校的支持与引导。例如甘肃百校结好项目的交流活动不仅设计了有深度的课程资源交流，也有地方文化、艺术作品展示，给教育国际交流不同阶段和层次的学校都提供了平台和交流空间。

最后，青少年人文交流的顶层设计要注重创新与合作。

随着"一带一路"倡议的持续推进，中小学教育国际交流呈现出多元发展的局面，创新与合作日益重要。近十年来，随着教育开放的不断深入，甘肃省的各级各类学校从友城访问、孔子课堂、汉语推广基地、AFS项目、PT项目、友好学校、师资培训、学生研学、师生互访、中外课程融合、国际理解教育、合作办学等多个方面进行了有益的探索。学校作为交流主阵地之一，要不断创新合作交流的途径与方法，为提升青少年人文交流的品质积极努力。例如甘肃省西北师大附中在2023年春季国际教育交流与展示活动中，适时提出了"适应改变，成就未来"的会议主题，引导师生在中国式现代化大背景下，积极面对新时期国际交流的新局面，也表达了西北师大附中着眼未来、探求新变、扎根中国、融通中外的信心与方向。

少年强则中国强，基础教育国际化和青少年人文交流的侧重点，在于培养学生的全球意识和对多元文化的理解力，培养学生的好奇心、想象力、批判性思维能力、沟通与合作能力、国际规则意识。我们今天所努力推动的人文交流实践，必定会成为未来坚定文化自信征程中闪亮的一笔。我们将为培养国家需要的兼具中外视野的高品质、复合型、国际化人才持续助力。

海纳百川、饮水思源

墨尔文国际学校亚洲教育总监（中方）、成都新津墨文学校小学创校校长 潘璠

2022 年教育部颁布的《义务教育课程方案》及各学科新课标中，明确指出："设立跨学科主题学习活动，加强学科间相互关联，带动课程综合化实施，强化实践性要求。"在培养目标中强调："关心时事，热爱和平，尊重和理解文化的多样性，初步具有国际视野和人类命运共同体意识。"学校确定国际理解教育课程目标分为认知、能力、情感态度三个维度。

国际理解教育注重跨学科、跨文化、跨语言的全人教育，培育具有中国情怀和全球视野的学生，让学生既要海纳百川，理解和包容不同国家的历史、文化、艺术、科技等，又要懂得饮水思源，深刻理解本土文化，热爱祖国、热爱中华优秀传统文化，同时关注全球时事及重大议题，为世界和平、环境保护、文化交流、关爱人类生活等贡献自己的一分力量。

基于此，新津墨文学校在各学科中贯穿汉语和英语学习，学习中外诗歌、寓言神话、名家名篇及小说，中国及世界历史、中外历史名人，中国及世界地理，中外传统美德、礼仪、习俗、建筑、饮食、服饰，中外长度及面积单位、公历和农历、中外科技发明，世界及中国传统体育项目，中外音乐家、乐理、乐器及歌曲，国画和油画、中外民间手工艺等，以期在不同学科的比较中浸润国际理解教育。

此外，学校通过综合课上专门学习、多学科渗透、项目式学习三种方式，开展跨学科主题式学习，组织探究式学习活动。在各学科中选择合适的主题内容开展跨学科 STEM 及 PBL 项目式学习。通过实践，我们发现缤纷节日、发明创造、气候与民生、水的探究、环游世界、探索自然等都是适合开展跨学科的主题内容。在学习过程中，我们注重培养学生的沟通与动手能力、独立与合作能力、观察与记录能力、综合与分析能力、思辨与创意能力，以及多角度看问题、解决问题的能力。

根据跨学科及国际理解教育的内涵及特征，学科教师围绕主题，通过集体备课进行多学科渗透及设计项目式学习活动。在教学中，以学生为中心实施教学活动，让学生发现问题，通过体验和实践解决问题。在实践活动中，注重分工合作，以学生亲身体验为主，注重差异性教学，充分发挥学生的专长，观察并指导学生记录学习过程和结果，让学生学会反思，开展多元化评估；同时注重探究中外文化多样性与差异性，比较异同，以全球性的话题引导学生进行探讨，为构建人类命运共同体而努力。